庫

34-228-1

贈　与　論

他 二 篇

マルセル・モース著
森　山　工 訳

岩 波 書 店

Marcel MAUSS

Une forme ancienne de contrat chez les Thraces, 1921

Gift, Gift, 1924

Essai sur le don, 1923–24

凡例

一、本書は、マルセル・モース(Marcel Mauss)「贈与論」ほか二論文の全訳である。配列は発表順とし、翻訳にあたっては、それぞれ次に掲げる初出版を底本とした。ただし、各論文について括弧内に掲げる再録版も適宜参照した。

「トラキア人における古代的な契約形態」

« Une forme ancienne de contrat chez les Thraces », *Revue des études grecques*, tome 34, oct.-déc. 1921, p. 388–397 (in Marcel Mauss, *Œuvres* 3, Paris: Les Éditions de Minuit, 1969, p. 35–43).

「ギフト、ギフト」

« Gift, Gift », *Mélanges offerts à M. Charles Andler par ses amis et ses élèves*, Publications de la Faculté des lettres de l'Université de Strasbourg, Fascicule 21, Strasbourg, Paris: Librairie Istra, 1924, p. 243–247 (in Marcel Mauss, *Œuvres* 3, Paris: Les Éditions de Minuit, 1969, p. 46–51).

「贈与論――アルカイックな社会における交換の形態と理由」

« Essai sur le don: forme et raison de l'échange dans les sociétés archaïques », *Année sociologique*, N.S., tome 1, 1923-1924, p. 30-186 (in Marcel Mauss, *Sociologie et anthropologie*, Paris: Presses Universitaires de France, 1950, p. 143-279).

二、原注は、論文ごとに、また「贈与論」については章ごとに、(1)、(2)、(3)……の番号を付し、原則として各段落末に訳出した。

三、原文におけるイタリック体は、書名の場合には『 』に入れ、一般的な表現の場合には傍点を打って示した。原文におけるギメ(« »)は、原則として「 」で示した。また、原文において語頭が大文字で強調されている表現は、原則として〈 〉で示した。

四、原文ではともにイタリック体で表記された論文名、書名・紙誌名を欧語で表示する場合、論文名は立体で、書名・紙誌名はイタリック体で、それぞれ示すのを原則とした。また、出典指示で「同書」、「同所」をあらわす原文の *ib.* は、*ibid.* に改めた。

五、欧語での文献表示にあたって用いた主要な略号は以下のとおりである。t.(巻)、chap.(章)、Lect.(章。ただし『マハーバーラタ』などのサンスクリット文献における)、p.(頁)、l.(行)、n.(注)、pl.(図版)、fig.(図)、v.(詩行)。

六、訳注は、原則として本文および原注のなかに二行の割注として挿入した。ただし、訳注のうち割注に収まり切らないものについては、論文ごとに、また「贈与論」については章ごとに、＊1、＊2、＊3……の番号を付し、巻末に一括して示した。なお、訳注執筆にあたって参照した諸文献の書誌情報の記載は、紙幅の都合により原則として割愛した。

七、原文の出典指示などにおける明らかな誤記のなかには、訳者の判断で訂正したものがあるほか、原文の一段落が極端に長い場合には、段落分けを施した箇所がある。また、原文にまとまった分量の引用文がある場合、原文ではそれが地の文のなかに組み込まれていても、地の文から切り離し、行頭を下げて記載することで、引用文であることを分かりやすく示した箇所がある。

八、モースが採用しているサンスクリット語のローマ字転写法は現在の標準的なそれとは異なるが、時代的文脈を考慮し、原則として原文のままとしている。ただし、転写上の誤記がある場合には、その旨を訳注にて記し、現在の転写法も併記していることがある。

目　次

トラキア人における古代的な契約形態

I

大戦（第一次世界大戦）のかなり前から、わたしたちの関心（G・ダヴィ Davy 氏の関心とわたしの関心であるが）は、きわめて多数にのぼる諸社会、すなわちオーストラリア、アフリカ、メラネシア、ポリネシア、北アメリカの諸社会で契約が交わされ、富の交換がおこなわれるとき、それが通常どのような形態をとるのかということに注がれてきた[1]。

（1）　とくに、*Année sociologique*, XI, p. 296 以降を見られたい。

契約にしろ交換にしろ、これらの諸社会では物々交換とはまったく異なり、個人間に成立するものでもなければ純粋に経済的なものでもない。物々交換と言えば、「自然経済」などという呼び名で形容されるのが通例となっているシステムだけれども、その種の経済だけがもっぱら機能しているような社会がかつて存在したことなどあるのか、もしくは、その種の経済が恒常的に機能しているような社会がかつて存在したことなどあるのか、こうしたことが確認されたためしはないのだ。一般的に言うなら、相互に義務を負い合うのは個人と個人ではなく、集団と集団、つまりクラン（特定の始祖から男系もしくは女系による単系の共通出自をたどると認知している人々の集団）や大家族どうしなのだ。集団と集団は、しばしば永続的な連盟関係《アリアンス》によって、そしてとりわけ結婚を通じて（というのも、結婚はことばの十全な意味における連盟関係《アリアンス》なのだから）、相互に義務を負い合うのである。これらの集団と集団がお互いに課し合う相互的な諸義務は、当該集団のすべての成員に等しく課されるものであるし、隣接し合う複数の世代を包含することもしばしばである。だがそれだけでなく、それはまたありとあらゆる活動におよぼされ、ありとあらゆる種類の富におよぼされる。たとえば、踊りと引き換えにとか、イニシエーション儀礼と引き換えにとかといった具合で、そのクランが所有するものすべてが交換に出されるし、それにはいつかお返しがなされることになっている。女性であれ子どもであれ、食べ物であれ儀礼であれ相続財であれ、これらすべてのものが集団から集団へと動くことになる。したがって、こうした交換はたんに経済的なだけのものではないのである。むしろその逆なのだ。これこそ、わたしが「全体的給付の体系」と呼ぶことを提唱しているものなのである。(2)

（2） グラネ(Granet)氏は、*La Polygynie sororale*, 1919, p. 44 において、古代中国にもこの体系を認めることができると考えてさえいる。

集合的な交換にはこのように通常さまざまな形態があるけれども、そのなかでひときわ注目すべき形態が一つ存在している。それは――知られているかぎりでは――、アメリカ北西部とメラネシアにとくに分布しているもので、アメリカの民族誌学者たちはこれを一般に「ポトラッチ（potlatch）」と呼んでいる。そもそも「ポトラッチ」ということばは、アメリカ太平洋岸の北部の諸部族、もっと正確には部族連合（北米先住民の「部族連合」では、一六世紀後半に形成されたイロクォイ諸族の五部族連合が有名。一八世紀前半に六部族連合に発展）において広く使われているもので、この集合的交換の形態は、とりわけボアズ（Boas）氏の称賛すべき諸研究、なかでもクワキウトル（Kwakiutl）に関する諸研究で知られている。ここでもそれにポトラッチという用語をあてておきたい[3]。それは二つの点から特徴づけることができる。まず、これらの交換は極度に複雑であることがしばしばで、実際のところそこでは、ありとあらゆる種類の給付が山のように取り交わされるのであるけれども、そのはじまりはというと、ほとんどすべての場合、プレゼントを純粋に無償で贈与するという装いをまとっていること。にもかかわらず、その贈与の恩恵に浴した人には、もらったものと等価のものに、さらに何かを上乗せしてお返しすることが義務づけられるようになること。これが第一の特徴である。したがって、およそどんな取引でも蕩尽と真の濫費の様相を呈することになる。お返しのこの性格は、ドイツ人なら「ズィヒ・レヴァンシーレン（*sich revanchieren*）」（お返しをする、仕返しをする）と言うところで[4]、現代ヨーロッパの農民家族がお互いに招待し合ったり、お返しの招待をし合ったりしているのと、今でもかなり共通するものがある。そして、この性格がどんどん激化することによって、ポトラッチというこの制度に第二の特徴が付与されることになる。それは、メラネシアでもそこそこ際立ってはいるものの、(5)アメリカにおいて抜きん出て顕著な特徴である。競覇的な性格がそれだ。クランは、それぞれがそれぞれの首長を代表として相互に結ばれ合うのだけれども、それ以上に相互に対抗し合うのである。それは一種の恒常的な競合関係であり、ときとして戦闘や殺害や、名前やら武器やらの喪失へといたることさえある。いずれにしても、これによって家族間のヒエラルキーや、クラン間のヒエラルキーが確立されることになるのだ。もっとも、「ポトラッチ」がこのような十全たる形態をとることは、じつは比較的稀なことである。(6)けれども、無償の贈与のかたちではじまり、それを受け取るともっと大きな贈り物や饗宴やサービスをお返しする義務が生ずるという全体的な給付のこうしたかたちは、部分的にであれ世界中のいたるところに存在している。とくに、黒人世界やポリネシア世界に存在しているのである。

(3) Boas, *The Kwakiutl*(ext. du *Rep. U. S. Nat. Mus.*), Washington, 1897, p. 341を見ること。また、p. 660も参照すること。

(4) ブーゲンヴィル島(ガゼル半島)のブイン地域(島の南東部)に住む部族では、さまざまな祝宴が代わるがわるおこなわれ、それが全体としてウヌ（*Unu*）（母系クランのこと）を構成することになるのだが、交互におこなわれるこの祝宴についてトゥルンヴァルト（Thurnwald）氏が用いているのが、まさしくこの表現である。R. Thurnwald, *Forschungen auf den Salomo-Inseln*, 1912, vol. III, p. 8を見られたい。

（5）わたし自身、再三にわたって、ポトラッチがこのようにメラネシアにも拡大していることを強調してきた（*Année sociologique*, XII, p. 372 以降、および p. 374 を見ること。また、*Bulletin de l'Institut français d'anthropologie*, 1921 とも比較すること）。

（6）*Année sociologique*, XI, p. 296 以降を見ること。

II

これに対して、インド＝ヨーロッパ語系の世界でも同様に特徴的な事象を見いだそうとする研究は、これまでのところあまり成果を挙げてこなかった。

しかしながら、まったくの偶然によってではあるけれども、わたしはギリシア語の諸テクストのなかに、古代ギリシア北部のトラキア人たち、なかでもビュザンティオン周辺のオドリュサイ人たちが、この種の制度を知っていたという証拠を見つけだすことができた。*1 上に定めた用語を用いてもっと正確に言うならば、この人々は全体的給付の体系を知っていたのであり、かつそれは、この体系の発展型である「ポトラッチ」という体系の第一の特徴をともなうものだったのである。すなわち、ことばの近代的な意味で高利子をともなうお返しが戻ってくる贈与という特徴である。クセノポンがこの制度のおこなわれているのを実際に見ており、トゥキュディデスは伝聞にもとづいてこれを記録している。しかし、クセノポンもトゥキュディデスもこの制度の意味を理解することはできなかった。きわめて明白に感じとれるのは、狡知に長《た》けた自分たちのほうから進んで折れて出なければならないような慣習が、ギリシア人たちには理解できないということである。だからといって、メイエ(Meillet)氏が注意を促しているとおり、彼らの証言の価値が損なわれることにはならない。むしろその逆である。そもそも彼らにはでっち上げようがないのだから、彼らは事実を記録していることになるわけなのだ。

すでにホメロスのなかに、この種の話(ギリシア人にはもらった以上のものをお返しするようなやりとりが理解できないという話のこと)が見いだされる。リュキエの王グラウコスは、クセイノス(ξεῖνος)(7)(「もてなし手、主人」と「客人」の両義をもつ)、すなわちディオメデスのもてなし手であり友であり、クランどうし、王どうしの契約によってディオメデスと結ばれていたのであるが(『イリアス』第六歌、二一一以下)、そのグラウコスのエピソードから以下のことが明らかである。それは、「スポンデ(spondè)」(ギリシア語で「飲酒に先立つ神々への酒の灌祭」、「神聖不可侵な休戦協定」)をつくりだし、近代的な契約をつくりだしたギリシア人には、すでにこの時点で、自分が受け取ったよりもはるかに多くのものをお返しに与えるという、高利子をともなうこうした交換が理解できなくなっていたということである。話はこうだ。グラウコスとディオメデスとが合戦の場で相まみえ、互いが互いの「もてなし手」であることが分かるや戦闘を中止し、ベレロポンテスのことを語り合って互いの武具を交換する[8](合戦の場でのグラウコスの系譜語りから、グラウコスの父祖が英雄ベレロポンテスであることが分かる。ベレロポンテスはディオメデスの父祖であるオイネウスの友であり、両者が相互にもてなし合い、贈り物を贈り合う間柄であったことから、グラウコスとディオメデスとは、それぞれの所領においては自分が主人役となって互いに相手をもてなす関係にあることを認知し、闘いを収める)。「二人は手を取り合い、忠誠の契りを交わした。するとそのとき、クロノスの子ゼウスがグラウコスから正気を奪い去ってしまった。このため何とグラウコスは、ディオメデスが青銅の武具を差し出したのと交換に金の武具を差し出したのである。価値にすれば九頭の牛にしか当たらないものと引き換えに一〇〇頭の牛に当たるものを差し出したのだった」。このように、ホメロス叙事詩当時のギリシア人は、この習俗がおこなわれているのを見た上で、それを正気を失った習俗と捉えていたのである。

(7)　タマシェク(Tamaschek)氏は、Die Thraker (*Sitzungsberichte d. Ak. d. Wiss., Wien, Phil. Hist. Kl.*, 1898, t. CXXVIII, p. 41)において、トラキア人とリュキエ人とのあいだに系

譜関係があることを認めている。

（8） 今のところ、トラキアの慣習がホメロスの語るエピソードと一致するかどうかは問題ではない。一致を証拠立てるものがあるとしても、それはあまりにも弱いものであろうし、ここでこのエピソードに言及するのもたんなる例示としてでしかない。しかしながら、ベレロポンテスにかかわる神話と信仰が、アブデラにおけるベレロポンテス伝説においてトラキア人とも密接に関係していることは指摘しておかなければならない（Tamaschek, *ibid.*, p. 41を見よ）（アブデラはエーゲ海沿岸のトラキアの町で、紀元前七世紀半ばにギリシア人が入植して建設した）。

*

トラキア人において濫費型の契約の制度がきわめて明瞭に存することを伝える主要な文献は、クセノポンの文献である（『アナバシス』巻七）。この文献は非常に生彩に富んだもので、とてもよく書けている[9]。クセノポンは、「一万の兵」のうち自分と一緒にとどまっている者たちの処遇に頭を悩ませている。この「大部隊」はビュザンティオンにとっても、そこで指揮をとるラケデモン人（スパルタ人のこと。スパルタはギリシア南部ラコニア地方の軍事都市）にとっても、耐えがたい重荷となっている。クセノポンは最終的に、オドリュサイ人の王でもあることを主張するトラキアの王セウテスに、自分の部隊を雇ってもらうことにする。

ところが、軍務のこの貸し借りこそ、二つの集団がまさしく相次いで一連の給付をおこなうことによってなされるのである。最初の会見で、セウテスは軍に土地と戦利品を約束する。加えてセウテスは言う[10]。「わたしはその人たちを兄弟としてあつかい、わたしと同じ席で食事をともにさせるし、われわれが獲得することのできるものはすべて分かち合うことにする。そしてクセノポンよ、君にはわたしの娘を与えるし、また君に娘があれば、トラキアの風習によって[11]その娘を買い取り、居所としてビサンテ[12]を与えることにしよう。これは海沿いにあるわたしの所領のなかでもっともよい場所なのだ」。すでにここで次のことが見てとれる。トラキアの首長は雇用契約のことを、もっぱら食事をともにする者どうしの連盟関係《アリアンス》としてのみ捉えていること、結婚によって結ばれ、娘と財の交換によって結ばれた者どうしの連盟関係《アリアンス》としてのみ捉えていることがそれだ。だが、これはまだ協定に向けた交渉でしかない。しばらくののち、クセノポンが部隊を率いて訪れる。セウテスは俸給を明示する[13]。

(9)『アナバシス』巻七、二章三五。
(10) 同書同巻、二章三八。
(11)「トラキアの風習によって」とは、非常に高額で、ということ。ヘロドトス、第五巻六を見よ。

(12) プロポンティス海（現マルマラ海。トルコのヨーロッパ部分とアジア部分とのあいだの内海）に面しており、ペリントス（マルマラ海沿岸のトラキアの町で、紀元前六世紀初頭に建設されたギリシア植民都市）の西に当たる。

(13) 巻七、三章一〇。

それにもかかわらず、この契約はまだ完全なものではない。契約を最終的に成立させるのは、「セウテスの饗宴」という名前でよく知られている儀式である。それが「ポトラッチ」との類似性を示していることは、引き続き印象的である。以下がそのテクストである。

一行が宴会場に入ろうとしていると、マロネイア出身のヘラクレイデスなる者が姿をあらわした。この男は、セウテスに何かあげられそうなものをもっている人だと見るや、必ずその人たちに近づいて行った。それでまず、幾人かのパリオン人[14]に話しかけた。パリオン人たちはオドリュサイの王メドコスと協約を結ぶためにそこにきていたもので、王とその妻のために贈り物をもっていたのである。（……）（ヘラクレイデスは、メドコスはずっと奥地にいるし、やがてはセウテスが地域一帯を支配することになるだろうから、持参した品はメドコスでなくセウテスに贈るのがよいと述べる）。ヘラクレイデスはこんなふうにしてパリオン人たちを説得した。そして次には、ダルダノス出身のティマシオン[15]が酒器や異国の絨緞をもっているとかねてから聞いていたので、今度は彼のほうに向き直り、セウテスが宴に招待したときには、招待客はセウテスに贈り物をするのが慣例であると言い、「セウテスが偉くなれば、あなたを国許へ送り返すこともできますし、そこであなたを金持ちにしてあげることもできるようになりますよ」と言った。このようにしてヘラクレイデスは、一人ひとりに説いて回っていた。クセノポンのところへもやってきて言うには、「あなたはとても大きな町の出ですし、あなたのお名前はセウテスのもとでも鳴り響いています。おそらくはあなたもこの国で、同国の他の方々がそうしたのと同じように、(16)町や所領を得たいとお思いではないでしょうか。だとしたら、セウテスに対してできるかぎり豪華に敬意を示すのがあなたにふさわしいでしょう。わたしは好意からあなたにお勧めしているので、それというのも、あなたがセウテスに立派な贈り物をすればするほど、あなたがセウテスから受けられる恩恵も大きくなることを、わたしはよく承知しているからなのです」。このことばを聞くと、クセノポンは当惑した。なぜなら彼はパリオンから、従僕一人と、道中で必要なものだけしかもってきていなかったからである。

(14)　プロポンティス海に面したパリオン(プロポンティス海のアジア側の町)からきた人々。
(15)　クセノポンの軍師でダルダノスを追放された。
(16)　アルキビアデスによるビサンテ占領のことを暗に言ったもの。もちろんトラキア人は、城塞を攻略するのに必要なだけの資材も技術ももっていなかった。

つまりこの人物は、こうした儀礼につきものの伝令であり侍従であり官吏なのである。(17) ギリシアの流儀を身につけたこのトラキア人は、饗宴の場で厳かに執りおこなわれることになる贈り物と約束の公的なやりとりに人々を誘い込んでいるのだ。――続いて饗宴である。みなが一緒に食事をし、みなが一緒に飲み、みなが酒と料理を分け合い、それによって取引は確たるものとなる。

この饗宴のなかで、諸々の贈与の儀式が執りおこなわれる。(18)

(17) 伝令役が口上を述べるという制度は、メラネシアでも北アメリカでも知られたものである。

(18) 『アナバシス』巻七、三章二六。

酒宴が進んだ頃、白馬を引いた一人のトラキア人が入ってきた。彼は酒で満ちた盃を手にすると、こう言った。「あなたに乾杯します、セウテスよ。あなたにこの馬を差し上げましょう。この馬にお乗りになれば、相手が誰であろうと追いかけてつかまえることができましょうし、退却の際にも敵のことを恐れる必要はありますまい」。奴隷を連れた別の男が、セウテスに乾杯して奴隷を彼に贈り、さらに別の男はセウテスの妻に乾杯して彼女に衣裳を贈った。また、ティマシオンもセウテスのために乾杯すると、銀の杯と一〇ムナ（ムナは計算上の通貨単位。ドラクマ硬貨に換算すると、一ムナは一〇〇ドラクマに相当）の価値がある絨緞を贈った。次いでアテナイ人のグネシッポスが立ち上がり、財をもつ者が王に敬意を表して物を献上し、何ももたざる者には王が物を贈るというのは、古来からあるまことにうるわしい風習であると述べた(19)。「このようにして、あなたがわたしに贈り物をくださるなら、わたしとしても同じようにあなたに献上し、敬意をあらわすことができるわけなのです」。クセノポンは、どうしたらよいかと考えていた。それというのも、彼は主賓席にあり、セウテスに一番近い席に座っていたからである。ヘラクレイデスが酌係に角《つの》の盃をクセノポンに差し出すよう命じた。そこでクセノポンは――すでに多少酔っていたこともあり――決然として立ち上がると、角《つの》を受け取って言った。「セウテスよ、わたしはあなたに、このわたしと、ここにいるわたしのよき仲間たち全員を進呈しよう。わたしの仲間たちはあなたに忠実であり、あなたの味方になりたいと、わたし以上に望んでいるのだ」。

(19)　この演説はクセノポンのなかでは理解しにくく、現に誤解されてきた。だが、ここではペルシアの慣習のことが暗に言及されているのではないかと考えてみれば、おそらくはこの演説を説明することができる。というのも、トゥキュディデスがトラキアの慣習にペルシアの慣習を対置させていたからである(後出を見ること)。そのペルシアの習慣というのが、王は富者から物を受け取り、物を与えるのは貧者に対してだけであるというものなのだ。いずれにしても、このアテナイ人はこの場を何とかうまく切り抜けており、クセノポンとしても窮地をかわすこの様子を描写するのを明らかに楽しんでいる。

さらにクセノポンは演説を続け、そのなかで彼は、自分の誠心と自分の部隊と、そして王国を我がものとするという望みを相手に贈ることだけで済ますことができる。――セウテスは明らかにそれで満足していた。というのも、彼はすぐさま立ち上がると、クセノポンと飲み交わし、角《つの》の盃に残ったしずくを互いに振りかけ合ったからである。続いて音楽があり踊りがあり、セウテスみずからがそれに加わる。そして道化の寸劇。

後日セウテスは、クセノポンの小隊を厄介払いするため、ラケデモン人総督ティブロンから遣わされてやってきた二人のラケデモン人と契約を交わす。もちろん、今と同じ類のものである。[20]

(20)『アナバシス』巻七、六章三。

こうして、このやりとりは全体としてぱっとしない終わり方をする。ヘラクレイデスという男は会計係=支出係としては不実であったようだし、ギリシア人たちもセウテスのふるまいにかなりの不満をいだいていた。

＊

もちろんこの話にあるのは、トラキア人の生活のよく知られた一特徴である。これと同じオドリュサイ人たちについて、そしてこのセウテス王の祖先であるテレスについて（紀元前五世紀紀前半、トラキアで複数の部族を統一し、はじめてオドリュサイ王国を築いたのはテレス一世。その版図はほぼ現在のブルガリアに当たる）、トゥキュディデス（第二巻九七章）は言っている。

その価値、その力は、金および銀で四〇〇タラントン（タラントンは重量および通貨の単位。古代ギリシアでは二〇―二七キログラムにあたり、その重さの金銀に相当する貨幣価値を示した）にのぼった。その上、それに匹敵する価値の金銀の贈り物があり、さらに加えて刺繍入りの布や無地の布、さまざまの調度品があった。しかもそれが、王に対してだけでなく、王の共同統治者や貴族に対しても贈られていた。それというのも、彼らはペルシア王国の法とは反対の法を設けたのだからである。トラキアの他の人々もこの点では同じである。与える以上に受け取るというのがそれだ（要求されたのにあげないことのほうが、要求してもらえないことより大きな恥辱なのであった）。しかも、彼らはこの慣習を最大限に実行していた。なぜなら、彼らのところでは、贈り物をあげなくてはどんなやりとりもなりたたなかったからである。こういうわけで、この王国の権勢は強大になったのだった。

(21) デュナミス(δύναμις)。これは王国の財政的な力のことである。今で言うなら生産性となろうか。

(22) もちろんここでトゥキュディデスは、テレスの臣民たちが納める貢租からなる歳入と、異国人たちが王国に対して集団としておこなう贈り物や契約に由来する歳入とを対置している。

(23) グネシッポスが暗に言及していたのは、おそらくこの法のことである。前出を見ること。

この一節の意味はまったく明瞭である。にもかかわらず、その解釈および翻訳には誤りのあることが通例である。なかでもタマシェク(Tamaschek)がこれを理解しそこなった[24]。定評ある種々の版でとりわけ誤解されているのは、括弧に挿入されて訳出されるのが通例となっている一文である。この文は、当該の制度を理解していない人には意味のとおらない文であり、そのためしばしば後世の加筆による改竄であると見なされているが、改竄を示す証拠があるわけではない。写本はすべてこの挿入節が真正であることを証しているし、改竄どころかこの節は主題においても文体においてもトゥキュディデスのものそのものである。そこには、トラキア人が自分たちに贈り物をするよう相手に要求していたこと、しかもそれは物乞いなどではまったくなく、契約の初期形態であったこと、このことが明確に示されている。トゥキュディデスの描写は、ここでは――いつものとおり――明確にして的確なのである。

(24) *Loc. cit.* p. 82.

*

そればかりか、饗宴や婚礼や契約のさなかにおこなわれるこうした交換について言及したものが、さらに存在している。ギリシア中期喜劇の喜劇作者であったアナクサンドリデスは、しばしば受賞の冠を得た作者(紀元前三八二年の受賞から三四九年の受賞まで)であったが、『プロテシラオス』[25]のなかで次のような場面を描写してくれている。[*2] トラキアのコテュス王のもとでおこなわれたイピクラテスの婚礼の場面である。[26]

(25) これはエーゲ海沿岸のトラキア諸王の名前であり、またイリオン(小アジア北西部の古代都市、トロイアの別名)のトラキア諸王の名前でもある。これはまた、トラキア人における母神の名前でもある(Strabon. 404)。最後にこれは、ある舞踊の名前でもある。

仮説として証明されたものなどないとは考えつつも、わたしはこの最後の特徴を強調したい。この特徴はトラキア人の複数の部族に共通しているようである。実際、トラキア王の名前の一つであるシタルケス(Sitalkès)(名前であるが、むしろ世襲的な称号である)は、ある歌をも指し示している(クセノポン『アナバシス』巻六、一章六)。いやむしろ、トラキアのある舞踊における英雄の死の無言芝居を指し示している。

わたしが考えるとおり、もしこのような制度のうちに重要な諸観念が存在しているとするならば、トラキア人の慣習はアメリカやメラネシアの「ポトラッチ」の諸類型ときわめて近いものとなることであろう。実際、法的関係と祭宴とからなるこれらの巨大なシステムは、おびただしい数の給付を含んでおり、それらの給付は儀礼的であると同時に審美的なものでもあるのである。メラネシアにしろ北アメリカにしろ、貴族や首長や儀礼結社の成員は、名前と仮面とを身につけ、精霊の舞踊を踊るのだ。そのときその人は、その精霊を体現し受肉化しているのであり、その精霊の位階を自分のものとするのである。

(26) 以下の一節は、アテナイオスの『食卓の賢人たち』第四巻一三一に伝えられているものである(以下は『食卓の賢人たち』に引かれたアナクサンドリデスの『プロテシラオス』の一節で、アテナイの傭兵隊長イピクラテスがトラキア王コテュスの娘と結婚したときの宴を茶化す内容。アテナイオスは二世紀後半から三世紀にかけてのギリシア語作家)。おそらくは奴隷どうしの対話から抜き出されたものであり、そのうちの一人はトラキア人である(最終行にデスポシュノイス・デイプノイス δεσποσύνοις δείπνοις(ご主人さまの宴)とあるのを参照せよ)。奴隷は当時、喜劇の舞台で非常にはやった役柄であった。このテクストは、全体としてはトラキアの饗宴と婚礼をアテナイの婚礼の饗宴と比較しており、トラキアの饗宴の記述だけでなりたっているわけではない(クロワゼ Croiset 氏とクロワゼ氏が、*Histoire de la littérature grecq.* II, p. 620 で示唆しているとおりである)。以下に翻訳する最

　後の行に続いて、アテナイの饗宴が記述されている。

あなたがわたしの言うとおりにしてくれるなら、
われらはあなた方を盛大な饗宴でお迎えしよう。
でも、イピクラテスがしてもらった宴とはまったく違ったやつ、
トラキアの宴とは違ったやつで。もっとも、みんな言っているけれど。
［あの婚礼は］牛をも陶酔させるほど重々しいものであった、と。[27]
広場の端から端まで紫の絨緞を敷きつめ、
それは大熊座に届くほどであった、と。
そこではバターを食らう不潔な髪をした人々が、
一万人ずつ宴でもてなされた、と。
そこには銅の大鍋があり、
一二の寝椅子（ギリシアの饗宴で横たわって飲食した）が入る［大きさの］水槽よりも大きかった、と。
コテュス王おんみずから［前掛けを］巻いて、
黄金の甕《かめ》で煮汁を運び、
大盃で試し飲みをしているうちに、
酒飲みたちよりも先に酔っぱらってしまった、と。

アンティゲネイダスがみなのために笛を吹き、
アルガスが歌い、竪琴《キタラ》を弾いたのが
アカルナイのケピソドロスであった、と。
彼らが詠唱したのは、広大な土地のスパルタのこと、
七つの門のテーバイのこと、
それをさまざまな曲で歌い上げた、と。
そこで彼が持参財として手に入れたのは、(28)
栗毛馬の群れが二つに、
山羊の群れが一つに、
黄金が一袋に、
貝のかたちをしたガラス瓶が一つに、
雪［で満杯］の水差しが一つに、栗粒が壺一杯に、
玉葱が一〇クデの倉一杯に（クデは肘から中指の先までに相当する長さで、約五〇センチ）、
草鞋虫《わらじむし》が百匹だった、と。
これが、トラキアのコテュス王が
娘をイピクラテスに娶《めと》らせたときにしたことだそうだ。

けれども、饗宴はもっと豪華なものになるだろう、
われらがご主人さまたちが婚礼の宴をするならば。

(27)　ここでは、ブーバウカロサウラ(βουβαυκαλόσαυλα)を一単語として読むというカイベル(Kaibel)(『食卓の賢人たち』の校注者)の読み方を採用する。

(28)　アテナイ人たちは、劇作者にしても観衆にしても、ここでは花嫁代償のことが語られているということを理解できていない(引用テクストでは、持参財、つまり花嫁側から花婿側が受け取った財と書かれているが、実際にはアテナイの傭兵隊長イピクラテスが花嫁側に贈った婚資「花嫁代償」であったというのがモースの読み方。トラキア王の盛大な饗宴に対して、花婿側からは取るに足らない花嫁代償が贈られたにもかかわらず、アテナイ人たちはそれを持参財と誤解してしまったということ)。

この滑稽な一節は、何ごとも心得たアテナイ人の見聞記や、歴史家の的確な言辞におとらず興味深い。なぜなら、ここに示されているのは、セウテスがそうしたのと同じように、馬鹿げた婚資と引き換えに饗宴を催し、娘を交換し、すべてを贈る王の姿であるからだ。トラキアの慣習がこのように誇張されていることからして、それがどれだけ強力なものであり、またどれだけ広く知られたものであったのかが証されているのである。

*

消費すること、競合すること、与えた以上のお返しをして財を蕩尽する関係を結び

合うこと、こうしたことにかかわる儀礼や慣習を、このほかの古代民族にも見いだすことができれば、それはきわめて興味深いことではないだろうか。そうすればおそらく、こうした諸形態がどのようにして廃《すた》れてゆき、たんなる交換契約へと堕していったのかが分かることだろう。ゲルマンの贈与の研究とか、ケルト文献における交換の研究とかがなされれば、きっと学ぶところの多いものとなるだろう。こうした研究には、わたしよりも専門的な能力がある研究者に従事していただきたいと思う。古代のヨーロッパ民族およびインド＝ヨーロッパ語系民族のなかに、協定やら結婚やら交換やら、宗教性と審美性とが混ざり合った給付やらのさまざまな形態を見いだすことができた。そしてそれは、メラネシアや北アメリカについてとほぼ同じことである。すでにしてこれはひとつの進展なのだ。

ギフト、ギフト

さまざまなゲルマン語系の言語で、ギフト(*gift*)という一つの単語が「贈り物」という意味と「毒」という意味と、二つの意味を分岐してもつようになった。この二つの意味は非常に隔絶しているように見えるため、どのようにして一方の意味から他方の意味へと遷移が生じたのか、また、この二つの意味にはどのような共通の源泉があるのか、語源学者たちは理解に苦しんでいる。この語彙がそれぞれの言語においてどのような意味の変遷をたどったのかということ自体が、言語に応じてさまざまである。たとえば、現代ドイツ語に残っているのはほとんど毒という意味だけであるし、英語では贈り物と贈与という意味だけである。オランダ語の場合は、中性名詞と女性名詞の二つの単語があって、一方(中性名詞のほう)が毒を指し、もう一方(女性名詞のほう)が贈り物や持参財を指している。つまり、ある言語では二つの意味の一方が消失しており、別の言語では他方の意味が消失していて、いずれにしても意味がどのように派生してきたのかが明確に分かるような言語は見当たらないのである。ドイツ語および英語の語源大辞典であるマレー(Murray)の辞典やクルーゲ(Kluge)の辞典で確認できるかぎりでは[1]、これについて満足のゆく説明はまったく与えられていない。ただし、ヒルト(Hirt)氏がドイツ語のギフト（*gift*）について述べているのは重要な指摘なので、見ておく必要がある。(2) 実際、「毒」の意味のギフトという語が婉曲語法であって、口に出すのが憚られる語彙をタブーとしたことに由来するものであることは明らかなのである。ラテン語で、ウェネヌム（*venenum*）（薬剤、化粧料、毒物、魔法薬）が **venesnom*（語頭のアステリスクは、史資料で存在が確認できないが、理論的に再建された語形を示す印）、すなわち「リーベストランク（Liebestrank）」（ドイツ語で「愛の妙薬」）に対応しているのとまったく同じなのだ。けれども、ほかでもないギフトという単語、ならびにそれが喚起する贈与の観念が、毒を象徴的に指すものとして選ばれたというのは、どういうことなのだろうか。これが依然として説明されなくてはならない。

（1） クルーゲは、フェァゲーベン（vergeben）（ドイツ語で「許す、与える、損なう」など）やフェァギフテン（vergiften）（ドイツ語で「毒を入れる、害を与える」）に関して起こったのと同じことがこれらの語彙についても起こったに違いないと見ている。*Etymol. Wörterb.* 1915, p. 171.

（2） *Etymol. d. Neuhochd. Sprache*, 1909, p. 297. ヒルトは、ゴート語の *lubja*（ゴート語は東ゲルマン語に属する古代語。*lubja* は「妖術、毒草の知識」）、古高ドイツ語の *luppi*（古高ドイツ語は八世紀半ばから一一世紀頃の高地ドイツ語で、書字化された最古の形態。*luppi* は「命にかかわる飲料」）つまり《Liebe-Zaubertrank》（愛の魔法飲料、媚薬）の表現系列と比較しているが、この比較は同じく興味深いもので、また根拠のあるものである。

ところが、社会学者にとって、そしてまたゲルマン法制史家にとって、これらの意味のあいだの系統関係はまったく困難な問題ではない。ただ、まだあまりに一般的に知られていないため、どうしても改めてここで説明しておかなくてはならない原理がいくつかある。この問題を解明するために、こうした諸原理について述べることをお許しいただきたい。

＊

ゲルマン世界は、わたしがかつて「全体的給付の体系」と呼ぶことを提唱した社会体系が高度な展開を見た世界である。この体系はたんに法的・政治的な体系であるのみならず、経済的な体系でも宗教的な体系でもあって、そこにおいてはクランどうし（「クラン」は、特定の始祖から男系もしくは女系による単系の共通出自をたどると認知している人々の集団）、家族どうし、個人どうしが、あらゆる種類の給付と反対給付とを絶えず交わし続けることによって相互に結びついている。そしてそれらの給付も反対給付も、無償の贈与やサービス（宗教的なものであったり、それ以外のものであったりする）のかたちで通常はおこなわれるのである。(3)

（3）これらの諸問題を概観したものとして、Davy, *Eléments de sociologie*, I, p. 156 以下を見よ。

このようなシステムが一般化しているのは遅れた社会だけのことであると長らく信

じられてきたのだが、今ではヨーロッパ諸社会の古代法の大部分においても、このシステムの存在していたことが確認されている。(4) とりわけ、古代ゲルマンの諸社会を構成するさまざまな集団は、次のようなかたちで相互に結ばれていた。結婚を取り交わし、嫁を得て婿を得て、そこから子どもたちが母方・父方の双方の家系に生まれることによって。また、甥たちや従兄弟たちや祖父や孫息子が、一方が他方を育てたり、一方が他方を養ったり、一方が他方に仕えたり等々することによって。(5) ――軍役を務め合うことによって。そして、成人式や戴冠式を催し、また、そうした儀式を機会として饗宴を催すことによって。死者を弔い合い、葬儀で食事をふるまい合うことによって。そして、財を継承し、用益権を定め、財の継承にともないかつて贈与した物が戻ってくることによって。無償で物を贈与したり、借りた物に利子を上乗せして返したり、利子つきで物を貸したりすることによって。物と人とが混然一体となって絶え間なく循環するのだ。さまざまなサービスが恒常的に、あるいは一時的に循環する。名誉が循環し、祭宴は贈与としてなされたり、お返しとしてなされたり、いずれお返しされるものとしてなされたりして循環する。ゲルマニアとスカンジナビアの古代諸民族の社会生活はおおかたこのようなものであったと想像しなくてはならないのである。

（4） Mauss, Une forme ancienne de contrat chez les Thraces, *Rev. des études grecques*, 1921（本書所収「トラキア人における古代的な契約形態」）.

（5） ここでわたしが示唆しているのは、「養育制度(fosterage)」や、それと同種の他の慣行のことである。

ヨーロッパの古代社会のなかには、たとえばケルト人のように、こうした古代的な儀礼や法のうち、別の要素をもっと顕著に発達させたものがある。それは競合のテーマである。特異な闘争のテーマ、贅《ぜい》を尽くした出費による対抗のテーマ、それによる挑戦と競争のテーマである。このテーマは、ガリア、ウェールズ、アイルランドの諸地方において、いわば高まりの頂点に達していた。[6] 明らかにこれらの社会は、全体的給付のなかでも競覇型の全体的給付という形態をとっていたのだ。この型に対して、わたしは「ポトラッチ(potlatch)」という名称を与えるよう提案したことがある。この名称は、チヌーク語、ならびに商人とアメリカ・インディアンとが用いていた混成語から借用したもので、その法的な側面についてはダヴィ(Davy)氏が注意を促している。[7] これらの給付形態については、アメリカ北西部とメラネシアで著しい発達を見ていることが知られているが、本来的な意味でのポトラッチは、古代ゲルマン人やスカンジナビア人の習俗とも無縁ではないのである。

（6） 次号の *Revue celtique* 誌に、これに関するユベール（Hubert）氏およびモース氏の注解が掲載される予定である（編集部が付した注と思われる）。

（7） *La Foi jurée*（Travaux de l'*Ann. soc.*）.

しかしながら、古代ゲルマン人やスカンジナビア人について研究する上でもっとも興味深いのは、贈与であり、担保である。実際、ガーベ（*Gabe*）（ドイツ語で「贈り物」）にしろ、女性名詞のギフトにしろ、男性・中性名詞のギフトにしろ、そこでは贈り物がきわめて発達した諸特徴を呈している。それらは他の多くのタイプの社会においてよりも目立つ特徴であるばかりでなく、とくにインド＝ヨーロッパ語系の他の社会においてよりも目立つ特徴なのである。なかでもドイツ語には、ガーベやミットギフト（*Mitgift*）（持参金、婚資）からはじまって、モルゲンガーベ（*Morgengabe*）（朝の贈り物。かつてのドイツの慣習で、結婚の翌朝、新郎が新婦に与えた）、リーベスガーベ（*Liebesgabe*）（愛の贈り物、喜捨、施し物）、アプガーベ（*Abgabe*）（引き渡し、交付、譲渡）へといたり、さらにはじつに好奇心をそそられるトロッガーベ（*Trotzgabe*）（反抗してなされる贈与）にまでいたる、単語や複合語から構成されるきわめて豊かな表現群があって、それによってこれに関するさまざまなニュアンスが言いあらわされているのである。

＊

こうした社会は多数にのぼるし、ありとあらゆる文明の階梯の上に散らばっているのだけれど、それらの社会のすべてにおいて、人と人とを結びつける物の交換と贈与は、共通の観念基盤にもとづいておこなわれている。このことはマオリの法体系においてとくに明白である。贈り物を受け取るということ、さらには何であれ物を受け取るということは、呪術的にも宗教的にも、倫理的にも法的にも、物を贈る側と贈られる側とにある縛りを課し、両者を結びつけるものである、というのがそれだ。物は一方の側に由来しており、その人が自分でつくったり手に入れたりしたもので、その人の物である。物がそういうものであることによって、その人はそれを受け取る人に対してある力能を得ることになる。給付を与えたのに、それへのお返しがあらかじめ規定された方式（法的方式であれ経済的方式であれ、あるいは儀礼的方式であれ）によってなされないならば、給付の与え手はもう一方に対して優位に立つことになるのだ。それは、饗宴にあずかって飲み食いをした者であるかもしれない。あるいは、娘を嫁にもらったり、血盟の契りを結んだ者であるかもしれない。あるいは、与え手の一切の権能を呪術的にまとわされたその物を自分のところで使用して、その恩恵に浴した者であるかもしれない。

こうした諸観念の連鎖はゲルマン系の諸法・諸言語ではことのほか明確である。だから、どうしてそこでギフトという語彙に二つの意味が組み入れられるのかが容易に見てとれる。実際、古代ゲルマン人と古代スカンジナビア人にあって給付の典型は何かと言えば、それは飲み物の贈与、ビールの贈与だったのである。[8] ドイツ語でこれぞ贈り物と言えるものとは、注がれるものにほかならない（ゲシェンク *Geschenk*, ゲーゲンゲシェンク *Gegengeschenk*）[9]（前者は「贈り物」、後者は「返礼の贈り物」の意で、ともに動詞 *schenken* に由来。これには「贈る、与える」の意のほかに「注ぐ、つぐ、酌をする」の意がある）。これに関連するゲルマン系の法的テーマや神話上のテーマはじつにおびただしい数にのぼるけれども、改めてここでそのことに論及するにはおよばない。ただ、次のことは明らかだ。この種の作法においては、贈与はもっぱら飲み物をみんなで一緒に飲むとか、酒宴を奢るとか、お返しの酒宴を開くとかといったかたちでなされるわけだけれども、こうしたときほど、贈り物が善意にもとづくのか悪意にもとづくのかの見きわめがつかなくなる場合はほかにないということ、これである。贈り物が飲み物である場合、それは毒であることもありうる。もちろん、陰惨な悲劇の場合は別にして、原則としてその飲み物が毒であることなどない。けれども、それが毒になりうる可能性はつねにある。いずれにしても、贈り物としての飲み物はつねに呪力をもつものである（英語のギフトという語にはこの意味合いが残っていた）。その呪力によって、その飲み物を分かち合った者たちは永遠に結び合わされることになるとともに、そのうちの誰かが道義にもとることをしようものなら、その人にはつねにその呪力が逆に跳ね返りうることになる。贈り物としてのギフトと、毒としてのギフトとを結びつける意味上の類縁関係は、したがって説明が容易であるし、自然な関係なのだ。

（8） Von Amira, *Nordgermanisches Obligationenrecht*, II, 362, 363. とくにまた、Maurice Cahen, *La libation: Et. s. le vocabul. religieux*, etc., p. 58, その他。

（9） 漏れのないことを期すなら、夫から妻に与えられる「婚資外財産《パラフェルノ》」のことも挙げておかなくてはならないだろう。タキトゥスは『ゲルマニア』第一八節において、それが家族から家族へと循環するさまを記述している（その一文の意味は通常は誤解されているけれども、まったくもって明瞭である）。

＊

その上、ゲルマン語系の諸地域では、この種の法的なシステムに属しながら、同じような意味の両義性を有した他の語彙も存在している。古代法における担保《ガージュ》というものも、この呪力の相互的な作用に対応したものだったのだ。かつてユヴラン（Huvelin）氏は、定評ある研究論文において[10]、このような呪術的な交換のなかにこそ法的な紐帯の起源、ラテン語のネクスム（*nexum*）（拘束行為。本書所収「贈与論」の第三章を参照）にも匹敵するような法的紐帯の起源があるのではないかと考えた。論点を明確にしよう。ガージュ（*gage*）にしろウェイジ（*wage*）にしろワディウム（*wadium*）にしろワディ（*vadi*）にしろ[*1]、主人と従僕とを結び合わせ、貸し手と借り手とを結び合わせ、買い手と売り手とを結び合わせるものであるけれども、呪術的なものであり、両義的なものである。それはよきものであると同時に、危険なものでもある。それを契約相手の足元に投げ出すとき、相手に対する信頼と思慮に満ちた態度でそうすると同時に、不信と挑発に満ちた態度でもそうするのだ。奇妙なことながら、メラネシア島嶼のトロブリアンド諸島の勇敢なる遠洋航海者にして交易者である人々においても、物を交換するときの最高度に儀礼的な方式がこれなのである。(11) お分かりのように、だから今でも英語では、手袋を投げるという意味の *throw the gage*（英語の gage には、「担保、抵当物」の意と、「挑戦の印として投げた手袋、帽子など」の意とがあり、これを拾うことは応戦を意味したことから、*throw down the gage* で「挑戦する」の意味となる）という言い方をするのだ。

（10）Magie et droit individuel, *Ann. soc.*, t. X, p. 30 以下。

（11）B. Malinowski, *Argonauts of the Western Pacific*, Londres, 1922, p. 473 を見ること。なかでも、pl. LXI, LXII および口絵の見事な写真を見られたい。

そもそもこれらの観念はどれも二面性をもっている。インド＝ヨーロッパ語系の他の諸言語においては、毒という観念のほうに両義性が見られる。クルーゲや、その他の語源学者たちが、ポティオ(*potio*)(ラテン語で「飲むこと・飲酒、毒薬・媚薬」)、すなわち「毒」という系列と、贈り物、毒(*gift, gift*)とを比較するとするなら、それは正当なことである。また、アウルス・ゲリウス(紀元二世紀のローマの文法学者・資料編纂家)がギリシア語のパルマコン(*φάρμακον*)(秘蹟、治療、毒薬、護符)およびラテン語のウェネヌム(*venenum*)(前出三八頁、「薬剤、化粧料、毒物、魔法薬」)の両義性(薬と毒の両義をもつこと)について論じた見事な論述は、[12] 今日《こんにち》でもまだ興味深く読むことができる。それというのも、コルネリウス法(Lex Cornelia de Sicariis et Veneficis)(紀元前八一年頃。殺人・毒殺等について規定)(幸いにもキケロによってその「暗誦用テクスト」自体が今日《こんにち》にまで伝えられている)には、まだウェネヌム・マルム(*venenum malum*)(*malum* は「欠点・過失、不幸・災害、損害・害悪、罰、侮辱、虐待」)が明記されているからである。[13] 呪術的な効能を備えた飲み物、舌に心地よい呪物は、[14] よきものでもありうるし、悪しきものでもありうる。ギリシア語のピルトロン(*φίλτρον*)(惚れ薬、媚薬、呪薬)にしても、必ずしも不吉なことばというわけではない。友情や愛情の印の飲み物も、呪いをかける側がそうと望むのでないかぎり、危険ではないのである。

(12)　12, 9. ここにはちょうど時宜を得たホメロスの引用がある。

(13)　*Pro Cluentio*, 148(『クルエンティウス弁護』のこと。紀元前六六年にキケロがアウルス・クルエンティウス・ハビトゥスを弁護しておこなった弁論。クルエンティウスは、継父に毒を盛ったとして母から訴えられた). 『学説彙纂』には、いかなるウェネヌムが問題となっているのか、「善なるものか、それとも害なるものか」(bonum, sive malum)を明示することが依然として規定されている。

(14)　ウェネヌムをウェヌス(*Venus*)、ならびにサンスクリット語の *van, vanati* に関連づける語源説が正しいとしたならば(Walde, *Lat. Etymol. Wört.* 当該語彙を見ること)、これはありそうなことである(「贈与論」第二章の注(122)を参照)。

*

以上に論じたことがらは、ある単一の事象に関して専門的かつ文献学的に論を発展させたものにすぎない。この単一の事象には、後の研究でしか論及することはできないだろう。それというのも、この事象は、メラネシア諸社会・ポリネシア諸社会・北アメリカ諸社会から、わたしたち自身の倫理意識にいたるまでの、ありとあらゆる社会の、ありとあらゆる種類の法・呪術・宗教・経済を対象とした考察のまとまり全体の一部分をなすものだからである。この点に関して、そしてゲルマン語研究者の守備範囲にとどまりつつ、次のこともまた想起できるのではないだろうか。それは、エマソン(Emerson)のエッセイの一つである「贈り物とプレゼントについて(On Gifts and Presents)」において[15](Ralph Waldo Emerson, "Gifts", *Essays: Second Series*, 1844. 本書所収「贈与論」の第四章を参照)、贈り物を受け取るということに対してわたしたちが今日《こんにち》でも依然として感ずる愉快と不愉快とがじつによく描かれているということである。

(15) *Essays* の第二集を見よ。

これらの諸事象については、「プレゼントにお返しをする義務」に関する研究において提示する予定である。この研究論文は、『社会学年報（*Année sociologique*）』の新シリーズの最初の号に掲載されることになっている（本書所収「贈与論」のこと）。

贈与論——アルカイックな社会における交換の形態と理由

序論　贈与について、とりわけ、贈り物に対してお返しをする義務について

エピグラフ

ここに引くのは、スカンジナビアの『エッダ』にある古詩の一つ、「ハヴァマール」からとった詩節である[1](『エッダ』は北欧の神話・英雄伝説の集成。古詩・古歌謡からなる韻文の『古エッダ』と、一二二〇年頃にアイスランドの文筆家・政治家のスノッリ・ストゥルルソンが編纂した散文の『新エッダ』とがある。「ハヴァマール」は『古エッダ』のなかの歌謡集で、実人生にもとづく処世訓を説く)。本論文のエピグラフには打ってつけであろう。というのは、本稿の行論がたどることになる観念や事象が織りなす世界のただなかに、この詩節がすんなりと読者を導いてくれるからである[2]。

(1) このテクストをわたしが知るようになったのは、カッセル(Cassel)氏の著書、*Theory of Social Economy*, vol. II, p. 345 によってである。スカンジナビアの碩学たちにとって、自民族の古代世界のこうした特徴は馴染み深いものなのだ。

(2) 以下の翻訳は、モーリス・カエン(Maurice Cahen)氏にしていただいた。

三九　「受け取ることを受け入れない」ほど、
　気前がよくて、
物惜しみせず客人をもてなす人など、見たためしがない。
お返しを受け取ることを不快と感ずるほど、
自分の財産について……（形容詞欠落）人も、
見たためしがない。(3)

(3)　この詩節は分かりにくい。とくに、第五行に形容詞の欠落があるために分かりにくくなっている。けれども、通例のとおり、ここに「物惜しみしない」とか「濫費癖がある」とかといった意味のことばを補ってみれば、文意は明白となる。第一行もまた意味がとりにくい。カッセル氏はこれを、「人から贈られた物を受け取らないほど」と訳している。これに対して、ここでのカエン氏の翻訳は逐語的である。カエン氏はわたしに、次のように書き送ってくれている。「この表現の解釈の仕方は一通りではありません。「受け取ることを心地よく思わないほど」と解釈できる一方で、「贈り物を受け取っても、お返しの贈り物をする義務が負わされないほど」とも解釈できるからです。当然のことですが、わたしとしては後者の説明に惹かれています」。わたしは古代ノルド語（『エッダ』や『サガ』の古代アイスランド文学で知られる言語）を解さないけれども、僭越ながらこれとは違った解釈を提示してみたい。この表現は明らかに何らかの古い詩句にもとづいており、その詩句は「受け取ることを受け入れる」といった類のものであったはずである。そうだとすればこの詩行は、訪問する側と訪問される側と、その双方がともに置かれた精神状態を暗示しているのではないだろうか。主人の側も客人の側も、それぞれ一方が歓待を、他方が手土産を供与する際、ともに自分にお返しがなされることなど、あってはならないことででもあるかのように供与するとされている。だが、それでも結局、主人は客人の手土産を受け取ることになるのだし、客人も主人からのお返しを受け取ることになる。それというのも、それらは財だからであり、かつ契約関係を強化するための手段でもあって、契約の欠くべからざる構成要素をなしているからなのだ。

さらには、ここに引く詩節群のなかに、もっと古い詩節を部分的に見てとることができるとさえ、わたしには思われる。というのも、これらの詩節はすべてその構造が同一であって、一風変わってはいるけれども明確な構造をもっており、それぞれの詩節にあっては法的含意をもった一つの詩句が中核をなしているからである。「受け取ることを受け入れない」（第三九節）、「贈り物をし合っていれば友人である」（第四一節）、「贈り物をもらったら贈り物でお返しする」（第四二節）、「自分の心を友の心と一つにし、贈り物をやりとりしなくてはならない」（第四四節）、「けちんぼはいつだって贈り物をこわがる」（第四八節）、「贈り物をあげるのは、いつだってお返しの贈り物を期待しているから」（第一四五節）、などがそうだ。これはまごうことなく諺の集成である。こうした諺や訓戒を中心にして、そのまわりに注解の詩句が配置されており、それによって諺や訓戒の内容が展開されている。したがって、ここにあるのは非常に古い形態の法であるばかりでなく、非常に古い形態の文学でもあるのである。

四一　武器や衣服を贈り合い、
友人どうしは互いに相手を喜ばせなくてはならない。
誰しもこのことは自分自身で(自分自身の経験から)分かっている。
互いに贈り物をし合っていれば、
末永く友人である。
ことが順調に運ぶなら。

四二　友に対しては
こちらも友であらねばならない。
贈り物をもらったら贈り物でお返しせねばならない。
笑いに対しては
笑いを返さねばならない。
嘘に対しては欺瞞を。

四四　よいか。友があって、
その友を信頼しているのなら、
そして、そこからよい結果を得たいのなら、
自分の心を友の心と一つにし、

贈り物をやりとりし、
足繁くその友を訪問しなくてはならない。

四四（四五の誤記）　けれども、別に友があって、
その友を信頼していないのなら、
そして、そこからよい結果を得たいのなら、
ことばの上ではきれいごとを言い、
けれども思いは偽って、
嘘に対しては欺瞞を返さなくてはならない。

四六　信頼することのできない人、
気心の知れない人、
そういう人についても同じこと。
そういう人には微笑みかけて、
心とは裏腹のことをことばにしなければならない。
贈り物をもらったら、それと同様の物をお返しに贈らなくてはならない。

四八　気前がよくて肝っ玉の太い人は
よい人生を送り、

何ものも恐れはしない。
けれども、臆病者は何ごとにつけてもこわがる。
けちんぼはいつだって贈り物をこわがる。

カエン氏は、第一四五節の詩節にも注意を促してくれた。

一四五　度を過ぎるほどたくさんの生贄を(神々に)捧げるくらいなら、
お祈りなど(願い事など)しないほうがよい。
贈り物をあげるのは、いつだってお返しの贈り物を期待しているから。
供物に度を過ぎた出費をするくらいなら、
供物など捧げないほうがよい。

プログラム

主題はお分かりいただけただろう。スカンジナビア文明において、交換および契約は贈り物のやりとりとしておこなわれる。これはその他の多くの文明においても同じである。しかも贈り物は、建前上は自発的に贈られるけれども、実際上はそれを贈り、またそれを返すことが義務として課されているのである。

本論文は、もっと広範な研究のある一断片をなしている。数年前からわたしの注意は二つのことに向けられてきた。二つとも未開社会と言われる社会、ならびにアルカイックな社会と呼ぶことができるような社会を構成しているさまざまなセクションや下位集団が相互に取り結ぶものである。一つは、それらのあいだでの契約にかかわる法的な体制である。もう一つは、それらのあいだでの経済的な給付のシステムである。ここにはじつに膨大な量の事象が存在しており、それらの事象はそれ自体がきわめて複雑である。あらゆることがここで混ざり合っている。わたしたちの諸社会に時代的に先立つさまざま社会——原史時代（文献のない先史時代と狭義の歴史時代との過渡期で、文献資料に乏しい時代）の社会にさかのぼるまで——の文字どおりに社会的な生活、その社会生活をかたちづくるあらゆることが、ここで混ざり合っているのである。こうした「全体的な」社会的現象（この現象をこう呼ぶことを提唱したい）には、あらゆる種類の制度が、同時に、かつ一挙に、表出されている。それは、宗教的な制度であり、法的な制度であり、倫理的な制度である——この場合、それは同時に政治的な制度でもあり、家族関係にかかわる制度でもある。それはまた、経済的な制度である——この場合、それは生産と消費の何らかの特定の形態を前提としている。あるいはむしろ、給付と分配の特定の形態を前提としていると言うべきかもしれない。その上さらに、これらの事象は審美的現象にも行き着くし、これらの制度は社会形態学的現象としてあらわれもするのである（モースにおいて「社会形態学」は社会構造の類型論にかかわるものとして捉えられている）。

これらのテーマは非常に複雑であるし、これらの社会的事象は多様であり、また動態をなしているので、ここではこれらに関する諸特徴のなかから一つだけを考察することにしたいと思う。深層にあるけれども、それだけを単独で取り出すことのできる一特徴である。その特徴とは、これらの給付がいわば自発的であり、見た目には自由で見返りを求めない給付としてなされているにもかかわらず、それがじつは強制力にもとづき、利害関心にもとづいてなされているということである。こうした給付は、ほとんどつねにプレゼントつまり贈り物を気前よく贈るというかたちでおこなわれてきた。取引に気前のよさを示す身振りが備わっているとしても、その身振りには虚構と形式主義と社会的欺瞞しかない場合もあれば、現に義務と経済的な利害関心とが介在している場合もある。だが、そういう場合であってさえ、給付は気前よくプレゼントや贈り物を贈るというかたちでおこなわれてきたのである。このためわたしは、交換というものが——交換とは社会分業にほかならないのだから、つまりは社会分業というものが——必然的にある一つの形態をとるとき、どうしてそれがこのような装いをまとうようになったのか、それに関するさまざまな原理をすべて細かく見てゆくことになる。だが、それらすべての原理のなかでも、さらにまた一つの原理だけを徹底して考究する。遅れた社会、もしくはアルカイックな社会においては、法規範と利得の追求にかかわるどのような規則があって、贈り物を受け取るとお返しをする義務が生じるのだろうか。贈与される物にはどのような力があって、受け手はそれに対してお返しをするよう仕向けられるのだろうか。これが、本論でとくに専心しようとする問題である。もちろん、これ以外の問題にも論及するけれども。この特定の問題に対し、わたしはかなりの数にのぼる事象を通じて、何らかの答えを出したいと考えている。そして、これに関連したさまざまな問いを研究しようとするとき、その研究を全体としてどのような方向に進めることができるのかを示したいと考えている。併せてまた、今日《こんにち》のわたしたちがどのような新たな問題に導かれることになるのかも示したい。新たな問題群の一つは、契約倫理がどのような恒久不変の形態をとるのかをめぐる問題である。現代にあっても、物に関する法は依然として人に関する法との結びつきを保っている。それはどのような結びつきなのだろうか。もう一つの問題群は、交換をつねに統べてきた（少なくとも部分的には統べてきた）形態と観念がどのようなものかをめぐる問題である。それらは現在においてもなお、部分的にではあれ、個人による利益の追求という考えの不足を補っているのだからである。

このようにして、わたしたちは二つの目的を達することになる。一つは、わたしたちの周囲に現存しているさまざまな社会、そして、わたしたちに直接に先立つ過去のさまざまな社会において、人間がおこなう取引にはどのような性質が備わっているのか、これについていわば考古学的な結論にいたるということである。そのために、これらの社会における交換と契約にかかわる諸現象を記述することになる。これらの社会は、これまで言われてきたのとは違って、経済的市場をもっていないわけではない――なぜなら私見によれば、市場というのは、これまでに知られているどんな社会にも存在する人類的な現象だから。ただ、これらの社会では交換体制がわたしたちのとは違うだけなのだ。そこに見ることができるのは、商人が生まれる以前の市場の姿であり、そして、彼らの主要な発明物である本来的な意味での貨幣が生まれる以前の市場の姿である。つまり、契約とか売買とかが近代的とも言える諸形態(セム的形態、古代ギリシア的形態、ヘレニズム的形態、ローマ的形態)をとるようになる以前に、そして、品位検定を施された貨幣(金銀等の含有比率[品位]が当局によって統制・検定された貨幣)が使用されるようになる以前に、市場がどのように機能していたのかということである。これらの取引においてはどのような倫理と経済が作用するのかを見ることになるだろう。

次いで、この倫理と経済はわたしたちの諸社会においても依然として恒常的に、言うなれば潜在的に機能しているのが認められることだろう。わたしはまた、ここにおいて見いだされたものは人間存在の基底の一つであると考えている。わたしたちの諸社会もこうした基底の上に建てられているのだ。したがって二つ目としては、わたしたちの法や経済の危機的状況が呈する諸問題に対して、こうしたことから倫理的な面でいくつかの結論を引き出すことができるようになるだろう。そこまで論じておきたい。本論文のこの部分では、社会史や理論社会学をあつかい、倫理や政治的・経済的実践にかかわる帰結を論ずるけれども、結局のところそうして行き着く先は、古くからあるけれども、つねに新しいさまざまな問いを、新しいかたちのもとで再び提起することにすぎないのである(4)。

（4）　Burckhard, *Zum Begriff der Schenkung*, p. 53 以下を、わたしは参照することができなかった。

しかしながら、アングロサクソンの法システムについては、ポロック（Pollock）とメイトランド（Maitland）が、本論文でわたしが明らかにしようとしている事態を非常によく捉えていた。Pollock and Maitland, *History of English Law*, t. II, p. 82 には、こうある。「贈与ということばは意味範囲の広いことばであり、売買、交換、担保、賃貸借を包含することがある」。Cf. *ibid*., p. 12, *ibid*., p. 212–214.「無償の贈与が法的な力をもつことはない」。ゲルマンの持参財に関するノイベッカー(Neubecker)の論考(*Die Mitgift*, 1909, p. 65 以下)も併せて参照すること。

方法

わたしが採用したのは的確な比較という方法である。第一に、いつものとおり、主題を研究するにあたっては特定の地域を選択し、そこに限定して研究をおこなった。それがポリネシアであり、メラネシアであり、アメリカ北西部であり、いくつかの世界史的に有力な法体系である。第二に、当然のことであるが、さまざまな法体系のなかから選択したのは、資料があり、文献学的な作業もなされていて、法体系のなかに社会それ自身の意識のあり方を把握することができるようなものだけである。というのも、ここで問題となるのは語彙と観念だからである。これによって、比較の領域はいっそう狭められることになった。最後に、研究はどれも体系にかかわるため、それらの体系をわたしは一つひとつ順番に、そのそれぞれの全体性において記述するようつとめた。わたしはしたがって、のべつ幕なしに比較するという通例の比較とは手を切ったのである。そのような比較では、すべてが綯《な》い交《ま》ぜになってしまい、制度からはその地域特有の色合いがすべて失われ、資料からはその持ち味が失われてしまうからである。[5]

（5）注ならびに小さい活字で書かれている部分は、専門的な研究者にしか必要性がない。

給付。贈与とポトラッチ

本著作は、ダヴィ（Davy）氏とわたしとが契約のアルカイックな形態について長年取り組んできた一連の研究の一部をなすものである。[6] したがって、それについてここで要約して述べておかなくてはならない。

（6）Davy, *Foi jurée* (Travaux de l'*Année sociologique*, 1922). 関連文献の情報について、以下を参照すること。Mauss, Une forme ancienne de contrat chez les Thraces, *Revue des études grecques*, 1921（本書所収「トラキア人における古代的な契約形態」）; R. Lenoir, L'Insitution du Potlatch, *Revue Philosophique*, 1924.

*

現代に比較的近い時代になるまでであれ、きわめて不適切ながらわたしたちが未開社会とか低級社会とかという名称で一緒くたにしている社会においてであれ、〈自然経済〉と呼ばれているものに類似したものなど、かつて存在したためしがあったとは思われない[7]（「自然経済」とは、諸物の交換を媒介する共通尺度としての貨幣が存在せず、現物どうしの交換に依拠する経済を指す。これを措定する議論では古い段階の経済とされ、そこから貨幣経済へ、さらには信用経済へという段階説が論じられる）。にもかかわらず、この経済様式を類型化して例示しようと、クックの文献に描かれたポリネシア人の物のやりとりと交換が選ばれてきたものである[8]。だが、これは何とも奇妙な、しかしまた古典的な思い違いであって、本論文が研究対象にしようとするのは、まさしくそのポリネシア人なのだ。ポリネシア人が法と経済に関し、どれほど自然状態から遠く隔たっているのかを、わたしたちは以下で見ることになるからである。

（7）　F・ソムロ(Somlo)氏は、*Der Güterverkehr in der Urgesellschaft* (Institut Solvay, 1909)において、これらの事態についてきちんとした議論と見通しを与えており、そこでは(p. 156)、わたし自身が本論文において進もうとしている道に入りはじめている。

（8）　グリァスン(Grierson)は、*Silent Trade*, 1903において、この偏見と手を切るために必要な諸論拠をすでに示している。フォン・モシュコフスキー(Von Moszkowski)の *Vom Wirtschaftsleben der primitiven Völker*, 1911も同様である。ただし彼は、盗むことのほうが原初的であると考えており、結局のところ、取得する権利を盗みと混同している。マオリに関する事象については、すぐれた報告がW. von Brun, *Wirtschaftorganisation der Maori* (Beitr. de Lamprecht, 18), Leipzig, 1912にあり、そこでは交換に一章がさかれている。未開民族と言われる諸民族の経済に関する最新の総合的研究は、Koppers, Ethnologische Wirtschaftsordnung, *Anthropos*, 1915–1916, p. 611–651, p. 971–1079である。諸理論の紹介においてとくにすぐれているが、それ以外ではいささか理屈っぽい。

わたしたちの経済組織や法体系に先だって存在してきたあらゆる経済組織・法体系においては、財や富や生産物が、個人と個人とが交わす取引のなかでただ単純に交換されるなどということは、ほとんど一度として認めることはできない。第一に、お互いに義務を負い、交換をおこない、契約を交わすのは、個人ではなく集団である[9]。契約当事者となるのは、権利義務の主体となる資格が認められた集団である。対峙し合い、対立し合うのは、クランや部族や家族なのだ（「クラン」は、特定の始祖から男系もしくは女系による単系の共通出自をたどると認知している人々の集団。ただし、内部で具体的な系譜関係をたどれる人々の集団［「リニージ」と言う］よりも規模が大きい。「部族」はクランよりも規模が大きく、出自・言語・文化等を共有する集団として概念化されるが、より地縁的で政治的な機能を果たす集団としての含意も有する）。そうした対峙・対立が、ある場合には集団どうしが実地に相対《あいたい》することによってなされ、別の場合にはそれぞれの首長を仲立ちとしてなされ、さらに別の場合には、この二つの状況が同時に実現することによってなされるわけである[10]。それに加えて第二に、これらの集団が交換するのは財や富だけではない。動産や不動産、経済的な有用性のあるものだけではないのである。交換されるのは何よりも、礼儀作法にかなったふるまいであり、饗宴であり、儀礼であり、軍務であり、女性であり、子どもであり、踊りであり、祝祭であり、祭市である。もちろん祭市では物が取引されるし、富が循環するのだけれど、それは契約のさまざまな契機や要素の一つにすぎないのであって、契約それ自体はそれよりもはるかに一般的であり、はるかに恒常的なのだ。そして最後に、これらの給付と反対給付は、贈り物やプレゼントという、どちらかと言えば自発的なかたちでおこなわれるのだが、それにもかかわらずそれは、実際のところはまったく義務によってなされている。この義務を果たしそこなえば、私的な戦争もしくは公式の戦争となったほどである。

(9)　最近いくつかの論文を発表して以来、わたしはオーストラリアにおいて、規範によって統制された給付がクランとクランとのあいだや、胞族と胞族とのあいだだけにとどまらず、部族と部族とのあいだでも萌芽的におこなわれているのを確認した。とくに、人の死がかかわる場合にそうである。ノーザンテリトリー(オーストラリア中北部)のカカドゥ(Kakadu)部族のところでは、二次葬のあとに三度目の葬送儀礼がおこなわれる。この儀礼のあいだ、男たちは一種の法的な審理を執りおこない、呪いによって死をもたらした張本人が誰であるのかを、少なくとも名目的にでも決定する。けれども、大部分のオーストラリア諸部族の場合とは違って、ここではこのあと、いかなる復讐《ヴェンデッタ》もおこなわれない。男たちは槍を持ち寄って集め、それと引き換えに何を要求するのかを決めることでよしとする。その翌日、集められた槍は別の部族、たとえばウモリウ(Umoriu)部族のところへ運んでゆかれる。ウモリウ部族の陣営では、何のために槍が送られてきたのかをよく心得ている。槍はそこで、所有者ごとにまとめられて並べられる。そうすると、事前に定められていた相場にしたがって、要求してあった物品がこれらの槍の束に相対して置かれ、それから全部がカカドゥ部族へと持ち帰られるのである(Baldwin Spencer, *Tribes of the Northern Territory*, 1914, p. 247)。ボールドウィン卿は、これらの物品が再度槍と交換されることもありうると述べているが、わたしにはあまりよく理解できない。逆に彼は、こうした葬礼と交換との結びつきが理解しづらいと言っており、「原住民はこの結びつきをどうにも説明できない」ともつけ加えている。けれども、この慣習は完全に理解可能である。言うなればこれは、規範にもとづいた法的な和解なのであり、復讐に代わるものであって、これを起源として部族間の取引もはじまるのである。このように物を交換することは、同時に服喪期間中の平和と連帯を約する保証の品を交換することでもあり、このことはオーストラリアにおいて、クランどうしのあいだや、婚姻により協同と連盟で結ばれた家族どうしのあいだで普通におこなわれていることである。ただそれが、この場合は部族どうしの慣習となったところが違うだけなのだ。

(10)　ピンダロスのような後代の詩人ですら言っている(都市国家ポリスを基盤とする古代ギリシア文明は紀元前八世紀頃に開花し、四世紀半ばに衰退。ピンダロスはこのうち、紀元前六世紀末から五世紀後半の人)。「若い花婿を祝して乾杯し、家から家へと盃を贈る」(νεανίᾳ γαμβρῷ προτίνων οἴκοθεν οἴκαδε)（『オリュンピア祝勝歌』第八歌四）（「第八歌」は「第七歌」の誤り）。この節の全体からは、わたしが本論文で記述しようとしている法的状態が、このような後代にあってもなお影響を保っていることが感じ取られる。贈り物、富、結婚、名誉、恩恵、連盟、共食、献杯といったテーマがそれであり、結婚で掻き立てられる嫉妬というテーマさえ含まれている。そこでは、これらのいずれのテーマも、表現力豊かで注解にあたいすることばで綴られている。

わたしは以上のすべてを、全体的給付の体系と呼ぶことを提案した。こうした制度をもっとも純粋に例示しているのは、オーストラリアやアメリカ北部の諸部族において一般的に見られる二つの胞族どうしの連盟《アリアンス》関係ではないかと思われる（「胞族」は、一つの部族のなかで複数のクランが統合されて形成される上位集団のこと。したがって胞族は、部族レベルとクラン・レベルとの中間に位置する）。そこにおいては、儀礼でも結婚でも財の相続でも、法的な紐帯でも利害関係の紐帯でも、軍事的な階級でも宗教的な役職の階級でも、すべてのことがらが相互補完的であり、一つの部族の二つの半族どうしの協力関係を前提としている（「半族」は、部族や村落などが相補的な機能をもつ二つの部分集団に明確に分化している組織［双分組織と言う］における各部分集団のこと。なかでも、これらの部分集団がクランや胞族といった単系出自集団をなす場合に、「半族」と呼ばれる傾向が強い）。たとえば遊戯なども、二つの半族がじつにこと細かに統制している。[11] トリンキット(Tlinkit)とハイダ(Haïda)は、ともにアメリカ北西部の部族であるが、「二つの胞族は互いに敬意を示し合う」という言い回しによって、こうした慣行の性格をはっきりと表現している。[12]

(11) とくに、オマハ(Omaha)の人々における球技の諸規則が注目にあたいするので、参照すること。Alice Fletcher et Francis La Flesche, Omaha Tribe, *Annual Report of the Bureau of American Anthropology*, 1905–1906, XXVII, p. 197, 366.

(12) クラウゼ(Krause)は、*Tlinkit Indianer*, p. 234 以下において、祭宴、儀礼、契約について記述するなかで、それらがこうした性格をもっていることをきちんと把握しているが、ポトラッチという名称には言及していない。バーシン(Boursin, in Porter, Report on the Population, etc. of Alaska, in *Eleventh Census*, 1900, p. 54–66)、ならびにポーター(Porter, *ibid.*, p. 33)は、ポトラッチという名称を用いており、そのポトラッチがこのようにお互いを称揚し合う性格をもつことをきちんと把握している。けれども、こうしたことがらをもっとも明確に指摘したのはスワントン氏である(Swanton, Social Conditions, etc. of the Tlingit Indians, *Ann. Rep. of the Bureau of Amer. Ethn.*, 1905, XXVI, p. 345, etc.)。また、わたしの考察(*Ann. soc.*, t. XI, p. 207)、およびDavy, *Foi jurée*, p. 172も参照のこと。

しかしながらさらに、アメリカ北西部のこれら二部族においては、そしてまた、この地域の全域にわたっても、こうした全体的給付のある一つの形態が存在している。それは、全体的給付としてある典型をなす形態であることは確かだけれども、発達した、比較的まれな形態である。わたしは、これをポトラッチ(*potlatch*)と呼ぶことを提案した。これは、そもそもアメリカの著述家たちがチヌーク(Chinook)語の語彙を用いてこう呼んでいることにならったものである（チヌーク語は北米大陸北西部、コロンビア川流域の先住民の言語。河口にはハドソン湾会社が建てられ、白人毛皮商人などの拠点となっていた）。この語彙は、ヴァンクーヴァーからアラスカにかけての白人やインディアンが用いる日常語に取り入れられたのだが、「ポトラッチ」とは本来、「養う」とか「消費する」という意味である。[13] これらの部族は非常に豊かで、島や海岸部や、ロッキー山脈と海岸とのあいだの地帯で生活しており、冬になると、宴会や祭市や取引といった間断のない祝祭に明け暮れる。それはまた、部族が儀式的に集まる場でもある。部族には、階層化された儀礼結社がいくつもあり、また秘密結社がいくつもある。しばしば秘密結社は儀礼結社と、あるいはクランと一つになっているけれども、こうした祝祭において、部族はこのような集団ごとに参集する。そして、クランにせよ結婚にせよ、イニシエーションにせよシャーマニズムのセッションにせよ、偉大な神々への礼拝にせよトーテムへの礼拝にせよ、クラン全体の集合的な祖先への礼拝にせよクランの個別の祖先への礼拝にせよ、すべてのことが混ざり合い、儀礼や、法的・経済的な給付や、政治的位階の決定などの緊密に織りなされた網の目をかたちづくる。それは男性結社においてそうであるし、部族においてそうであるし、部族連合においてもそうである（北米先住民の「部族連合」では、一六世紀後半に形成されたイロクオイ諸族の五部族連合が有名。一八世紀前半に六部族連合に発展）。さらにそれは、民族を異にする集団間《アンテルナシオナルマン》においてさえそうである[14]。だが、これらの諸部族において注目すべきなのは、こうした慣行のすべてを支配している競合と敵対の原理である。それは戦闘にまでいたり、対峙し合う首長や貴族たちの殺害にまでいたることがある。他方でそれは、ただひたすら豪奢を尽くすためだけに、蓄積しておいた富を破壊するにいたることもある[15]。そうすることで、自分と競合関係にある首長、それはまた同時に自分と協同関係にある首長でもあるのだが（通常は自分の祖父であったり、妻の父であったり、娘の夫であったりする）、を凌駕しようとするのである。そこでは、一つのクランの全体が、クランの全成員のために、クランが所有するすべてを賭し、クランがおこなうすべてを賭して、クランの首長を仲立ちとして関係を取り結んでいる[16]。この意味でそこには全体的給付が存在する。だが、首長によってなされるこの給付においては、競覇的な様相がきわめて顕著である。まったくもってそれは、豪奢を尽くして相手に大きな貸しをつくるためのものなのだ。そこに見られるのは何よりも貴族どうしの戦いである。後々自分たちのクランに有利になるよう、貴族たちがお互いのあいだに階層関係を確立するためにおこなう戦いなのである。

（13）　ポトラッチという語の意味については、Barbeau, *Bulletin de la Société de Géographie de Québec*, 1911; Davy, p. 162 を参照のこと。ただし、そこで提示されている意味がこの語のそもそもの原義であるとは、わたしには思われない。現にボアズ（Boas）は、ポトラッチという語について(もっともボアズの説明はクワキウトル語のこの語についてであって、チヌーク語のではないけれども)、*Feeder*(食べ物の与え手)という意味を当てており、字義どおりには《*place of being satiated*》(飽食するところ)という意味であるとしている(Boas, *Kwakiutl Texts*, Second Series, Jesup Expedit., vol. X, p. 43, n. 2; cf. *ibid.*, vol. III, p. 255, 517, 語彙見出し PoL を見よ)。けれども、贈与および食べ物というポトラッチの二つの意味は、両立しないものではない。というのも、給付の基本的な形態は、ここでは食べ物を与えるというかたちをとっている(少なくとも建前上は)からである。これらの意味については、第二章の注(208)を見ること。

(14) ポトラッチの法的側面については、アダム(Adam)氏が *Zeitschr. f. vergleich. Rechtswissenschaft*, 1911 およびそれ以降における諸論文、ならびに *Festschrift* à Seler (*Festschrift Eduard Seler*), 1920 において、また、ダヴィ氏が *Foi jurée* において考察している。宗教的側面および経済的側面も同様に重要であり、徹底的な考究がなされねばならない。実際、ポトラッチに関与する人物や、そこで交換されたり破壊されたりする物品が宗教的な性質を有することは、それらの人や物に対してあてがわれた価値と同じく、契約の本質と無縁ではない。

(15) ハイダは富を「殺す」という言い方をする。

(16) Boas, Ethnology of the Kwakiutl, *XXXVth Annual Rep. of the Bureau of American Ethn.*, t. II, p. 1340 に載録されたハント(Hunt)の収集データを見られたい。そこには、ポトラッチのためにクランがどのように首長に協力するかについて興味深い記述があり、また、いくつかの非常に興味深い口上の表現を見ることができる。とくに、首長が述べる次のようなことばがある。「それというのも、これはわたしの名においてなされることではないからです。これがなされるのは、あなたがたの名においてなのです。ポトラッチのために自分の財産を与えたのだと言われるようになれば、あなたがたは諸部族のあいだに名をなすことになるでしょう」(p. 1342, l. 31 以下)。

わたしはポトラッチという名称を、この種の制度に限定して用いることを提案する。これはまた、より慎重を期し、より正確を期すならば、より長い言い回しにはなるけれども、競覇型の全体的給付と呼ぶこともできるであろう。

これまでのところ、わたしがこの制度の具体例を見つけることができたのは、アメリカ北西部の諸部族、アメリカ北部の一部の諸部族[17]、メラネシア、およびパプア地域《パプアジー》[18]（ニューギニア島のうち旧オーストラリア領であった島の東南地域を指す用語）においてだけであった。これ以外のところでは、アフリカにせよ、ポリネシアやマレー半島にせよ、南アメリカや、さらには北アメリカの他の地域にせよ、クランどうしや家族どうしのあいだでおこなわれる交換の基礎は、全体的給付のなかでももっと基本的な型であるように思われた。ところが、研究がより深まりをみせた今となってみると、一方にアメリカ北西部やメラネシアの交換のような、激烈な競合と富の破壊をともなう交換があり、他方に関係当事者がプレゼントで張り合うだけのような、もっと穏やかな競争をともなう交換があるとしても、そのあいだには非常に数多くの中間的な形態のあることが分かってきた。たとえば、わたしたちはご祝儀や饗宴や結婚式や普通のお呼ばれなどで競い合っているし、ドイツ人のことばを借りれば、「ズィヒ・レヴァンシーレン(sich revanchieren)」する[19](お返しをする、仕返しをする)よう強いられていると、いまだに感じているものである。わたしはこうした中間的な形態の一部を、古代インド=ヨーロッパ語族の世界、とりわけトラキアの人々のもとに見いだしたのだった[20]。

(17) ポトラッチがおこなわれる領域は、実際、北西部の諸部族の境界を越えている。とりわけ、アラスカ・エスキモーたちの「懇請祭(*asking Festival*)」については、それが近隣に居住するインディアン諸部族から取り入れた借用物ではないという観点から考察する必要がある。第一章の注(45)を見よ。

(18) *Ann. soc.*, t. XI, p. 101 および t. XII, p. 372–374, さらに *Anthropologie*, 1920 (Compte Rendu des séances de l'Institut français d'Anthropologie) におけるわたしの考察を見ること。ルノワール氏は、南アメリカにもポトラッチがあることを示すかなり明確な事象を二件指摘している(Lenoir, Expéditions maritimes en Mélanésie, in *Anthropologie*, sept. 1924)。

(19) このことばを用いているのは、トゥルンヴァルト(Thurnwald)氏である。Thurnwald,

Forschungen auf den Salomo-Inseln, 1912, t. III, p. 8.

（20）*Rev. des ét. grecques*, t. XXXIV, 1921（本書所収「トラキア人における古代的な契約形態」）.

さまざまなテーマ——規範や観念——が、この型の法体系と経済組織には含まれている。これらの心的メカニズムのなかでもっとも重要なのは、言わずもがなであるが、受け取った贈り物に対してお返しをするように強いるメカニズムである。ところが、こうした強制力が作用する倫理的かつ宗教的な理由が、ポリネシアほど明瞭なところはない。そのため、ポリネシアをとくに考察してみることにしたい。そうすれば、どのような力が作用して、受け取った物にお返しをするようになるのか、そしてまたより一般的に、要物契約（契約成立に当たって、当事者どうしの合意だけでなく、目的物の引渡や給付を必要とする契約）を実行するようになるのか、このことが明らかになるであろう。

第一章　贈り物を交換すること、および、贈り物に対してお返しをする義務（ポリネシア）

一　全体的給付、女の財－対－男の財（サモア）

契約としての贈与の体系がどのような広がりをもっているかに関し、以上のように研究を重ねてきたわけだが、その間、長らく、ポリネシアには本来的な意味でのポトラッチは存在しないように思われた。かぎりなくポトラッチに類似した制度をもつポリネシアの諸社会ですら、「全体的給付」の体系にとどまっているように思われた。すなわち複数のクラン間に、女性、男性、子ども、儀礼、等々を、互いに互いのものとし合うような契約が永続的に成立している、そのような体系にとどまっているように思われたのである。その当時、わたしたちはさまざまな事象を考察し、とりわけサモアについては、結婚に際して首長どうしが執りおこなう紋章入りのゴザの交換という注目すべき慣行を考察したのであったが、わたしたちが考察した諸々の事象からは、それらがこの「全体的給付」の段階を超えるとは見えなかった。[1] メラネシアには競合という要素や、破壊、闘争という要素があるのに、ポリネシアにはそれらの要素が欠けているように見えたからである。しかしながら結局のところ、考察できた事象があまりに少なすぎたのだった。今では、ポリネシアでのポトラッチの存在について当時ほど否定的にならずにいられると思う。

(1) Davy, *Foi jurée*, p. 140 は、婚姻の点から、および婚姻と契約との関係の点から、これらの交換を考察している。だが、こうした交換がそれとはまた別の広がりをもつことを、本稿ではご覧いただく。

まず、契約として贈り物をやりとりするというサモアのこの体系は、婚姻という領域を大きく超えた広がりをもっている。次のようなさまざまな出来事の際に、贈り物がやりとりされるからである。子どもの誕生、[2] 割礼、[3] 病気見舞い、[4] 娘の成女祝い、[5] 葬儀、[6] 交易。[7]

(2) Turner, *Nineteen Years in Polynesia*, p. 178; *Samoa*, p. 82 以下、Stair, *Old Samoa*, p. 175.

(3) Krämer, *Samoa-Inseln*, t. II, p. 52–63.

(4) Stair, *Old Samoa*, p. 180; Turner, *Nineteen Years*, p. 225; *Samoa*, p. 142.

(5) Turner, *Nineteen Years*, p. 184; *Samoa*, p. 91.

（6）　Krämer, *Samoa-Inseln*, t. II, p. 105; Turner, *Samoa*, p. 146.

（7）　Krämer, *Samoa-Inseln*, t. II, p. 96 および p. 363.　交易をおこなうための遠洋航海、「マラガ（malaga）」は（ニューギニアの「ワラガ walaga」と比較すること）、実際、ポトラッチときわめて近い。隣のメラネシア島嶼で遠洋航海がおこなわれるとき、その特徴をなすのがこのポトラッチである。クレーマー（Krämer）は、「トンガ（tonga）」に対する「オロア（oloa）」の交換（これについては後述する）を言うのに、「ゲーゲンゲシェンク（Gegenge-schenk）」（お返しの贈り物）という語を用いている。リヴァース（Rivers）やエリオット・スミス（Elliot Smith）の学派に属するイギリスの民族誌学者のような極論に陥ってはならないし、また、ボアズ（Boas）以下、アメリカ大陸におけるポトラッチの全体系のなかに一連の借用の過程を見ようとするアメリカの民族誌学者のような極論に陥ってもならないけれども、その一方で制度というものが別の地域へと伝わってゆくということには、十分な考慮を払う必要がある。とくに今の場合は、相当に頻繁な交易が、島から島へ、港から港へと、非常な長距離におよんで、非常に古い時代からおこなわれてきたのであって、それによってたんに物品が伝達されただけでなく、物品を交換する際の交換の作法もが伝達されてきたに違いないからである。マリノフスキー（Malinowski）氏は、その著作（これについては本論文でもあとで引く）においてこのことを正しく把握している。こうした諸制度（北西メラネシア）のいくつかについては、以下の研究を見ること。R. Lenoir, Expéditions maritimes en Mélanésie, *Anthropologie*, septembre 1924.

次に、ここでは、本来的な意味でのポトラッチを構成する二つの本質的な要素がはっきりと確認できる。一つの要素は、富によって授けられる名誉、威信、「マナ(mana)」(超自然的・呪的な力を意味するメラネシア起源のことば。一九世紀末から二〇世紀はじめにかけ、欧米の学界で人口に膾炙した)である。(8) もう一つの要素は、こうして贈られた物に対してお返しをするという絶対的な義務である。この義務を果たさないと、「マナ」や権威を失う羽目になる。権威というのは、それ自体が富のお守りであり、富の源泉であるので、権威が失われると、富を生み守るものも失われてしまうのである。(9)

(8) マオリのクラン間の競合は、いずれにせよかなり頻繁に言及されている。とりわけ祭宴を競い合って催すことについて。たとえば、S. P. Smith, *Journal of the Polynesian Society* (以降、本論文では *J.P.S.* と記す), XV, p. 87 を見よ。また、本章の注(78)も見ること。

(9) この場合に、これを本来的な意味でのポトラッチであるとわたしが言わないのは、お返しにはもらった以上を与えるという特徴が反対給付に欠如しているからである。けれども、のちほどマオリの法体系について見るとおり、お返しをせずにいると「マナ」の喪失が惹起される。中国人の言う「面子」が失われることになる。サモアでも、贈り物をしてお返しをする、というふうにしなくてはならず、そうしないと同様の結果をこうむることになる。

第一の要素について、ターナーは次のように述べている。

子どもの誕生の祝宴をおこない、オロア（*oloa*）とトンガ（*tonga*）——言いかえると、男の財と女の財ということであるが——を受けたり返したりしたからといって、それを経た夫と妻が以前よりも裕福になるというわけではない。だが、夫婦は、自分たちが大きな名誉とみなしているものを目の当たりにしたことに満足をおぼえるのである。夫婦の息子の誕生に当たって集められた大量の財がそれである。(10)

(10)　Turner, *Nineteen Years*, p. 178; *Samoa*, p. 52. 破産と名誉というこのモチーフは、北西アメリカのポトラッチに本源的である。Porter, *11th Census*, p. 34 における事例を見よ。

他方で第二の要素については、これらの贈与行為は義務的に、かつ恒常的になされるのだが、それは、そうした贈与行為を引き起こすような当事者どうしの法的状態があるからである。このほかにお返しを促すような強制力がないとしても、この法的状態だけで贈与行為は義務的・恒常的となりうるのだ。たとえば、女性が自分の兄弟からその子どもを預かる場合、つまり、女性の夫が自分の義理の兄弟からその子どもを預かる場合がある。子どもから見ると、母方オジのところに預けられることになるわけである。*1 このときこの子どもは、それ自身がトンガ、つまり女の財と呼ばれる。(11) その一方でこの子どもは、現地《アンディジェーヌ》の産物という性格をもったさまざまな財[12]、すなわち、さまざまなトンガが、子どもの家族から子どもを受け取った相手の家族へと流れ続けてゆくための回路である。それと同時にこの子どもは、産みの両親がこの子を養取した親から、外来《エトランジェール》の産物という性格をもったさまざまな財、すなわち、さまざまなオロアを得るための手段である。子どもが生きているかぎり、そうであり続けるのである。

このように［自然の関係紐帯を］犠牲にすることによって、現地財と外来財とのやりとりが、体系的な仕方で容易となるのである。

(11) ターナーは、*Nineteen Years*, p. 178; *Samoa*, p. 83 において、子どもを「養子」と呼んでいるが、これは間違いである。この慣習は「養育制度(fosterage)」、つまり子どもに対してその生家の外で養育を施すという慣習にほかならない。ただ、それがここでは、子どもが女方の家族へと一種の帰還をおこなうことに当たるというだけである。それというのも、子どもは父親の姉妹の家族で育てられることになるからで、じつはこれは、父の姉妹の夫である母方オジのところだからである。ポリネシアでは、女方親族と男方親族と、その双方について類別的に親族関係を同定することを忘れてはならない。エルスドン・ベスト(Elsdon Best)の Maori Nomenclature という論文に関するわたしの書評(*Ann. soc.*, t. VII, p. 420)、ならびに、デュルケーム(Durkheim)の考察(*Ann. soc.*, t. V, p. 37)を参照せよ。

（12） Turner, *Nineteen Years*, p. 179; *Samoa*, p. 83.

要約すれば、子どもというのは女の財であるわけだが、女方の家族のさまざまな財が男方の家族の財と交換されるための手段なのである。さらに、母方オジのところで現に生活することによって、子どもはそこで生活するという権利を当然のように得ることになり、したがってまた、母方オジの所有財全般に関する権利を得ることになる。メラネシアの諸地域では姉妹の息子がオジの所有財に対して全般的な権利を有するとされているわけだが、この一事だけで、サモアの「養育制度（fosterage）」の体系は、メラネシアにおける女方オイの権利に非常に近いところにあると見えてくる。[13] サモアには、競合、闘争、破壊という主題が見られないだけであって、それさえあればポトラッチが存在することになるわけなのだ。[*2]

（13） フィジーのヴァス（*vasu*）（姉妹の息子のこと。一〇四頁参照）に関するわたしの考察を見よ（Procès-verb. de l'I.F.A., in *Anthropologie*, 1921）。

だが、ここでは、オロアおよびトンガという二つの語彙に注目しておこう。とくに、後者のトンガを取り上げよう。トンガというのは、恒常的に妻のものである財産の一種である。なかでも結婚の際のゴザがそうで、[14] これは当該の結婚から生まれた女児がいずれ相続することになっている。それからまた、さまざまな装飾品や護符類があり、これらは結婚によって新たに形成された家族に妻がもちこむものであるが、それらはいずれ返却しないといけない(15)。これらはつまり、用途の上から不動産と見なされる財(物体としてはあちこちに移動しても、帰属先が決まっていて不動である財。フランス民法典で「用途による不動産」は、性質上は動産であるが、その用途により法律上は不動産の従属物と見なされて相続される財を指す)なのである。これに対してオロアのほうは(16)、まとめて言うと、とくに夫に帰属している物品、多くの場合は道具類を指しており、こちらのほうは主として動産(物体としてあちこちに移動し、帰属先もそれに応じて転々とかえる財)である。このため今ではこの語彙は、白人がもちこんださまざまな物品に対しても適用されている(17)。もちろんこれは、近年になって語彙の意味が拡張したのである。ターナーはこの二つの語彙に対して、「オロア＝外来のもの(*foreign*)」、「トンガ＝現地のもの(*native*)」という訳を与えているわけであるが、以上から、この訳を真に受けるにはおよばない。この訳は不正確かつ不十分である。ただし、この訳に見るべき点がないわけではない。というのも、トンガと呼ばれる財産は、オロアと呼ばれる財産よりも、土地やクランや家族や人に(18)、より密接に結びついていることを、この訳は証しているからである。

(14) Krämer, *Samoa-Inseln*, *toga* の項。t. I, p. 482, t. II, p. 90.

(15) *Ibid.*, t. II, p. 296. また、p. 90(トガ *toga* をミットギフト *Mitgift*(妻方の持参財)としている)、お

よびp. 94のオロアのトガとの交換を参照すること。

(16) *Ibid.*, t. I, p. 477. Violette, *Dictionnaire Samoan-Français*, « *toga* » の項では、次のとおり、きわめて明確に述べられている。「その土地に由来する富のことで、細編みゴザからなる。オロアは、家屋、小舟、布、銃といった富のことである」（p. 194, 第二段）。さらに彼は、オア（*oa*）を参照するよう指示している。これは、外来のあらゆる物品からなる富や財のことである。

(17) Turner, *Nineteen Years*, p. 179. また、p. 186も参照のこと。トレギア（Tregear）は、*Maori Comparative Dictionary*, p. 468で（項目 *taonga* で *toga* という語彙に触れて）、トガというこの名称で呼ばれる財と、オロアという名称の財とを混同している。もちろんこれは不注意による。

エラ（Ella）神父は、Polynesian Native Clothing, *J.P.S.* t. IX, p. 165において、「イエ・トンガ（*ie tonga*）」（ゴザ）（タコの木［パンダヌス］の葉の繊維を編んだ目の細かなゴザ。細編みゴザ）を次のように記述している。

これが原住民の主たる富であった。かつては、所有財の交換や、結婚や、特別の儀礼的な機会において、これが貨幣の役割を果たすもののように使われていた。しばしば家族のなかで「法定相続動産（*heirlooms*）」（補充指定を受けた財）（動産でありながら不動産に付帯して相続人に継承される財を指す用語）として維持されており、古い「イエ（*ie*）」のなかには、名のあるどこそこの家族に帰属してきたとして、今でも知られ、非常に高い評価の的となっているものがたくさんある。（以下略）

Turner, *Samoa*, p. 120 と比較せよ。のちに見るとおり、こうした表現の仕方にはすべて、メラネシアや北アメリカに、そしてまたわたしたちの口承に、同様のものがある。

(18) Krämer, *Samoa-Inseln*, t. II, p. 90, 93.

けれども、考察する領域を広げてみれば、トンガという観念には違った意味合いがあるということがすぐに分かる。マオリ語でもタヒチ語でもトンガ語でもマンガレヴァ語でも、このことばは本来的な意味で所有財と言えるもの、富や力や影響力をもたらすもの、また、交換されたり、引き換えにお返しがやりとりされたりしうるもの、そうした一切のものを指している[19]。それらはもっぱら財物であり、護符であり、紋章であり、ゴザや聖像であり、場合によっては伝承や礼拝や呪術儀礼であることさえある。こうしてここで、護符としての所有財という観念に行き合うのである。この観念はマレー＝ポリネシア世界の全域に見られるとわたしは確信している。さらには、太平洋の全域に見られるとさえ確信している[20]。

(19) Tregear, *Maori Comparative Dictionary*, *taonga* の項目を見ること。タヒチ語について、タタオア(*tataoa*)(所有財を与える)、ファアタオア(*faataoa*)(償う、所有財を与える)。マルケサス諸島において、Lesson, *Polynésiens*, t. II, p. 232, タエタエ(*taetae*)。以下を参照のこと。ティアウ・タエタエ(*tiau tae-tae*)(お土産にもたせて差し上げる物を出しなさい)、贈られたプレゼント、「外来の財を得るために贈られた自分の土地の財・贈り物」、Radiguet. *Derniers Sauvages*, p. 157. この語の語根はタフ（*tahu*）である、等々。

（20） Mauss, Origines de la notion de Monnaie, *Anthropologie*, 1914（Procès-verbaux de l'I. F.A.）を見ること。そこで言及されている事例は、ニグリシア（サハラ砂漠以南の西アフリカから中央アフリカにかけて広がる「スーダンSoudan」を指すフランス語の古称）とアメリカ原住民の事例を別にすると、ほとんどすべてこの地域のものである。

二　与えられた物の霊（マオリ）

さて、このように見てくると、ある非常に重要な事実へと導かれることになる。少なくともマオリの法と宗教の理論のなかでは、人・クラン・土地に強く結びつけられているのがタオンガ（*taonga*）であるということがそれだ。タオンガは、それらの「マナ」、すなわち呪術的・宗教的・霊的な力を媒介する。G・グレイ（Grey）卿[21]とC・O・デイヴィス（Davis）[22]によって幸いにも採集されたある俚諺では、タオンガに対して、受け取った者を滅ぼしてしまえ、という祈りかけがなされている。つまり、相手が法的なしきたりを遵守しない場合、とりわけ、お返しをする義務を遵守しない場合には、タオンガは相手を滅ぼす力を内蔵しているということなのである。

（21） *Proverbs*, p. 103（翻訳は p. 103）.

（22） *Maori Mementoes*, p. 21.

亡友のエルツ(Hertz)は、こうした諸事象の重要性をかねてから認識していた。自分で見つけたものを秘匿しておかない、その我欲のなさがエルツのすばらしいところだが、エルツはある資料カードに、「ダヴィとモースに教えること」と書き込みをしてくれていたのである。そのカードに記されていたのは、次のようなデータである。コレンソ(Colenso)の言うところでは、「マオリの人々は一種の交換の体系をもっていた。もっと正確に言えば、贈り物を与えると、のちにそれと交換に別の物を与えたり、それにお返しをしたりしなくてはならないとする体系をもっていた」[23]。たとえば、干し魚と鳥の脂漬け、またはゴザとを交換するといった具合である[24]。これらはすべて、部族と部族とのあいだで、または「友好関係にある家族と家族とのあいだで、いかなる明示的な取り決めもなしに」交換されるのである。

（23） In *Transactions of the New-Zealand Institute*, t. I, p. 354.

（24） マオリ自身の伝承によると、ニュージーランドの諸部族は理論上、漁撈民、農耕民、狩猟民に区分されている。それらは、それぞれの生産物を恒常的に交換し合うものと考えられている。Elsdon Best, Forest Lore, *Transact. N.-Z. Inst.*, vol. XLII, p. 435 を参照すること。

しかし、エルツはさらにあるテクストを書き記していた（彼の資料カードにそれを見ることができる）。このテクストのことはわたしも知っていたにもかかわらず、その重要性については、ダヴィもわたしも見逃していたのであった。

それはハウ（*hau*）、つまり、さまざまな物の霊、とりわけ森の霊、および森に棲息する狩猟対象となる鳥獣の霊についてである。エルスドン・ベスト（Elsdon Best）氏に情報を提供したマオリのなかでも最良のインフォーマントの一人にタマティ・ラナイピリ（Tamati Ranaipiri）（エルスドン・ベストの原典では「タマティ・ラナピリ Tamati Ranapiri」）がいるが、その彼がまったく偶然の成り行きで、何の先入見もなしに、この問題に関する鍵を与えてくれている[25]。

(25)　*Ibid.*, p. 431. マオリ語テクスト。翻訳は p. 439.

ハウ（*hau*）についてお話ししましょう……。ハウというのは吹く風のことではありません。まったく違います。あなたが、ある特定の品物（タオンガ *taonga*）をもっているとしましょう。そして、その品物をわたしにくれるとしましょう。あなたはわたしに、あらかじめ値段を取り決めることなどなしに、それをくれるのです[26]。わたしたちはこれに関して取引などしないのです。さて、わたしがこの品物を第三の人物にあげます。この三人目は、ある一定の時間が過ぎたあとで、支払い（ウトゥ *utu*）[27]として何かを返すことに決め、わたしに何か（タオンガ）を贈り物として寄越すのです。このとき、この人がわたしにくれるこのタオンガは、わたしがあなたから受け取り、次いで彼へとあげたタオンガの霊（ハウ）なのです。後者のタオンガ（あなたがくれたほうのタオンガ）のかわりにわたしが受け取ったタオンガですが、こちらのタオンガを、わたしはあなたに返さなくてはなりません。このようなタオンガを自分のものとしてとっておくのは、それがわたしの欲しいもの（ラウェ *rawe*）であっても、嫌いなもの（キノ *kino*）であっても、わたしのふるまいとして正しい（ティカ *tika*）ことではないのです。わたしはこれをあなたにあげなくてはなりません。なぜならこれは、あなたがわたしにくれたタオンガのハウであるからなのです[28]。もしもわたしが、この二つ目のタオンガを自分のためにとっておいたとするなら、そこからわたしに災厄がふりかかることになるかもしれません。本当です。死ぬことさえあるかもしれないのです。以上がハウです。人の所有財のハウ、タオンガのハウ、森のハウです。カティ・エナ（*Kati ena*）（この話はこれでおしまい）。

（26）　ハウ（*hau*）という語はラテン語のスピリトゥス（*spiritus*）と同じで、風と魂と、その両方を指している。魂というのは、もっと正確に言うと、無生物や植物の魂や力のことである。

少なくともいくつかの場合では。というのも、人間や霊に関してはマナ（*mana*）という語が用いられるからである。マナという語が物に対して適用されることは、（マオリ語では）メラネシア諸語ほど多くはない。

（27）　ウトゥ（*utu*）という語は、血讐者による報復の実施や、補償、返済、責任などの履行を言う語である。また、価格という意味もある。倫理・法・宗教・経済にかかわる複合的な観念である。

（28）　へ・ハウ（*he hau*）。エルスドン・ベスト氏はこの二語の訳を全体として簡略化してしまっているが、ここではそれにしたがうことにする。

このテクストは格別の重要性をもっており、いくつか注釈の余地がある。このテクストは純マオリ的で、いまだに漠然としたところのある神学的・法的な精神、すなわち「秘密の家」の教理が刻まれている一方で、ところによっては驚くべきほどの明晰さを備えたテクストであって、疑問とすべき点は一つしかない。第三者の介在がそれである。だが、マオリの法学者の言うことをきちんと理解するためには、次のように言うだけで十分である。

タオンガも、厳密に人に帰属すると言えるあらゆる所有財も、ハウを、霊的な力を、もっているのです。あなたがわたしに、それらのうちの一つをくれるとします。わたしがそれを第三者にあげます。すると、この第三者は別の物をわたしに返すことになるのです。なぜって、わたしがあげた贈り物のハウがそうするよう、この人を仕向けるからです。そして今度はわたしが、この物をあなたにあげるように仕向けられるのです。だって、もとはと言えば、あなたのタオンガのハウが生みだした物なのですから、わたしはそれをあなたに返さなくてはならないのです。

以上のように解釈すれば、この考え方は明瞭になるし、それだけでなく、マオリの法体系の中核をなす考え方の一つとしてあらわれてくる。贈り物を受け取ったり、交換したりすることにおいて義務が課されるのは、受け取られた物に活性があるからである。贈り手が手放してなお、それは贈り手の何ものかなのである。その物を介して、贈り手は受益者に対して影響力をもつ。それは、自分の所有物を盗まれた人がそれを盗んだ人に対し、その物を介して影響力をふるうのと同じである。(29) なぜならタオンガは、その森のハウ、その郷土のハウ、その土地のハウによって命を吹き込まれているからである。それはまさしく、「現地生まれの(native)」ものなのだ。(30) それを手にした者には、それが誰であろうと、このハウがついてまわるのである。

(29) この最後の点については、R・エルツが「罪と贖い(Le Péché et l'Expiation)」に関する研究の節の一つで用いるために多数の例証を収集している。それらの事例が証拠立てているのは、盗みに対する制裁というのは、マナが、つまり盗まれた物に対してその物の所有者が保持し続けている力が、その呪術的・宗教的な効能をただ発揮したものにすぎないということである。その上また、盗まれた物もさまざまな禁忌で囲繞され、さまざまな所有の表徴を刻印されているため、そうした禁忌や表徴によって盗まれた物にもハウ、つまり霊力が充当されているということである。このハウが、盗みに遭った人のかわりに報復を遂げるのだし、盗んだ人に取り憑いて呪いをかけ、その者を死へと追いやったり、盗品を返還するよう強制したりするのだ。エルツのこの本はいずれ出版されることになっているので（モースの編集により、Robert Hertz, Le péché et l'expiation dans les sociétés primitives, *Revue de l'histoire des religions*, 1922 として出版）、そこでこれらの事例をご覧いただきたい。ハウに当てられる節のところである。

(30)　ここで論及しているのはマウリ（*mauri*）のことである。これについては、R・エルツの研究にさまざまな資料を見ることができる。マウリというのは、護符であり、守護物であり、聖所であって、そこにはクラン、すなわちハプ（*hapu*）の魂や、クランのマナや、クランの土地のハウが宿っているのである。

この点に関するエルスドン・ベスト氏の資料は注釈と議論を要する。なかでも、ハウ・ウィティア（*hau whitia*）とカイ・ハウ（*kai hau*）という注目すべき表現に関する資料がそうだ。中心となる行論は、Elsdon Best, Spiritual Concepts, *Journal of the Polynesian Society*, t. X, p. 10（マオリ語テクスト）ならびに t. IX, p. 198 である。ここではこれらをきちんとあつかうことはできないが、わたしの解釈は次のようなものである。エルスドン・ベスト氏は「ハウ・ウィティア、すなわちそらされたハウ」と言っており、この訳は正確であるように思われる。というのは、物を盗むとか、支払いをしないとか、お返しの給付をしないとかといった罪は、取引するのを拒絶したり、贈り物をあげるのを拒絶したりする(それは盗みと同じこととされるのだが)のと同様に、魂をそらすこと、ハウをそらすことにほかならないからである。これとは反対に、カイ・ハウのほうは、ハウ・ウィティアとたんに同義と見なされるなら、訳としてはよろしくない。それというのも、これが示しているのは魂を食べる行為のことであって、むしろワンガイ・ハウ(*whangai hau*)と同義の表現だからである。これについては、Tregear, *Maori Comp. Dict.* の、*kai* ならびに *whangai* の項目を見よ。ただし、両者の同義性は単純ではない。なぜならば、ここで問題となっている意味類型は食べ物、すなわちカイ(*kai*)のものであって、このことばは共食システムや、共食において食べ物をもらいっぱなしであるのを過失とするシステムを示唆しているからである。それだけではない。ハウという語それ自体が、こうした観念領域の一部をなしているのである。Williams, *Maori Dict.* p. 23 には、*hau* の項目でこう述べられている。「ハウ　贈り物を受け取ったことに対するお礼としてお返しに渡される贈り物」。

ハウは、最初にタオンガの受け手となった者についてまわるし、そこからさらにタオンガが第三者に渡された場合には、その第三者にもついてまわる。だが、それにとどまらず、タオンガがただ手渡されただけで、ハウは誰彼なくついてまわるのである[31]。結局のところ、ハウが自分の生まれた場所に帰りたがっているのだ。ハウが、森やクランの聖所に、そしてもともとの所有者のところに、帰りたがっているのである。タオンガが、もしくはタオンガのハウが——これらはいずれも、それ自体が一種の個別存在者である[32]——、こうした一連のタオンガの使用者に取り憑いている。取り憑くのをやめるのは、これらの使用者たちが、自分自身の財産やタオンガや所有物によって、あるいはみずからの働きや取引によって、饗宴やお祭りや贈り物をおこない、同等のもの、もしくは価値において上回るものをお返しするときである。こうして、最初に贈り手であった人が最後には受け手となるわけであり、今度はこの人に対して、お返しをした人たちが権威と力をもつことになるのである。以上が中心的な観念となって、サモアとニュージーランドでは、富や貢ぎ物や贈り物の義務的な流通が統べられているのである。

(31)　カイハウカイ(*kai-hau-kai*)という注目すべき表現にも注意を促しておく。Tregear, *M. C.D.*, p. 116 によると、これは、「ある部族から別の部族へと贈られた食べ物の贈り物にお返しをすること。祭宴（ニュージーランド南島）」である。この表現が意味しているのは、贈り物や祝祭にお返しがなされるとき、実際には最初に給付された贈り物の霊がその出発点に戻っていうのだということである。「食べ物のハウであるものとしての食べ物」ということだ。これらの制度や観念においては、ありとあらゆる原理が一つに混ざり合っているのである。わたしたちヨーロッパ人の語彙は逆で、さまざまな原理を区別することに最大限の注意を払うのだけれども。

(32) 実際、タオンガには個性が備わっているように思える。タオンガとその所有者との関係により、タオンガにはハウが付与されているけれども、そのハウは別にしても、である。タオンガは名前をもっている。もっともよくできたリスト(Tregear, *loc. cit.*, p. 360, 項目 *pounamu* のところで、コレンソの手稿から抜粋されたリスト)によるなら、タオンガを構成するカテゴリーは以下に限られている。ポウナム(*pounamu*)。これはよく話題となる翡翠のことで、首長やクランの聖なる所有財である。一般的なものとしてティキ(*tiki*)(聖所とされた土地を印づける杭)。これは非常に稀少で個別的であり、非常によく彫刻が施されている。さらにさまざまな種類のゴザ。そのうちの一つは、おそらくはサモアのゴザのように紋章が入っており、コロワイ(*korowai*)という名前をもっている(この語はサモア語のオロア *oloa* を思わせる唯一のマオリ語の単語である。わたしはこのサモア語に対応する語をマオリ語に探したのだが、見つけることができなかった)。

あるマオリの資料ではカラキア(*Karakia*)がタオンガと呼ばれているが、カラキアというのは一つひとつに個別の表題がついた呪文のことである。それらは個人を守る護符であり、人から人へと継承されうると考えられている。*Jour. Pol. Soc.*, t. IX, p. 126(翻訳は p. 133).

こうした事象によって、ポリネシアにおいて、そしてポリネシア以外においても、重要な意味をもつ二つの社会現象の体系が明らかになる。第一に、物を受け渡しすることによって形成される法的な紐帯がどのような性質をもっているのかを把握することができる。この点についてはのちに立ち戻り、これらの事象によって、義務に関する一般理論がいかに構築できるのかを示すこととしたい。ただ、さしあたってはっきりさせることができるのは、マオリの法体系において、法的な紐帯、すなわち、物を介して形成される紐帯が魂と魂との紐帯であることである。なぜならば、物はそれ自体が魂を有しているからであり、それ自体としてすぐれて魂であるからである。そのため、何かを誰かに贈るということは、自分自身の何ものかを贈ることになるわけである。

第二に、贈り物の交換や、本論で全体的給付と呼んでいるすべてのもの、なかでも「ポトラッチ」と呼んでいるものの性質が、これによってよりよく説明することができる。こうした観念体系にあっては、他人に何かをお返しする場合、じつはその相手の本質であり実体であるものの一部を返さなくてはならないということ、このことが明瞭に、かつ論理的に理解されるのである。というのも、誰かから何かを受け取るということは、その人の霊的な本質の何ものか、その人の魂の何ものかを受け取ることにほかならないからである。このようなものをずっと手元にとどめておくのは危険であろうし、命にかかわることになるかもしれない。ずっと手元にとどめておくことがたんに法にもとるからだけではない。倫理的な意味でのみならず、物理的にも霊的にも人を出所とするこの物が、受け手に対して呪術的で宗教的な影響力をふるうからである。この本質が、この食べ物が(33)、この財が(動産であれ不動産であれ)、この女たちやこの子孫たちが、この儀礼やこの共食式が、そうした影響力をふるうからである。結局のところ、与えられたこの物には活性があるのだ。この物には命が吹き込まれており、しばしば個別の個性を有していて、エルツが「出身地」と呼んだところに戻ろうとするのだし、あるいはまた、その出所となったクランや土地のために、みずからに代わる別の物をつくりだそうとするのである。

(33) Elsdon Best, Forest Lore, *ibid.*, p. 449.

三　その他の主題。与える義務、受け取る義務

全体的給付の制度、およびポトラッチの制度を十全に理解するには、以上の要件に

加えて、それと相補う別の二つの要件の説明を試みる必要がある。なぜなら、全体的給付を構成するのは、受け取った贈り物に対してお返しをする義務だけではないからである。それはまた、同じように重要な他の二つの義務を前提としている。すなわち、一つが贈り物をおこなう義務であり、もう一つが贈り物を受け取る義務である。これら三つの義務、同じ一つの複合体を構成するこれら三つの主題を、三つながらに説明する理論があれば、ポリネシアのクラン間のこの契約形態が、根底から、また満足のゆく仕方で、説明されることになるであろう。さしあたってここでは、このテーマにどのように取り組むかを示すにとどめておきたい。

受け取る義務については、数多くの事例を容易に見つけることができる。クランにしろ世帯にしろ、人々の集まりにしろ個人の客にしろ、歓待を求めずにいることはできないからである。[34] 贈り物を受け取らずにいたり、交易をおこなわずにいたり、[35] 結婚や血盟によって連盟関係《アリアンス》を取り結ばずにいたりすることはできないからである。ダヤク（Dayak）の人々（ボルネオ島のプロト・マレー系諸民族）は法と倫理の一大体系を発達させ、食事の場に居合わせたり、食事が準備されたりするのを目にした場合には、必ずその食事に与《あずか》らなくてはならないという義務を課しているほどである。[36]

（34）　マオリの人々が「タフ（*Tahu*）をないがしろにする」という意味深長なことばで分類し

ている諸事象のシステムに関する研究を、ここに位置づけることができるだろう。中心となる資料は以下に見ることができる。Elsdon Best, Maori Mythology, in *Jour. Pol. Soc.*, t. IX, p. 113. タフというのは、食べ物一般に対して与えられている「象徴的な」名称であり、食べ物の擬人化である。食べ物が差し出されたのにそれを拒絶した人に向かって、「カウア・エ・トカヒ・イア・タフ」(*Kaua e tokahi ia Tahu*)(「タフをないがしろにするな」)という言い回しが用いられるのである。けれども、マオリの地における食べ物に関するこうしたさまざまな信仰を研究してゆくと、本論の射程を大きく外れることになりかねない。ここでは次のことを述べるだけでよしとされたい。食べ物の化身であるこの神は、植物と平和の神であるロンゴ(*Rongo*)と同じであるということである。そうすれば、歓待、食べ物、共食、平和、交換、法という諸観念の観念連合をもっとよく理解することができるであろう。

(35) Elsdon Best, Spir. Conc., *J. Pol. Soc.*, t. IX, p. 198 を見よ。

(36) Hardeland, *Dayak Wörterbuch*, t. I, p. 190, p. 397*a*, 項目 *indjok, irek, pahuni* を参照のこと。こうした諸制度の比較研究は、マレー・インドネシア・ポリネシア文明圏の全体に広げることができる。ただ一つ困難なのは制度を同定することである。一例を挙げよう。スペンサー・セイント＝ジョン(Spenser St. John)は、ブルネイ国(ボルネオ)において貴族たちがビサヤ(Bisaya)の人々にまずは織布を贈り物として贈り、次いでそれに対し高利率で何年にもわたって支払いをさせるというやり方で、ビサヤの人々から貢租をとりたてるさまを記述している(ビサヤはフィリピン中部、ビサヤ海を囲む島々に居住する人々)。けれどもそれを、「強制された交易」と呼んでいるのだ

（*Life in the forests of the far East*, t. II, p. 42）。こうした誤りは、文明化したマレー人たち自身がすでに犯しているものでもある。それというのも、彼らは自分たちほどには文明化していない同胞たちの一慣習につけ込んで利を得ていながら、その同胞たちのおこないをもはや理解してはいないからである。ここでは、インドネシアに関するこの種の事象をすべて列挙するのはやめておくことにする（本誌後出（「贈与論」が掲載されている *Année sociologique* 誌[N.S., tome 1, 1923-1924]の別箇所を指す）、クロイト Kruyt 氏の著作、*Koopen in Midden Celebes* に関する書評（モース自身による書評記事）を参照のこと）。

与える義務も、これに劣らず重要である。これについて研究してみれば、どのようにして人が交換に専心するようになったかが理解できるのではないだろうか。[37] いくつかの事例を指摘するにとどめよう。与えるのを拒むこと、招待し忘れることは、受け取るのを拒むことと同様に、[38] 戦いを宣するに等しいことである。それは、連盟関係《アリアンス》と一体性《コミユニオン》を拒むこととなのだ。[39] それからまた、与えるのは与えるよう強いられているからである。受け手が、与え手に帰属しているすべてのものに対して一種の所有権を有しているからなのである。[40] この所有関係は霊的な紐帯としてあらわされ、また考えられている。たとえば、オーストラリアにおいては、男性は自分の義理の父親および義理の母親の目の前では何も食すことができない。それというのも、男性は義父母に狩猟の獲物をすべて負っていて、そのため、義父母の前で何かを食べようものなら、彼らが吐き出すわずかの息によってでさえも、その食べ物が毒気に冒されると怖れられているからである。[41] 先に見たとおり、これと同種の権利は、サモアにおいてはタオンガである姉妹の息子がもっており、そしてまたそれは、フィジーにおいて姉妹の息子(ヴァス *vasu*)がもっている権利ともきわめて似通っている[42](本章の注(13)参照)。

(37) 戦争ダンスに招待し忘れることは罪であり過ちであって、ニュージーランド南島ではプハ(*puha*)と名づけられている。H. T. de Croisilles, Short Traditions of the South Island, *J.P.S.*, t. X, p. 76(タフア *tahua* が「食べ物の贈与 *gift of food*」であることに注意せよ).

マオリの歓待儀礼は次のように構成されている。義務として招待がなされる。来訪者はこの招待を拒絶してはならないが、逆に招待してくれるようねだってもならない。次いで来訪者は応接用の家屋(カーストごとに違った家屋がある)へと進まなくてはならないが、その際きょろきょろよそ見をしてはならない。招待主は来訪者のために特別に食事をあつらえ、自分もへりくだった姿勢でその食事に同席しなくてはならない。客人は出立に当たって餞別の贈り物を受け取る(Tregear, *Maori Race*, p. 29)。なお、後出のヒンドゥーの歓待における同様の諸儀礼を参照のこと。

(38) これら二つの規範は反対の方向性をもった相互に対称的な給付を規定しており、そうした給付どうしが不可分に混ざり合っているのと同様、二つの規範どうしも実際には不可分に混ざり合っている。この混ざり合いを言いあらわしている諺がある。タイラー（Taylor）はそれを、大まかにではあるがこう訳している。「生の状態で目にされたものは、調理されると持ってゆかれる」（*When raw it is seen, when cooked, it is taken*）（*Te ika a maui*, p. 132, 諺六〇番）。「食べ物は半分しか火の通っていないときに食べたほうがよい。（客人が到着するのを待ち、）食べ物にちゃんと火が通るのを待って、その食べ物を客人たちと分け合わなくてはならなくなるよりも」ということだ。

（39）伝説によると、首長へケマル（Hekemaru）（マル Maru の過ち）は「食べ物」を受け取ることを拒絶するのが常であった。例外は、よその村の人々が彼のことを目に止め、迎え入れたときだけであった。彼の一行が通り過ぎるのを村人たちが気づかず、あとになって使いを派遣して、今きた道を戻って食事を一緒にしてくださいと懇請しても、彼は「食べ物はわたしの背を追ってきはしないもの」と答えるのであった。ここで彼が言っている意味は、「自分の聖なる後頭部」に食べ物が贈られると（すなわち、その村の一円をすでに彼が越え出てしまった以上は）、その食べ物はそれを彼に贈与しようとする者たちに危険をもたらすであろうということである。そこから次の諺が出てくる。「食べ物がへケマルの背を追うことはない」（Tregear, *Maori Race*, p. 79）。

（40）トゥホエ（Tuhoe）部族の人々は、神話論理上の、そして法理論上のこれらの諸原理に関し、次のようにエルスドン・ベスト氏に説明した（Maori Mythology, *J.P.S.*, t. VIII, p. 113）。「名のある首長がある地方を訪れなくてはならないときには、「その首長のマナが首長に先立って行くものだ」。土地の人々はごちそうを手に入れようと、狩猟や漁撈にとりかかる。けれども何一つとれない。「それというのも、わたしたちのマナが先に立ち」、あらゆる動物を、あらゆる魚を見えなくしてしまったから。「わたしたちのマナが動物も魚もみな遠くに追い払ってしまったから」、等々」(これに続いて霜と雪に関する説明がある。霜や雪はワイ・リリ *Whai riri*(水に対する罪)であって、それが食べ物を人間の手の届かないところに遠ざけているのだ)。実際のところ、この説明には若干不分明なところがあるけれども、それによって述べられているのは、狩猟民のハプ(ハプにはクランという釈義が与えられている。本章の注(30)参照)にあって、そのハプの成員が他のクランの首長を迎え入れるのに必要な措置を講じなかったとしたなら、そのハプの土地がどのような状態になるのか、ということなのである。彼らはそのとき、「カイパパ(*kaipapa*)、すなわち食べ物に対する過失」を犯したことになり、それによって自分たちの収穫や獲物や漁獲を、つまり自分たち自身の食べ物を台無しにすることになってしまうというのだ。

(41) たとえば、アルンタ(Arunta)、ウンマチェラ(Unmatjera)、カイティシュ(Kaitish)(いずれもオーストラリア中央部の先住民)。Spencer et Gillen, *Northern Tribes of Central Australia*, p. 610.

(42) ヴァス(*vasu*)については、古い資料だが、Williams, *Fiji and the Fijians*, 1858, t. I, p. 34をとくに参照すること。また、Steinmetz, *Entwickelung der Strafe*, t. II, p. 241以下も見よ。けれども、姉妹の息子がもつこうした権利はたんに家族的共産制に対応しているにすぎない。けれども、これによって、これ以外のさまざまな権利について考えることが可能になる。たとえば、姻族どうしの諸権利であるとか、「法的に認められた盗み」と一般に呼ばれていることがら（たとえば、冗談関係や血盟関係などで一方が他方の所有物を勝手に持ち去ることができる慣行など。冗談関係について三〇五頁の訳注参照）であるとか。

これらの事例すべてにおいて、消費すること、そしてお返しすることにかかわる一連の権利と義務がある。この権利・義務は、提供すること、そして受け取ることにかかわる権利・義務に関連している。対称的で、互いに逆向きの方向性をもった諸々の権利と義務をこのように密に混ぜ合わせるなどというのは、矛盾したことに見える。けれども、まずもってそこにあるのが霊的な紐帯の混ざり合いであることに思いいたるならば、矛盾と見えたものも、そうではなかったことが分かる。霊的な紐帯とは、さまざまな事物と、諸個人・諸集団とのあいだの紐帯である。事物はなにがしかの程度において魂なのであるし、逆に個人・集団はなにがしかの程度において事物のようにあつかわれるのだから。

そして、これらの制度のすべてがあらわしているのは、ただひたすら一つの事象、一つの社会体制、一つの明確な心性である。それは、すべてのものごと、食べ物であれ、女性であれ、子どもであれ、財であれ、護符であれ、土地であれ、労働であれ、サービスであれ、宗教上の役職であれ、位階であれ、すべてのものごとは、受け渡しとお返しの対象となるということだ。何もかもがやりとりされる。あたかもそれは、物と人とをともに含み込むような霊的な実質があって、それがクランどうしや個人どうしのあいだで、位階や性や世代の違いに沿って、不断に交換されているかのようである。

四　備　考——人への贈り物と神々への贈り物

さらに四つ目の主題があって、贈り物をめぐるこうした経済と倫理に作用している。その主題とは、贈り物がなされるのは人に対してでありながら、それが神々や自然の存在を念頭にしてなされるということである。ただ、これまでわたしは、この主題の重要性を明らかにするのに必要とされる一般的な研究をおこなっていないし、わたしの手元にあるデータも、そのすべてが本論で考察を限定している地域に属しているわけではない。さらに、これらのデータには、まだよく理解の足りていない神話的な要素が非常に顕著なので、このことを無視するわけにもゆかない。そういうわけで、ここではいくつかの点を指摘しておくにとどめたい。

シベリア北東部のすべての社会において(43)、そしてまた、アラスカ西部のエスキモーにおいても、[44]ベーリング海峡のアジア大陸側の沿岸に居住するエスキモーにおいても、ポトラッチは[45]人に対して作用をおよぼすだけではない。もちろんポトラッチは、気前のよさを競い合う人間に作用をおよぼすし、人間がそこで互いに渡し合う物や、そこで消費する物どもに作用をおよぼす。だが、それだけでなくポトラッチは、そこに立ち会い、それに参加する死者の魂にも、人間がその名前を受け継いでいる死者の魂にも、作用をおよぼす。その上さらに、ポトラッチは自然に対しても作用をおよぼすのである。人間というのは、「名前を継いだもの（name-sakes）」、すなわち霊と同じ名前を受け継ぐものであるので、人間どうしのあいだで贈り物を交換すれば、その交換が死者の霊や神々や諸事物や動物や自然に働きかけて、「人間に対して気前よく」[46]あるように促すのである。贈り物の交換が豊かな富を生みだす、と説明されている。ネルソン（Nelson）氏、[47]ならびにポーター（Porter）氏[48]は、こうした祭宴について、そして、それが死者に対してどのような働きかけをなし、また、エスキモーが狩猟や漁撈の対象とする鳥獣やクジラや魚にどのような働きかけをなすのかについて、見事な記述を残している。これらの祭宴は、[49]イギリスからやってきた罠猟師たちが用いることばづかいでは、「懇請祭（Asking Festival）」とか、「招請祭（Inviting-in festival）」などと、示唆に富んだ名前で呼ばれている。それに集まる人々は、冬季村落の範囲を超えた広い範囲からやってくるのが普通である。自然に対するこの働きかけについては、これらのエスキモーに関する最新の著作の一つできわめて明確に論じられている。[50]

（43） Bogoras, *The Chukchee*, Jesup North Pacific Expedition; Mem. of American Museum of Natural History, New York, vol. VII を見ること。贈り物や歓待を提供する義務、それを受け取る義務、それにお返しをする義務は、トナカイ・チュクチ（一一四頁の訳注参照）よりも海岸チュクチにおいてのほうが際立っている。Social Organization, *ibid.*, p. 634, 637 を見よ。また、トナカイの供犠と畜殺にかかわる規範も参照すること（Religion, *ibid.*, t. II, p. 375）。すなわち、招待する義務があり、招待客が望みのものを要求できる権利があり、招待客にも贈り物をする義務がある。

（44） 贈与する義務という主題はエスキモーに深く根ざしている。拙論、Variations saisonnières des sociétés eskimo, p. 121 を見よ。最近公刊されたエスキモーの伝承集の一つには、気前のよさを教訓とするこのタイプの物語が依然として見られる。Hawkes, *The Labrador Eskimos, Can.* Geological Survey, Anthropological Series, p. 159.

（45） わたしは、アラスカ・エスキモーの祭宴を、エスキモーの諸要素とアメリカ・インディアンの本来的なポトラッチから借用した諸要素とが組み合わさったものとして捉えたことがある（Variations saisonnières des sociétés eskimo, *Année sociologique*, t. IX, p. 121）。しかし、わたしがこれを執筆してのち、シベリアのチュクチやコリヤーク（一一四頁の訳注参照）においても、贈り物の贈与慣行とならんでポトラッチのおこなわれていることが確認された。これについては後述する。したがって、借用がおこなわれたのはアメリカ・インディアンからだけでなく、これらの人々からでもあった可能性がある。それに加えて、エスキモーの諸言語がアジア起源であることに関するソヴァジョ(Sauvageot)氏の仮説を考量する必要がある(*Journal des Américanistes*, 1924)。この説は魅力的で、事実そうであったろうと思わせるものであり、エスキモーおよびその文明の起源に関する考古学者や人類学者の揺るぎない定説となっている所説を裏づけている。結局のところ、すべてが証しているのは、東部や中部のエスキモーと比べたとき、西部のエスキモーが元来の性質を失っているのではなく、むしろ言語学的にも民族学的にも基層により近いところに位置しているということである。タルビッツァ(Thalbitzer)氏によって今や立証されたると思われるのは、このことなのだ。

こうした状況を踏まえると、もっと断定して次のように言わなくてはならない。東部のエスキモーにもポトラッチが存在するのだ、と。そして、このポトラッチはきわめて古い時代から彼らのあいだに根づいてきたのだ、と。ただし、トーテムと仮面の問題は残される。トーテムと仮面は西部のこうした祭宴にかなり特徴的であるが、そのうちのいくつかは明らかにアメリカ・インディアン起源だからである。また、どうしてアメリカ極北地帯の東部および中部においてエスキモーのポトラッチが消失したのかも、なかなか説明をつけがたい。説明できるとすれば、東部のエスキモー諸社会が縮小してきたということによってだけである。

(46) Hall, *Life with the Esquimaux*, t. II, p. 320. きわめて注目にあたいするのは、この言い回しが提示されたのが、アラスカのポトラッチに関する考察に関係してではなく、中央部のエスキモーに関係してであるということだ。中央部のエスキモーは、物の共有《コミュニスム》と贈り物の交換については、冬季の祭宴しか知らないのに。このことは、こうした観念が本来的な意味でのポトラッチが制度化されている地域を越えて広がっていることを証拠立てている。

(47) Eskimos about Behring Straits, *XVIIIth Ann. Rep. of the Bur. of Am. Ethn.*, p. 303 以下。

(48) Porter, Alaskan, *XIth Census*, p. 138, 141. そしてとくに、Wrangell, *Statistische Ergebnisse*, etc., p. 132.

(49) ネルソンによる。Hawkes, *The Inviting-in Feast of the Alaskan Eskimos*, Geological Survey, Mémoire 45, Anthropological Series, II, p. 7 における「請い求めの棒(asking stick)」も参照のこと。

(50) Hawkes, *loc. cit.*, p. 7; p. 3; p. 9 にはこうした祭宴の一つの記述がある(ウナラクリト Unalaklit 対マレミウト Malemiut)(モースの誤読か。ウナラクリトはマレミウト族の一分派。参照先の原典に記述されているのは、ウナリト Unalit 族がウナラクリト族を招じ入れる祭宴)。この複合的儀礼にあってもっとも特徴的な点の一つは、初日におこなわれる相手方を笑わせようとする一連の給付と、そこから始まるさまざまな贈り物である。相手の部族を首尾よく笑わせることのできた部族は、相手に対して自分たちが望む物を何でもねだることが許される。また、もっとも上手に踊ることのできた踊り手たちは、価値の高い物をプレゼントとして手に入れる(p. 12, 13, 14)。妬み深い霊が、誰にも渡さずもっていた物を笑った拍子に手放してしまうというテーマは、神話のなかでは比較的よく見られるテーマであるけれども、このテーマが儀礼のかたちで表出されるのは反対にきわめて珍しいことであって、これがそのきわめて明瞭かつ稀有な一例となっている(このほかの例として、わたし自身はオーストラリアとアメリカの例しか知らない)。

また、「招請祭(Inviting-in Festival)」の儀礼は、アンゲコク(angekok)(シャーマン)が人＝霊である「イヌア(inua)」を訪問することによって終了する。その際シャーマンは人＝霊の仮面をかぶり、人＝霊のほうは踊りを楽しんだので獲物を送ってやろうとシャーマンに告げる。アザラシに対してなされる贈り物を参照のこと。Jennes, Life of the Copper Eskimos, *Rep. of the Can. Arctic Exped.*, 1922, vol. XII, p. 178, n. 2.

贈り物に関する法規範については、他のさまざまなテーマも非常によく発達している。たとえば、「ナスクク(näskuk)」という長(祭宴を主催する長のこと)は、いかなるプレゼントであれ、また稀なことではあるが料理であっても、それを拒絶する権利をもたない。拒絶しようものなら、永久にその座を追われることになる。Hawkes, *ibid.*, p. 9.

ホークス(Hawkes)氏は、チャプマン(Chapman)が記述した(*Congrès des Américanistes de Québec*, 1907, t. II)デネ(Déné)の人々(アンヴィク Anvik 地方)(アサバスカ語系の北米先住民の一つ)の祭宴について、それをアメリカ・インディアンがエスキモーから借用した要素であると見なしているが(p. 19)、これはまったく正しい。

それにとどまらず、アジア大陸のエスキモーはある種の道具立てをつくりだした。円盤状のものに蓄えておいたあらゆる食糧で飾りつけを施すと、それをお祭り用の棒に取りつけて支え立て、さらにその棒の先端にセイウチの頭をのせるのである。この棒を支柱として儀礼用のテントが張られるのだが、棒の頂き部分にあるこの仕掛けはテントよりも上につきでている。テントのなかでは、この棒に別の円盤が取りつけられており、その円盤を回すことによって棒の頂きの円盤も一緒に回る仕組みである。こうして円盤は、太陽の方向を向くよう、その運行に合わせて回されるのである。以上に述べた諸主題を、これほど見事に結合させてあらわすことはできないのではないだろうか。[51]

（51） *Chukchee*, t. VII(II), p. 403 の図版を参照せよ。

このような諸主題の結合は、シベリア北東端のチュクチ[52](Chukchee)やコリヤーク(Koryak)においてもまた明らかである（チュクチ、コリヤークとも、ユーラシア大陸最東端の少数民族。チュクチはチュコト半島を中心に、コリヤークはカムチャツカ半島を中心に居住。ともに海岸地帯に住む人々と内陸ツンドラ地帯に住む人々とに大別される。言語的には古アジア系）。両者ともにポトラッチをおこなう。しかしなかでも、贈り物やプレゼントを義務的に、かつ自発的に交換する慣行が、ユイット(Yuit)の人々(これが先に言及したアジア大陸のエスキモーであるが)と同じくもっともよくおこなわれているのは、それに隣接して居住する沿岸部のチュクチにおいてである。この交換は、長々しい「感謝式(Thanksgiving Ceremonies)」[53]がいくつも開催される、そのお祭りのなかでおこなわれるのであるが、これは感謝を捧げる儀式であって、冬季になると各家々で入れかわり立ちかわりこれを執りおこなうため、開催される儀式は多数にのぼる。儀式で供犠され饗応に供された物の残りは、海に投げ入れるか、風で散逸するにまかせる。こうすることで、これらはそれぞれがそのもともとの起源地に帰り、それとともに、その年殺された鳥獣たちを一緒にそこに連れ帰る。その鳥獣たちが、翌年、もう一度戻ってくることになるのである。ヨヘルソン（Jochelson）氏は、コリヤークにおける同種のお祭りに言及しているが、クジラを祭る儀礼を例外として、みずからそれに参加したわけではない[54]。コリヤークにおいては、供犠の体系が非常に際立って発達しているようである[55]。

ボゴラス（Bogoras）氏[56]は、こうした慣行をロシアの「コリアダ（Koliada）」（ロシアなどを中心とした冬季の儀礼サイクル）と比較しているが、それももっともである。仮面をかぶった子どもたちが、家々を訪れては卵や小麦粉をおねだりするが、誰もそれをあえて拒むことができないというものである。知られているとおり、この慣行はヨーロッパの慣行である[57]。

（52）　Bogoras, *ibid.*, p. 399–401.

（53）　Jochelson, *The Koryak*, Jesup North Pacific Expedition, t. VI, p. 64.

（54）　*Ibid.*, p. 90.

（55）　P. 98,「これを汝に」（This for Thee）を参照のこと。

（56）　*Chukchee*, p. 400.

（57）　この種の慣行については、Frazer, *Golden Bough* (3e éd.), t. III, p. 78–85, p. 91 以下、t. X, p. 169 以下を見ること。また、後出の三九五―三九六頁も参照のこと。

人間どうしのあいだでおこなわれるこうした契約・交換と、人間と神々とのあいだでおこなわれるこうした契約・交換と、その両者がどのような関係にあるのかは、〈供犠〉の理論のある一つの側面を明らかにしてくれる。まず、こうした関係のあり方は、次のような社会においてこそ十全に理解されるようになる。それは、契約関係や経済関係にかかわるこうした儀礼が人間と人間とのあいだでおこなわれるのはもちろんのこと、その人間というのが仮面をかぶった霊の化身であり、しばしばシャーマニズムと結びついていて、自分が名前を受け継いだ霊に憑かれているような社会である。そこでは人間は、結局のところ霊の代理として行動しているにすぎない[58]。それというのも、こうした交換・契約は、その渦のなかに人と物とを巻き込むだけでなく、人や物に程度の差はあれ結びついている聖なる存在者たちをも巻き込むからなのだ[59]。このことは、トリンギット(Tlingit)のポトラッチや、ハイダ(Haïda)の二種類のポトラッチの一つや、エスキモーのポトラッチには、じつにはっきりと当てはまる。

(58) トリンギットの人々のポトラッチについては、後出の二二六―二二八頁および二四七―二五〇頁を見よ。この特徴はアメリカ北西部のポトラッチ全体にとって根本的な特徴である。しかしながらそれは、すぐに目に止まるというものではない。というのも、儀礼にはトーテミズムの様相がきわめて強いため、儀礼が霊に対して働きかけをなすのに加えて自然に対しても働きかけをなすことはあまり目立たないからである。これに反して、ベーリング海峡のセントローレンス島においてチュクチとエスキモーとのあいだでおこなわれるポトラッチでは、この特徴がはるかに明瞭にあらわれている。

（59） Bogoras, *Chukchee Mythology*, p. 14, l. 2におけるあるポトラッチ神話を見よ。二人のシャーマンのあいだで対話が取り交わされる。「お前は何と答えるのか」、すなわち、「何をお返しのプレゼントとしてくれるのか」と。このやりとりは最後には闘いとなるが、それを経て二人のシャーマンは取り決めを交わし、ともに呪力の備わったナイフと首飾りとを二人のあいだで交換する。さらに互いの霊（呪術の補佐役）を交換し、ついには互いのからだを交換する（p. 15, l. 2）。しかし二人は、その飛翔と着地とをうまくやりとげることができない。それというのも、二人が自分たちの腕飾りと「房飾り」を交換し忘れていたから。「房飾り」は「わたしの動きの導き手」だったのだ（p. 16, l. 10）。こうしてついに、二人は芸当をなしおおせる。お分かりのように、これらはすべて霊それ自身と同じだけの霊的な価値をもっているのであり、それ自体が霊なのである。

このような慣行の発達は自然のものであった。人間が契約関係を取り結ばねばならなかった存在者たち、したがって、ことの定義からして、そもそも人間と契約関係を取り結ぶためにそこに存在していた存在者たち、このような存在者が最初はどのような範疇の存在者であったかと言えば、それは何よりもまず死者の霊であり、神々であった。実際のところ、この世にある物や財の真の所有者は彼らなのである(60)。したがって、交換をおこなうことがもっとも必要である相手、そして、交換せずにいることがもっとも危険である相手、それは彼らなのであった。だが、それとは反対に、交換をおこなうことがもっとも容易であり、もっとも確実である相手、それもまた彼らだったのである。供犠における犠牲の破壊は、まさしく贈与を、必ずやお返しがなされるという想定の上での贈与を、目的としている。そして、アメリカ北西部のポトラッチにしろ、アジア北東部のポトラッチにしろ、どんな形態であれポトラッチには、この破壊という主題が備わっている。(61) だが、ポトラッチで奴隷たちを殺したり、貴重な油脂を燃やしたり、銅製品を海に捨てたり、果ては首長の家に火を放ちさえしたりするのは、力と富と我欲のなさを誇示するためだけではないのだ。それはまた、霊と神々に対する供犠でもあるのである。霊や神々とはいっても、実際にはその化身である生きた人間と一体となった霊や神々である。化身である人間は、その称号を継いで担っているのだし、その同盟者であり、そのためのイニシエーションを受けた者だからである。

(60) Jochelson, *Koryak Religion* (*The Koryak: Religion and Myths*), Jesup Exped., t. VI, p. 30 を見よ。霊たちの踊り(冬季儀礼でおこなわれるシャーマニズム)において歌われるクワキウトルのある歌は、この主題に関する注釈となっている。

お前たちはあちらの世界からすべてをわたしたちに送ってくれる。人間から感覚を奪い去るお前たち、霊よ!

わたしたちが腹をすかせていると言うのをお前たちは耳にした、霊よ!

わたしたちはお前たちからたくさんのものを受け取ることであろう! 等々。

（Boas, Secret Societies and Social Organization of the Kwakiutl Indians, p. 483）

（61）　Davy, *Foi jurée*, p. 224 以下、ならびに後出の二一四—二一五頁を見ること。

けれども、すでにこの段階で、別の新たな主題が立ちあらわれる。それは、ポトラッチそのものと同じくらい古くからある主題ではあるのだが、もはや、生きた人間によって神々を体現して示すことは必要とされない段階のものである。そこでは、神々からは物を買い受けなくてはならないと考えられるようになっており、また神々は物の対価を返して寄越すことができると考えられるようになっている。セレベス島のトラジャ（Toradja）（インドネシア、セレベス［スラウェシ］島内陸の山地に居住）ほど、こうした考え方が典型的にあらわれているところはほかにはない。クロイト（Kruyt）が言うところでは（62）、「トラジャでは、所有者が「自分の」所有財に対して何らかの行為をおこなう場合には、霊たちからそうする権利を「買い取る」ことが必要とされる。「自分の」所有財というのも、実際には「霊たちの」所有財だからである」。「自分の」木を伐るときでも、「自分の」土地を耕すときでも、「自分の」家の柱を立てるときでも、その前には神々に支払いをする必要があるのだ。そればかりではない。トラジャの人々の社会生活や商取引にかかわる慣習では、購買という観念が非常に貧弱にしか発達していないように思われるのに対して（63）、霊や神々からの買い受けというこちらの観念のほうは、これとは反対にきわめて恒常的なのである。

（62）　*Koopen in midden Celebes*, Meded. d. Konink. Akad. v. Wet., Afd. Letterk. 56; série B.

n° 5, p. 163–168, p. 158–159.

(63) *Ibid.*, 要約の p. 3 および p. 5.

マリノフスキー氏は、トロブリアンド諸島における交換形態(これについてはすぐあとで述べる)に関連して同様の事実を指摘している。邪悪な霊である「タウヴァウ(*tauvau*)」の死骸(ヘビや陸生カニ)を見つけると、この死骸に対して手持ちのヴァイグア(*vaygu'a*)のどれか一つをプレゼントし、悪霊を祓《はら》うのである。ヴァイグアとは、クラ(*kula*)における交換で使用される貴重財である。装飾品でもあり、護符でもあり、富でもある貴重財のことである。この贈り物が、こうした霊《エスプリ》の心理《エスプリ》に直接に働きかけるのである(64)。あるいはまた、ミラミラ(*mila-mila*)の祭りという(65)、死者を讃えておこなわれるポトラッチにおいては(マリノフスキーは「ミラマラ *milamala*」と記している。年ごとにおこなわれるトロブリアンドの祭宴で、そこには死者の霊が戻ってくるとされる)、二種類のヴァイグアが首長の用いる台と同じような台の上に陳列され、霊たちに捧げられる。二種類のヴァイグアとは、クラのヴァイグアと、マリノフスキー氏によってはじめて「恒久的なヴァイグア(*vaygu'a* permanents)(66)」と名づけられたヴァイグアである。これにより、死者の霊は心優しくなるのである。霊たちは、捧げられたこれらの貴重財の影を死者の国へと持ってゆく(67)。死者の国に戻って、得た富を比べて競い合うのだ。生身の人間たちなら、クラの儀式から帰還したあかつきに、得た富を比べて競い合うのであるが、霊たちもそれと同じなのである(68)。

（64） *Argonauts of the Western Pacific*, p. 511.

（65） *Ibid.*, p. 72, 184.

（66） P. 512（義務としてなされる交換の対象にはならないもの）. また、Baloma: Spirits of the Dead, *Jour. of the Royal Anthropological Institute*, 1917 も参照のこと。

（67） Grey, *Polyn. Myth.*, éd. Routledge, p. 213 には、マオリ神話であるテ・カナヴァ（Te Kanava）の神話がある。そこには、霊や精霊たちに敬意をあらわすべくポウナム（*poumamu*）（翡翠、その他。タオンガの別名）が開陳されたとき、霊や精霊がそれらの影を持ち去った、その様子が語られている。マンガイア島（ニュージーランド領クック諸島にある島）にこれとまったく同様の神話がある（Wyatt Gill, *Myths and Songs from the South Pacific*, p. 257）。そこには、赤い真珠母（貝の内側の光沢を有した真珠層）の円盤でできた首飾りについて同じことが語られており、それによって人々が美女精マナパ（Manapa）の恩寵を得たさまが語られている。

（68） P. 513. マリノフスキー氏が *Arg.*, p. 510 以下において、これらが目新しい事象であると言うのには、いささか誇張がある。というのも、これらはトリンギットのポトラッチやハイダのポトラッチと完全に同一の事象だからである。

ファン・オッセンブリュッヘン（van Ossenbruggen）氏は、理論家肌であるのと同時に観察眼も卓越しており、なおかつ現地での生活経験もある人であるが、その彼はこうした諸制度の別の特徴に着目した[69]。人間への贈与も神々への贈与も、人間との平和的関係および神々との平和的関係を、それと引き換えに手に入れることを目的としている、というのがそれである。こうして、邪悪な霊が遠ざけられることになる。もっと一般的に言えば、邪悪な影響力が遠ざけられるのであり、そのなかには人格化されていない力も含まれるわけである。人が発する呪詛によって、妬み深い霊が人のなかに食い込み、人に死をもたらす。邪悪な力が働き出す。そしてまた、他人に対して不手際をしでかした人間は、その落ち度のせいで邪悪な霊や物に対抗するだけの力をもたない。ファン・オッセンブリュッヘン氏は、以上のような論点から、婚礼での練り歩きの際にお金を投げてばらまく中国の慣行をとくに解釈に付している。さらに、花嫁代償についても同様の解釈に付している。興味深い示唆であり、そこからまとまった一連の諸事象を引き出すことができる(70)。

(69) Het Primitieve Denken, voorn. in Pokkengebruiken..., *Bijdr. tot de Taal-, Land-, en Volkenk. v. Nederl. Indië*, vol. 71, p. 245, 246.

(70) クロウリー(Crawley)は、*Mystic Rose*, p. 386 において、すでにこの種の説を提出している。また、ウェスターマーク(Westermarck)氏もこの問題に気づいており、その立証に着手している。とりわけ、*History of Human Marriage*, 2e édit., t. I, p. 394 以下を見よ。ただし、ウェスターマーク氏は結局、問題を明瞭に把握してはいない。それというのも、全体的給付の体系とポトラッチの体系とでは、ポトラッチの体系のほうがより発達しているとはいえ同じものであるのに、彼はそのようには捉えなかったからである。ポトラッチの体系ではその発達の結果、ここで論じているような交換はすべて、とりわけ女性の交換と婚姻は、さまざまな要素の一つをなすにすぎなくなっただけである。配偶者に贈り物をすることによって結婚生活の多産性が保証されることについては、第三章の注(112)を見られたい。

ここには、契約＝供犠の理論と歴史にいかに着手したらよいのかが見てとれる。契約＝供犠の前提となっているのは、ここに述べているような類の諸制度であるし、逆にまた、こうした諸制度は契約＝供犠においてこそ、十全たる実現をみる。というのは、与え、またお返しをするこの神々は、小さなものを受け取る代わりに大きなものを与えてくれるからである。ラテン語で *do ut des* といい、サンスクリット語で *dadāmi se, dehi me* といい[71]（ともに「あなたが与えてくれるよう、わたしも与える」の意）、いずれも契約にかかわる儀式上の定型句であるが[*3]、これら二つが宗教的な聖典によっても伝えられてきたのは、おそらくはたんなる偶然の結果ではないであろう。

（71）『ヴァージャサネーイ・サンヒター（Vājasaneyisamhitā）』。Hubert et Mauss, Essai sur le Sacrifice, p. 105（*Année soc.*, t. II）を見よ。

さらなる備考——施しについて

しかしながら後代になると、法と宗教が発展する過程で人間が再び前面にあらわれるようになった。人間が神々や死者の化身となることをやめていたところで、再び神々や死者を体現するようになった。たとえば、スーダン（サハラ砂漠以南の西アフリカから中央アフリカにかけて帯状に広がる地域）のハウサ（Haoussa）（ナイジェリア北部からニジェール南部のハウサランドを起源地とする人々。農耕のほか交易にも従事。一九世紀にイスラーム王朝が建国される。交易とメッカ巡礼にともない、ハウサランド外部にも多く分布）においては、「ギニア麦」（モロコシのこと）が登熟する頃に、熱病が蔓延することがある。熱病を回避するには、この麦を贈り物として貧者に与えるしか手だてがない[72]。同じくハウサの人々のところでは（ただし今度はトリポリのハウサだが）、大礼拝（Baban Salla）のとき、子どもたちが家々を訪ねて歩く（地中海的・ヨーロッパ的慣行である）。「入ってもよいですか」。家人の答え。「大きなお耳の野ウサギさん、骨をあげるのと引き換えに人はお世話を受けるもの」（貧者は富者のために働けるのを幸せと思うもの）（モースが参照している原典では、「食糧を供与できるほど富裕な人のもとには、その人のために働いて見返りを得ようとする人々がいつも集まるもの」と解釈）。子どもや貧者へのこうした贈与が死者をよろこばせるのである[73]。ハウサにおいては、おそらくこうした慣行はイスラーム起源ではないかと思われる[74]。あるいは、イスラーム、ブラックアフリカ、ヨーロッパにともに起源をもっており、ベルベルにも起源をもっているのかもしれない。

（72） Tremearne, *Hausa Superstitions and Customs*, 1913, p. 55.

（73） Tremearne, *The Ban of the Bori*, 1915, p. 239.

（74） Robertson Smith, *Religion of the Semites*, p. 283.「貧者は神の賓客なり」。

いずれにしてもここに、施しをめぐる思想の体系化がどのようにしてはじまるのかを見てとることができる。施しとは、贈与と富にまつわる倫理的な考えが生みだしたものであると同時に、[75]犠牲にまつわる考えが生みだしたものである。そこにおいては気前のよさが義務づけられている。というのも、度を超した幸福と富に酔い痴れる人があれば、ネメシス（ギリシア神話に登場する神罰と報復の女神で、驕り高ぶり、神に無礼な人間を懲らしめる）が貧者と神々のかたちをとることになり、そうした人々は幸福や富を捨て去らねばならなくなるからである。ここにおいて、贈与にまつわる旧来の倫理が正義の原理となった。そして、神々と霊は、余分な幸福や富のうち、自分たちに与えられた分け前、つまり、実用に供することなく供犠されたその分け前が、貧者や子どもたちの役に立つことに同意するのである。[76]ここで語られているのは、セム人の倫理的観念の歴史でもある。アラビア語のサダカ（sadaka）も、[77]ヘブライ語のツェダカ（zedaqa）も、そもそもの起源においては正義という意味しかなかった。それが施しの意味になったのである。慈善・施しという教理が誕生した時期は、ミシュナ期（ミシュナはユダヤ教の口伝律法を体系的に文書化したもので、その成立は二世紀末とされる）、つまりエルサレムにおける「貧者」の勝利にまでさかのぼることができる。それが、キリスト教とイスラームとともに世界中に広まったのだ。ツェダカということばの意味がかわったのは、この時代のことである。というのは、このことばは『聖書』のなかでは施しという意味ではなかったからである。

だが、このあたりで本題に立ち戻ろう。贈与、ならびにお返しの義務である。

（75）　マダガスカルのベツィミサラカ（Betsimisaraka）（マダガスカル北東海岸部に主として居住する人々）が語るところでは、かつて二人の首長がいて、一人は自分が所有する物をすべて人々に分配し、もう一人は何一つ分配することなく、すべてを自分だけの物にしていた。神は気前のよい首長に富を恵み、けちなほうは破滅に追いやった(Grandidier, *Ethnographie de Madagascar*, t. II, p. 67, n. a)。

(76) 施し、寛大さ、気前のよさの観念については、ウェスターマーク氏の収集した諸事象を見ること。*Origin and Development of Moral Ideas*, I, chap. XXIII.

(77) サドカー(sadqâa)が現在においてもなお呪術的な価値を有していることについては、後出を見よ。

さて、以上のさまざまな文献資料および注釈は、特定地域の民族誌学的研究だけに関与するわけではない。比較をおこなうことによって、これらの諸データを広げ、深めることができる。

以上から分かるように、ポトラッチを構成する根本的な諸要素がポリネシアにも見つかる。(78) ポトラッチ制度の十全な形態がポリネシアに見られないことは確かだが、(79) とにもかくにもポリネシアでは、贈与＝交換が規範となっているのである。だが、この法的な主題を強調するにしても、それが見られるのがマオリだけであるとしたら、あるいは、せいぜい大きくみてもポリネシアだけであるとしたら、たとえこれを強調してもただの衒学趣味でしかないことになるだろう。そこで、考察範囲を移動させてみよう。少なくともお返しをする義務について言えば、それがポリネシア以外のところにも広がっているのを示すことができる。お返しの義務のほかに本論で考察した他の諸義務についても、それらが同様にポリネシア以外でも見られることを、以下では明らかにしたい。そして、このようなデータ解釈が、ポリネシア以外の社会群に対しても有効であることを証明しよう。

(78) 改めて関連文献のすべてを読み直す作業をおこなうことはできなかった。研究が終了してからでないと提起することのできない問いもいくつか存在する。けれども、わたしは確信している。さまざまなシステムをなすさまざまな事象があるにもかかわらず、民族誌家たちはそれをばらばらに論じてきたわけであるけれども、それらをもう一度システムとして再構成してみれば、ポリネシアにポトラッチが存在することを示す他の重要な痕跡がまだ見つかるのではないか、と。たとえば、ポリネシアにおける食べ物の陳列の祭宴であるハカリ(*hakari*)(Tregear, *Maori Race*, p. 113を見ること)は、メラネシア人であるコイタ(Koita)（コイタはニューギニア島南東部、ポートモレスビーの西方を故地とする人々。メラネシア人は、オーストロネシア語族のメラネシア諸語を話す人々と、非オーストロネシア系のパプア諸語を話す人々に大別されるが、コイタは後者）がおこなう同種の祭宴で、名前も同じへカライ(*hekarai*)という祭宴とまったく同じ陳列の仕方をしており、食べ物を同じように盛り上げ、同じように積み上げ、同じように分配している。Seligmann, *The Melanesians*, p. 141–145, および図版を見よ。ハカリについて以下も見ること。Taylor, *Te ika a Maui*, p. 13; Yeats, *An Account of New Zealand*, 1835, p. 139. また、

Tregear, *Maori Comparative Dic.* の Hakari の項目も参照せよ。参考として、Grey, *Poly. Myth.*, p. 213（一八五五年版）, p. 189（ルートリッジ普及版）に記載された神話には、戦争の神であるマル（Maru）のハカリが描写されている。贈与の受け手たちが儀式的に名指しされるところなど、ニューカレドニアやフィジーやニューギニアの祭宴におけるのとまったく同じである。さらにまた、ヒカイロ（*hikairo*）（食べ物の分配）のためになされる、ウム・タオンガ（*Umu taonga*）（*taonga* の地炉）（地炉とはポリネシア、メラネシア、ミクロネシアに広く見られる調理の仕組みで、地面に掘った穴に赤熱させた石と食材を入れ、石蒸し料理をおこなう）という口上があって、ある歌の歌詞にそれが残されている（Sir E. Grey, *Ko nga Moteatea, Mythology and Traditions in New-Zealand*, 1853, p. 132）。以下にわたしが訳しえるかぎりでそのスピーチを記す（第二連）。

わたしのタオンガをこちらのほうに、わたしに、ください
わたしのタオンガをわたしにください。わたしはそれを置いて積み上げ
わたしはそれを大地のほうに置いて積み上げ、
わたしはそれを海のほうに置いて積み上げ、
東のほうに、云々。
……
わたしのタオンガをわたしにください。

第一連では、おそらく石のタオンガのことが語られている。まさにタオンガという観念が、食べ物の祭宴であるこの儀礼にどれほど本質的であるのかが分かる。Percy Smith, Wars of the Northern against the Southern Tribes, *J.P.S.*, t. VIII, p. 156（テ・トコ Te Toko のハカリ）を参照のこと（テ・トコは一九世紀はじめのロロア Roroa 部族の首長の名前）。

(79) ポトラッチ制度が現今のポリネシア諸社会には見られないとしても、ポリネシア人が移住して吸収し、もしくは置き換えてしまった、ポリネシア人移住以前の諸文明・諸社会ではそれが存在していたかもしれない。そして、ポリネシア人もまた、移住する前はこの制度をもっていたかもしれない。実際のところ、ポトラッチ制度がこの地域圏の一部から消えてなくなったのには、一つ理由がある。それは、ほとんどすべての島々で、クラン間に決定的なかたちで階層的な上下関係が確立したことである。クランは単一の王権を中心として集権化されるようにさえなった。したがって、ポトラッチが成立するための主要な条件の一つが欠けることになったのだ。階層関係の不安定性がそれである。首長どうしが（ポトラッチによって）競合するのも、この不安定な階層関係をそのときどきで暫定的に固定化させようとするためにほかならないからである。同じように、ポトラッチ制度の痕跡が（おそらくは二次的に形成された痕跡であろうが）、どの島でよりもマオリでたくさん見つかるのは、まさしくマオリでは首長制が再編されたからであり、クランどうしが相互に独立して対抗関係をもつようになったからである。

　サモアにおけるメラネシア型もしくはアメリカ型の富の破壊については、Krämer, *Samoa-Inseln*, t. I, p. 375 を見よ。また、索引の *ifoga* の項目も見ること。マオリのムル（*muru*）は過失を原因としてなされる財の破壊のことであるが、これもまたこの観点から研究することができる。マダガスカルでは（マダガスカルの言語はオーストロネシア語族に属し、メラネシア、ポリネシアの諸言語と同一語族）、ルハテニ（*Lohateny*）どうしの関係（ルハテニの原義は「ことばの頭」。主としてマダガスカル北西部において、個人間もしくは親族集団間で結ばれる協約。これにより両者は、その子孫にいたるまで相互扶助の義務を負うとともに、互いの所有物を勝手に奪い、侮辱し合うことが許される）――お互いに交際しなくてはならず、お互いに侮辱したり、お互いの物を何であれ破壊したりすることが許される――が、同じく古代のポトラッチの痕跡となっている。Grandidier, *Ethnographie de Madagascar*, t. II, p. 131, n., p. 132–133 を見ること。p. 155 も参照せよ。

第二章　この体系の広がり。気前の良さ、名誉、貨幣

一　寛大さに関する諸規則。アンダマン諸島（注記）

（注記）　ここでの事象はすべて、のちにあつかう事象も同じく、民族誌学的にはかなり多様な諸地域からとっている。そうした諸地域がどのように関連し合っているのかを研究することは、本論の目的ではない。けれども、民族学的な観点から見ると、太平洋文明という一文明が存在することにはいささかの疑いもない。この文明の存在によって、多地域に共通した特徴の多くが部分的にであれ説明される。その一例が、メラネシアのポトラッチとアメリカのポトラッチとの共通の特徴である。北アジアのポトラッチと北アメリカのポトラッチとの共通性についても同じである。しかしながらその一方で、ピグミーにおいてポトラッチの萌芽が見られるのは非常に驚くべきことである。のちに述べるとおり、インド＝ヨーロッパ語系の人々にもポトラッチの痕跡が認められるのであるが、これもまた驚くべきことだ。そうであるから、制度の伝播に関する今はやりの考察については、ここで

は一切それを差し控えておきたい。本論の場合、ある地域の制度が別の地域に借用されたというのは安易にすぎるし、危険にすぎる。かといって、それぞれの地域で制度が独立に発生したというのも同じく危険である。その上、（制度分布に関する）どんな地図を作成してみても、その地図は現在のわたしたちの知識がどんなに貧弱であり、現在のわたしたちには知られていないことがどんなに多いかを示す地図にしかならないのだ。したがって当面は、ある法的テーマについて、それがどのような性質をもち、どれほど広範な分布を見せているのかを明らかにするだけでよしとされたい。それについて歴史を叙述するのは、そうできる人があればだけれども、その人たちのお役目だ。

まず、このような慣習は、シュミット(Schmidt)師がもっとも未開な人類であるとするピグミー(1)（人類学的には平均身長一五〇センチ以下の人間集団。そのうち東南アジアからニューギニアにかけて居住する集団をネグリトと言う）においても見られる。ブラウン(Brown)氏（英国の社会人類学者ラドクリフ＝ブラウン Radcliffe-Brown のこと）はすでに一九〇六年に、アンダマン諸島(北アンダマン島)においてこの種の事象があることを観察し、それらを見事に記述しており、地縁集団どうしのあいだでの歓待のあり方や、人々が訪問し合う社交のあり方——祭宴とか祭市とか。そこで自発的＝義務的な交換がおこなわれることになるわけである——を描いている(たとえば、オーカー（儀礼などで身体装飾に用いる赤土）の交易とか、海の産物と森の産物との交易とか、など)。

こうした交換は大量にのぼるが、地縁集団も家族集団も、道具その他を交換で得ずとも、別の機会に自前で賄うことができる。したがって、これらの贈り物は、もっと発達した社会における交易や交換と同じ目的に資するわけでない。目的はまずもって倫理的なものである。それが目指しているのは、当事者である二人の人物のあいだに友好的な感情を生みだすことなのだ。交換をおこなってもこの結果が得られなければ、すべては無に帰したことになるのだった(2)。

誰一人として、贈られたプレゼントを拒むことはできない。男も女も、誰もが気前のよさにおいて互いを凌駕しようとする。より価値の高い物を一番たくさん与えることができるのは誰か、一種の競合があるのだった(3)。

（1）*Die Stellung der Pygmäenvölker*, 1910. この点について、わたしはシュミット師とは見解を異にしている。*Année soc.*, t. XII, p. 65 以下を見ること。

（2）*Andaman Islanders*, 1922, p. 83 にはこうある。「これらは贈り物と見なされているのではあるが、贈り手は同じだけの価値をもつ物をお返しにもらえると期待しているのであり、お返しの贈り物がこの期待に見合わない場合には腹を立てるのだった」。

（3）*Ibid.*, p. 73, 81. また、p. 237 も参照のこと。これに続いてブラウン氏は、このような契約活動のあり方が不安定であり、突発的な諍いを惹起すること（多くの場合は、そもそも諍いを解消するためにおこなっていたはずだったのに)を指摘している。

結婚の結びつきは贈り物によって確かとなる。贈り物によって、新郎の両親と新婦の両親とのあいだに親戚関係が形成される。贈り物をやりとりすることで、両方の「側《がわ》」に同一の性質が付与されることになる。性質のこの同一性を如実に示すのが次のような禁忌である。それぞれの息子と娘の婚約をめぐる最初の約束を交わして以降、双方の両親は自分たちがこの世を去るまで、もはや相まみえたり、ことばをかけ合ったりすることを忌避しなくてはならないのである。そのかわり、双方はこれ以降ずっと贈り物を交換し合うことになる。(4) 実際、この禁忌があらわしているのは、親しみの念であると同時に畏怖の念であって、そうした二重の念が、相互に一種の債権者であり、かつ債務者である者どうしのあいだを満たしているのだ。以上が原則であるということは、次のことによって証されている。この禁忌は、このように近しさと遠さとを同時にあらわすのであるが、それと同じ禁忌が、「ウミガメ食い」の儀式、および「ブタ食い」の儀式(5)を同時に経験した若者(性別を問わず)どうしのあいだにもなりたつということがそれである。こうした若者は、その後一生涯にわたって、同じように贈り物の交換をし合うよう強いられるのである。オーストラリアにも同じような事例がいくつもある。(6) ブラウン氏はさらに、長らく離れていた者どうしが再会するときの、抱き合ったり涙で挨拶を交わしたりといった儀礼的所作についても言及している。そして、贈り物の交換がそうした儀礼的所作と同じ意味を備えていること(7)、また、そこにおいては感情と人格とが混ざり合っていることを示しているのである(8)。

（4） P. 237.

（5） P. 81.

（6） 実際この事象は、ナリニェリ（Narrinyerri）族（南オーストラリア州南東沿岸部、マレー川の河口周辺に居住するアボリジニ）におけるギアギアンペ（*ngia-ngiampe*）どうしのカルドゥケ（*kalduke*）関係（子をなした男性は、その子の臍の緒をひと房の羽のなかに縛り込んでおく。これを「カルドゥケ」と言う。男性はこのカルドゥケを他部族の男性に与える。このときから両男性の子どもどうしは互いに「ギアギアンペ」となり、以後、互いにことばを交わしたり、触れ合ったり、近づき合ったりしてはならない。両者が成年に達すると、両部族が互いに取引や交換をおこなう際の仲介者となる）や、ディエリ（Dieri）族（南オーストラリア州北東部、シンプソン砂漠南東に居住するアボリジニ）のユチン（*Yutchin*）（ある者が現住地を出て、ディエリの別の遊動集団や近隣他部族のところなど、遠方に赴くとき、彼が宿営した場所にいる人物が彼の「ユチン」となる。この関係は、人の髪あるいは亜麻でつくった紐が彼の首に掛けられることにより成立し、彼は自分のユチンのため、帰還時に贈り物を持ち帰る義務を負うと同時に、ユチンのほうも彼が出かけているあいだ、彼への贈り物を用意しておく）に完全に匹敵する。これらの関係については、別に改めて論じることにする。

（7） P. 237.

（8） P. 245–246. ブラウン氏は、感情と感情とが交感し、同一化するこうしたさまざまな現象と、これらの現象に備わった義務的でありかつ自発的であるという性格とについて、見事な社会学的理論を提起している。ここには別の問題がある。もちろんそれは関連した問題ではあるけれども、それについてわたしは、すでに以下で注意を促しておいた。Expression obligatoire des sentiments, *Journal de Psychologie*, 1921.

結局のところ、それは混ざり合いなのだ。物に霊魂を混ぜ合わせ、霊魂に物を混ぜ合わせるのだ。さまざまな生を混ぜ合わせ、そうすると、混ぜ合わされるべき人や物は、その一つひとつがそれぞれの領分の外に出て、互いに混ざり合うのである。それこそがまさしく契約であり交換なのである。

二　贈り物の交換の原理と理由と強度(メラネシア)

メラネシア諸族は、ポリネシア諸族以上にポトラッチを維持し、あるいは発達させてきた(9)。ただし、このこと自体は本論の主題ではない。いずれにせよメラネシア諸族は、ポリネシア諸族と比較すれば、贈り物とこの交換形態にまつわる一大体系について、これをよく維持し、よく発達させてきたのである。さらに、メラネシア諸族ではポリネシアよりもはるかにはっきりと貨幣観念があらわれてくるので(10)、この体系は部分的に複雑になるが、それと同時にいっそう明確にもなっている。

(9)　第一章の注(79)を見よ。

(10)　ポリネシアに関しては貨幣の問題をもう一度取り上げる余地があるかもしれない。第一章の注(17)で引用した、サモアのゴザに関するエラ(Ella)の記述を見ること。大斧、翡翠、ティキ(*tiki*)(第一章の注(32)参照)、マッコウクジラの歯は、多数の貝や水晶ともども、おそらくは貨幣なのだ。

ニューカレドニア

レーナール(Leenhardt)氏がニューカレドニア島民について収集した特徴的な諸資料のなかには、本論が明らかにしようとしているさまざまなものの考え方、そしてそればかりでなく、そうした考え方を外に示す表現の仕方を見ることができる。レーナール氏は、ピルピル(pilou-pilou)と、祝祭や贈り物やあらゆる種類の給付(貨幣のそれを含めた)[11]の体系を記述するところからはじめている。これらをポトラッチと呼ぶのをためらってはならない。弁者の儀式的な口上で用いられる法的表現がすぐれて典型的である。たとえば、饗宴のヤムイモ[12]を儀礼的に呈示する際に弁者は言う。

(11) La monnaie néo-calédonienne, *Revue d'Ethnographie*, 1922, p. 328. とりわけ、葬礼終了時の貨幣とその原理に関して、p. 332 を見よ。La fête du Pilou en Nouvelle-Calédonie, *Anthropologie*, p. 226 以下も見よ。

(12) *Ibid*., p. 236–237. また、p. 250, 251 も参照のこと。

わたしたちは出ていなかったけれども、ウィ……（Wi...）の人々や、その他のところで昔おこなわれたピルがありましたら、このヤムイモがそこに馳せ参じます。その昔、似たようなヤムイモが、あの人々のところからわたしたちのところにやってきたのですから、それと同じように。[13]

その物それ自体が戻ってゆくのである。同じ口上でこのあと述べられるのは、祖先の霊のはからいによって、「祖先の働きかけと力の効き目が、儀礼で供されるこれらの食べ物の上に降りきたる」ということである。

あなたがたがしてくださったおこないの成果が、今日あらわれているのです。代々の世代すべてが、彼の口から語り出されました。

法的紐帯を象徴的に言う次のような別の言い方もあって、こちらも同じく豊かな表現力を備えている。

わたしたちの祭りは針の運び。藁葺き屋根の部分部分をつなぎ合わせ、ただ一つの屋根をつくりだす。ただ一つのことばをつくりだす。[14]

同じ物が戻ってくる。同じ糸が貫く。[15]こうした諸事例に言及する論者はほかにもある。[16]

（13）P. 247. また、p. 250–251 も参照のこと。

（14）Pilou, p. 263. また、Monnaie, p. 332 も参照のこと。

(15)　こういう言い回しは、法にかかわる象徴表現としてポリネシアに特有であるようだ。マンガイア島では、平和は「屋根でしっかりと覆われた家屋」によって象徴されていた。そこでは、「しっかりと縫い閉じられた」屋根のもとに神々と諸クランとが集うのだった。Wyatt Gill, *Myths and Songs from the South Pacific*, p. 294.

(16)　ランベール(Lambert)師は、*Mœurs des Sauvages néo-calédoniens*, 1900で、たくさんのポトラッチを記述している。一八五六年のあるポトラッチについてp. 119を、一連の葬送の祭礼についてp. 234–235を、二次葬にかかわるポトラッチについてp. 240–246を、それぞれ見よ。ランベール師が把握したところによれば、首長が贈り物とポトラッチのお返しをせずにいると、それに対する制裁として首長は敗者となり、恥辱にまみれるだけでなく、別所に遁出することすらある(p. 53)。そして彼が理解したところでは、「およそあらゆる贈り物は、別の贈り物をお返しに要求する」(p. 116)。彼は、フランス語の一般的な表現である「お返し(retour)」という表現を用いており、「規範どおりのお返し(retour réglementaire)」とも言っている。富者の家には「お返し」が陳列される(p. 125)。訪問時の贈り物は義務である。それは結婚の条件である(p. 10, 93–94)。贈り物を撤回して取り戻すことは許されず、「もとの贈り物を上回るだけのお返しをするもの」(とりわけ一次イトコの一種であるベンガム *bengam* に対しては)である(p. 215)。トリアンダ(*trianda*)は贈り物の踊りであるが(p. 158)、形式主義、儀礼主義、法的なことがらに関する審美観が一つになった卓越した事例となっている。

トロブリアンド諸島

メラネシア世界のもう一つの端でも、ニューカレドニア島民の体系に匹敵する高度に発達した体系が見られる。それは、メラネシアの諸民族のうち、もっとも文明化しているトロブリアンド諸島の住民のものである。彼らは今日《こんにち》では真珠採りとして豊かであるが、ヨーロッパ人の到来以前は、土器、貝貨、石斧、貴重財の作り手として豊かであった。そして、古今を通じて、つねに優れた交易者であり、果敢な航海者であった。マリノフスキー(Malinowski)氏は、トロブリアンド諸島民をイアソンに随行した勇士たちになぞらえ、じつに的確な名前で呼んでいる。「西太平洋のアルゴナウタイたち」と(ギリシア神話で、英雄イアソンの企図により、黒海岸のコルキスまで金の羊毛皮を求めて遠征した船がアルゴ船であり、その船員たちをアルゴナウタイと言う)。マリノフスキー氏は、記述社会学の本としては最良の一つであるその著書において、言うなれば本論がかかわっている主題に対象を限定し、クラ(*kula*)という名称をもつ部族間および部族内の交易の体系を全体的に記述してみせた[17]。法と経済にかかわるこの原則と同じ原則によって支配されている制度には、このほかにも結婚、死者祭宴、イニシエーションなどがあるけれども、これらの諸制度についてはマリノフスキー氏による今後の記述が待たれている。したがって、本論で提示する記述はいまだ暫定的でしかない。

だが、記述される諸事象は最重要であり、かつ明瞭である。(18)

(17) Kula, *Man*, juillet 1920, n° 51, p. 90 以下。*Argonauts of the Western Pacific*, Londres, 1922. とくに断りがない場合、本節での出典表記はすべてこの本の参照による。

(18) しかしながらマリノフスキー氏は、自分の記述する事象がこれまで誰も記述してこなかったと誇張している(p. 513, 515)。まず、クラというのは結局のところ、部族と部族とのあいだでなされるポトラッチの一つにすぎない。それは、メラネシアでは比較的ありふれたタイプのポトラッチであり、ランベール師が記述しているニューカレドニアでの大遠征や、フィジー人のオロオロ(Olo-Olo)という大遠征その他と、同じタイプのポトラッチである。この点は、Mauss, Extension du potlatch en Mélanésie (Procès-verbaux de l'I.F.A.), *Anthropologie*, 1920 を見ること。クラということばの意味も、同じタイプの別の語、たとえば、ウルウル(*ulu-ulu*)といった語の意味と関連しているようにわたしには思われる。Rivers, *History of the Melanesian Society*, t. II, p. 415, 485; t. I, p. 160 を見よ。ただし、いくつかの点では、クラでさえもアメリカのポトラッチほどには際立った特徴を備えてはいない。ブリティッシュ・コロンビア州沿海部と比べれば、島々も小さく、社会の富裕さも強力さも劣るからである。これに対し、ブリティッシュ・コロンビア州の諸社会においては、部族間ポトラッチのあらゆる特徴を見ることができる。そこでは、民族と民族とのあいだでなされるポトラッチさえもが見られるのだ。たとえば、ハイダ(Haïda)対トリンギット(Tlingit)とか(シトカ Sitka は実際、両者が共住する村落であったし、ナス Nass 川は両者が恒常的に行き会う場所であった）、クワキウトル（Kwakiutl）対ベラクーラ（Bellacoola）とか、クワキウトル対ヘイルツク（Heiltsuq）とか、ハイダ対ツィムシアン（Tsimshian）とか、等々。そもそもこれは当然のことがらである。交換にはさまざまな形態があるけれども、それらはみな拡大し、民族の境界を越えてゆく性質をもつのが普通だから。以上の部族は一様に豊かであり、一様に海洋を往き来しているけれども、こうした交換形態はおそらく、これら諸部族のあいだの交易路に沿って拡大し、また、交易路を新たに開きながら拡大してきた。それはこの地域だけでなく、他の地域でも同じことであろう。

クラというのは一種の大ポトラッチである。クラを通じて部族間の一大交易がなされるため、クラはトロブリアンド諸島の全島、ダントルカストー諸島の一部、およびアンフレット諸島の一部にまでわたっている。これらの全域において、すべての部族が間接的にであれクラにかかわっており、そのうちのいくつかの大部族は直接的にクラにたずさわっている。アンフレット諸島のドブの諸部族（モースは「アンフレット諸島のドブ」と記しているが、ドブ島はダントルカストー諸島の島）、トロブリアンド諸島のキリウィナ、シナケタ、キタヴァや、ウッドラーク島のヴァクタの諸部族（モースは「ウッドラーク島のヴァクタ」と記しているが、ヴァクタはトロブリアンド諸島南端の島）がそれである。マリノフスキー氏は、クラという語に訳語を当てていないが、おそらくは円環という意味であろう。クラには数々の部族がかかわり、海を越える遠征をおこない、貴重財や常用品をやりとりし、食事や祝祭をふるまい、儀礼的サービスや性的サービスなど、あらゆる種類のサービスを供与し、男たちや女たちが立ち動く。これらすべては、実際のところ、あたかも円環のただなかに捕捉されているかのようであり[19]、時間と空間のなかで、この円環に沿って規則的な動きを描いているかのようなのである。

（19）　マリノフスキー氏は「クラの環（*kula ring*）」という表現を好んで用いている。

クラ交易は貴族的な格をもつ[20]。たとえば、クラ交易をおこなえるのは首長だけであるようだ。首長は、遠征船団・カヌー団の隊長であると同時に、交易の当事者でもあり、また、配下の人々からの贈り物の受け手である。配下というのはトロブリアンド諸島の場合、自分の子どもたちのことであり（トロブリアンド社会は母系社会であるため、子どもは母が帰属する外婚的な親族集団に帰属する。この結果、首長［父］とその子どもとは帰属集団を異にする）、義理の兄弟たちのこと（妻の兄弟のこと。首長の子どもは妻の兄弟［子どもから見た母方オジ］の集団に帰属している）である。彼らは臣下でもあって、同時にまた支配下のさまざまな村々の長でもある人々である。クラ交易はまた、貴族的な仕方で執りおこなわれる。表向きにはであるけれども、欲得ずくをまったく抜きにした、きわめてへりくだった態度で執りおこなわれるのである[21]。実用的な物品をたんに経済的に交換することはギムワリ（*gimwali*）ということばで呼ばれるけれども、クラ交易はこのギムワリとは念入りに区別されている[22]。部族間のクラにともなって人がたくさん集まると、そこが未開人たちの大祭市の場ともなり、あるいは部族内のクラにあっても小規模な取引がおこなわれるが、実際ギムワリはそうした祭市や取引において、しかしながらクラとは区別して、おこなわれるのだ。そこにおいてギムワリを特徴づけているのは、二人の当事者どうしのきわめて執拗な値切り合いである。反対にクラでは、値切るなどというのはふさわしくないふるまいなのである。クラをおこなっているのに、それに必要とされる高い心映えをもちあわせない人については、あいつはクラを「ギムワリのようにやっている」と語られる。少なくとも表向きには、クラというのは——アメリカ北西部のポトラッチと同じように——、一方の側が与え、他方の側が受け取ることなのであり(23)、ある一時点での受け手が次の機会には与え手となることなのである。それにとどまらず、クラのなかでも、その十全さ、荘厳さ、高貴さ、競合的な性格(24)において最高度に達する形態のクラ、すなわち、大船団を率いて一大海洋遠征をおこなう「ウヴァラク(*Uvalaku*)」という形態のクラでは、交換に供する物など何ももたず、ただ与えるだけの物ですら何ももたずに遠征に出発する、というのが決まりとなっている。たとえそれが、食べ物と交換するための物であっても、何ももたずに出立する。食べ物など、乞い求めることさえ拒むのである。ただただ受け取るだけである、という風を装うのだ。次の年になり、先に訪問を受けた側の部族が船団を仕立ててやってきて、先に訪問した側の部族が今度は歓待する番に回ると、そこで前年のお返しとして、前年に贈られた以上を贈り物として相手に与えるのである。

(20) P. 97には「高い位には大きな義務がともなう《ノブレス・オブリージュ》」とある。

(21) P. 473にある謙遜表現を見ること。そこには、高価な首飾りを与える際のことばがある。「わたしの今日の食べ残しだ。もってゆくがいい。わたしがもってきた物だ」。

(22) P. 95, 189, 193を見ること。マリノフスキー氏はクラを、(お返しの)「支払いをともなう儀式的な交換」の一つに数えている(p. 187)。しかしこれは、たんに読者に分かりやすいようにと配慮してのことにすぎず、ヨーロッパの人々に論述を理解させるための便法である。支払いということばも交換ということばも、ともにヨーロッパのことばなのだから。

(23) Primitive Economics of the Trobriand Islanders, *Economic Journal*, mars 1921を見よ。

(24) ムワ(Muwa)の砂浜でのタナレレ(*tanarere*)の儀礼、すなわち遠征の成果物の陳列品評式について、p. 374-375, 391を見ること。ドブ島から(シナケタ島へ)遠征してきたウヴァラクの場合も参照せよ(p. 381の行程表、四月二〇日—二一日の箇所)。もっともすばらしい、すなわちもっとも強運ですぐれた交易者が決定されるのである。

ところがこれに対して、もっと規模の小さなクラになると、クラでの海洋遠征を機にさまざまな品物をカヌーに積んでゆき、行った先で交換をおこなう。貴族たちみずからが交易に従事する。というのも、この点については現地人なりの理屈が山ほどあるから。この場合には、クラとは別に、たくさんのものが懇願(25)と要求と交換の対象となり、ありとあらゆる関係が取り結ばれる。ただし、目的がクラであることにはかわりはない。クラこそが、これらの関係のなかでも決定的に重要な契機なのである。

(25) ワウォイラ(*wawoyla*)(クラの贈り物を相手にせがむこと)の儀礼についてはp. 353–354を、ワウォイラの呪術についてはp. 360–363を見ること。

クラでの贈与行為は、それ自体としてきわめて儀式ばった様相を呈している。受け手のほうは、贈り手が物を足元に投げ出してもそれには見向きもせず、つまらぬ物を、というあつかいで、投げ与えられてしばらくたってから、ようやくそれを手にとるありさまである。贈り手のほうはというと、へりくだった風情を大袈裟に示す(26)。ホラ貝の音にのって、恭しく贈り物をもってくると、残り物しかあげられなくてすまない、と言って詫びた上で、クラでの競合相手でありパートナーでもある相手の足元に、贈り物を投げつけるのである(27)。この間、ホラ貝の音と弁者の口上が、その場の全員に対して引渡の儀式的性格を印象づけている。こうした式次第の全体を通じて当事者が追い求めているのは、気前のよさを示すことであり、何からも束縛を受けず自由であるさまを示すことであり、何にも影響されず自律しているのを示すことであり、そしてまた、みずからの偉大さを示すことである。(28) そうであるにもかかわらず、結局のところそこに作用しているのは強制のメカニズムなのだ。それは、物による強制のメカニズムとさえ言えるものなのである。

(26)　本章前出の注(21)を見よ。

(27)　P. 471. 口絵ならびに pl. LX 以下の写真を見ること。後出の三八〇頁以下も見よ。

(28)　このような倫理意識は、『ニコマコス倫理学』におけるメガロプレペイア(μεγαλοπρέπεια)（豪華）とエレウテリア(ἐλευθερία)（寛厚）に関するすばらしい章節と比較することができる（同書第四巻一章・二章）。例外的ながら、このことを指摘しておきたい。

これらの贈与＝交換のもっとも重要な対象はヴァイグア(*vaygu'a*)である。これは一種の貨幣であって、(29) 二つの種類がある。一つは貝を成形し、磨きあげた腕輪で、ムワリ(*mwali*)という。その所有者や、所有者の親族たちが、特別な機会に身につける物である。もう一つは、赤いウミギクの真珠母をシナケタの熟達した職人が細工してつくった首飾りで、ソウラヴァ(*soulava*)という。こちらのほうは、女性が儀式の折りなどに身につける物であるが、(30) 例外的に、たとえば臨終の床などで、男性が身につけることもある。(31) しかしながら、ムワリにしろソウラヴァにしろ、通常は蔵《しま》いおかれているものである。所有するという悦びのために所有されている物なのだ。貝をムワリに成形したり、ウミギクを採取してソウラヴァに細工したり、これら二種類の交換財・威信財を交易し合ったりということは、もっと世俗的で通俗的な他の諸交易とならんで、トロブリアンド諸島の人々にとって富の源泉をなしているのである。

(29) **貨幣概念の使用に関する原則的な注記**　マリノフスキー氏(Primitive Currency, *Economic Journal*, 1923)は反対しているけれども、わたしとしては貨幣という語を使い続けることにする。マリノフスキー氏は当初からセリグマン氏によるこの語の濫用に異を唱え(*Argonauts*, p. 499, n. 2)、その用語法を批判していた。マリノフスキー氏が貨幣概念の適用を認めるのは、たんに交換手段としての役割を果たすだけでなく、それに加えて価値をはかりとる尺度としての役割も果たすものに対してなのである。シミアン(Simiand)氏もまた、この種の社会に対して価値という概念を使用することに関し、同様の異議をわたしに提起したことがある。これら二人の学者の言うことは、彼らの視点に立って見るかぎりは確かに正しいであろう。彼らはともに、貨幣という語や価値という語を狭義に解しているのだ。だが、この伝でゆくと次のようになる。経済的な価値が存在するようになったのは、貨幣が存在するようになってからのことである、と。そして、貨幣が存在するようになったのは、貴重な物品がそれ自体として凝集した富となり、また富の象徴ともなって、実際に貨幣へと鋳造されるようになってからのことである、と。言いかえるなら、そうした貴重物品が鋳造されて本位貨幣としての品位検定を受け、没人格化され、鋳造者である国家の権威との関係を別にすると、集団であれ個人であれ、いかなる法的人格とのいかなる関係からも絶縁されるようになってからのことである、と。けれども、このような立論によって提起される問題があるとすれば、それは用語の使用に対してどのような制限を設けるべきかという、その制限の恣意性の問題でしかない。わたしの見解では、このようにして規定されるのは二次的なタイプの貨幣、すなわち、わたしたちの貨幣にすぎないのである。

金や銅や銀を貨幣に鋳造する社会が登場する以前のすべての社会では、金銅銀とは別のものが用いられ、交換や支払いの手段としての役割を果たしていた。それが石であり、貝であり、とりわけ貴金属であった。わたしたちの周辺にある同時代の社会であっても、いまだにその多くにおいては、このようなシステムが実際に機能している。そして、ここでわたしが記述しているのもこのシステムなのだ。

確かに、このような貴重な物品は、支払いの手段といったときに常日頃わたしたちが思い描くものとは異なっている。まず、これらは経済的な性質を備え、価値を備えているけれども、それだけではなく、むしろそれ以上に呪術的な性質を備えており、とりわけ護符となっている。リヴァース（Rivers）がかつて言ったように、そしてまたペリー（Perry）氏とジャクソン（Jackson）氏が言っているように、それらは「生命の与え手（*life-givers*）」なのだ。次いで、これらは一社会の内部できわめて一般的に流通しており、異なる社会間で流通することさえあるにもかかわらず、その一方でいまだに人やクランとのつながりを保っており（ローマの最初の貨幣は氏族 *gentes* によって鋳造されていた)、そのもともとの所有者の個別性や、法的主体どうしのあいだで交わされた契約とのつながりを保っている。その価値はいまだに主観と人格に結びついているのだ。たとえば、いまだにメラネシアでは、貝を数珠つなぎにしてつくった貨幣は、与え手の親指の先から小指の先までの長さを基準としてはかられている。Rivers, *History of the Melanesian Society*, t. II, p. 527; t. I, p. 64, 71, 101, 160 以下。シュルターファーデン(*Schulterfaden*)(肩尺の意。ドイツ語で Schulter は肩、Faden は糸、および長さの単位としての尋を指す)という表現を参照せよ(Thurnwald, *Forschungen*, etc..., t. III, p. 41 以下、vol. I, p. 189, v. 15)。ヒュフトシュヌーア(*Hüftschnur*)(腰尺の意。ドイツ語で Hüfte は腰、Schnur は紐、糸を指し、比喩的に「標準」も意味する)も参照のこと(t. I, p. 263, l. 6, etc.)。こうした諸制度については、ほかにも主要な事例をのちに見る。このような価値が安定性を欠くこと、したがって尺度や基準となるために必要な性質を欠いていること、このこともまた確かである。たとえば、こうした価値が現にどのような価格をもつかは、それが過去にどれだけの数の取引で用いられ、どれだけの規模の取引で用いられてきたのかに応じて増加したり減少したりするのである。マリノフスキー氏は、トロブリアンド諸島のヴァイグアが人の手から手へと経巡るなかで威信を獲得することを、王室に伝わる宝石類のあり方と比較しているが、この比較はじつに適切である。同じように、北西アメリカの紋章つきの銅製品とか、サモアのゴザとかも、ポトラッチで使われるごとに、交換で使われるごとに、その価値を増してゆくのである。

しかしながら、そうは言っても、これらの貴重な物品はわたしたちの諸社会で貨幣が果たしているのと同じ機能を果たしており、そのため、少なくとも貨幣の同類と見なすことが許される。それは二つの点においてである。第一に、これらの物品には物を買い入れる力が備わっていて、かつその力は数値化されていること。これこれの「銅製品」(アメリカの場合)に対しては毛布何枚が支払われてしかるべきであるとか、これこれのヴァイグアにはヤムイモ何カゴが相当するとか、といった具合である。数の概念がそこにはある。たとえこの数が、国家権力によって決められるのとは違った仕方で決められているとしても、そしてまた、クラやポトラッチを何度も経由するなかで変動するとしても、数概念があるのだ。第二に、物を買い入れるこの力は、実際に支払いにおいて通用すること。たとえその力が、特定の個人どうしとか、クランどうしとか、部族どうしとかのあいだでしか認められておらず、たんに協力者どうしのあいだでしか認められていないとしても、それは公的、公式、公定のものなのである。マリノフスキー氏の友人であるブルド(Brudo)氏は、マリノフスキー氏と同様にトロブリアンド諸島に長く滞在していたけれども、自分が雇った真珠採りたちに支払いをする際には、ヨーロッパの貨幣や商品だけでなく、ヴァイグアも使って、定まった相場で支払いをしていた。一方のシステムから他方のシステムへ、混乱なく移行がなされたのだ。したがって、こうした移行は可能だったのである。アームストロング(Armstrong)氏は、トロブリアンド諸島に隣接するロッセル島の貨幣に関し、きわめて明快な情報をいくつも示している。そこに過ちがあるとするなら、彼もまたわたしと同じ過ちを犯しているわけだ(A unique monetary system. *Economic Journal*, 1924. 校正刷り段階で提供を受けた)。

わたしの考えでは、人類は長い期間にわたって模索を続けてきた。まず第一段階において人類は、使用されただけでは解体消滅することのない物品があることを見いだした。そのほとんどすべては呪術的で貴重な物品であって、人類はそれらに物を買い入れる力があるとした。これについては、Mauss, Origines de la notion de Monnaie, *Anthropologie*, 1914 (Proc.-verb. de l'I.F.A.)を見ること(この時点では貨幣の遠い起源しか見つけてはいなかったけれども)。次いで第二段階になると、これらの物品を部族のなかで、さらには部族の外や遠隔地にまで流通させるのに成功した人類が、物を買い入れるためのこうした道具は富を数値化し、流通させるための手段となりうることを見いだした。わたしが今記述しているのがこの段階である。そして、この段階を出発点として、かなり古い時代のセム系諸社会において、さらにおそらくは、それほど古くはない時代の別地域の諸社会でも、特定の集団や人々からこうした貴重な物品を絶縁する方法が見いだされ、これらの物品を以て価値評定のための恒常的な道具とするようになった(第三段階)。普遍的な価値評定(合理的な価値評定とは言わないまでも)のための恒常的な道具とさえするようになったのである。それに勝る方式が見つかるまでの当座のことではあるけれども。

したがって、わたしの考えるところでは、わたしたちの貨幣形態に先立つ別の貨幣形態が存在したのである。日用品が貨幣として用いられるということだってあるのだから。たとえば(またまた、たとえば、ということになるけれど)、アフリカやアジアにおける銅板や銅塊、鉄板や鉄塊などといったもの。そしてまた、古代のわたしたちの諸社会や、現今のアフリカの諸社会でのように、家畜だってそうである（家畜については第三章の注（10）、その四を見ること）。

こういうあまりに広大な問題について立場表明を強いられたことをお許しいただきたい。だが、この問題はわたしの主題にあまりに密接に関係するものであり、立場を明確にする必要があった。

（30） Pl. XIX. トロブリアンド諸島の女性は、北西アメリカの「お姫さまたち」と同じく、そしてまた他のある種の人々と同じく、ある意味で儀式的な装飾具を見せびらかすための媒体としての役を果たしているようだ。もちろん、そのような役を果たすことによって、彼女たち自身が「呪惑され」てもいるのだけれど。Thurnwald. *Forsch. Salomo-Inseln.* t. I. p. 138, 159, 192, v. 7 を参照すること。

（31） 本章後出の注（41）。

マリノフスキー氏によると、こうしたヴァイグアは一種の円環を描いて動く。腕輪のムワリは西から東へと規則的に手渡され、ソウラヴァのほうはつねに東から西へと移動する[32]（ムワリは反時計回りに、ソウラヴァは時計回りに、それぞれ循環する）。この二つの逆向きの流れが、トロブリアンド諸島、ダントルカストー諸島、アンフレット諸島の全域、そして、ウッドラーク島、マーシャル・ベネット諸島、トゥベトゥベ群島など、この海域に点在している島々、さらには、ニューギニア本島の南東端沿岸にいたる一帯をめぐっている。ニューギニア南東端は、腕輪が成形を施される前の素材の出所であるが、ここでもクラの取引は、上述したのと同種の一大海洋遠征をともなっておこなわれている。遠征団はニューギニア（南マッシム）（南マッシムは、ニューギニア本島の南東端からさらに東に進んだ近海の海域をも含め、メラネシア系の人々が居住する地域）から寄り集うのであり[33]、これについてはセリグマン（Seligmann）氏の記述がある。

（32）　P. 82 の地図を見ること。また、Kula, in *Man*, 1920, p. 101 も参照せよ。マリノフスキー氏は、円環を描くこの動きがどのような意味をもつのかに関して、神話上の理由やその他の理由を見つけることはできなかったと言う。だが、この理由を特定することはとても重要なのではないだろうか。というのも、これらが何か一定の方向をとることに理由があり、神話に起源をもつ道を辿ってその出発点に再び戻ってくるよう動機づけられている、ということにでもなるのであれば、ポリネシアの事象、つまりマオリのハウ（*hau*）と驚くほど一致することになるからである。

（33）　この地域の文明、ならびにこの交易については、Seligmann, *The Melanesians of British New-Guinea*, chap. XXXIII 以下を見よ。また、*Année sociologique*, t. XII, p. 374; *Argonauts*, p. 96 も参照すること。

原則的に、富の表徴であるこうした財物の循環は、絶え間なく続き、やむことがない。ヴァイグアを手元にとどめておく期間があまり長すぎてはいけない。それを手放すまでにのろのろと時間を置いたり、手放すのをぐずぐずといやがったりしてもいけない(34)。また、ヴァイグアは「腕輪の方向」なり「首飾りの方向」なり、決められた方向にいる決められたパートナーに贈らねばならず、それ以外の人に贈ってはいけない(35)。しかし、一つのクラから次のクラまでのあいだは、ヴァイグアを手元にとどめることができるし、また、手元にとどめておかなくてはならないのである。この間、コミュニティの誰もが、自分たちの首長の誰彼が獲得したヴァイグアを自慢にする。それにとどまらず、受け取るばかりで何のお返しをしなくても許されるような機会すらある。たとえば、葬儀の祭宴であるソイ(*s'oi*)の大饗宴（クラと関連する葬儀の祭宴）を開くべく、その準備をしているとき(36)。ただし、もらいっぱなしになっていても、ひとたびソイ祭宴の本番をはじめる段になったら、今度はこちらが何もかもをお返しし、消費することになるわけである。したがって、贈り物を受け取ることで人が手にするのは、まさしく所有権《プロプリエテ》なのである。ただ、ある一定の種類の所有権であるということだ。近代人であるわたしたちは、さまざまな種類の法的な諸原則を互いに異なるものとして念入りに腑分けしてきたけれども、この所有権はそうした法的原則のすべてにかかわっているということができるかもしれない。それは、所有物《プロプリエテ》でありかつ占有物《ポセッシオン》、抵当に入れられる物でありかつ貸し出される物、売られる物でありかつ買われる物、さらに同時に、委託され、信託され、承継人のさらにその先の承継人にまで次々と継伝されてゆく物なのである。なぜなら、それが与えられるのは、それを別の人に対して使用するとか、それを第三のパートナー、「遠方のパートナー」であるムリムリ(*murimuri*)[37](自分の直接のパートナーではないが、パートナーのパートナー、さらにその先のパートナーといった具合に、間接的につながる人々のこと)にまで渡してゆくとか、そういった条件においてのみだからである。これこそマリノフスキー氏が見いだし、繰り返し目にし、観察し、記述した経済的・法的・倫理的な複合体なのだ。それはじつに典型的である。

(34) ドブの人々は「クラではぐずぐずとがめつい」(*Arg.*, p. 94)。

(35) *Ibid.*

(36) P. 502, 492.

(37) 「パートナー」から「パートナー」へとつながってゆく一連の人のつながりのなかで、誰それが自分にとって「遠方のパートナー(remote partner)」(ムリムリ。これについてはSeligmann, *Melanesians*, p. 505, 752 のムリ *muri* を参照のこと)であるということが、少なくとも部分的には知られている。わたしたちの社会における銀行の取引先のネットワークと同じようなものである。

この制度にはまた、神話的・宗教的・呪術的な側面もある。ヴァイグアというのは、どうでもよいようなものではない。たんなる硬貨ではないのである。どのヴァイイグアも、少なくとも非常に貴重であるとされ、それだけ渇望の的となっているヴァイグアであればどれも——ヴァイグア以外にもこれと同じ威信を備えた物品はあるのだが(38)——、名前をもち、人格をもち、(39)故事来歴をもち、そしてそれにまつわる波乱の物語さえもっているものなのだ。そのため、ヴァイグアにあやかって、その名を自分の名前とする人もいるほどである。もっとも、ヴァイグアが本当の意味で崇拝の対象であるとまでは言えない。トロブリアンド諸島の人々は、彼らなりに実証主義者であるから。けれども、ヴァイグアが卓越した性格、聖なる性格を宿しているのも否定しようがない。ヴァイグアを所有していれば、「所有しているというただそれだけで、人は陽気になり、力づけられ、心和むものなのである(40)」。持ち主は自分のヴァイグアをいじったり眺めたりしながら、倦むことなく時を過ごす。また、ちょっとでもそれに触れれば、その効験が伝わる(41)。死期の差し迫った人があれば、その人の額や胸の上にヴァイグアをのせたり、腹にヴァイグアをこすりつけたり、鼻先にぶらさげて振ってみせたりする。ヴァイグアは、死にゆく人にとって最高の安息となるのである。

(38)　儀式用品に関する一般的見地からの正当な指摘（p. 89, 90）を参照せよ。

(39)　p. 504 に、二つで一対をなす財物のさまざまな名前。p. 89, 271. また、p. 323. あるソウラヴァの話を耳にした人がどうしたかに関する神話も見ること。

(40) P. 512.

(41) P. 513.

けれども、それだけではない。クラで贈り物の授受を取り結ぶ契約それ自体が、ヴァイグアのもつこの性質の影響を受けるのである。腕輪と首飾りだけではないのだ。財にしろ装飾品にしろ武器にしろ、ありとあらゆるもの、クラ・パートナーの所有するすべてのものが、人格的な魂に、とまでは言わずとも、何らかの情動に突き動かされるようになる。その突き動かされ方が激しいだけに、腕輪と首飾りだけでなく、これらまでもがすべて契約に参加することになるのである。[42]「ホラ貝の呪文」[43]（ホラ貝のなかに呪文を吹き入れておき、ホラ貝を吹いたときにそれがクラの相手に作用する）のなかに、たいへんおもしろい一節がある。そこにおいて「パートナーとして贈り物を手に入れたいと思っている者」は、自分が相手に要求し、相手から受け取るべき物どもを唱えあげてから、それらに対して呪術をかけ、自分のほうにそれらを招きよせることができるのである。[44]

(42) P. 340, およびそれへの注解として、p. 341.

(43) ホラ貝の用法について、p. 340, 387, 471 を見ること。Pl. LXI も参照せよ。ホラ貝は取引がおこなわれるたびごとに、また、共同で食事をとる儀典がおこなわれるたびごとに、等々で鳴らされる楽器である。ホラ貝の使用がどのような歴史を有しているかとまではゆかなくとも、それがどのように拡大したかについては、Jackson, *Pearls and Shells* (Univ. Manchester Series, 1921)を見ること。

祭宴や契約に当たってラッパや太鼓が使用されることについては、黒人諸社会（ギニアおよびバンツーの諸社会）やアジアの諸社会、アメリカの諸社会、インド＝ヨーロッパ語系の諸社会、等々、非常に多くの社会で事例がある。この使用は、本論が研究対象としている法的・経済的な主題に関連しており、それ自体として、またその歴史について、別に独立した研究がなされてしかるべきである。

（44）P. 340.「ムワニタ、ムワニタ（*mwanita, mwanita*）」。p. 448. キリウィナ語で記された最初の二行（私見では二行目と三行目の詩行）の原文を参照すること。ムワニタというこのことばは黒い輪状のものに覆われた細長い虫を指す名前であり、ウミギクでつくった円盤からなる首飾りがこの虫に擬せられている（p. 341）。祈願＝招請がこれに続く。「そこに一緒にきなさい。わたしはみんなをそこに一緒にこさせましょう。そこに虹があらわれます。ここに一緒にきなさい。わたしはみんなをここに一緒にこさせましょう。ここに虹があらわれます。わたしはここに虹を出現させましょう。わたしはそこに虹を出現させましょう」。マリノフスキー氏は、現地人の言うことに依拠して、虹はたんなる前兆であると見なしている。けれども虹は、真珠母が色とりどりに光を反射している様子をあらわしているのかもしれない。「ここに一緒にきなさい」という表現は、高い価値をもつさまざまな物品が契約に寄り集う様子にかかわっている。「ここ」と「そこ」のことば遊びは、語の形成要素であるmの音とwの音の交替だけによってなされているが、このことば遊びは呪術では非常によく見られる。

これに続いて呪文導入部の後半がくる。「わたしが唯一の男である、唯一の首長である、云々」。ただ、この部分が興味深いのは別の観点から見たとき、とりわけポトラッチの観点から見たときだけである。

［興奮状態(45)がわたしのパートナーを捉える、(46)］

興奮状態が彼の犬を捉える、

興奮状態が彼の帯を捉える、

そして、以下同様に、「興奮状態が彼のグワラ(*guwara*)(ココヤシとビンロウジ(ヤシ科植物ビンロウの種子がビンロウジ。噛むと神経への軽度な刺激作用が得られる)に対する禁忌(47))を捉える、彼のバギドウ(*bagido'u*)の首飾りを、彼のバギリク(*bagiriku*)の首飾りを、彼のバギドゥドゥ(*bagidudu*)の首飾りを(48)、云々、捉える」。

もう一つ別に、今のよりも神秘的で奇妙な、けれどもタイプとしてはより一般的な呪文のことばがあって(49)、やはり同じ考え方を表現している。クラに乗り出した側には、補佐役の動物としてワニがいる。彼はワニに祈願をなし、首飾りをもってこさせるのである（キタヴァでは、ムワリをもってこさせることになる）。

　ワニよ、倒れかかれ。お前の男を捉えてしまえ。ゲボボ（*gebobo*）（カヌーで積み荷をのせるためにあつらえた部分）の下に押しこんでしまえ。

　ワニよ、わたしに首飾りをもってこい。わたしにバギドウをもってこい。わたしにバギリクをもってこい、云々。

同じ呪文の儀式のなかで、もっと前のほうで唱えられる呪文の一節では、ある猛禽（魚を主に捕食するタカ科のミサゴのこと）に祈願がなされている[50]。

　クラのパートナーであり、取引相手である人々にかける呪術（キリウィナの人々がドブやキタヴァでかける呪術）で、ここで最後に取り上げる呪文にはある一節があり[51]、それに対して二つの解釈の仕方が提起されている。この呪文の儀礼はとても長く、延々と繰り返される。その目的は、クラにおいて忌避されていること、すなわち、憎悪や戦争にかかわることがらを、あますところなく数えあげることにある。友好的にクラをはじめることができるよう、これらをあらかじめ祓《はら》いのけておかなくてはならないからである。

　お前の激しい怒り、犬はクンクン臭いを嗅ぐ、
　戦争に出てゆくお前の化粧の顔料、犬はクンクン臭いを嗅ぐ、

云々。

別のインフォーマントが示した呪文には次のようにある。(52)

お前の激しい怒り、犬は従順になる、云々。

あるいはまた、

お前の激しい怒りは潮のように引いてゆく、犬は戯れる、

お前の怒りは潮のように引いてゆく、犬は戯れる、

云々。

これは次のように解釈しなくてはならない。「お前の激しい怒りは、戯れる犬のようになる」。重要なのは犬の比喩である。犬は主人を見ると、起きあがってその手を舐めにやってくる。ドブの女はともかく、ドブの男はこのようにふるまわなくてはならない、ということなのだ。これに対して、第二の解釈の仕方が別の注釈を与えている。こちらの解釈のほうは、マリノフスキー氏によれば手が込んでいて、こじつけめいているが、もちろん現地の人みずからが語ったことである。それに、この注釈のほうがこのほかに知られていることと、もっとよく合致している。

犬は鼻と鼻をつき合わせて戯れます。犬ということばを声に出して呼ぶと、昔からの定めどおり、財物も同じように(戯れに)やってくるのです。わたしたち

は腕輪を与えた、だから首飾りがやってくることでしょう。腕輪と首飾りとは、相まみえることになるでしょう（お互いに鼻をつき合わせて臭いを嗅ぎ合う犬どうしのように）。

表現の仕方、比喩は見事である。さまざまな集合的感情が網目のように織りなす全体が、ここにおいて一挙に与えられている。クラのパートナーが、もしかしたら自分に憎悪をいだいているかもしれないこと。一所にとどまっていたヴァイグアが、こちらから呪術をかけたことで別所へと招き出されること。犬たちが戯れ、呼び声に誘われて駆けつけ、そうすることで犬どうし相まみえるのと同じように、男たち、そして財貨が、クラにおいて相まみえること。

もう一つ象徴的な表現がある。腕輪のムワリが女性を象徴し、首飾りのソウラヴァが男性の象徴となって、両者が結婚するというのである。男と女が惹かれ合うように、互いに惹かれ合うというのである(53)。

(45) P. 449と対照すると、興奮状態と翻訳されている語はムヌムワイニセ（*munumwaynise*）である。これは、「むずがゆさ（itching）」や「興奮状態（state of excitement）」を意味するムワナ（*mwana*）もしくはムワイナ（*mwayna*）の反復語である。

(46) わたしが思うに、このような文句があってしかるべきではなかったか（マリノフスキーの原文にこの一節はなく、次行の「興奮状態が彼の犬を捉える」から呪文の引用がはじまっている）。なぜならマリノフスキー氏は、ここで呪文のキーワードが指しているのが、クラのパートナーに取り憑いて、惜しみなくクラの贈り物をさせてしまうような心的状態であると、p. 340で断言しているからである。

（47）一般にこの禁忌は、クラ、および葬送儀礼であるソイ(*s'oi*)のために課され、貴重財とならんで、必要となる食糧やビンロウジを集めることを目的としている。呪術は食糧にまでおよんでかけられること(p. 347, 350)を参照せよ。

（48）首飾りのさまざまな名前。これらの名前に関してこの著作では分析されていないが、首飾りを意味するバギ(*bagi*)という語(p. 351)（バギはソウラヴァと同義）と、種々の語とが組み合わさって構成されている。これに続いて、他のさまざまな首飾りの固有名が唱えられ、同じように呪術をかけられる。

ここで引用されている呪文はシナケタを出発地とするクラの呪文であり、腕輪ではなく首飾りを求めておこなわれるので、言及されるのも首飾りだけである。同じような呪文がキリウィナを出発地とするクラでも用いられるけれども、こちらのほうは腕輪を求めるクラであるため、言及されるのがさまざまな種類の腕輪の名前となるところが違って、あとは同様であるという。

呪文の締めくくりの部分も興味深いが、それもまたポトラッチの観点から見たときだけである。「これからわたしは「クラをする」(交易をする)、これからわたしはクラを(クラのパートナーを)欺く。これからわたしはクラを盗む、これからわたしはクラを掠め取る、これからわたしはカヌーが沈むほどクラをする。……わたしの名声は雷であり、わたしの歩みは地響きである」。結びの文句は、奇妙なほどアメリカ原住民的な様相を呈している。ソロモン諸島にも同様のものがある。本章後出の注(256)を見よ。

(49) P. 344. およびそれへの注解としてp. 345を見よ。この呪文の締めくくりの部分も、先に引用したのと同じで、「わたしは「クラをする」、云々」である。

(50) P. 343. また、p. 449に、はじめの文句の原語と文法注があるので参照すること。

(51) P. 348. この一節は一連の文句のあとに唱えられる(p. 347)。「ドブの男よ、お前の怒りは(潮が引くように)引いてゆく」。これに続いて同じ一連の文句が、「ドブの女よ」という表現とともに唱えられる。後出の一七一―一七二頁も参照のこと。ドブの女たちは禁忌の対象となっているのに対し、キリウィナの女たちは来訪者たちを相手にからだを売る。呪文の第二部も同じ型である。

(52) P. 348, 349.

(53) P. 356. おそらくそこには、方角にかかわる神話が存在する。

このようなさまざまな比喩表現は、マオリの人々がその神話的な法認識を表現するのと、表現形態は異なるが、内容としてはまったく同一のことがらをあらわしている。社会学的に言うならば、表現されているのは、ここでもまた、物と価値と契約と人の混ざり合いなのである。(54)

(54)　レヴィ＝ブリュル(Lévy-Bruhl)氏がいつも使う「融即(participation)」という用語を、ここでわたしたちも用いることができるのかもしれない。だが、まさにこの用語の起源にあるものこそ、混沌に融け込み、一つに混ざり合うということなのであり、とりわけ、本論が今記述することを課題としている類の一体化や法的同一化なのだ。

わたしたちはここで原理をあつかっているのだから、そこから派生した諸々の結果にまで降りてゆくほどのことはない。

残念なことに、こうした取引がどのような法的規範によって統制されているのかはよく分かっていない。そのような規範は、マリノフスキー氏のインフォーマントであるキリウィナの人々にとっては意識化されておらず、そのため彼らも、それを明瞭に説明できないのかもしれない。あるいはまた、トロブリアンド諸島の人々にとっては明瞭なのだけれど、まだそれには調査が及んでおらず、今後の調査の対象とせねばならないのかもしれない。いずれにしても、わたしたちの手元にあるのは細部にかかわるデータばかりである。ヴァイグアを最初に贈るときの贈り物のことは、ヴァガ(*vaga*)、すなわち「開く贈り物(opening gift)」と呼ばれている。(55)これによって端緒が開かれ、それを受け取った側はお返しの贈り物をしなくてはならないことが確定する。お返しの贈り物はヨティレ（*yotile*）と呼ばれるが[56]、マリノフスキー氏はこのことばを「締めの贈り物（clinching gift）」と、巧みに翻訳している（マリノフスキーはヨティレを「お返しの贈り物 return gift. return present」と訳しており、「締めの贈り物」とは言っていない。「締めの贈り物」と訳されているのは、モースが次に触れるクドゥ *kudu* のほうである）。すなわちそれは、やりとりを「錠で閉める贈り物」なのである。やりとりの全体にけりをつけるこの贈り物はまた、クドゥ（*kudu*）と呼ばれることもある。これは、物を噛む歯という意味であり、それゆえ、しっかりと切り離し、切断して、人を解き放つのである[57]（マリノフスキーによれば、ヨティレはヴァガと対をなし、はじめの贈り物に対するお返しの贈り物を意味する。クドゥは、次に触れられるバシ *basi*, つまり中間のつなぎの贈り物と対をなし、つなぎを経て最後を締めくくる贈り物を意味している）。お返しの贈り物は必ずなされなければならない。相手はそれを待っているし、しかもそれは、最初に与えられた贈り物と価値において等しくなくてはならない。場合によっては、それを力ずくで奪い取ったり、不意打ちをかけて取り上げたりしてもよい[58]。お返しのヨティレが贈り物として不適切であれば、呪術をかけて仕返しをしてもよいし[59]、そこまでせずとも、ののしりや恨みごとを相手にぶつけてかまわない[60]。お返しをすることができない場合には、ともかくもバシ（*basi*）を贈っておく。これは、皮膚を「刺す」ものではあるが、噛み切るものではない。したがって、やりとりの全体にけりをつけるものではない。これは一種のつなぎの贈り物である。いわば支払猶予の利子としての贈り物であって、債権者、つまり最初に贈り物を与えた者をなだめこそすれ、債務者、つまり次に贈り物を与えるべき者を解き放つものではない[61]。こうした細部はすべてが興味深く、これらの表現形態においては何もかもが際立っている。けれども、どのような制裁が働いているのか、これが分からないのである。それは純粋に倫理的で[62]、呪術的な制裁なのだろうか。「クラでがめつい」人は、たんに侮蔑され、ときに応じて呪いをかけられるだけですむのだろうか。不誠実なクラのパートナーには、このほかに失うものはないのだろうか。たとえば、貴族としての地位であるとか、あるいは少なくとも、首長たちのあいだでの立場とか。今後まだ知る必要があると思われるのは、こうしたことどもである。

(55) P. 345 以下。
(56) P. 98.
(57) もしかすると、このことばにはイノシシの牙によるかつての貨幣への暗示が含まれているのかもしれない (p. 353)。
(58) P. 319 にあるレブ (*lebu*) という慣行(力ずくで、ただし必ずしも敵対的な行為としてではなく、相手から物を取り上げること)。また、p. 313 の神話も参照せよ。
(59) P. 359 では、名のあるヴァイグアについてこう語られている。「多くの男たちが、それのために命を落とした」と。ヨティレはつねにムワリ、つまり腕輪であるように思える。ムワリはクラ取引における女性原理にほかならないから。少なくとも、ドブの事例 (p. 356) はそう思わせる一事例である。「わたしたちはムワリをクワイポル（*kwaypolu*）したり、ポカラ（*pokala*）したりすることはない。ムワリは女だから」（ヴァガはヨティレよりもクラ・パートナーに対する口説きをともなうもので、一連の贈り物を相手に与えて懇願がなされる。そのような贈り物の一つの型として食べ物を贈るのがポカラである。こうした懇願の贈り物がなされたのちに、ようやく大きなヴァイグアが得られると、相手に満足の印としてさらにいくらかの食べ物を渡す。この贈り物がクワイポルと呼ばれる）。ただ、ドブの人々が獲得しようとしているのは腕輪だけなので、ここにはそれ以上の意味はないのかもしれない。

（60）攻撃的な讒訴（イニュリア *injuria*）について、p. 357（同種の歌謡が Thurnwald, *Forsch.*, I に多数あるので、それを見ること）。

（61）ここでは、複数の多様な取引システムが混淆しているように思われる。バシはたいして価値のない首飾りや（p. 98）腕輪であることもある。また、厳密にはクラの財物ではないその他の物品がバシとして贈られることもある。石灰質のヘラ（ビンロウジ用のもの）や、粗製の首飾りや、大きな磨製石斧（ベク *beku*）が、その場合には用いられる（p. 358, 481）。これらもまた一種の貨幣なのだ。

（62）P. 157, 359.

けれども、別の観点から見るなら、この体系は典型的なものである。調査の目が現在届いているかぎりでは、そして歴史・法・経済に関して現在知られているかぎりでは、かつてのゲルマン法（これについてはのちに論じる）を例外として、マリノフスキー氏がトロブリアンド諸島で見いだした交換＝贈与の実践例ほど、明瞭で、完全で、当事者が自覚的におこなっている慣行にお目にかかることは難しかろう。また、観察者がこれほどよく理解した上でそれを記録にとどめている慣行にお目にかかることも難しいのではないだろうか[63]。

(63) マリノフスキー氏の著作は、トゥルンヴァルト氏の著作と同じく、真の社会学者の観察がどれほどすぐれたものであるのかを示している。そもそもこうした諸事象の一端にわたしを導いてくれたのも、トゥルンヴァルト氏のブインにおけるマモコ(*mamoko*)、すなわち「トローストガーベ(*Trostgabe*)」(ドイツ語の原義は「慰めの贈り物」)に関する諸考察(t. III, p. 40, etc.)であった。

クラ、その本質的な形態におけるクラは、それ自体としては一つの契機であるにすぎない。それは確かにもっとも高度に儀式化されたものではある。けれども、給付と反対給付とがかたちづくるもっと広範な体系があるのであって、クラ自体はその体系の一契機にすぎないのである。そして、この広範な体系こそが、じつはトロブリアンド諸島の人々の経済生活と市民生活の全体を取り巻いているようなのだ。クラは、とりわけ、民族の境界を越え、部族の境界を越えるクラは、こうした彼らの生活全体の頂点であるにすぎないと思われる。確かにクラは、彼らにとって生きる目的の一つであるし、クラのために大がかりな遠征がおこなわれる。しかしながら、結局のところそれに参加しているのは、首長たちだけなのである。さらに言えば、首長たちのうちでも沿岸地域に居住している部族の首長たちだけ、もっと限定すれば、沿岸地域に居住しているすべての部族の首長たちではなく、そのうちのいくつかの部族の首長たちだけなのである。クラは、クラ以外のあまたの制度を、そのうちに結晶化させ、凝集しているにすぎないのだ。

まず、クラにおけるヴァイグアの交換それ自体にしてからが、ヴァイグア交換以外の一連のさまざまな交換に取り巻かれている。そこでは極度に多様な形態のやりとりがなされており、値切り合いがあるかと思えば、たんなる対価の提供があり、本心からの懇願があるかと思えば、まったく礼儀上の誘いがあり、万端を尽くしたもてなしがあるかと思えば、ためらいや遠慮があり、といった具合である。第一に、すべてのクラでは、同時にギムワリもおこなわれる。ただし、高度に儀礼化されており競争的性格の強い、壮麗な大規模遠征をおこなうクラ、すなわちウヴァラク[64]は別である。ギムワリは通俗的な交換であって、必ずしもクラ・パートナーとのあいだでおこなわれなくともよい[65]。パートナーどうしが密な協同関係を取り結ぶかたわらで、ギムワリでは連盟関係にある諸部族の人々が、関係の近しさでは劣るけれども、自由に関係を取り結ぶのである。第二に、クラのパートナーどうしのあいだでも、ヴァイグアの交換とは別に、それを補うさまざまな贈り物の贈与と返礼がおこなわれ、さらにはまた義務的な取引もおこなわれて、それらがとぎれることのない一本の鎖のようなものをかたちづくっている。むしろクラは、こうしたさまざまな取引が前提にあって、はじめてなりたつとさえ言える。たとえば、クラにおいて形成されるパートナーどうしの協同関係であるが、クラの基盤をなすこの協同関係は(66)、最初の贈り物であるヴァガが授受されることによってはじめて設定される。このため、人は自分のありったけの力を賭して、ヴァガを与えてくれるよう相手に懇願し、「懇願の贈り物」を贈るのである。この時点では相手はまだパートナーでなく、こちらがどうこうできる存在ではない。その相手を、前もってこちらから一連の贈り物を贈ることで言うなれば買収し、最初の贈り物であるヴァガを自分にくれるよう口説くことができるのである(67)。ひとたびヴァガが与えられれば、お返しのヴァイグアであるヨティレ、つまり錠が返されるということ、このことは確実である。けれども、そもそもヴァガは与えられるだろうか。不確かなのはこれなのだ。そればかりか、ヴァガを求めてなされる「懇願の贈り物」を、相手が受け取ってくれるかどうか、このことさえも定かではない。このため、贈り物を懇願してからそれを手に入れるというこのやり方が通則となっているのである。

（64） P. 211.

（65）P. 189. また、pl. XXXVIIも参照せよ。p. 100にある「二次的交易（*secondary trade*）」も参照すること。

（66）P. 93を参照のこと。

（67）こうした贈り物はワウォイラ（*wawoyla*）という総称で呼ばれるようである（p. 353-354; cf. p. 360-361）。p. 439に、ウォイラ（*woyla*）が「クラの口説き（kula courting）」と訳されていることと対照せよ。この語はある呪文のなかに出てくる語であるけれども、まさしくこの呪文では、将来クラ・パートナーとなる人物が所有している可能性のある物品がすべて列挙され、それらが「沸騰する」ことで、贈り物を与えようという決意をその人物に促している。まさにこれらの物品のなかに、続く一連の贈り物が含まれている。

このようにして贈られる贈り物には、それぞれ名前がある。たとえば、相手に贈る前にそれを陳列して誇示するなら、その場合にはパリ（*pari*）と呼ばれる。[68] あるいは、名前によって、贈られるその物品が高貴で呪術的な性質をもつことが示されていることもある。[69] しかし、こうした捧げ物のどれか一つでも相手が受け取れば、それはその相手がこの人とクラのやりとりに入ってみよう（そこにずっととどまっていよう、とまではいかないかもしれないが）という気になっていることをあらわしているのである。こうした贈り物の名称のなかには、それを受け取ると、どのような法的状況が招来されるのかを表現しているものもある。[70] 相手がこれを受け取った場合には、パートナー関係の樹立は受諾されたと見なされる。というのも、通常、この場合の贈り物は比較的貴重なものだからである。たとえば、磨製石でつくられた大きな石斧とか、鯨骨でつくられた匙とか。これを受け取るということは、相手がほしがっている最初の贈り物、ヴァガを、間違いなく贈与すると約束することにほかならないのである。けれども、この段階でもまだ、両者はクラ・パートナーとして十全な関係に入ったわけではない。儀式的な格式にのっとり、ヴァガが現に引渡されてはじめて、両者は十全なクラ・パートナーの関係に入るのである。こうした贈り物にどれほどの重要性があり、どのような性格が備わっているのか、それを規定しているのは並はずれた競争である。海を渡ってやってきた遠征団は、クラでパートナーを見つける潜在的な可能性をもった人々によって構成されているのだから、彼らのあいだには競争関係があり、誰もが相手となる部族のなかで最良のパートナーを得ようとする。動機は真剣である。というのも、みながそれぞれに樹立しようとしているクラ・パートナーとの協同関係は、パートナーどうしのあいだにクラン仲間のようなつながりを生みだすからである。[71] だから、選び出すために、誘惑し、眩惑しなくてはならないのだ。[72] 位階を考慮しながらではあるけれども、[73] 他の人々よりも早く、また他の人々よりもうまく、目的を遂げなくてはならない。価値において最上の物は、当然のことながら富において最高の人々が所有している物なのだから、このようにして相手をそそのかし、できるだけ価値の高い物を、できるだけたくさん交換しなくてはならない。競合、敵対、誇示。偉大さと利得の追求。以上の諸行為の基底には、すべてこうした多様な動機が横たわっているのだ。(74)

(68)　これはもっとも一般的な語彙であり、「贈呈される物品(presentation goods)」と訳されている(p. 439, 205, 350)。同じ贈り物がドブの人々によっておこなわれる場合には、この贈り物はヴァタイ(*vata'i*)という語で呼ばれる。p. 391も参照のこと。これらの「到着の贈り物(arrival gifts)」は呪文においても列挙される。「わたしの石灰の壺、それは沸き立つ。わたしの匙、それは沸き立つ。わたしの小籠、それは沸き立つ、云々」(同じ主題と同じ表現がp. 200にある)。

これらの総称に加えて、さまざまな状況で贈られるさまざまな贈り物について、いくつもの個別の名称がある。シナケタの人々がドブにもってゆく(その逆ではなく)食糧の捧げ物や、土器やゴザなどは、たんにポカラ(*pokala*)という名前で呼ばれるが、これは報酬や供物などとかなりよく合致している。ググア(*gugu'a*)という「当事者個人の所持品(personal belongings)」(p. 501, cf. p. 313, 270)もまたポカラとなり、自分のクラ・パートナーになってもらいたい人を何とか誘い入れようとする(ポカポカラ *pokapokala*, p. 360)ときに与えられる(cf. p.

369)。これらの社会には、個人的な使用に供される物品と、「所有財(properties)」である物品、すなわち永続的に家族が有し、永続的に循環する物品と、この両者を分ける非常に明瞭な意識が存在している。

(69) たとえば、p. 313 のブナ(*buna*)。

(70) たとえば、p. 344, 358 のカリブトゥ(*kaributu*)。

(71) マリノフスキー氏は現地の人に次のように言われた。「わたしのパートナーはクラン仲間(*kakaveyogu*)と同じ。わたしと闘いになるかもしれない。でも、わたしの本当の親族(*veyogu*)は臍の緒と同じ。いつでも味方をしてくれる」(p. 276)。

(72) クラの呪術、すなわちムワシラ(*mwasila*)は、まさにこのことを表現しているのだ。後出の四二六―四二七頁を見よ。

(73) 現に遠征隊の長やカヌーの長が上位を占める。

(74) カサブワイブワイレタ(Kasabwaybwayreta)の神話という面白い神話があって(p. 342)、そこにはこうした動機がすべて語られている。どのようにして主人公が、名高い首飾りのグマカラケダケダ(Gumakarakedakeda)を手に入れることができたか、そしてどのようにして主人公が、クラ仲間たち全員に抜きんでることができたか、等々が分かる。同様に、タカシクナ(Takasikuna)の神話(p. 307)も見ること(「タカシクナ」は「トコシクナ Tokosikuna」の誤記。トコシクナはトロブリアンド諸島の神話英雄の一人)。

クラをしにきた側がもってくる贈り物は、以上のとおりである。それへの返礼として贈られ、それと価値において同等の別の贈り物がある。クラを終えて帰る者たち、辞去する者たちへの贈り物である（シナケタではタロイ *talo'i* と呼ばれている）[75]。これは、やってきた側がもってきた贈り物よりも、つねに上等なものである。すでにしてここで、クラ本来のやりとりと並行して、給付と、給付を上回る反対給付という応酬のサイクルがなりたっているのだ。

(75)　p. 390. ドブにおいては、p. 362, 365, etc.

もちろん、こうしたさまざまなやりとりが続いているあいだじゅう、もてなしや食べ物の給付がなされ、シナケタでは女性の提供もおこなわれていた[76]。最後に、この間を通じて他のさまざまな副次的な贈り物がなされ、それにはまたつねに規則的にお返しがなされる。そこでやりとりされる物品はコロトゥムナ（*korotumna*）と呼ばれるが（「コロトムナ *ko-rotomna*」の誤記）、かつてこれは石斧[77]と彎曲したイノシシの牙[78]との交換としてなされていたこともあり、コロトゥムナの交換はクラの原初的な形態を示しているのではないかとすら思われるのである。

(76)　シナケタにおいてのことであり、ドブではおこなわれない。

(77)　石斧の交易については、Seligmann, *Melanesians*, etc., p. 350, 353 を見ること。*Arg.*, p. 365, 358 によれば、コロトゥムナ（コロトムナ）は通常、装飾つきの鯨骨の匙や装飾つきのヘラであり、バシ(*basi*)にも用いられる。さらにこのほかにも、さまざまな中継ぎの贈与がなされる。

(78) ドガ(*doga*)、ドギナ(*dogina*)。

わたしの考えでは、そもそも部族間クラというのは、それよりもはるかに一般性を有した一体系が極端なあらわれをとった一事例であるにすぎない。それは、この一般的な体系が、最高度に儀礼化され、最高度に劇的なあらわれをとった一事例にすぎないのである。一つの部族には、その部族なりの居住区域があり、のみならず、その部族なりの利害関心や権限などもある。部族と部族とのあいだのクラにおいては、一部族が全体として、こうした部族独自の狭い領域の外に出てゆく。けれども、部族の内部に目を転ずれば、部族内でもクランどうしや村落どうしが、同じ性質の紐帯で結ばれているのが常態なのである。部族間クラとの違いは何かと言えば、この場合には部族全体がではなく、部族内の地縁集団や家族集団、およびそうした集団の長たちが、みずからの領域の外に出てゆき、互いに訪問を交わし、交際し、結婚を取り結ぶということだけである。おそらく、もはやそれはクラとは呼ばれないだろう。けれども、マリノフスキー氏は正当にも、「海洋クラ」との対比において、「内陸クラ」、および

「クラ・コミュニティ」というのは、その長に対し、長が交換する際の交換財をもたせてやる集団のことである。[*1] けれども、このような場合においても、それが本来的な意味でのポトラッチであるといって、誇張になるわけではない。たとえば、葬儀の祭宴であるソイ（*s'oï*）[79]のため、キリウィナの人々がキタヴァを訪れる場面。この訪問には、ヴァイグア交換以外の他のさまざまな要素も含まれている。そこに見ることができるのは、一種の模擬的な攻撃（ヨウラワダ *youlawada*）（訪問する側が、自分たちが贈り物をもってきた相手の男の家屋装飾に攻撃を仕掛け、それを壊すことが許されるという慣習）であり、[80] ブタやヤムイモの陳列・誇示をともなう食べ物の分配なのである。

（79）P. 486–491. これらの慣行が北マッシム文明と称される諸文明に広がっていることについて、Seligmann, *Melan.*, p. 584 を見よ。同書の p. 594, 603 にワラガ（*walaga*）に関する記述がある。また、*Arg.*, p. 486–487 も参照すること。

（80）P. 479.

その一方で、ヴァイグアにしても、その他の物品にしても、それらは必ずしも首長たちみずからが入手し、製作し、交換するわけではない。[81] さらに言うなら、それらは、首長たちが首長たちだけのために製作し、[82] 交換するのでもない。首長たちの手元にある物品は、その大部分が下位ランクの親族たち、とりわけ義理の兄弟（妻の兄弟）たちからの贈与として集まってきたものである(下位ランクの親族たちは同時にまた、首長の配下でもある)[83]。あるいはまた、首長の息子たちからの贈与として集まってきたものである(息子は、別に所領を得ている)(母系制のトロブリアンド社会では、首長の息子は自分の母、つまり首長の妻の親族集団に帰属していることに留意)。このような首長への贈与のお返しに、遠征がクラを終えて戻ってきたあかつきにはヴァイグアを分け与える儀式がなされて、ヴァイグアはその大部分が、村々の長たちや、クランの長たちや、さらには協同関係にあるクランの平民たちにまで、贈られるのである。つまり、クラ遠征には、直接的にであれ間接的にであれ、たずさわった人々がいるわけなので[84]、そうした人々にならば誰であれ、たとえ遠征には遠くからしか関与していない人にでも(そういう人は稀ではない)、ヴァイグアを贈るということである。こうして彼らは報われることになるのだ。

(81) P. 472.

(82) 男性に対してその義理の兄弟(姉妹の夫)がムワリを製作して贈与することは、ヨウロ(*youlo*)という名前で呼ばれる(p. 503, 280)。

(83) P. 171 以下。また、p. 98 以下も参照せよ。

(84) たとえば、カヌーの建設とか、土器の調達とか、食糧の供給とか。

最後に、このような内陸クラの体系のかたわらで、あるいは、こう言ってよければ、内陸クラ体系の上であったり下であったり、それを丸ごと取り巻くかたちで、さらに私見によれば、内陸クラ体系の基底をなすかたちで、贈り物を交換し合うという体系化されたおこないが、トロブリアンド諸島の人々の経済生活・部族生活・倫理生活のすみずみにまで広がっている。マリノフスキー氏がとても巧みに述べているように、そのすみずみにまで「浸透している」。彼らの経済生活・部族生活・倫理生活は、恒常的な「与えることと受け取ること」なのである。(85) 贈り物を与え、受け取り、返す。それも、義務の遂行として、かつ自分の利となるように。偉大さを求めて、かつサービスを提供するために。相手に挑むために、かつ何かの保証として。こうした贈り物が、彼らの生活の全体を恒常的に、また縦横に、貫いているのだ。本論では、こうしたデータをすべて記述することはできない。そもそもマリノフスキー氏自身にしてからが、すべてを発表し終えたわけではない。以下ではひとまず、主要な二つの事象について述べる。

(85)「部族生活の全体は恒常的な「与えることと受け取ること」にほかならない。およそあらゆる儀式も、あらゆる法的・慣習的な行為も、物を与えたりお返しをしたりということをともなっており、それなしにはなされない。富を与え、また受け取ることは、社会が組織され、首長が権力を維持し、血族どうしの絆が保たれ、姻族どうしの絆が保たれるための主要な手段の一つである」(p. 167)。また、p. 175–176, その他各所を参照せよ(索引の *Give and Take* の項目も見ること)。

クラでの関係とよく似た関係が、ワシ(*wasi*)において取り結ばれる。(86) そこでは、農耕部族の人と沿岸部族の人とが互いにパートナーとなり、両者のあいだに規則的かつ義務的な交換がおこなわれる。ワシの関係をもつ農耕民は、相手である漁民のパートナーのところにやってきて、その家屋の前に農作物を置いてゆく。漁民のほうは、後日たくさんの漁獲を得たときに農耕民の村にゆき、もらった物を上回るだけの海産物をお返しする。(87) これは、ニュージーランドで見られたのと同じ分業体系である。

(86) ワシとクラとでは往々にしてパートナーが同じであるため、ワシでの関係もクラでの関係と同じになることが多い。ワシの描写については、p. 187–188 を見よ。また、pl. XXXVI も参照せよ。

(87) この義務は今日《こんにち》でもなお維持されている。真珠採りたちの場合は、社会的な義務のためだけに漁に従事せねばならず、それで相当の収益を失う仕儀になるわけで、彼らとしてはこの義務によるさまざまな不都合と損失をこうむっているのだが、それにもかかわらず、である。

注目すべきもう一つの交換形態は、物品の展示を特徴としており、(88) サガリ(*sagali*)

という。これは食べ物を分配する一大儀式で(89)、収穫や、首長の小屋の建築や、新しいカヌーの建造や、葬儀の祭宴など、さまざまな機会におこなわれる(90)。この分配は、首長もしくは首長のクランに何らかの奉仕をおこなった集団に対してなされるが(91)、ここでいう奉仕とは、たとえば畑仕事であったり、カヌーや梁の材料となる大きな木材の運搬であったり、葬儀に関連して、死者を出したクランの人々が提供する奉仕であったりと、さまざまである。ここでの分配は、トリンギットにおけるポトラッチとまったく同等である。闘争と競合という主題がここにあらわれているとさえ言える。そこに見られるのは、クランとクランが、胞族と胞族が、姻戚関係にある家族と家族が、互いに対峙し合うさまである。そして、一般的に言って、ここでの分配は集団が集団に対しておこなう、集団主体の事象であるように見える。というのは、個人としての首長の存在が、ここでは前面に出てこないからである。

（88）Pl. XXXII, XXXIII を見よ。

（89）サガリ（*sagali*）という語は（ポリネシアのハカリ *hakari* と同様に）分配を意味している（p. 491）（第一章の注（78）参照）。サガリの描写については、p. 147–150; p. 170, 182–183.

（90）P. 491 を見ること。

（91）葬儀の祭宴の場合に、このことはことのほか明瞭である。Seligmann, *Melanesians*, p.

594–603を参照すること。

このような集団と集団との法的関係、ならびに集団に定位された経済組織は、すでにクラから隔たっている。けれども、それに加えて個人と個人とが取り結ぶさまざまな交換関係があり、それらもすべて同じタイプであるように思われる。個人間の交換関係のうち、純粋な物々交換であるのは、おそらくわずかしかない。物々交換は、親族間や姻族間、あるいはクラやワシのパートナー間をのぞいては、ほとんどおこなわれない。そうである以上、交換が真に自由であるとは考えがたいのである。そればかりでなく、一般的に言って、受け取った物、したがって自分の所有に帰した物は——どのようにしてそれが自分の手に入ったかを問わず——、それがどうしても必要である場合をのぞいて、自分のために手元にとどめおくことをしないものなのだ。通常そのような物は、誰か別の人、たとえば義理の兄弟などに、譲り渡されるのである。[92]自分が手に入れた物を人にあげたら、その同じ物がその日のうちに自分のところに回り戻ってくることもあるほどである。

（92） P. 175.

あらゆる給付に対するあらゆるお返しは、それが物によるお返しであれサービスによるお返しであれ、このような原理にのっとっておこなわれる。順不同であるが、以下に代表的なものを挙げておこう。

先に、クラにおいて「懇願のための贈り物（sollicitory gifts）」がおこなわれることを見た。ポカラ（*pokala*）[93]やカリブトゥ（*kaributu*）[94]というのがそれであるが、これはわたしたちが言う報酬（salaire）にかなりよく一致するような、はるかに広い範囲をカバーする種類の贈り物である。神々や霊に対してもこれが贈られる。また、報酬に対応する総称がほかにもあって、ヴァカプラ（*vakapula*）[95]、マプラ（*mapula*）[96]と言う。これは、相手に感謝していること、相手を好意的に受け止めていることを示しており、これに対してはお返しが必要とされる。これについては、私見によれば、マリノフスキー氏は非常に大きな発見をしており[97]、結婚生活をいとなむ男性と女性の経済的・法的関係は、それによってすべて解明される。夫が妻に対して提供するあらゆる種類のサービスは、妻が提供するサービスへの贈与＝報酬と見なされるのだ。妻は、『コーラン』が今なお「耕作地」と呼ぶものを貸与することで、夫にサービスを提供しているわけなのである（『コーラン』第二章二二三節に、「女というものは汝らの耕作地。だから、どうでも好きなように自分の畑に手をつけるがよい」［井筒俊彦訳、岩波文庫版］とある）。

（93）P. 323. クワイポル（*kwaypolu*）という別の用語について、p. 356（本章の注（59）参照）.

（94）P. 378-379, 354.

（95）P. 163, 373. ヴァカプラ（*vakapula*）には下位区分があって、それぞれ特定の名称で呼ばれている。たとえば、ヴェウォウロ(*vewoulo*)(はじめの贈り物)や、ヨメル(*yomelu*)(終わりの贈り物)といったようにである(クラと同じであることがここに示されている。クラでのヨティレとヴァガとの関係を参照すること)。こうした支払いのうち、ある種のものは特定の名称で呼ばれている。カリブダボダ(*karibudaboda*)というのは、カヌーづくりの仕事をする者に対する報酬であり、たとえば畑仕事など、仕事をする者に対して一般的に与えられる報酬であって、とくに収穫物に対する最終的な支払いや(男に対してその義理の兄弟(妻の兄弟)が年ごとに収穫物を給付することは、ウリグブ *urigubu* という。p. 63–65, 181)、首飾り製作の終了に当たっての最終的な支払いとしてなされる。p. 394, 183 を見よ。報酬が一定以上に大きい場合には(カロマ Kaloma(ウミギク貝のこと)で円盤を製作する場合。p. 373, 183)、ソウサラ(*sousala*)という名称でも呼ばれる。腕輪製作に対する支払いはヨウロ(*youlo*)という名称である。木を伐採する一団を鼓舞するために与えられる食物の報酬はプワユ(*puwayu*)という名称である(マリノフスキーは「プワヤ」(*puwaya*)と記している)。p. 129 の素敵な歌を見ること。

　ブタも、ココナツ汁も、ヤムイモも平らげた。
わたしたちはなおも引っぱる……。とても重いぞ。

(96) ヴァカプラ(*vakapula*)およびマプラ(*mapula*)という二つの語は、プラ(*pula*)という動詞の相異なる法《モード》であり、ヴァカ(*vaka*)は使役の成語要素であることが明らかである。マプラについて、p. 178 以下、p. 182 以下を見ること。マリノフスキー氏はこれをしばしば「報償(repayment)」と訳している。これはまた通常、「膏薬」にたとえられる。というのもそれは、サービスをなした人の、その労苦と疲労を鎮めるためのものであり、物品を贈ったり秘密を明かしたり、称号や特権を譲渡したりした人に対し、それによる損失を補償するためのものであるから。

(97) P. 179.「性的サービスに起因する贈り物」は、ブワナ(*buwana*)およびセブワナ(*sebuwana*)とも呼ばれる。

トロブリアンド諸島の人々の法的なことがらにまつわる言語体系にはいささか子どもじみたこだわりがあり、反対給付をありとあらゆる種類に区分し、名称を細かく区別してきた。報酬がなされるのはどんな給付に対してなのか(98)、与えられる物は何なのか(99)、どんな状況においてなのか(100)、等々に応じて、名称を分けてきたのである。なかには、こうしたさまざまな要件をすべて考量した上であてがわれる名称もある。たとえば、ラガ(*laga*)と呼ばれるのは、呪術師に対してなされる贈与のこと、もしくは何らかの称号を獲得した代償としておこなわれる贈与のことである(101)。こうした名称区分の全体としての複雑さは、信じられないほどであろう。分類し、定義することが驚くほど不得手であるかと思えば、他方では驚くほど精緻に名称を細分化させる。このことによって、名称区分は著しく複雑となっているのである。

(98) 先立つ諸注を見ること。同じように、カビギドヤ(*Kabigidoya*, p. 164)は、新しいカヌーの展示式、その儀式をおこなう人々、その人々が執行する行為(「新しいカヌーの頭を割る」)、等々を指すが、それとともに、そこでの贈り物(もちろんそれにはその価値を上回るお返しがなされる)を指している。このほかにカヌーの貸借料を指す語彙(p. 186)や、歓迎の贈り物を指す語彙(p. 232)、等々がある。

(99) P. 317, 「巨大なタカラ貝」の贈り物であるブナ(*buna*)。

(100) P. 280, 収穫作業に対する報酬として贈られるヴァイグアを意味するヨウロ(*youlo*)(マリノフスキー原典では、収穫物を贈って提供してくれたことに対する報酬がヨウロ)。

(101) P. 186, 426, etc. この語は給付を上回る反対給付を指していることが明らかである。というのも、もう一つウラウラ(*ula-ula*)という別の名前があって、こちらは呪文をたんに買い入れることを指しているからである(贈り物の代償が非常に高い場合にはソウサラ *sousala* と言う(マリノフスキーは「ソウスラ *sousula*」と記している)。p. 183)。ウラウラということばは、生者に対してだけでなく死者に対して贈り物が贈られるときにも用いられる(p. 183)、等々。

このほかのメラネシア諸社会

メラネシアの他の地域を取り上げて、比較を増やす必要はない。しかしながら、あちらこちらの細かいデータをいくつか参照すれば、ここでの議論の信憑性は高まるだろうし、トロブリアンド諸島民やニューカレドニア島民が発達させてきた原理が異常なものではなく、彼らと系統関係を有する他の諸民族においても見られることが明らかになることだろう。

メラネシアの南端、フィジーにおいて、わたしはポトラッチの存在を確認したけれども、そのフィジーでは、贈与の体系に属する他の注目すべき諸制度がおこなわれている。ケレケレ（*kere-kere*）という時節があって、このあいだは誰であれ、何ごとも、誰に対しても、拒むことはできないであるとか、[102] 結婚に際して、二つの家族のあいだで贈り物が交換されるであるとか、等々。[103] その上、フィジーにはマッコウクジラの歯でつくられた貨幣があって、これはトロブリアンド諸島の貨幣とまったく同じ性質である。フィジーの貨幣はタンブア（*tambua*）という名称で、[104] 石（「歯の母親」）や装飾が付加されて仕上がっている。これらの石や装飾は、部族にとっての一種の「縁起物」であり、護符であり、「幸運のお守り」なのである。フィジーの人々が、自分のタンブアに対していだく感情は、先に述べたのとまったく同じ感情である。「人々はそれをお人形さんのようにとりあつかう。カゴから取り出しては、それに見とれ、どんなに美しいか語りかけるのである。その〈母親〉には油を塗って、磨いてやるのだ」[105]。タンブアをプレゼントするということは、相手に何かを要望することに等しい。プレゼントされたタンブアを受け取るということは、相手の要望に応じると約束することである。[106]

(102) Brewster, *Hill Tribes of Fiji*, 1922, p. 91–92.
(103) *Ibid*., p. 191.
(104) *Ibid*., p. 23. ここにはタブーに当たる語、タンブ(tambu)を認めることができる。
(105) *Ibid*., p. 24.
(106) *Ibid*., p. 26.

ニューギニアのメラネシア人、および、メラネシア人の影響を受けたパプア人のうち、いくつかの人々は、貨幣のことをタウタウ(*tau-tau*)と呼ぶ。[107] それは、トロブリアンド諸島の貨幣と同じ性格をもっており、また、それに対する信仰も同じである。[108] けれども、その一方でこの名称は、「ブタを貸すこと」を意味するタフタフ(*tahu-tahu*)という名前(モトゥ Motu およびコイタ Koita の人々)とも関連づけなくてはならない[109](モトゥは、ニューギニア島パプア湾岸に居住するオーストロネシア系の人々。土器製作にすぐれ、近隣の内陸・沿岸諸民族との交易網を発達させている。コイタはモトゥの伝統的な交易集団の一つで、ヤムイモやバナナをモトゥの魚類と交換していた。その言語はパプア諸語に属し、非オーストロネシア系)。というのも、このタフタフという名称に、[110] すでにわたしたちは出会っているからである。まさしく、例のポリネシアの語彙である。サモアやニュージーランドにおいて、家族に編入される宝物や所有物を意味することば、タオンガの語根なのだ。物と同じく、ことばそれ自体がポリネシア系なのである。[111]

(107) Seligmann, *The Melanesians*（語彙解説 p. 754 および 77, 93, 94, 109, 204）.

(108) ドア（*doa*）の描写を見よ。*Ibid*., p. 89, 71, 91, etc.

(109) *Ibid*., p. 95, 146.

(110) この贈与システムにおいて、ニューギニア湾岸の諸部族がポリネシアの語彙と同型の名詞を同じ意味で使って名指しているのは貨幣だけではない。すでに第一章の注(78)で指摘したとおり、ニュージーランドのハカリ（*hakari*）と、ニューギニア（モトゥおよびコイタの人々）についてセリグマンが記述した食べ物陳列の祭宴であるヘカライ（*hekarai*）とは同じである。*The Melanesians*, p. 144–145, pl. XVI–XVIII を見ること。

(111) 前出、第一章の注(10)を見ること（ただし内容的に対応しない）。注目すべきは、バンクス諸島のモタ方言（モタ島はバンクス諸島を構成する島の一つ）にトゥン（*tun*）という語があって――明らかにタオンガ（*taonga*）と同型の語である――、これが買うという意味（とりわけ女性を買うという意味）をもっていることである。コドリントン（Codrington）は、夜を買うカト（Qat）の神話（*Melanesian Languages*, p. 307–308, n. 9）のなかで、これを「高い値段で買う」と訳している。実際にはこれは、ポトラッチの諸規則にしたがってなされる購入のことである。メラネシアのこの地域では、ポトラッチの存在を示す証拠が豊富にある。

メラネシア人とニューギニアのパプア人については、ポトラッチをもつことが知られている(112)。

（112） *Année sociologique*, XII, p. 372 に引用された諸文献を見ること。

トゥルンヴァルト（Thurnwald）氏がブイン（Buin）（ブーゲンヴィル島南東部の人々）の諸部族[113]、およびバナロ（Banaro）（パプアニューギニア北岸の内陸丘陵部の人々）の諸部族[114]について伝えている貴重な諸文献には、すでにたくさんの比較材料が提供されている。そこでは、交換される物が宗教的な性格をもつことが明らかである。とりわけ、貨幣、ならびに貨幣によって歌や女性や性交や諸々のサービスに報いる方式に、宗教的性格が備わっていることが明らかである。貨幣は、トロブリアンド諸島においてと同じく、一種の担保でもある。最後に、トゥルンヴァルト氏はある特殊事例を詳しく検討するなかで[115]、こうした互酬的贈与の体系のあり方、および不適切ながら購買婚（婚姻に際し、妻が夫方に婚入する一方で、逆に夫方親族から妻方親族に婚資が支払われる形態）と呼ばれているものをもっともよく例示する一事象を分析した。購買婚では、（夫方が妻方に一方的に財の給付をおこなって女性を「購入」するのでなく、）実際にはさまざまな方向性で給付がなされているのであり、そのなかには妻方家族からの給付も含まれるのだ。妻方の両親が十分なだけのお返しのプレゼントをしなかったなら、夫方は妻を追い出すのである。

（113） とりわけ、*Forsch.*, III, p. 38–41 を見よ。

（114） *Zeitschrift für Ethnologie*, 1922.

（115） *Forsch.*, III, pl. 2, n. 3.

以上をまとめると、島嶼世界では全体として、そしておそらくは、それと系統関係にある南アジア世界の一部においても、一つの同じ法的・経済的体系がおこなわれていることになる。

これらメラネシアの諸部族は、ポリネシアの諸部族よりも豊かで、より交易に長《た》けてもいるのであるが、したがって、メラネシアの諸部族についていだかれるべき観念は、実際に通常いだかれている観念とはかなり違ったものになる。これらの人々は、家内経済を超えた経済をもっており、高度に発達した交換の体系をもっているからである。その交換体系は、今からたぶん百年とさかのぼらないつい最近まで、フランスの農民のあいだとか、フランス沿岸の漁村とかでおこなわれていた交換の体系よりも、おそらくはずっと強烈で急迫したリズムでおこなわれる交換の体系である。彼らの経済生活は広い範囲におよんでおり、島々の境界を越え、地域語の境界を越えている。それは一大交易である。彼らのもとでは、贈り物を与え、贈り物を返すことが、はっきりと売買の体系にとってかわっているのである。

これらの法体系が(そして、本論でのちに見るようにゲルマン法についても同じことが当てはまるのだが)どのような難点につきあたったかと言えば、それはこれらの法が、みずからの経済的な諸概念や法的な諸概念を抽象化し、分類することができなかった、ということである。というより、そのような抽象化や分類は、もとより必要とされていなかったのである。これらの諸社会においては、クランも家族集団も、自分を他から区別することを知らないし、みずからの諸行為を相互に区別することも知らない。個人であってすら、たとえどんなに影響力をもち、どんなに自覚的な人々であろうとも、自分たちどうしを対置させて考えなくてはならないということを理解する術を知らないし、自分たちのさまざまな行為を区別することが必要であると理解する術も知らない。クランの長はそのクランと一体化して捉えられているし、クランもまたその長と一体をなすものとして捉えられている。人は誰しも、みな同じ一つの仕方で行動しているとしか感じない。ホルムズ(Holmes)氏の明敏な指摘によれば、フィンケ川の河口において氏が出会った二つの部族(トアリピ Toaripi とナマウ Namau)の言語(一方はパプア系言語で他方はメラネシア系言語である)では、ともに、「購入と売却、貸与と借用を示すのにただ一つの単語しかない」。やりとりとしては「互いに逆向きなのに、同一の単語で表現されている」[116]。

厳密に言うならば、わたしたちが借りるとか貸すとかといったことばを用いるときのような意味において、彼らは借りたり貸したりすることができないのであった。そのかわり、何かが貸し与えられたときには、それに対する謝礼のかたちで、いつでも何かが与えられていたし、逆にこれに対しては、貸していた物が返ってきたときにお返しがなされていたのである。(117)

(116) *In Primitive New-Guinea*, 1924, p. 294.
(117) 実のところホルムズ氏の記述は、つなぎの贈り物のシステムについてかなり不十分である。前出のバシを見ること。

この人たちは、売るという観念も、貸すという観念ももっていないのに、にもかかわらず、売るとか貸すとかというのと同じ機能を有した法的・経済的な諸々のやりとりをおこなっているのである。

また、物々交換という観念は、ポリネシアの人々にとってと同様に、メラネシアの人々にとっても自明ではない。

もっともすぐれた民族誌家の一人、クロイト（Kruyt）氏は、みずからは売るという用語を使ってはいるけれども、(118) セレベス島中央部の住民がこうした心性をもっていることを的確に記述している。トラジャ（Toradja）の人々（インドネシア、セレベス［スラウェシ］島内陸の山地に居住）は、商業に長《た》けたマレー人とずいぶん昔から接触をもっていたにもかかわらず、そうなのである。

(118) 先に第一章の注(62)で引用した研究を見よ。「買う、売る(acheter, vendre)」という不適切な翻訳がなされているこれらのことばは、その意味を確定しがたいけれども、このことは何も太平洋の諸社会だけに特有なことがらではない。この問題には第三章の注(106)で立ち戻るが、その前にここで次のことに注意を促しておく。日常的なフランス語においてさえ、ヴァント(vente)(販売、売却)ということばが販売だけでなく購入のことも指しているということ、そしてまた中国語においては、販売行為を指示する語も売却行為を指示する語も、ともに単音節の語であって、両者のあいだには声調の違いしかないこと(買 mǎi, 売 mài で、声調により区別)、である。

以上から分かるように、人類のなかには、比較的豊かであり、勤勉であり、たくさんの剰余物をつくりだしていながら、わたしたちに馴染みのあるものとは異なる形態のもとで、また異なる理由によって、大量の物品を交換する術を知っていた、そして今でも知っている、人々がいるのだ。

三　アメリカ北西部

名誉と信用(以下で「信用」と訳すのは《crédit》。主として「信用経済」などと言われるときの「信用」、すなわち、契約当事者間の信頼関係を前提とし、決済までに一定期間の時間的遅延が設定される際の「信用、クレジット」を含意)

メラネシアおよびポリネシアのいくつかの民族について以上のように考察すると、贈与というこの体制がどのような輪郭を備えているのか、すでにかなり明確な姿を引き出すことができる。物質的生と精神的生、そして交換が、そこにおいては我欲を超えたものとして、かつ義務として、機能しているのである。それに加えて、この義務というのが神話的で想像的な仕方で表現されている。こう言ってよければ、象徴的かつ集合的な仕方で表現されている。義務とは、どのような様相の利害関心が交換される物に結びついているのかを示すのだ。交換された物が、それを交換した人々から完全に切り離されることは決してないし、また、交換された物が打ち立てる一体性《コミュニオン》や連盟関係《アリアンス》も、相対的に解消が困難だからである。実際には、社会生活を象徴するこのもの――すなわち、交換される物が永続的に行使する影響力――は、これらアルカイックな型の分節社会において、さまざまな下位集団が恒常的に絡み合うあり方や、下位集団どうしが何でも相手の集団に負っていると感じ合うあり方を、かなり率直にあらわしているにすぎないのである。

アメリカ北西部のインディアン諸社会にも同じ制度がある。ただ、アメリカ北西部の諸社会のほうが、なおいっそう激烈で際立った制度になっているだけである。まず、そこでは物々交換という慣行が知られていないようである。ここにおいても多大な富の移転が恒常的におこなわれているのであるが、[119]ヨーロッパ人との長い接触の経験にもかかわらず、[120]そのどれ一つとして、ポトラッチの儀式的な形態以外のやり方でおこなわれているようには思えない。[121]この制度について、以下でわたしなりの視点から記述してみよう。

(119) ただし、奴隷売買があることを参照。Swanton, *Haida Texts and Myths* (Bur. Am. Ethn. Bull. 29), p. 410.

(120) 一八世紀以来ロシア人との接触があり、一九世紀はじめからはフランス系カナダ人の毛皮猟師との接触がある。

(121) 序論の注(6)と注(13)に、「ポトラッチ」にかかわる理論的諸研究の簡単な文献表を挙げてある。

注記

だが、その前にまず、これらの社会を簡潔にでも記述しておく必要がある。

【物質文化】(以下の小見出しは訳者による) これから論じようとする諸々の部族や民族、あるいは複数の部族の集合と言うべきかもしれないが、[122]これらはすべてアメリカ北西海岸部に居住している。アラスカの沿岸に居住しているのがトリンギット(Tlingit)とハイダ(Haïda)である。ブリティッシュ・コロンビアの沿岸には、主としてハイダ、ツィムシアン(Tsimshian)、クワキウトル（Kwakiutl）が居住している[123]。これらの部族もまた海や川で生計を立てており、狩猟よりは漁撈をなりわいとしている。しかし、メラネシア人やポリネシア人とは違って、これらの部族は農耕をおこなわない。にもかかわらず大変に豊かであって、今でもなお、漁獲や狩猟や毛皮において多大な剰余生産がある。とくにヨーロッパの価格に算定してみれば、その剰余生産は多額にのぼる。アメリカのすべての部族のなかで、もっともしっかりとした家屋を有するのもこれらの部族であり、高度に発達したスギの製材をおこなうのもこれらの部族である。カヌーもよくできていて、大洋はるかに漕ぎ出すことはほとんどないけれども、島づたい、岸づたいに航行する術は知っている。彼らの物質的な技術はきわめて高度であり、なかでも注目すべきなのは、一八世紀に鉄がこの地域に導入されるよりも前に、彼らがツィムシアンやトリンギットの地で天然の状態で見つかる銅を採集し、溶かし、鋳造し、敲《たた》く術を知っていたことである。銅製品のなかには紋章つきの楯というにふさわしいものがあり、これらは彼らのあいだで一種の貨幣として使われていた。貨幣の役割を果たしていたもう一種が、チルカット・ブランケットと言われる美しい毛布であったのは間違いない[124]。見事な模様が施されたこれらの毛布は、現在でも装飾の用をなしているが、それらのなかには莫大な価値を有するものもあった。これらの人々は彫刻とデザインの専門的な技術をもっていて、パイプや槌や杖や彫刻を施した角《つの》製の匙などは、わたしたちの民族誌学的なコレクションを飾ってくれている。

（122） 以下の描写は簡潔なもので、根拠も明示していない。けれども、こうした描写を避けてとおることはできない。部族の数と名称に関しても、また、これら諸部族のさまざまな制度に関しても、以下の描写が完全でないことを、あらかじめ断っておく。

まず、ここでは非常に多くの部族を除外している。そのうち主要なのは以下の諸部族である。㈠ヌートカ（Nootka）（ワカシュ Wakash 系ないしクワキウトル系の集団）（カナダのヴァンクーヴァー島西岸から合衆国ワシントン州の太平洋岸に居住する。言語はワカシュ語族に属し、同じ語族中のクワキウトルと近縁な関係にある）、ならびにベラクーラ（Bella Kula）（その隣接部族）（ブリティッシュ・コロンビア州ベラクーラ川周辺に居住）。㈡南岸のセイリッシュ（Salish）（北アメリカ北西部に広範な分布をもつ同種の言語を話す集団。沿岸セイリッシュと内陸セイリッシュに大別される）。これに対し、ポトラッチがどこまで分布しているかに関しては、もっと南部のカリフォルニアにまで研究を進める必要があるのではないか。そこでは――これは他の見地からも注目されることであるが――、ポトラッチの制度がペヌシア（Penutia）およびホカ（Hoka）と呼ばれる集団の諸社会に広まっているように思われる（ペヌシアン[ペヌーテ語]およびホカン[ホカ語]はカリフォルニア先住民の語族）。たとえば、Powers, *Tribes of California*（Contrib. to North Amer. Ethn., III）の p. 153（ポモ Pomo）, p. 238（ウィントゥン Wintun）, p. 303, 311（マイドゥ Miadu）を見よ（ポモ、ウィントゥン、マイドゥはカリフォルニア先住民）。このほかの部族については p. 247, 325, 332, 333 を、全般的な考察については p. 411 を、それぞれ参照すること。

次に、ここではさまざまな制度や技術を簡単に記述しているけれども、それらはじつはかぎりなく複雑であって、何らかの要素がないということは、何らかの要素があるということに劣らず興味をそそる。たとえばここでは、南太平洋文明の最古層においてと同じく、土器が知られていない。

(123) これらの社会を研究する上での資料は膨大である。それらはアルファベットに転写された原語テクストや翻訳テクストからなっており、テクストを通じた言語学的考証がじつに豊富になされているので、信頼性が非常に高い。Davy, *Foi jurée*, p. 21, 171, 215 にある簡易な文献表を参照せよ。それに付け加える主要文献は以下のとおり。F. Boas et G. Hunt, Ethnology of the Kwakiutl, *35th An. Rep. of the Bur. of Amer. Ethnology*, 1921（以降は Ethn. Kwa. と略称で指示）. 本書に対する論評は後述する。F. Boas, Tsimshian Mythology, *31st An. Rep. of the Bur. of Amer. Ethn.*, 1916, ただし発刊は 1923（以降は Tsim. Myth. と略称で指示）. しかしながら、これらの資料には全体として一つの難がある。本論の観点から見た場合、古い資料は不十分であるし、逆に新しい資料は詳細で深いけれども、完全ではない。ボアズ（Boas）氏にしても、ジェサップ調査団でボアズ氏と協同した研究者たちにしても（ジェサップ北太平洋調査は、一八九七年から一九〇二年にかけ、フランツ・ボアズがアメリカ自然史博物館の事業として組織した）、物質文明、ならびに言語学と神話文芸に関心を注いでいたからである。新旧の職業的民族誌家たちですら（古いところではクラウゼ Krause やヤコブセン Jacobsen, 新しいところではサピア Sapir 氏やヒル・タウト Hill Tout 氏など）、その研究は同様の傾向をもっている。法的・経済的な分析、および人口動態研究は、まったくのゼロから着手する必要はないまでも、現在あるものを今後補ってゆく必要がある（ただし社会形態学的研究は、アラスカおよびブリティッシュ・コロンビアのさまざまな人口調査によって着手されている）。バルボー（Barbeau）氏がツィムシアンに関する網羅的なモノグラフィを提供すると言ってくれているので、この必要欠くべからざる研究成果を待つとともに、遅きに失するようになる前に、ほどなくしてこの例にならう諸研究が出ることを期待したい。経済と法にかかわる多数の論点については、古い文献が依然として最良の文献である。それが作成された年代からして、これらの著作にはもはや疑いようのない権威を付与することができる。以下がそうだ。ロシア人旅行者たちの残した文献、クラウゼの文献（*Tlinkit Indianer*）、ドーソン（Dawson）の文献（ハイダ、クワキウトル、ベラクーラなどに関するもの）。これらはそのほとんどが、『カナダ地質学調査会報』もしくは『カナダ王立協会報告』に掲載されている。ヌートカに関するスワン（Swan）の文献、*Indians of Cape Flattery*, Smiths. Contrib. to Knowledge. 1870. メイン（Mayne）の文献、*Four Years in British Columbia*, Londres, 1862.

これらの部族の名称の用法には、困難な点がある。クワキウトルは一つの部族を形成しているけれど、他の複数の部族もクワキウトルという名称を使っており、後者の諸部族はクワキウトルと連合をなすことによって、同じクワキウトルという名前の一大民族《ナシオン》を形成するのである。したがって、クワキウトルに言及するたびごとに、クワキウトルのどの部族に言及しているのかを明確化することにつとめたい。とくにそうした明確な指示がない場合には、クワキウトル・プロパーに言及しているものとする（ボアズが提示する「部族およびその下位区分のリスト」によれば、まず「方言」によってクワキウトル全体が三分されている。そのうちの一つが「クワキウトル方言」で、もっとも構成が大きく、内的にも複雑である。そのなかに「クワキウトル下位方言」という項目があり、さらにその下に「クワキウトル［＝世界の煙］」という項目が位置づけられている。この最後のレベルがクワキウトル・プロパー、つまり本来的なクワキウトルである）。そもそもクワキウトルという名前にしてからが、富裕な、とか、「世界の煙」、とかをたんに意味しており、すでにしてそれ自体において本論で記述しようとする経済的な諸事象の重要性を示してくれている。

これら諸族の言語の語彙を記載するに当たり、本論では書記法を細部にわたって完全に踏襲することはしない。

（124）　チルカット・ブランケットについては、Emmons, The Chilkat Blanket, *Mem. of the Amer. Mus. of Nat. Hist.*, III を参照のこと。

【社会形態と季節性】　以上に述べたこの文明は、かなり広い範囲にわたり、全体として著しく一様である。これらの諸社会が非常に古い時期から相互に混淆してきたことは間違いないが、少なくとも言語から見るかぎり、これらの諸社会は最少でも三つの異なった民族の系統に分かれている(125)。彼らの生活は冬と夏とで大きく異なっているが、このことは彼らのなかでもっとも南に居住している部族についてさえ言えることである。つまり、これらの諸部族は二つの社会形態を有している。春が終わるや、部族は分散する。狩猟に、根茎や山岳部の漿果の採集に、川でのサケ漁に、散らばるのである。ところが、冬がはじまると、部族は「町」と呼ばれるところへ再び結集する。一所に集住するこの時期全体を通じて、部族は絶えず昂揚した状態にある。そこでは、社会生活はきわめて濃密となる。夏でも部族が一堂に会することはありうるけれど、そこでの集まりよりも、こちらのほうが社会生活は濃密であり、一種の恒常的な興奮状態のうちにそれはある。一つの部族が丸ごと別の部族を訪問したり、クランがクランを、そして家族が家族を訪問したりと、この時期のあいだじゅうずっと相互訪問がおこなわれ、次々と繰り返し祭宴がおこなわれる。しかも、一つひとつの祭宴が非常に長いことがしばしばである。結婚があり、さまざまな儀礼があり、地位階梯の上昇式があり、そうしたさまざまな機会に人々は気前よく消費する。彼らの住まう地域は、海岸地帯としては世界でもっとも豊かな地帯の一つであり、彼らもまた非常に勤勉であるので、これに先立つ夏と秋を通じて、彼らは多大な収穫をあげている。その収穫物をすべて、気前よく使ってしまうのである。個人の私的な生活でさえも、同じような具合に過ごされる。同じクランの人々を招くのである。アザラシを殺したとき。保存してあった漿果や根茎の箱をあけるとき。クジラが岸に打ち上げられでもしたら、全員を招き集めるのである。

(125) Meillet et Cohen, *Langues du Monde*, p. 616 以下におけるリヴェ(Rivet)の記述を見よ。トリンギット語とハイダ語がアタパスカ語族(Athapascan)(アタパスカ語族はアサバスカ語族 Athabaskan とも言われ、北米先住民の諸語のうちで最大の語族を形成する)の基層からの分岐言語であると決定づけたのは、サピア氏(Sapir, Na-Déné Languages. *American Anthropologist*, 1915)である。

【社会組織】 精神文明もまた、際立った一様性を備えている。女系出自をともなう胞族体制(トリンギットおよびハイダ)がある一方で、クワキウトルのように、男系出自をともないながらもそれがはっきりとしないクランがあって、変異に幅はあるけれども、社会組織の全般的な特徴、なかでもトーテミズムに関する特徴は、すべての部族を通じてほぼ同一である。メラネシアのバンクス諸島でのように、部族には複数の儀礼結社がある。不適切ながら秘密結社と呼ばれてきたのがこれである。それらのなかには複数の民族にまたがるものもよく見られるけれども、いずれにしてもクラン組織を横断するかたちで男性結社が構成されており、クワキウトルでは間違いなく、同様に女性結社も構成されている。[*2]これから本論で論ずる贈与および反対給付の一部は、メラネシアにおいてと同じく、[126]こうした儀礼結社における位階や、位階の段階的な上昇への対価として用いられている。[127]首長たちの結婚や、「銅製品の売却」や、イニシエーションや、シャーマニズムの儀式や、葬礼（葬礼はハイダとトリンギットでとくに発達している）がおこなわれると、それに引き続いて、これらの儀礼結社の儀礼やクランの儀礼がさまざまに執りおこなわれる。これらのすべてでは、「ポトラッチ」とお返しの「ポトラッチ」が際限なく続く一連の過程でおこなわれるのである。あらゆる方向にポトラッチがおこなわれ、それに呼応してあらゆる方向にポトラッチが返される。メラネシアにおいてと同様に、それは恒常的なギブ・アンド・テイク（*give and take*）、つまり「与えることと受け取ること」なのである。

（126）　位階を獲得するためのこうした支払いについては、Davy, *Foi jurée*, p. 300–305 を見ること。メラネシアに関しては、Codrington, *Melanesians*, p. 106 以下およびその他、Rivers, *History of the Melanesian Society*, I, p. 70 以下における諸例を見られたい。

(127) 上昇《アサンシオン》ということばは、文字どおりの意味と比喩的な意味と、その双方において捉える必要がある。ヴァージャペーヤ(vājapeya)儀礼(後期ヴェーダ)(ソーマ酒を奉献する儀礼の一形態)には梯子をのぼる儀礼が含まれているが、それと同様にメラネシアの儀礼は若い首長を壇にのぼらせる。北西部のスナーナイムク(Snahnaimuq)族およびシュシュワプ(Shushwap)族でも同じような台が知られており、この上から首長がポトラッチの分配をおこなう。Boas, *5th Report on the Tribes of North-Western Canada*, Brit. Ass. Adv. Sc., 1891, p. 39; *9th Report*, B. Ass. Adv. Sc., 1894, p. 459. このほかの部族では、首長や高位の首長仲間が着座する壇しか知られていない。

ポトラッチは、事象としてはきわめて典型的であり、また同時に、これらの諸部族にきわめて特徴的である。そのポトラッチにしてからが、贈与を交換し合う体系以外の何ものでもないのである[128]。ポトラッチがそこで際立っているのは、次の二点においてにすぎない。一つは、ポトラッチが暴力や誇示や敵対関係を生むことである。もう一つは、法的な諸概念にある種の貧弱さが見られることである。メラネシアと比べた場合、構造はより単純であり、より粗雑であって、これはとりわけ北部の二民族、トリンギットとハイダについて当てはまる[129]。これに対して、契約の集合的な性格は[130]、こちらのほうが、メラネシアやポリネシアよりもはっきりとあらわれている。結局これらの社会は、見かけとは裏腹に、わたしたちが単純な全体的給付と呼んでいるものに、より近いところにいるのである。そのためそこにおいては、メラネシアやポリネシアほど法的・経済的な諸概念は明瞭ではないし、自覚的に練りあげられてもいない。だがその一方、実践の場ではそれらの原理ははっきりとしており、十分な明晰さを備えているのである。

(128) メイン、ドーソン、クラウゼなどといったかつての論者も、そのメカニズムをこのように記述している。なかでも、Krause, *Tlinkit Indianer*, p. 187 以降にあるかつての論者たちの資料集を見ること。

(129) 言語学者たちの説が正しく、トリンギットとハイダはアタパスカ語系の人々がたんに北西文明をとりいれたことで形成されたのだとするなら（ボアズ氏もこの説に近い立場をとっている）、トリンギットとハイダのポトラッチが洗練されていないことにも納得がゆくのではないだろうか。この文明はまた、二つの異なる民族群の系統が交わるところにある。一つはカリフォルニア南部に由来する文明であり、もう一つがアジアに由来する文明（これについては前出一〇八―一〇九頁を見よ）であって、これらの諸族もまたポトラッチをおこなっていた。アメリカ北西部のポトラッチが暴力的な性格を示すのはこのことによるのかもしれない。

(130) Davy, *Foi jurée*, p. 247 以下を見よ。

しかしながら、こちらにおいてのほうが、メラネシアのポトラッチや、より発達した、もしくはより分化を遂げたポリネシアの諸制度（モース原文のまま訳出。メラネシアとポリネシアは逆であろう）と比べると、はっきりと目立った観念が二つある。一つは信用の観念、つまりお返しまでに一定の期間を置くという観念であり、もう一つは名誉の観念である。(131)

(131) ボアズ氏の書いたなかでポトラッチに関する最良の記述は、以下のものである（*12th Report on the North-Western Tribes of Canada*, B. A. Adv. Sc., 1898, p. 54-55. また *Fifth Report*, p. 38 も参照のこと）。

英領植民地（モース原文のまま訳出。ボアズの原典は「ブリティッシュ・コロンビア」）のインディアンの経済システムは、文明化された諸民族の経済システムとまったく同じで、信用に立脚している度合いが大きい。なにごとを図るにも、インディアンは友人たちの援助を頼みにしており、援助をしてくれた友人には後日それに対して支払いをすることを約束する。提供されたこの援助が高価な物からなっていて、わたしたちが貨幣ではかるように、インディアンたちがそれを毛布ではかるような場合であれば、貸与された物の価値に利子を乗せてお返しすることを約束する。インディアンには文字がないので、こうした取引はそれに保証を与えるため、公の場でおこなわれる。負債を請け負うことと負債を弁済すること、これがポトラッチである。この経済システムは高度に発達しているので、部族のすべての人々が総体として所有している資産の総量は、現に存在している価値の総量を大幅に上回ることになる。

つまり、わたしたちの社会で一般化しているのと事情は似ているのである。もしわたしたちが、未払いの負債をすべて一度に相手に弁済してもらおうとすれば、返済に当てるための現金が絶対的に不足することが分かる。債権をもつ人が揃いも揃ってこのように負債の一挙弁済を求めようものなら、破滅的な恐慌が惹起され、社会がそこから立ち直るのには長い時間を要することになる。

理解しておかなくてはならないのは、インディアンが友人や隣人をすべて招いて大規模なポトラッチをおこなうとき、長年の労苦を経て自分が蓄財してきた物をそこでただ濫費しているだけのように見えたとしても、そのインディアンには二つの目的があるということである。この二つは、わたしたちも賢明で称賛にあたいするものと認めないわけにはゆかない。第一の目的はみずからの負債を弁済することである。これは公の場において、大々的な儀式をもって、公正証書に残すかのように執りおこなわれる。第二の目的は、みずからの労苦の成果物をここに投下し、そうすることで自分自身のため、さらには自分の子どもたちのために、そこから最大限の利得が引き出せるようにすることである。ポトラッチの祭宴で贈り物を受け取る人々は、それを貸し付けられたものとして受け取るのであって、各々その時点で企てていることがらにそれを用いるとしても、何年間かの期間がたったのちには、与え手もしくはその相続者に対し、利子をつけてその返済をしなくてはならないのである。このようにインディアンたちは、万が一子どもたちが幼いうちに自分が死にでもしたとき、その子どもたちの生活が安泰であるよう保証してくれる手段としてポトラッチを捉えるようになっているのである。「負債、支払い、弁済、貸し付け」といった語彙を修正することにし、それらをたとえば、贈り物として与えられた物、とか、お返しに与えられた贈り物、とかといった言い方で置き換えてみよう。ボアズ氏も最終的にはこうした言い方を使っているのだから。そうすれば、ポトラッチにおける信用の観念の機能についてかなり正確な理解を得ることができる。

名誉の観念については、Boas, *Seventh Report on the N. W. Tribes*, p. 57 を見ること。

すでに見たように、メラネシアでもポリネシアでも、贈り物というのは、のちにお返しがなされるであろうという確信をともなって人から人へと経巡るものである。そのとき、その確信の「保証」となっているのは贈られるその物に備わった力能であり、また、贈られる物それ自体がこの「保証」なのであった。けれども、考えうるおよそいかなる社会においても、ある期間を置いたのちに果たすべき義務を人に課すというのは、贈与というものの本来的な性質である。みなに食事をふるまってもらったり、カヴァ（オセアニアに分布するコショウ科草木性低木、およびその根からつくられる麻酔性のある飲料）を分けてもらったり、護符をもってきてもらったりしたとき、ただちにその場でお返しなどするものではない。およそ反対給付をなすためには、「時間」が必要なのだ。したがって、お返しまでに一定の期間を置くという観念は、以下のような場合のそれぞれに論理的に包含されているのである。

相手を訪問するとき。婚姻や連盟関係《アリアンス》を取り結ぶとき。和平を締結するとき。遊戯や模擬合戦に参加するとき。輪番で開催する祭宴を挙行するとき。儀礼において特別な務めを果たし合うとき。お互いへの「敬意を表明し」合うとき[132]。つまり、お返しまでに一定の期間を置くという観念は、人々が交換し合うありとあらゆる物に、それも、その社会が豊かになるに応じて、ますます多くの、そしてますます貴重な物が交換されるようになる、そうしたありとあらゆる物に、論理的に包含されているのだ。

(132) これはトリンギットの表現である。Swanton, Tlingit Indians, p. 421 以下(John R. Swanton, Social Condition, Beliefs, and Linguistic Relationship of the Tlingit Indians, *26th Annual Report of the Bureau of American Ethnology*, 1904–1905 を指す)、ほか。

現在一般に流布している経済史学・法制史学は、この点で大きな誤りをおかしている。近代的な諸々の観念に毒されているため、進化について先入観をいだいており[133]、必然的論理とされていることにしたがっているのだ。だが、じつのところそれは、旧来からある伝統的な考えにとどまっているのである。このような「自覚なき社会学」(こう呼んだのはシミアン Simiand 氏であるが)ほど危険きわまりないものもない。たとえば、キュク(Cuq)氏はいまだに次のように述べている。

未開社会では物々交換の体制しか知られていない。もっと進んだ社会になると、その場での支払いによる売買がおこなわれるようになる。一定期間後の支払いによる売買は、文明が高度な段階に達した印である。それは最初、その場での支払いによる売買と貸借とが結合することにより、回り道をするかたちであらわれた(134)。

(133) 支払いまでに期間を置くという観念は、支払いをその場でおこなうという観念と同じように古くからあるだけでなく、それと同じように単純で、あるいはむしろ同じように複雑である。だが、このことは見落とされてきたのである。

(134) Études sur les contrats de l'époque de la première dynastie babylonienne, *Nouv. Rev. Hist. du Droit*, 1910, p. 477.

ところが実際はというと、出発点は別のところにあるのだ。出発点は、法学者や経済学者が関心を寄せずに無視してきたある法的カテゴリーにあったのである。それが贈与である。複合的現象である贈与、とりわけそのもっとも古い形態、つまり全体的給付という形態(これについて本論では考察しないけれども)における贈与である。そして、贈与は必然的に信用という観念をともなうのだ。経済にかかわる法は、物々交換から売買へと進化したわけではないし、売買にしても、その場での支払いから期間を置いた支払いへと進化したわけではない。贈り物を与えること、そしてある一定の期間を置いてお返しをすること、このシステムの上にこそ、一方に物々交換が成立し(もともとは時間の隔たりがあったのにもかかわらず、その隔たりが省略されたり短縮されたりすることによって）、他方に購買と販売（一定期間を置いた支払いによる販売も、その場での支払いによる販売も）、および貸借が成立したのである。というのも、わたしたちの周囲にあって今日《こんにち》にまで生き残っているアルカイックな社会はすべて、信用というものを現に知っているわけであるし、本章で叙述している段階よりも発達した段階の過去の法制度のなかに（とりわけバビロニア法）、それを知らなかったものがある、などということは、証明されていないからである。契約が結び合わせる二つの「時間上の点」の問題は、このように（時間差があることを進化にともなう文明の高度化の所産と考える経済史学・法制史学の通説とは）別の仕方で、簡明に、かつ現実的に解決することができる。なお、二つの「時間上の点」は、ダヴィ氏がすでに研究している(135)。

(135)　Davy, *Foi jurée*, p. 207.

以上に劣らず重要なのが、インディアンのこうした取引において名誉という観念が果たす役割である。

ある首長の個人的な威信や、その首長のクランの威信が、消費することに、そして自分が受け取った贈り物以上の物をきちんとお返しすることに、これほど結びついているところはほかにない。自分が受け取った以上の物をお返しすることによって、自分に返礼の義務を負わせた当の相手が、今度は逆に自分に対する返礼の義務を負うようになる。ここにあっては、消費と破壊は本当に際限がない。ある種のポトラッチの場合には、人はみずからがもてる物をすべて消費しなければならず、何も残しておいてはいけない[136]。みんなが競い合ってもっとも富裕になろうとし、同時にまたもっとも激烈な消費家であろうとするのだ。すべての根底にあるのは敵対と競合の原理である。個人が儀礼結社やクランのなかで占める政治的な地位や、あらゆる類の位階は、「財の戦争[137]」によって獲得される。それは、地位や位階が実際の戦争や偶然や相続や姻戚関係・婚姻関係によって獲得されるのと同じことである。だが、あたかもそれが「富の合戦」であるかのように、すべてのことが構想されているのだ[138]。子どもたちの結婚相手にせよ、儀礼結社における席次にせよ、ポトラッチを取り交わし、ポトラッチでお返しをする、そうしたポトラッチのさなかで獲得されるのである。そしてまたそれらは、ポトラッチにおいて失われもする。それは、それらが実際の戦争や賭け事やレース競技や格闘競技において失われるのと同じである[139]。いくつかの場合においては、与えること、お返しをすることはもはやどうでもよく、破壊することが大事となる[140]。お返しがもらえるのを期待していると思われたくないがために、である。ユーラカン(ロウソクウオ)(北太平洋産キュウリウオ科のワカサギに似た食用魚。脂肪に富んでおり、干してロウソク代わりに用いられた)の脂肪やクジラの脂肪を入れた箱をまるごと全部燃やしたり(141)、家屋を燃やしたり、何千枚にものぼる毛布を燃やしたりするのである。一番大切にしている銅製品を破壊し、水に投げ捨てるのであるが、それも自分の競合相手を打ち負かし、競合相手を「ぺしゃんこにする」ためなのだ(142)。こうして人は、みずからが社会的階梯を上昇してゆくわけであるが、自分だけにとどまらず、自分の家族をも社会的階梯に沿って上昇させることになる。それはしたがって、法的・経済的なシステムであって、そこにおいて莫大な量の富が恒常的に消費され、人の手から手へと移転しているのである。このような富の移転を、交換と呼ぶこともできるだろうし、あるいは交易や売買とさえも呼ぶことができるだろう(143)。だが、そうだとしても、この交易は高貴なものであり、こと細かな作法もあれば気前のよさも必要とされる。ともかく、その場でただちに利益をあげることを目論むというのは心得違いであって、そのようなやり方をしようものなら、きわめて強い侮蔑を浴びせられるのである(144)。

（136）　全財産を分配すること。クワキウトルでは、Boas, Secret Societies and Social Organization of the Kwakiutl Indians, *Rep. Amer. Nat. Mus.*, 1895（Franz Boas, The Social Organization and the Secret Societies of the Kwakiutl Indians: Based on Personal Observations and on Notes Made by Mr. George Hunt. *Report of the United States National Museum*, 1895）（以降では Sec. Soc. と略して引用する）, p. 469 を、イニシエーション儀礼の場合については、同書 p. 551 を見よ。コスキモ（Koskimo）

およびシュシュワプ(Shushwap)での再分配は、Boas, *7th Rep.*, 1890, p. 91（コスキモはクワキウトル語のなかの下位レベルの語派。シュシュワプはクワキウトル語とともにアメリカ北西部の語族をなすセイリッシュ語のうち、内陸セイリッシュに分類される語派）. Swanton, Tlingit Indians, *21st Ann. Rep. Bur. of Am. Eth.*（以降ではTlingitと略称）, p. 442に次のようにある（ある演説中のことば）。「彼はその人（自分の甥）をお披露目するために、すべてを消費した」。賭け事で儲けた物をすべて再分配することとは、Swanton, *Texts and Myths of the Tlingit Indians*, Bur. of Am. Ethn. Bull., n° 39（以降では*Tlingit T. M.*と略称）, p. 139（John R. Swanton, *Tlingit Myths and Texts*, Bureau of American Ethnology Bulletin 39, 1909）.

(137) 財の戦争については、マア(Maa)の歌を見ること。Sec. Soc., p. 577.「わたしたちは財で戦うのだ」とある(p. 602)。富の戦争と血の戦争との対比は、一八九五年にフォートルパートでおこなわれたポトラッチでのさまざまな演説に見ることができる（フォートルパートは、クワキウトル・プロパーの中心地の一つ。ハドソン湾会社の拠点があった）。Boas et Hunt, *Kwakiutl Texts*, première série, Jesup Expedition, t. III（以降では*Kwa. T.* IIIと略して引用する）, p. 485, 482を参照せよ。また、Sec. Soc., p. 668, 673とも対照すること。

(138) とりわけハイヤス(Haïyas)（本章の注(245)では、「ハヤス Hayas」）の神話を見られたい(*Haïda Texts*, Jesup. VI, 伝承番号83, Masset)。ハイヤスは賭け事で「面子」を失い、それがもとで死んでしまう。姉妹と甥たちは喪に服し、雪辱戦となるポトラッチをおこなう。するとハイヤスは生き返る。

この点に関して言えば、賭け事について研究する余地があるのかもしれない。賭け事というのは、わたしたちのもとにおいてさえ契約とは見なされていない。けれども、名誉が賭された状況であるとは見なされている。そこでは、本来ならば引渡さずにすんでいたかもしれない財が引渡されるのだから。賭け事はポトラッチの一形態なのであり、贈与システムの一形態なのである。それが広範に分布し、アメリカ北西部にまで広まっているのは注目すべきことである。クワキウトルでも賭け事は知られている（Ethn. Kwa., p. 1394 の「エバユ ebayu」（サイコロ遊び？）の項目を見よ。p. 1435「レパ lepa」の項目も見ること。p. 1448 の「レプ lep」、すなわち「第二のポトラッチ、ダンス」と対照せよ。また、p. 1423「マクワクテ maqwacte」とも対照すること）。しかしながらクワキウトルでの賭け事は、ハイダやトリンギットやツィムシアンでの賭け事に比肩できるような役割を果たしてはいないようである。これら後三者は、常習的に賭け事に明け暮れる人々だから。Swanton, *Haïda* (Jesup Exped., V, I), p. 58 以下、p. 141 以下の、ハイダにおける棒を使った賭博ゲームの記述（図版と名称）を見ること（四―五インチの長さの円筒形の棒を多数用意し、そのうちの一本を空洞にしておいて、対面する両者がその一本を当てるのがハイダの主要な賭博ゲーム。参照文献の正確なタイトルは、John R. Swanton, *Contributions to the Ethnology of the Haida*, The Jesup North Pacific Expedition, Memoir of the American Museum of Natural History, vol. V, part I, 1905–1909）。同じ賭博ゲームがトリンギットにもある。棒の名称をともなった記述は、Swanton, Tlingit, p. 443. 通常のトリンギット語で言われるナク（*näq*）は、ゲームの切り札となる棒のことで、ハイダのギル（*djil*）に相当する（ハイダでは前述の空洞になっている棒がギルである）。

　説話のなかには、賭け事にかかわる伝説がたくさんあり、賭けですべてをなくしてしまった首長たちの伝説もたくさんある。ツィムシアンの首長のなかには、自分の子どもや両親を失った者さえある。Tsim. Myth., p. 207, p. 101. また、Boas, *ibid.*, p. 409 も参照のこと。あるハイダの伝説には、ツィムシアンがハイダと賭けで全面対決したことが語られている。*Haïda T. M.*, p. 322 を見ること。また、トリンギットと対決した賭けに関する同様の伝説も参照すること(*ibid.*, p. 94)。この種の説話テーマに関しては、Boas, Tsim. Myth., p. 847-848 にリストがある。賭けの勝者は、敗者ならびにその妻と子に自由を保証してやるのが礼節と人倫にかなうとされている。*Tlingit T. M.*, p. 137. こうした特徴がアジアの諸伝説と類縁関係をもつことは改めて言うまでもない。

そもそもここには、アジアの影響を明白に見ることができる。偶然性に依拠したアジアのゲームがアメリカにまで広がっていることについては、タイラーの見事な研究を見よ。E. B. Tylor, On American Lot-games, as evidence of Asiatic Intercourse, *Bastian Festschr.* In suppl. *Int. Arch. f. Ethn.*, 1896, p. 55 以下。

(139) ダヴィ氏は、挑戦、競合というテーマを示している。これに、賭けというテーマを付け加える必要がある。たとえば、Boas, *Indianische Sagen*, p. 203-206 を見ること。諸伝説に語られた食べくらべの賭け、力くらべの賭け、出世くらべの賭け、等々。こうした説話テーマのリストについては、同書 p. 363 を参照されたい。いまだ現代にあっても、賭けとはこうした法や倫理の残存である。賭けにおいて賭されるのはもっぱら名誉と信用だけであるのに、その賭けによって富が循環することになるからである。

(140) 破壊のポトラッチについては、Davy, *Foi jurée*, p. 224 を見ること。それに加えて次のことを指摘しておかなくてはならない。与えるとは、すでにして破壊することであるということである。Sec. Soc., p. 334 を見よ。贈呈儀礼のなかには、破壊の所作を含むものがある。たとえば、持参金を払い戻す儀礼（ボアズ氏の呼ぶところでは「婚姻での借りの弁済」）には、「カヌー沈め」という式次第がある。Sec. Soc., p. 518, 520. ただし、この儀式での破壊は比喩的である。これに対して、ハイダやツィムシアンのポトラッチに人々がやってくる際には、到着者たちのカヌーを実際に破壊することがおこなわれる。ツィムシアンのところでは、客が到着すると客を手助けし、カヌーに積まれていた物がすべて無事に陸揚げされるよう気を配るが、陸揚げが終わるとその場でカヌーを破壊する。そして、客が出発する際には、それよりも立派なカヌーをお返しに与えるのである。Boas, Tsim. Myth., p. 338.

けれども本来的な意味での破壊は、消費の高等形態をなすように思われる。ツィムシアンおよびトリンギットの人々はこれを指して「財を殺す」という言い方をする。Boas, Tsim. Myth., p. 344; Swanton, Tlingit, p. 442. ただ実際には、この同じ名称が毛布の分配に対しても用いられている。「この男を人前に出すために、じつにたくさんの毛布が失われた」（Tlingit. *ibid.*）。

ポトラッチにおけるこの破壊の慣行には、さらに二つの動機がかかわっている。一つ目は戦争というテーマである。ポトラッチは戦争なのだ。トリンギットでは、ポトラッチは「戦争ダンス」という名で呼ばれている（Swanton, Tlingit, p. 458, cf. p. 436）。戦争では、仮面や名前や特権の所有者を殺すことにより、それらを奪い取ることができる。それと同じように、財の戦争では、財を殺すのだ。一方では、自分の財産を自分で殺し、他人がそれを獲得できないようにする。他方では、他人に財を贈与して、お返しをするように相手を仕向けるか、あるいは相手がお返ししきれないほどの財を贈与することで、この相手の財産を殺すのである。

二つ目のテーマは供犠である。前出一一七―一一八頁を見られたい。財を殺すのは、それに生命が備わっているからである。後出二六六頁を見ること。ある弁者のことばにある。「わたしたちの財産が、わたしたちの首長の努力によって生を保たんことを。わたしたちの銅製品が破壊されずにあらんことを」(Ethn. Kwa., p. 1285, l. 1)。「ヤク(yäq)」という語が、死んで横たわっているという意味と、ポトラッチを分け与えるという意味とを有していることも、おそらくはこの点から説明がつくであろう。*Kwa. T.* III, p. 59, l. 3 ならびに Ethn. Kwa. の索引を参照すること。

けれども原理的に言うなら、ここでも通常の供犠の場合と同じく、重要なのは物を破壊して、それを霊に引渡すことである。とくにこの場合には、クランの祖先に引渡すことである。このテーマは当然のことながら、トリンギットでいっそうの発達を見ている(Swanton, Tlingit, p. 443, 462)。というのも、トリンギットにおいては祖先たちがポトラッチに参列し、さまざまな破壊でじかにもてなされるのだけれども、それにとどまらず、祖先の名前を継ぐ生者たちがそこでさまざまなプレゼントを受け取ることも、祖先をもてなすことになるからである。火で燃やすことによる破壊は、このテーマに特徴的なことのようだ。トリンギットには非常に興味深い神話があるので、それを参照すること（*Tlingit T. M.*, p. 82）。ハイダでの焼却による供犠（スキデガテ Skidegate 語系）については、Swanton, *Haida Texts and Myths*, Bull. Bur. Am. Ethn., n°. 29（以降では *Haida T. M.* と称す）, p. 36, 28, 91 を見ること。このテーマはクワキウトルではさほど明確ではない。ただしクワキウトルには、「火に座した者」という名前の神がおり、たとえば子どもが病気になると、その衣服を火中で供犠してこの神への支払いとする。Ethn. Kwa., p. 705, 706.

(141) Boas, Sec. Soc., p. 353, etc.

(142) *p!Es* という語について、本章の注(208)を見ること。

(143) 「交換」や「売買」ということばでさえ、クワキウトル語には存在しないように思える。ボアズ氏の何種類もの語彙集のなかで、売買という語は銅の売却に関してしか挙げられていない。しかし、銅を競り売りにかけることは売買などではまったくない。それは一種の賭けであり、気前のよさを競い合うことなのだ。交換という語に関しては、*L'ay* という語形でしか見られない。しかも、*Kwa. T.* III, p. 77, l. 41 で指示されたテクストを見ると、このことばはある名称変更について用いられている。

(144) 「食べ物に欲が深い」という表現（Ethn. Kwa., p. 1462）や、「手早く富を築きたがる」という表現（*ibid.*, p. 1394）を見よ。また、「小物の首長」に対する呪詛のことばも見事である。「思案する小物たち。勤勉な小物たち。打ち負かされた小物たち。カヌーをやろうと約束する小物たち。与えられた財産を受け取る小物たち。財産を欲しがる小物たち。財産のためにしか働かない小物たち。不届きな輩たちよ」(*ibid*., p. 1287, l. 15–18. ここで「財産 property」という訳語が当てられているのは「マネク maneq」という語であり、厚遇に対してお返しをするという意味である。*ibid*., p. 1403)。なお、もう一つ別の口上も参照されたい。そこで語られているのは、ポトラッチをした首長と、それを受け取りながら決してお返しをしない人たちのことである。「首長は彼らに食べ物を与え、彼らを招いた。……首長は彼らを背負ったのだ」(*ibid*., p. 1293; cf. p. 1291)。「小物たち」に対する別様の呪詛(*ibid*., p. 1381)も見ること。

この種の倫理観が経済性とは相反しているとか、共産主義者的な怠け癖に対応しているなどと考えてはいけない。ツィムシアンにおいて吝嗇は非難の対象となっており、ツィムシアンの主要な英雄であるカラス(創造主)に関しては、それが吝嗇であったがために父親から放逐された次第が物語られている(Tsim. Myth., p. 61, cf. p. 444)。同じ神話はトリンギットにも存在している。トリンギットにおいても、客人が怠惰でおねだりばかりすることは非難の対象である。また、カラスと、お呼ばれしようと町から町へと渡り歩く人々が罰せられた次第が語られている(*Tlingit M. T*., p. 260, cf. 217)。

お分かりのように、ポリネシアで強い影響力をもち、メラネシアでも恒常的に見ることのできる名誉という観念が、ここでは本当の意味で破壊的な猛威をふるっているのである。この点においてもまた、旧来のお定まりの見解は、人間を動かしているさまざまな動因の重要性を捉え損なっており、現代のわたしたちが先立つ諸社会に負っているものをすっかり捉え損なっている。たとえば、ユヴラン（Huvelin）ほどの確かな知見の学者でさえ、名誉という観念には効力がないというのが定説であるからには、それを呪術的効力という観念から導出せざるをえないと考えた[145]。ユヴランは名誉や威信のなかに、呪術的効力もどきの効力程度しか見ていないのだ。だが、現実はもっと複雑である。呪術という観念と同様に、名誉という観念もこれらの諸文明に無縁ではない[146]。ポリネシアのマナにしてからが、各存在者の呪術的力だけでなく、その存在者の名誉をも象徴しているのであって、この語の最良の訳語の一つが権威であり、富なのである[147]。トリンギットやハイダのポトラッチは、相互的になされるサービスを名誉と捉えることに存している[148]。オーストラリア原住民のように本当の意味で未開の諸部族においてさえ、名誉というのはわたしたちにおいてと同じくらいこだわりの対象であって、贈り物はもとより、給付や、食べ物の供与、上席の提供、儀礼の献納によって人々は満足を得るのである[149]。人間がみずからの名誉や名前を賭すようになったのは、署名することを覚えてからではない。そのはるか以前にそうしていたのである。

(145)　Injuria, *Mélanges Appleton*; Magie et droit individuel, *Année soc.*, X, p. 28.

(146)　トリンギットにあっては、踊る名誉を得るために支払いがなされる。*Tl. M. T.*, p. 141.

踊りをつくった首長の支払い（歌をつくったり踊ったりするのは、貧しい下層の人々が名をなすための手段であり、すでに名が確立している首長にはふさわしくないふるまいであるとされていたため、首長がそうする場合には、大量の財を蕩尽した上でそうしたということ）。ツィムシアンでは、「名誉のためであれば何でもする。富と、見栄を張ってみせることが、何よりも重要である」(Boas, *Fifth Report*, 1899, p. 19)。Mayne, *Four Years*, p. 265においてすでにダンカン(Duncan)が「ただひたすら見栄のために」と述べている。その上、数多くの儀礼がこの種の理念をあらわにしている。地位階梯を上る儀礼などがそうであるが、それだけではない。このほかにもたとえば、「銅製品を持ち上げる」儀礼（クワキウトル、*Kwa. T.* III. p. 499, l. 26）があり、「槍を立てる」儀礼（トリンギット、*Tl. M. T.*, p. 117）がある。「ポトラッチの柱を立てる」儀礼があり、葬礼の柱やトーテムポールを立てる儀礼がある。家屋の「梁を上げる」儀礼があり、古来の宝棒を立てる儀礼がある。忘れてならないのは、ポトラッチの目的が「もっとも「高いところにいる」家族」はどれかを知ることにあるということである（カラスの神話に関する首長カティシャン Katishan の説明。*Tl. M. T.*, p. 119, n. a）。

(147) Tregear, *Maori Comparative Dictionary*, 見出し語 *Mana* を見ること。
富という観念そのものを研究すべきなのかもしれない。本論の観点からすると、富者とは、ポリネシアにあってはマナをもつ人であり、ローマにあっては「威勢(auctoritas)」をもつ人であり、そしてこれらのアメリカ諸部族にあっては「寛大な(*walas*)」人である(Ethn. Kwa., p. 1396)。しかし厳密に言うなら、ここでは富の観念と、権威の観念、すなわち贈り物を受け取った人に言うことを聞かせる権利という観念と、そしてポトラッチとのあいだに関連性があることを指摘しておくだけでよい。これはきわめて明瞭である。たとえば、クワキウトルで最重要なクランの一つにワラサカ(Walasaka)クランがある(ワラサカとはまた、家族名でもあり、踊りの名前でもあり、儀礼結社の名前でもある)が、この名称は「高いところからやってきた大きな人々」、ポトラッチで分配をおこなう大きな人々という意味である。また、ワラシラ(*walasila*)と言えば、富という意味であり、かつまた「銅製品を競りにかけるときに毛布を分配すること」という意味でもある。このほかにも比喩的な表現があって、それによれば、ポトラッチを贈られた人は、それによって「重たく」させられると捉えられている。Sec. Soc. p. 558, 559. 首長がみずからの富を諸部族に分配するときには、「その部族を飲み込む」と言われる。また、首長は「財産を吐き出す」とも、等々。

(148)　トリンギットのある歌は、カラス胞族について次のように歌っている。「この胞族がオオカミ胞族の者たちを「価値あるもの(*valuable*)」にしているのだ」(*Tl. M. T.*, p. 398, n° 38)。「敬意」と「名誉」とを贈り、お返しをし、ということのなかに、贈り物のやりとりも包摂されるという原理は、二つの部族において非常にはっきりとしている。Swanton, *Tlingit*. p. 451. また、Swanton, *Haïda*, p. 162 では、ある種のプレゼントについてはお返しの免ぜられることが記されている。

(149)　第四章の注(8)を参照されたい(ただし内容的に対応しない)。

饗宴や贈り物について、それが供されれば威厳をもって受け取り、こちらからそれをねだることはしないという礼儀作法は、これらの諸部族においてきわめて明瞭である。ここでは、本論の視点にとって有益な、クワキウトル、ハイダ、ツィムシアンに関する三つの事実を指摘するにとどめよう。首長や貴族たちは宴であまり食べることをせず、たくさん食べるのは臣下や平民たちである。首長や貴族は文字どおりの意味で「大口をあけない」のだ(Boas, *Kwa. Ind.*, Jesup, V, II, p. 427, 430)(参照文献の正確なタイトルは、Franz Boas, *The Kwakiutl of Vancouver Island*, The Jesup North Pacific Expedition, Memoir of the American Museum of Natural History, vol. V, part II, 1905–1909)。たくさん食べることの危険性については、Tsim. Myth., p. 59, 149, 153その他(神話)。彼らは宴で歌を歌う(*Kwa. Ind.*, Jesup Exped., V, II, p. 430, 437)。ホラ貝を吹き鳴らすが、それは「わたしたちが飢え死にすることなどないだろうと人々が言うようにするため」である(*Kwa. T.* III, p. 486)。貴族は決してねだらない。呪医も決して代償を要求しない。みずからの「霊」によって、そうすることを禁じられているから(Ethn. Kwa., p. 731, p. 742; *Haida T. M.*, p. 238, 239)。ただし、クワキウトルには、「物乞い」結社と「物乞い」ダンスがある。

アメリカ北西部のポトラッチは、こと契約の形式そのものに関してなら、これまでに十分な研究がなされてきた。しかしながら、これについてダヴィ氏とレオンハルト・アダム(Leonhard Adam)氏がおこなった研究[150]をもっと広い枠組みのなかに置き、本論の主題とのかかわりにおいて位置づけてやらなくてはならない。なぜなら、ポトラッチというのは法的現象であるにとどまらず、それをはるかに超えたものだからである。ポトラッチは、わたしが「全体的」と呼ぶことを提唱しているさまざまな現象の一例なのだ。たとえばポトラッチは、宗教的・神話論的・シャーマニズム的である。なぜといって、ポトラッチに身を投じる首長たちは、そこにおいて祖先や神々の代理となり、その化身となっているのだから。首長たちは祖先や神々の名を担い、祖先や神々の踊りを舞い、他方で祖先や神々の霊は首長たちに憑依しているのだ(151)。ポトラッチはまた、経済的である。したがって、こうした莫大な取引(ヨーロッパの貨幣価値で算定するなら、現在においてすら莫大な額にのぼる)が、いかなる価値と規模と理由と結果を有するのかを測りとることが必要である(152)。さらにまたポトラッチは社会形態学的な現象でもある。複数の部族、複数のクラン、複数の家族がそこで一堂に会することによって、また、場合によっては複数の民族が一堂に会することによって、ポトラッチでは際立った昂揚状態、興奮状態が現出する。人々は親密な関係を取り結ぶが、そうしながらも互いによそ者どうしのままである。意思を疎通させ合いながらも、大規模な交易と恒常的な競技では対立し合う(153)。ポトラッチは審美的現象でもあり、この点ではきわめて多くの現象があるけれども、これについては省略しよう。最後に、法的な観点から見た場合のポトラッチについても、これまでにこれらの契約の形式について明らかにした事象があり、契約が目指す人間的要素とでも呼ぶべき事象がある。

つまり、契約当事者の法的地位(クラン、家族、位階、婚姻関係)がある。だが、それだけでなく、さらに次の事象を加える必要がある。それは、契約が目指す物質的要素、すなわちそこにおいて交換される物が、ここでもまたある独特な力能を備えており、それがために人はその物を与えるのだし、とりわけその物にお返しをするのだ、ということである。

(150) 前出七三—七四頁の文献表を見ること。

(151) この原理は、トリンギットとハイダのポトラッチにおいてとくに発達している。Tlingit Indians, p. 443, 462を参照せよ。また、*Tl. M. T.*, p. 373にある演説も参照のこと。それによると、招待客たちがたばこを吸っているときは、霊たちもたばこを吸っているのである。p. 385, l. 9も参照すること。「わたしたちはここで、あなたたちのために踊っていますが、本当はわたしたちではないのです。ここで踊っているのは、ずっと前に亡くなったオジたちなのです」。招待客たちは霊なのであり、運をもたらす者(*gona'qadet*)なのだ(同書、p. 119, n. a)。実際のところここにあるのは、供犠と贈与という二つの原理がただ単に一体化したものにほかならない。このような一体化は、自然に対する働きかけについてはおそらく別として、すでに言及したすべての事例(前出一一七—一一八頁)にも通ずる。生者に与えるということは、死者に与えるということなのだ。トリンギットには注目すべき説話があって(*Tl. M. T.*, p. 227)、それには、生き返ったある人物が、自分のために生者たちがどんなポトラッチをしてくれたのかを知っていることが語られている。自分のためにポトラッチをしてくれないと言って、霊が生者たちを非難するという説話モチーフもよく見られる。同じ原理はクワキウトルにもあったはずである。一例として、Ethn. Kwa., p. 788 にある演説を挙げておく。ツィムシアンでは、生者が死者を体現する。テイト（Tate）がボアズ氏に書き残したところでは、「（死者に）供え物を奉ずることは、祭宴で（生者に）贈り物を贈ることとしてなされる」。Tsim. Myth., p. 452（歴史伝説）, p. 287. ハイダ、トリンギット、ツィムシアンとの比較に関しては、説話モチーフを集めた資料（Boas, *ibid.*, p. 846）がある。

（152）本章後出の注（242）に、銅製品の値打ちに関する実例をいくつか挙げてあるので、それを見ること。

（153）Krause, *Tlinkit Indianer*, p. 240 には、トリンギット諸部族がどのように接触し合うのかがよく記述されている。

十分な紙幅があったなら、説明の便宜上、アメリカ北西部のポトラッチに四つの形態を弁別するのがよかったかもしれない。㈠当事者集団となるのが、首長の胞族と家族だけである場合、もしくはほとんどがそうである場合のポトラッチ（トリンギット）。㈡胞族、クラン、首長、家族がおおむね同等の役割を果たすポトラッチ。㈢首長と首長とが対立し合うクラン間のポトラッチ（ツィムシアン）。㈣首長と儀礼結社のポトラッチ（クワキウトル）。

しかしながら、そうした論述は紙幅をとりすぎることになるだろうし、加えてまた、以上の四つのうちの三つの形態については（ツィムシアン型が抜けているのだが）、ダヴィ氏がその弁別をすでに論じている[154]。それに、本論の研究は贈与にまつわる三つのテーマ、すなわち、与える義務と、受け取る義務と、お返しをする義務とについての研究であって、これにとってみれば、以上の四つの形態は相対的に大差ないのである。

(154) Davy, *Foi jurée*, p. 171 以降、および p. 251 以降。ツィムシアンの形態はハイダの形態とそれほど顕著に異なるものではない。ツィムシアンでは、ハイダよりもクランがはっきりとしているくらいであろう。

三つの義務——与えること、受け取ること、お返しをすること

与える義務はポトラッチの本質である。首長たるものは、ポトラッチを与えねばならない。自分自身のためにも、息子のためにも、婿もしくは娘のためにも[155]、そして死者たちのためにも[156]。首長がその部族や村落に対して、それどころか家族に対してさえ、みずからの権威を保持していられるとすれば、そしてまた首長が、首長たちどうしのあいだでの位階（それは民族内での位階のこともあるし、民族横断的な位階のこともある）を維持していられるとすれば[157]、それは、自分に霊と富が憑いており、自分が霊

と富に恵まれているということ、(158)自分は富によって憑依《ポ》＝所有《セ》され《デ》、かつ自分も富を対象物として所有《ポ》＝憑依《セ》して《ー》い《ド》るということを、(159)その首長みずからが証明することによってを措いてない。そして、首長がみずからその富を証明できるとすれば、それは、富を消費し、富を分配し、そうすることで他の首長たちに屈辱を味わわせ、他の首長たちを「自分の名前の影に」追いやることによってを措いてない。(160)クワキウトルやハイダの貴族は、中国の文官武官とまったく同じような「面《つら》」という観念をもっているのだ。(161)神話上の偉大な首長たちの一人には、ポトラッチを与えずにいたために、「面《つら》が腐っていた」と語られている者がある。(162)表現としては、中国においてよりもこちらのほうが正確であるとさえ言える。それというのもアメリカ北西部では、威信を失うということは、魂を失うことにほかならないからである。賭されているのはまさしく「面《つら》」なのだ。賭されているのはすなわち、踊りの仮面であり、ある霊の化身となる権利であり、ある紋章やトーテムをいただく権利であって、それはまぎれもなくペルソナ(*persona*)なのである。したがってまた、ポトラッチや贈り物合戦において(163)人々が失うのもこれらである。(164)それは、戦争やら儀礼における瑕疵《かし》やら(165)によって、(166)人々がこれらを失うのと同じである。アメリカ北西部のすべての社会において、人々は競って与えようとしている。冬季に人々が集住して祭儀に明け暮れる場合はもちろんのこと、それ以外の期間であっても、ちょっとでも日常的でないことがらがあれば、そのような機会に人々は必ずや強いられるのである。友人を招き、神々やトーテムに由来する狩猟や採集の思いもかけない大収穫を友人たちと分かつように[167]。受け手として参加したポトラッチで自分が得た物を、すべて友人たちに分配するように[168]。どんなサービスであろうと、サービスがなされた場合には、それに対して贈り物で謝意を表するように[169](首長が贈り物でお返しをする場合やら[170]、配下の者がそうする場合やら、親族たちがそうする場合やら[171])。そうしなければ、少なくとも貴族たちの場合には、作法を破ることになるし、みずからの位階を失うことになるのである[172]。

(155) ポトラッチと政治的地位との関係、とりわけ婿の地位および息子の地位との関係については、ダヴィ氏が論証しており、ここでそれをはじめから繰り返す必要はない。そしてまた、饗宴や交換が人々を一体化させる力をもつことも、改めて説明するにはおよばない。たとえば、二人の霊のあいだでカヌーが交換されると、両者は「ただ一つの心しか」もたないようになる。一方の霊は義理の父親であり、他方の霊は婿なのである(Sec. Soc., p. 387)。*Kwa. T.* III, p. 274 にあるテクストは、「それはあたかも両者が名前を交換したかのようである」と付言している。同書、III, p. 23 も見ること。ニムキシュ(Nimkish)(クワキウトルの別部族)の祭宴に関するある神話では、結婚の宴をおこなうのは、「娘がはじめて食事をとることになる」その村に娘の腰を落ち着かせるようにするためであるとされている。

(156)　ハイダとトリンギットに関しては、葬礼のポトラッチの存在が確認されており、またそれについて十分な研究もなされている。ツィムシアンにおける葬礼のポトラッチは、服喪期間が終わり、トーテムポールを立て、遺体を火葬することと特別なつながりがあるようである(Tsim. Myth., p. 534 以降)。ボアズ氏はクワキウトルに葬礼のポトラッチがあると述べてはいないが、神話のなかにはこの種のポトラッチについて語ったものがある(*Kwa. T.* III, p. 407)。

(157)　紋章に対する権利を維持するためのポトラッチについて、Swanton, *Haida*, p. 107 に記述がある。また、レゲク(Leg.ek)の物語(Tsim. Myth., p. 386)を見よ。レゲクはツィムシアンの主要な首長の称号である。首長ネスバラス(Nesbalas)(これはツィムシアンの首長のもう一つの偉大な称号である)の物語、ならびに彼が首長ハイマス(Haïmas)をどのように嘲弄したかについて、同書 p. 364 も見ること。クワキウトル(レウィキラク Lewikilaq)において首長の称号のなかでもっとも重要なのは、ダベンド(Dabend)という称号である(*Kwa. T.* III, p. 19, l. 22. Ethn. Kwa., p. 1406 左段にあるダベンドガララ *dabendgal'ala* と比較すること)。ダベンドは、ポトラッチをおこなう前は「端をつかむことができない」という意味の名前をもっていたが、ポトラッチのあと、「端をつかむことができる」という意味のこの名前を名乗るようになった。

(158)　あるクワキウトルの首長のことば。「これがわたしの誇りである。わたしの家族の名前であり、根っ子である。わたしの祖先はすべて(ここで彼はみずからの名前を告げるが、その名前は称号でもあり普通名詞でもある)、マクスワ(maxwa)(大規模なポトラッチ)の与え手だったのである」(Ethn. Kwa., p. 887, l. 54; cf. p. 843, l. 70)。

(159) 本章後出の注(208)(ある演説におけることば)。「わたしは財で覆われている。わたしは財が豊かである。わたしは財を数える者だ」(Ethn. Kwa., p. 1280, l. 18)。

(160) 銅製品を買うということは、その銅製品を買い手の「名前のもとに」置くことである(Boas, Sec. Soc., p. 345)。別の比喩的表現によれば、ポトラッチを与えた者の名前は、ポトラッチを与えたことによって「重さを得る」ことになり(Sec. Soc., p. 349)、逆にポトラッチを受け取る側に回ると、名前は「重さを失う」ことになる(Sec. Soc., p. 345)。同様の観念、つまり与える側が受け取る側よりも優位に立つという観念は、ほかの表現によってもあらわされている。受け手はある意味で奴隷のようなもので、自分の身をあがなうことのできないうちは奴隷のままであるという観念もある(ハイダはこのようなとき「名前が悪い」という言い方をする。Swanton, *Haida*, p. 70. また、本章後出の注(202)を参照すること)。トリンギットでは、「贈り物を受け取ると、受け取った人の背にそれがのしかかる」と言われる(Swanton, Tlingit, p. 428)。ハイダには、きわめて示唆的な表現が二つある。自分の針を「進ませる」および「疾走させる」(前出一三八頁に言及したニューカレドニアの言い方と比較せよ)という表現で、これは「劣位の者と戦う」ということを意味しているようだ(Swanton. *Haida*, p. 162)。

(161) ハイマスの物語を見ること。ハイマスが、自由、特権・仮面その他、守護霊、家族、所有財を失うにいたった顚末（*Tsim. Myth.*, p. 361, 362）。

（162）　*Ethn. Kwa.*, p. 805.　クワキウトル人の伝承記録者としてボアズ氏に協力したハント（Hunt）は、ボアズ氏にこう書いている（ハントはトリンギットとして生まれたが、結婚と養取によりクワキウトルの伝承に精通し、一八八六年、ボアズの最初のクワキウトル訪問以来ボアズに協力）。「どうしてかは分かりませんが、首長マクスヤリゼ（Maxuyalidze）は（この名前が「ポトラッチの与え手」という意味であるにもかかわらず）一度も祭宴をおこないませんでした。ただそれだけです。そのため彼は、ケルセム（Qelsem）、すなわち〈腐った面《つら》〉と呼ばれていたのです」（*ibid.*, l. 13–15）。

（163）　実際ポトラッチは、それを与えなければ与えないで危険であり、それを受け取ったら受け取ったで危険でもあって、いずれにせよ危険なものである。神話に語られたあるポトラッチでは、それに参加しにきた人々が、それがために死んだとされている（*Haida T.*, Jesup. VI, p. 626. cf. p. 667.　ツィムシアンにも同じ神話がある）。比較対照のため、Boas, *Indianische Sagen*, p. 356, n° 58 を見ること。ポトラッチ供与者の実体を分かちもつことも危険である。たとえば、地上界にあって霊たちのポトラッチで食事をすることがそうだ。*Ind. Sagen*, p. 239 にあるクワキウトル（アウィケノク Awikenoq）の伝説。カラスに関する素晴らしい神話を見ること。そこでカラスは自分自身の肉から食べ物を取りだしている（複数のヴァリアントがある）。スタトロク（Çatloq）については *Ind. Sagen*, p. 76.　ヌートカ（Nootka）（北米北西沿岸先住民の一つ。言語学的にはワカシュ語族に属し、同じ語族中のクワキウトルともっとも近い関係にある）については、*ibid.*, p. 106 を、それぞれ見ること。Boas, *Tsim. Myth.*, p. 694, 695 に比較事例がある。

(164) 実際ポトラッチはゲームであり、かつ競い合いである。たとえば、饗宴のあいだしゃっくりをせずに通せるかが競われる。「しゃっくりをするくらいなら死んだほうがまし」と言われる(Boas, *Kwakiutl Indians*, Jesup Expedition, vol. V, part II, p. 428)。これに対し、挑みかける文句として、「客たちに料理を平らげさせてしまえ」という文句がある(Ethn. Kwa., p. 991, l. 43, cf. p. 992)。食べ物を与える、食べ物をお返しする、仕返しをするを意味する諸々の語彙のあいだで意味が明確に区分されていないことについては、Ethn. Kwa. の語彙リストのうち、*yenesa, yenka*(食べ物を与える、報いる、仕返しをする)の項目を見ること。

(165) ポトラッチと戦争とが同じ意味をもつことについて、本章前出の注(140)を見ること。クワキウトルのポトラッチを象徴するのは、棒の先端につけたナイフである(*Kwa. T.* III, p. 483)。トリンギットでは立てた槍である(*Tlingit M. T.*, p. 117)。また、トリンギットにおける報復のためのポトラッチ儀礼を見ること。クロオ(Kloo)の人々がツィムシアンに対しておこなった戦争(*Tlingit M. T.*, p. 432, 433, n. 34)。誰かを奴隷にしたときにおこなわれる踊りがあり、誰かを殺したときに踊りをともなわずにおこなわれるポトラッチがある。銅製品を贈与する儀礼については本章後出の注(255)を見ること。

(166) クワキウトルにおける儀礼の際の瑕疵については、Boas, Sec. Soc., p. 433, 507 ほかを見ること。これに対する贖罪は、まさしくポトラッチを与えること、あるいは少なくとも何らかの贈り物を与えることである。

これらの社会のすべてにおいて、これはきわめて重要な法的・儀礼的原理となっている。富を分配することは罰金の支払いに相当し、霊に対する贖罪がなされたり、霊と人との一体性が回復されたりすることになる。ランベール（Lambert）師は、*Mœurs des sauvages néo-calédoniens*, p. 66 において、すでに次のことを指摘していた。カナク（Canaque）人（ニューカレドニアのメラネシア系住民を指す）では、子どもが父の家族のもとで失血することがあれば、子どもの母方親族がそれに対して賠償を要求する権利を有しているというのである。まったく同様の制度がツィムシアンにも見られる。Mayne, *Four Years*, p. 265, cf. p. 296 におけるダンカンの記述（息子の失血に際してのポトラッチ）を見よ。マオリにおけるムル（*muru*）という制度も、これに比すべきであろうと思われる。

捕虜となった者を買い戻すためのポトラッチも、同じように解釈されなくてはならない。というのも、親族を奴隷として略取されてしまった家族がポトラッチをおこなわなくてはならないのは、もちろん捕虜となったその者を取り戻すためであるけれども、それだけではなく、「名前」を復権させるためでもあるからである。ゼバサ（Dzebasa）の物語（Tsim. Myth., p. 388）を見ること。同じ規範がトリンギットにおいてもある（Krause, *Tlinkit Indianer*, p. 245; Porter, *XIth Census*, p. 54; Swanton, Tlingit, p. 449）。

儀礼的な瑕疵をあがなうためのポトラッチは、クワキウトルにおいては多数にのぼる。なかでも注目すべきなのは、双子を出産した夫婦が働きに出られるようになるための贖罪のポトラッチである（Ethn. Kwa., p. 691）。妻が夫のもとを去った場合、それももちろん夫の瑕《か》疵《し》が原因で去った場合であるが、その場合には、妻を連れ戻すため、男性は義理の父親に対してポトラッチをおこなわなければならない(同書の語彙リストのうち、p. 1423 の左段下方を見ること)。この規則は擬制的な用い方をされることもある。つまり、首長がポトラッチをおこなうための何らかのきっかけを必要としている場合に、その首長は自分の妻を義父のもとに追い返すことで、新たに富を分配するための口実を得るというわけである(Boas, *5th Report*, p. 42)。

(167) 漁撈・採集・狩猟のあと、あるいは貯蔵箱をあけたあとに、こうしたさまざまな義務によって祭宴をおこなわなければならないことについては、Ethn. Kwa., p. 757 以下に長大なリストがある。また、その際の作法等については、p. 607 以下を見ること。

(168) 本章前出の注(136)を見ること。

(169) サービスに対する支払いについては、Tsim. Myth., p. 512, 439 を見よ。また、p. 534 も参照のこと。クワキウトルでは、たとえば、毛布の数え手に対する支払いがある。Sec. Soc., p. 614, 629(ニムキシュにおける夏季祭宴).

(170) ツィムシアンには注目すべき制度があり、それによって首長のポトラッチと配下民のポトラッチとの区別が規定されるとともに、首長と配下民のそれぞれの分限が定められている。封建的な諸々の階級があって、それらを縦断するようにさまざまなクラン・胞族の区分があるわけで、競合する者どうしが対決するのはそれぞれの階級内でのことである。けれどもその一方で、階級の区分を越え、階級間で行使される諸権利も存在している(Boas, Tsim.

Myth., p. 539)。

(171)　親族に対する支払いについて、Tsim. Myth., p. 534 を見ること。また、家族によるポトラッチの配分に関し、トリンギットとハイダとで反対のシステムがあることについて、Davy, *Foi jurée*, p. 196 を参照せよ。

(172)　マセット語系のハイダの一神話には(*Haida Texts*, Jesup, VI, n° 43)、ある年老いた首長が十分なポトラッチを催さず、そのため他の首長たちから招いてもらえなくなり、そのために死んでしまったことが語られている。オイたちはこの首長の像をつくって祭宴を開き、彼の名において一〇回もの祭宴を開いた。すると彼は生き返ったという。マセット語系の別の神話では(*ibid.*, p. 727)、ある霊が一人の首長に語りかけて言う。「お前は財をもちすぎている。その財でポトラッチをしなくてはいけない」(ここではワル *wal*, すなわち「分配」という語が用いられているが、ワルガル *walgal* という語が「ポトラッチ」を意味することを参照されたい)。そこで首長は家を建て、建築に携わった人々に支払いをしたという。さらに別の神話では(*ibid.*, p. 723, l. 34)、ある首長が言う。「わたしは自分のために何かをとりおくことなど、絶対にしない」。さらにその先で、「わたしは一〇回ものポトラッチをする(*wal*)つもりだ」と言っていることも参照せよ。

招く義務は、それがクランからクランへ、または部族から部族へと行使される場合には、まったく自明のことがらである。自分と同じ家族やクランや胞族の成員ではない他の人々に対して供されるときしか、それには意味がないとすら言える。(173) 祭宴やポトラッチに参加できる人(174)や参加したがっている人、(175) あるいは参加すべく現にきている人(176)は、誰であれ招かなくてはならない。(177) 招待し忘れた人があれば、致命的な結果となる。(178) これは、ヨーロッパの民間伝承における主要なモチーフ、すなわち、洗礼式や結婚式への招待から漏れた意地悪な妖精のモチーフでもある。ツィムシアンのある重要な神話は、(179) いかなる心性のもとでこのモチーフが芽生えたのかを示している。それを見れば、どのような諸制度からなる生地の上にこのモチーフが織り込まれているのかが明らかであるし、どのような文明においてそれが機能してきたのかも分かる。

(173) 諸々のクランが相互に定期的に対峙し合うことについて、クワキウトルの場合は Boas, Sec. Soc., p. 343 を、ツィムシアンの場合は Boas, Tsim. Myth., p. 497 を、それぞれ見ること。胞族組織を有する地域では、これは自明のことがらである。Swanton, *Haida*, p. 162; Tlingit, p. 424 を見よ。この原理はカラスの神話(*Tlingit T. M.*, p. 115 以下)に見事に明示されている。

(174) もちろんのこと、体面にもとるおこないをした人々や、過去に祭宴を催していない人々、祭宴の名をもたない人々については、これを招く必要はない(Ethn. Kwa., p. 707 におけるハントのことばを見ること)。ポトラッチに対してお返しをしていない人々も同様である(*ibid.*, p. 1395, 語彙別索引の *Waya* および *Wayapo Lela* の項目を参照せよ。また、p. 358, l.

25も参照のこと）。

(175)　だから、孤児や誰にも相手にされない者、ふらりと立ちあらわれた哀れな流浪者を招待しないでおくと、どのような危険が招来されるのかについて、古今を問わず説話があるのだ。ヨーロッパやアジアの口頭伝承もその例外ではない。一例として、*Indianische Sagen*, p. 301, 303を挙げる。また、物乞いがじつはトーテムであり、トーテム神であったという話については、Tsim. Myth., p. 295, 292を見ること。主題別のリストについては、Boas, Tsim. Myth., p. 784以下を見られたい。

(176)　トリンギットには注目すべき表現がある。それによれば、招待客たちは「漂う」ものと見なされており、そのカヌーは「海を漂流し」、彼らが運んでくるトーテムポールも流れのままに漂っているのだが、それらをつなぎ止めておくのがポトラッチであり招宴なのである（*Tl. M. T.*, p. 394, n° 22, p. 395, n° 24における各種演説での表現）。クワキウトルの首長に関する比較的一般的な称号の一つが「その人に向かって人々がカヌーの櫂を繰る人」であり、「そこに向かって人々が赴く場所」である（Ethn. Kwa., p. 187, l. 10, 15）。

(177)　誰かを無視して招待せずにいるというのは、その誰かに対する侮辱である。そのため、無視された人の親族たちもそれに連帯し、ポトラッチにくるのを差し控えるようになる。あるツィムシアンの神話では、〈大いなる霊〉(Grand Esprit)が招待されないかぎり、他の霊たちもやってはこない。〈大いなる霊〉が招かれてはじめて、霊の全員がやってくるのだ（Tsim. Myth., p. 277）。また、ある説話によると、大首長のネスバラスが招かれなかったために、ツィムシアンの他の首長たちもやってこなかった。彼らは言ったという。「首長は彼なのだから、彼と仲違いするわけにはゆかない」(*ibid.*, p. 357)。

(178) 侮辱には政治的な結果がともなう。たとえば、東部アタパスカ語族の人々とのトリンギットのポトラッチ(Swanton, Tlingit, p. 435, cf. *Tling. T. M.*, p. 117)。

(179) Tsim. Myth., p. 170, 171.

ツィムシアンの村の一つにお姫さまがあって、「カワウソの国」で子を孕み、奇跡によって「小さなカワウソ」を出産した。姫は子どもとともに父である首長の村に帰った。「小さなカワウソ」は、大きなオヒョウ(カレイ目カレイ科の大型魚)を何尾も釣り上げたため、この子の祖父は自分と同じ首長たちを全員、すべての部族の首長たちを呼び集めて、祭宴を開いた。その場で彼は、この子をみなに紹介し、この子がカワウソの姿かたちでいるときに釣りで出会っても、この子を殺さないでくれるよう頼んだ。「ここにいるわたしの孫が、あなたがたのための食べ物を持ち帰り、それをわたしがあなたがたに供しているのですから」。こうして、祖父はあらゆる種類の財で裕福になった。「小さなカワウソ」が、冬の食糧難の季節に、クジラやらアザラシやら新鮮なさまざまな魚やらを持ち帰るので、人々は祖父のところにそれらを食べに訪れ、そのときに祖父に財を贈るからである。ところが、祭宴に招き忘れてしまった首長が一人いた。

ある日のこと、招待されなかったこの部族の人々が一艘のカヌーで海を渡っていると、大きなアザラシを口にくわえた「小さなカワウソ」と行き会った。カヌーに乗っていた弓の射手は「小さなカワウソ」を殺すと、アザラシを奪った。その後、祖父と諸部族の人々とが「小さなカワウソ」を探し回ったところ、招き忘れた部族があって、そのためにその部族の人々が図らずもやってしまったことの次第を知るにいたった。この部族の人々は謝った。「小さなカワウソ」のことは知らなかったのだ、と。この子の母であったお姫さまは、悲しみのあまり死んでしまった。そうとは知らずに子どもを殺してしまった部族の首長は、子どもの祖父である首長に、償いのためにありとあらゆる種類の贈り物を贈った。神話は次のように結ばれている。(180)「だから、首長に息子が生まれ、名前を授かるときには、どんな人々でも大きな祭宴を開くようになったのです。そのことを知らない人が一人もいないように」。財の分配であるポトラッチは、「認知＝識別＝承認《ルコネサンス》」という根源的な行為なのだ。それは、軍事的、法的、経済的、宗教的など、この語がもつあらゆる意味合いにおいてである。人々は、首長なりその息子なりを「認知＝識別＝承認《ルコネ》する」。(181) そして、その首長なりその息子なりに対して「感謝の念をいだく《ルコネサン》」ようになるのである。

(180)　以下のことばは、ボアズ氏の現地人記録者テイトのテクストにある一文であり、ボアズ氏はこれを脚注に切り離して挿入している(*ibid*., p. 171, n. a)。けれどもその反対に、神話の教訓は神話それ自体から切り離さず、それと結びつけておかなくてはならない。

(181) ネグナクス(Negunaks)のツィムシアン神話に関する細部(*ibid*., p. 287 以下)を参照すること。また、このテーマと同型の諸テーマについては、p. 846 の諸注を見ること。

クワキウトルの祭宴での儀礼や、[182] クワキウトルと同一のグループに属するが部族は異にする人々の祭宴での儀礼では、義務としての招待というこの原理がときに表出されることがある。儀式の一部が〈犬〉の儀式からはじまることがあるのがそれである。〈犬〉を演じているのは仮面をつけた男たちで、男たちは一つの家屋から姿を見せると、別の家屋へと力ずくで入ろうとする。この儀式は次の出来事を記念している。クワキウトル・プロパーが構成する部族がある。そのなかでもっとも高位にあるクラン、ゲテラ(Guetela)の人々のことを、同じ部族の他の三クランが招き忘れてしまった。[183] ゲテラの人々は「仲間はずれ」のままでいるのをよしとせず、踊りがおこなわれている家屋に入ると、何もかもを破壊したのだった。

(182) たとえば、クロスグリの祭宴へ招待するに当たって、弁者が言う。「わたしたちはあなたたちもお招きします。ここにおいでにならなかったあなたたちも」(Ethn. Kwa., p. 752)。

(183) Boas, Sec. Soc., p. 543.

受け取る義務も、同じく強制力をもっている。贈り物を拒んだり、ポトラッチを拒んだりする権利はないのである[184]。もし拒むなら、それは、お返しをしなくてはならないのを恐れていると表明することになる。お返しをしないかぎり「ぺしゃんこ」にされたままであるのを、恐がっていることなのだ。けれども実際には、拒んだ時点ですでに「ぺしゃんこ」になっているのである。拒むことは自分の名前の「重さを失う」ことであり[185]、競い合う前から敗者であると自分で認めることである[186]。あるいは、場合によってはそれとは逆に、自分が勝者であって、誰にも打ち負かすことはできないと宣言することにもなる[187]。実際、少なくともクワキウトルにおいては、地位の階梯において認知された位置と、先立つポトラッチにおいて勝利を収めてきたという経歴とがあれば、人からの招待を拒むことが許されるし、さらにまた、相手がその場にいて贈り物をくれようとしている場合に、その贈り物を拒むことすら許されるようである。拒んでも、相手とのあいだに戦争を惹起することもない。ただしその場合には、拒んだ当事者がポトラッチをおこなうことが不可避となる。なかでも脂の祭宴がそうだ。拒絶の儀礼的所作が見られるのが、まさにこの脂の祭宴なのだけれども、そこで拒んだ当人は、この脂の祭宴をよりいっそう豪勢にしてお返ししなくてはならないのだ[188]。

高位にあると自任する首長は、自分に対して差し出された脂で一杯の匙を拒否する。次いで彼は出てゆき、自分の「銅」を探しにゆくと、その銅製品をもって(脂の)「火を消す」ために戻ってくる。その後一連の儀礼的手続きがおこなわれ、それによって挑発が強調されるとともに、拒んだ首長の側はいずれ改めて自分がポトラッチをおこない、脂の祭宴をおこなう義務を負うことになるのである。(189)

(184) トリンギットにあっては、ポトラッチに招待を受けていたのに、実際にやってくるのが二年も遅れた招待客は「女」であるとされる(*Tl. M. T.*, p. 119, n. a)。

(185) Boas. Sec. Soc., p. 345.

(186) クワキウトル。アザラシの脂肪は嘔吐を引き起こすにもかかわらず、アザラシの祭宴にはゆかざるをえない(Ethn. Kwa., p. 1046)。また、p. 1048 に、「すべて平らげてごらんなさい」とあるのを参照せよ。

(187) そうであるがために、招待客に話しかける際に、おそるおそる話しかけることがときとしてあるのだ。こちらが提供する物を招待客が拒絶しようものなら、それは自分たちのほうが優位にあると、招待客の側が自己主張していることになるわけだから。クワキウトルのある首長は、コスキモ(クワキウトルと同じ民族《ナシオン》の一部族)(コスキモについて本章の注(136)を参照)の首長に対して、次のように語りかけている。「わたしからの親愛に満ちた申し出を、断らないでいただきたいのです。そうでないと、わたしは恥をかくことになるでしょう。わたしの気持ちをはねつけないでいただきたいのです。（……）わたしは要求高い人間ではありません。自分に物を買ってくれる（＝自分に物を与えてくれる）人にしか物を与えないような人間ではありません。よろしいか、わが友人たちよ」(Boas, Sec. Soc., p. 546)。

(188) Boas, Sec. Soc., p. 355.

(189) Ethn. Kwa., p. 774 以下に、脂とサラル・ベリー（「サラル salal」は、北米太平洋岸を原産とするツツジ科シラタマノキ属の常緑低木。レモンリーフとも言い、果実を乾して食用にする）の祭宴に関する別の記述があるので、それを見ること。この記述はハントによるもので、こちらのほうがより上質な記述のようである。この儀礼は、招待もなく、贈り物もない場合に用いられるようにも思われる。競合する相手を侮蔑するために催されるこの種の祭宴では、儀礼のなかに太鼓をともなう歌唱が含まれているが（*ibid.*, p. 770, cf. p. 764）、これはエスキモーの場合と同じである。

けれども原則として、およそ贈り物なら人はいつでも受け取るし、その物を褒め称えさえする[190]。自分のために用意された食べ物を、人は声を大にして褒めなくてはならない[191]。だが、それを受け取ることによって、自分が義務を負う立場に立つということも心得ている[192]。贈り物を「背中に」しょい込むのだ[193]。物や祭宴でもてなしを受けるというのは、たんにもてなしを受ける以上のことである。挑戦を受け入れたということなのだ。そして、挑戦を受け入れえたとするならば、それはお返しができるという確信があるからである[194]。自分が劣っていないと証拠立てることができるという確信があるからである。[195] このように張り合うことで、首長たちは滑稽な状況に身を置くにいたる。その滑稽さは当人たちもおそらく感じているであろう。古代ガリアにおいてやゲルマニアにおいてと同様に、あるいはまた現代のわたしたちの社会における学生たちや兵隊たちや農民たちの宴会においてと同様に、人々は大量の食べ物を平らげることをみずからに課す。いかにも珍妙な仕方で、自分を招いてくれた相手の「顔を立てる」ことをみずからに課すのである。自分が挑戦の当事者でなく、その相続人にすぎなくとも、この受け取るという義務は果たすものである。[196] 与えずにいることも受け取らずにいることも、[197] ともに体面を穢すことなのだ。そしてまた、お返しをせずにいることも同じである。[198]

(190) ハイダの言い回し。「同じことをせよ。わたしにもよい食べ物をくれ」(神話中で。*Haida Texts*, Jesup, VI, p. 685, 686)。クワキウトルについて、ポレラサ(PoLelasa)の物語がある(Ethn. Kwa., p. 767, l. 39; p. 738, l. 32; p. 770)。

(191) 満足していないことを示す歌唱があって、それらには不満足という事態がきわめてはっきりと表明されている。トリンギットについて、*Tlingit M. T.*, p. 396, n° 26, n° 29 を見ること。

(192) ツィムシアンの首長たちは、あらかじめ使者を派遣し、ポトラッチにやってくる招待客たちがどんな贈り物を自分たちにもってくるのかを調べさせることにしている(Tsim. Myth., p. 184, cf. p. 430, 434)。西暦八〇三年に発布されたある法令によると、シャルルマーニュ(カール大帝。八世紀後半から九世紀初頭にかけ、フランク王としてゲルマン民族を統一)の宮廷にもこれと同様の検査役の官吏がいた。デムニエ(Démeunier)が論及していたこの事実は、モニエ(Maunier)氏に教示していただいた。

(193) 本章前出の注(160)を見ること。また、ラテン語表現「アエレ・オバエラトゥス(*aere obaeratus*)」、すなわち「借金を負った」とも比較参照せよ。

(194) トリンギットにおけるカラス神話では、カラスがある祭宴に出席しなかった事情が語られている。他の者たち(対立する胞族の者たち。ここでのスワントン氏の訳は不十分であり、カラスに対立する胞族と訳すべきではなかったかと思われる)があまりに騒いでおり、ダンス小屋のなかで二つの胞族を仕切るための中心線を越えてまで盛り上がっていたために、カラスは祭宴に出なかった。相手を打ち負かすことはできまいと、カラスは怯んだのだ(*Tl. M. T.*, p. 118)。

(195) 受け取ったという事実により劣位が招来されることは、クワキウトルのさまざまな口上でよく話題となっている(Sec. Soc., p. 355, 667, l. 17, etc. Cf. p. 669, l. 9)。

(196) トリンギットの例(Swanton, Tlingit, p. 440, 441)。

(197) トリンギットでは、ある儀礼的所作をとることで、客人はより多くの支払いを自分に与えるよう相手を仕向けることができる。それがまた、主人としては客人に贈り物を受け取るよう強要することに通じている。招待客が贈られた物に満足できない場合、その客は出てゆくそぶりをみせる。すると、与え手は死んだ親族の名前を唱えながら、物を二倍にして客に贈る、というのがそれである(Swanton, Tlingit Indians, p. 442)。おそらくこの儀礼的所作は、二人の関係当事者がそれぞれにその祖先たちの霊を代表する資格をもっていることとかかわるものであろう。

(198) Ethn. Kwa., p. 1281 の口上に次のようにあるのを見ること。「諸部族の首長たちが一度もお返しを寄越してこない。彼らはみずから体面を穢すことになる。体面を維持できなくなった者どものなかから、お前こそが大首長として世に出るのだ」。

お返しをする義務は(199)、ポトラッチそのものである。ただし、ポトラッチが純然たる富の破壊としてなされた場合は別である。このような破壊はしばしば供犠としての性格をもっており、霊を受け手としているのであって、その都度無条件にお返しがなされなければならないというものではないようである。とくに、クランの高位の首長が破壊をおこなうときや、あるいは、クラン自体が高位であると認知されているようなクランの首長が破壊をおこなうときは、そうである(200)。けれども、これをのぞく通常の場合では、ポトラッチに対してはつねに与えられた以上の物でお返しをしなくてはならないのであるし、それどころか、いかなる贈り物であれ、およそ贈り物に対しては、もらった以上の物でお返しをしなくてはならないのである。お返しにどれくらいの利率がつくかと言えば、一般的には一年で三〇パーセントから一〇〇パーセントである。臣民が首長に何らかのサービスを提供し、それに対して首長から毛布を一枚もらったとすると、その場合でさえこの臣民は、首長の家族の結婚に際してとか、首長の息子の首長就任に際してとか等々に、毛布を二枚にしてお返しする。首長はと言えば、自分がなしたことへのお返しとして対抗する諸クランがおこなう先々のポトラッチがあるわけであり、そこにおいて財を獲得することになるわけであるが、もちろんのことながらそうして獲得した財を、今度はこの臣民に再分配するのである。

(199)　大首長レゲク（Legek）（これはツィムシアンの君主の称号である）（本章の注(157)参照）がおこなうポトラッチの際の演説（歴史説話）を見ること（Tsim. Myth., p. 386）。ハイダに対して次のように言っている。「あなたたちは、首長たちのなかでも最低の者たちです。それというのも、海中に銅製品を投げ捨てることが、あなたたちにはおできになりませんから。かつて大首長たるものはそうしたというのに」。

(200)　理想的には、ポトラッチをおこない、かつそれに対してお返しがなされえないような場合が、最良とされている。次の口上のことばを見よ。「お前は、お返しがなされえないような物を与えたいと願っている」（Ethn. Kwa., p. 1282, l. 63）。ポトラッチをおこなった人は、樹木や山に比較される(前出一六〇頁を参照のこと)(ただし内容的に対応しない)。「わたしは偉大な首長であり、巨大な樹木である。お前たちはわたしの下にある。わたしを取り巻く生け垣である。わたしはお前たちに財物をやるのだ」(*ibid.*, p. 1290, 詩節一)。「ポトラッチの柱を立ててください。ポトラッチの柱こそ、いかなる攻撃も受けつけぬ柱。ただ一本の厚い木、ただ一本の厚い根」(*ibid.*, 詩節二)。ハイダは同じことがらを槍の比喩を用いて表現する。受け取った人々は、「彼の(すなわち首長の)槍によって生きる人々」だと言うのである。*Haida Texts* (Masset), p. 486. そもそもこれは神話の一類型である。

ふさわしい仕方でお返しをするということ、これは絶対的な義務である[201]。お返しをしなければ、あるいは、お返しに見合う価値を備えた物を破壊しなければ、その人は永遠に「面《つら》」を失うことになるのだ[202]。

お返しする義務を果たさなかった場合の制裁は、債務奴隷にするということである。この制裁は、少なくともクワキウトル、ハイダ、ツィムシアンの人々でおこなわれている。これは、その性質上も機能上も、ローマのネクスム(*nexum*)(拘束行為。債権の担保方法で、債務不履行の場合、借主は貸主に身体を拘束され、隷属状態になる。次章参照)に、まったくもって匹敵する制度である。借りを返すことができなかった人、ポトラッチにお返しをすることができなかった人は、みずからの位階を失うだけでなく、自由人としての地位さえも失うのだ。クワキウトルでは、信用のない人が借財をすると、「奴隷を売却する」と言われる。この表現がローマの表現と同じであることは、ここに改めて指摘するまでもない(203)。

ハイダの人々は、自分の娘を年若い首長と幼児婚約させるため、娘の母親が首長の母親に何かをプレゼントするとき、娘の母親が「首長に糸をつける」ということさえある(204)。あたかも、ラテン語の表現をハイダの人々がそれとは別に独自に見つけたかのようである。

(201)　ポトラッチへのお返しの仕方が悪かった場合にどのような侮蔑がなされるのかに関する説話を見ること(Tsim. Myth., p. 314)。ツィムシアンたちは、ウツェナルク(Wutsenaluk)の人々から二つの銅製品の弁済がなされていないことをいつまでも記憶している(*ibid*., p. 364)。

(202)　挑むのに用いられた銅製品と同等の価値をもつ銅製品を自分のほうが壊さずにいるあいだは、自分の「名前」が「壊された」ままとなる(Boas, Sec. Soc., p. 543)。

(203)　このように信用の失墜した人が何かを借り入れて、それで義務として課された分配やら再分配やらをしようとする場合、その者は「みずからの名前を質入れする」。これと同じ意味の表現は、その者が「奴隷を売却する」というものである(Boas, Sec. Soc., p. 341; cf. Ethn. Kwa., p. 1451, 1424, 語彙項目 *kelgelgend*, cf. p. 1420)。

(204)　将来妻となるべき女性はまだ生まれていなくてもよい。この契約関係により、すでに青年は抵当に入れられてしまったわけである(Swanton, *Haida*, p. 50)。

しかしながら、トロブリアンド諸島の「クラ」が贈り物の交換のもっとも際立った一事例にすぎないのと同様に、ポトラッチもまたアメリカ北西海岸部の諸社会においては、贈り物のシステムが生みだした一種の桁外れの産物にすぎないのである。少なくとも胞族組織を有しているところ、ハイダやトリンギットのところでは、かつての全体的給付の貴重な痕跡がたくさん残されている。これらと類縁関係にある諸部族の一大集合であるアタパスカ語系の人々に、そもそもこの全体的給付は非常に特徴的である。あらゆる機会に、「サービス」がなされるたびごとに、贈り物を交換し合う。あらゆるものが後日お返しされる。場合によってはその場でお返しがなされて、ただちに再分配されるほどである。(205) ツィムシアンの人々もほとんど同じような規範を守り続けてきた。(206) そしてまたクワキウトルの人々のところでも、同様の規範がポトラッチ以外の場で機能していることが多々ある。(207) この点は明白なので、くどくど述べることはしないが、従来の論者たちがポトラッチを記述してきた仕方も同様であるため、ポトラッチが一つの独立した制度を構成しているのかどうかを問題とすることができるほどである。(208) チヌークの人々(もっとも知られておらず、もっとも研究の必要性のある部族の一つであるが）にあっては、ポトラッチということばが贈与を意味しているということを、ここで思い出しておきたい(209)。

(205)　本章前出の注(132)を見ること（内容が対応しない。注(131)か）。なかでも、ハイダ、ツィムシアン、トリンギットにおける和平の儀礼では、給付と反対給付とが即時にその場でなされる。結局のところ、それは担保（紋章入りの銅製品）を交換し合い、奴隷や女性といった人質を交換し合うことなのだ。たとえば、ツィムシアンがハイダとおこなう戦争においては、「彼らは再び不和となることを恐れたので、双方ともに相手側の女性と結婚し合った。こうして和平がなったのである」（*Haida T. M.*, p. 395）。ハイダがトリンギットとおこなう戦争における償いのポトラッチを見ること（*ibid.*, p. 396）。

(206)　本章前出の注(169)を見ること。とりわけまた、Boas, Tsim. Myth., p. 511, 512 を見ること。

(207)　クワキウトルにおいて、双方向に相次いで財の分配がなされること（Boas, Sec. Soc., p. 418）。儀礼で犯した瑕疵《かし》に補償を支払ったことに対して、翌年、弁済がおこなわれること（*ibid.*, p. 596）。花嫁代償に対し、それを上回る価値の物で弁済すること（*ibid.*, p. 365, 366; p. 518–520, 563; p. 423, l. 1）。

(208)　ポトラッチということばについては、序論の注(13)を見ること。ポトラッチという語彙が用いられる前提には何らかの観念と語法とが存在するけれども、そうした観念も語法も北西部の諸言語においてはそもそも明確ではなく、そうした明確さはチヌーク語をもとにした英語と現地語との混成語によってもたらされたようである（「ポトラッチ potlatch」の語源は、ヌートカ語の「与える」という動詞、または「贈り物」という名詞であるとされるが、「ポトラッチ」という語が使用されるようになったのは、チヌーク語やヌートカ語の単語を母体とし、そこに英語やフランス語の要素が加わって成立したチヌーク・ジャーゴンを介してであり、それ以前に「ポトラッチ」という名の儀礼は存在しなかったという）。

いずれにしても、ツィムシアン語では、ヤオク（*yaok*）と呼ばれる部族間の大ポトラッチと（Boas.[Tate]. Tsim. Myth., p. 537, cf. p. 511, cf. p. 968. ここではポトラッチとだけ訳されているが、それは不適切である）、それ以外のポトラッチとが弁別されている。ハイダの人々は、「ワルガル（*walgal*）」と「シトカ（*sitka*）」とを区別しており（Swanton, *Haida*, p. 35, 178, 179, p. 68. マセット方言のテクスト）、前者が葬送のポトラッチ、後者がそれ以外の理由によっておこなわれるポトラッチに、それぞれ当たっている。

クワキウトル語とチヌーク語に共通する「ポラ（*poLa*）」（満腹させる）という単語があるが（*Kwa. T.* III, p. 211, l. 13. ポル *PoL* が満腹したという意味であることは、*ibid.*, III, p. 25, l. 7）、クワキウトル語では、これはポトラッチを指すのではなく、饗宴もしくは饗宴がもたらすものを指すようだ。「ポラス（*poLas*）」という語は饗宴の主催者を指しており（*Kwa. T.*, 2ᵉ série, Jesup, t. X, p. 79, l. 14, p. 43, l. 2）、同時に人が満腹した場所のことを指す（ザワダエノクス Dzawadaenoxu の首長の一人の称号にまつわる伝説）。Ethn. Kwa., p. 770, l. 30 も参照のこと。クワキウトル語でもっとも一般的な名称は「ペス（*pEs*）」であり（本章の注（142）と対応する本文参照）、これは、競合相手の名前を「ぺしゃんこにする」（Ethn. Kwa. の索引中のこの項目）、もしくは、カゴを空にしながら「ぺしゃんこにする」(*Kwa. T.* III, p. 93, l. 1, p. 451, l. 4)という意味である。部族全体の大ポトラッチ、ならびに部族間の大ポトラッチは、マクスワ(*maxwa*)（本章の注(158)参照）という独自の名称をもっているようだ(*Kwa. T.* III, p. 451, l. 15)。ボアズ氏によると、この語の語根であるマ(*ma*)からさらに二つの語が派生しているということであるが、この説はかなり疑わしい。その一つはマウィル(*mawil*)で、イニシエーションの部屋を指しており、もう一つはシャチを指す名詞である(Ethn. Kwa. の索引中のこの項目)。――じつを言えば、クワキウトルの人々にあってはそれぞれに意味の特化した語彙が大量に存在しており、それらの語彙がありとあらゆる種類のポトラッチを指し分けているのみならず、さまざまな種類の支払いと支払い返しをも、あるいはむしろ、さまざまな種類の贈与と反対贈与をも、個々別々に指しているのである。結婚のときのとか、シャーマンへのお手当とか、手付とか、遅延のための利子とか、つまりは、あらゆる種類の分配と再分配に対して、それぞれ語彙が当てられているのだ。たとえば、「取り上げる(*pick up*)」を原義とする「メン(メナ)(*men*(*a*))」(Ethn. Kwa., p. 218)は、「少女の衣服が人々に投げられ、人々がそれを取り集める小ポトラッチ」の謂いである。「銅製品を与える」ということを意味する「パヨル(*payol*)」という語があるかと思えば、カヌーを与えるという意味の別の一語が存在するといった具合である(Ethn. Kwa., p. 1448)。古代的な語法がすべからくそうであるように、こうした語彙はおびただしい数にのぼっており、変化しやすく、具象的であって、お互いに意味が重なり合っている。

(209) この意味と関連文献に関しては、Barbeau, Le potlatch, *Bull. Soc. Géogr. Québec*, 1911, vol. III, p. 278, n. 3を見ること。

物の力

さらに分析を推し進めれば、次のことを明らかにすることができる。ポトラッチで交換される物にはある力能が宿っていて、それが仕向けるがために、贈り物が人の手を経巡り、人が贈り物を与え、贈り物にお返しをするということである。

第一に、少なくともクワキウトルとツィムシアンの人々においては、さまざまな種類の所有財が区別されている。この区別は、ローマ人やトロブリアンド諸島民やサモア人における区別と同じである。彼らのところでは、まず一方にたんに消費され、日常的にただ分配される物品がある[210](わたしには、これについて交換がなされている気配を認めることはできなかった)。そして他方に、家族が有する貴重財がある。[211] 護符や紋章入りの銅製品、皮毛布や紋章入りの布などである。この後者のタイプの物品は、儀式的手続きに則って引渡がなされる。それは、結婚において女性が引渡され、さまざまな「特権」が娘婿に引渡され、[212] 名前や位階が子どもたちや娘婿たちに引渡されるのと同じような儀式性によってである。このように引渡される物品の場合、それが譲渡されると言うことすら正確ではない。それらは売却されるわけでもなければ、本当の意味で譲渡されるわけでもなく、むしろ貸借されるのである。クワキウトルのもとでは、こうした財物のあるものは、たとえポトラッチの場に引き出されたとしても、譲渡されてはならないのだ。じつのところ、これらの「所有財」は聖物（*sacra*）であって、万が一家族がそれを手放すことがあるにしても、それは相当の痛みをともなってのことであるし、場合によっては家族がそれを手放すことは決してないのである。

(210)　おそらくそれは、売却されるものでもある。

(211)　ツィムシアン語では、財産と食糧とがきわめて明確に区別されている。ボアズ氏は、おそらく情報提供者のテイトにしたがってであろうが、次のように述べている（Tsim. Myth., p. 435）。

「豊富な食糧（*rich food*）」と呼ばれるものを所持しているということ（本書の p. 406 を参照）（これはボアズ原典の注記）は、家族の尊厳を維持する上では不可欠のことであるけれども、食糧それ自体が富であるとは見なされていなかった。富が得られるのは、食糧を売って（本当は贈与交換によって、と言いたいところだ）（このカッコ書きはモースによる挿入）、他の種類の財を手に入れることによってなのである。それらの財は、貯められたのち、ポトラッチで分配されるのだ（最後の一文について、ボアズ原典のモース仏訳では語彙の取り違えがあるため、ボアズ原典に即して訳出する）。（本章前出の注(111)のメラネシアと比較対照すること。）

クワキウトルも同様にたんなる食糧と富＝財産とを区別している。富という語と財産という語とは同義であって、それには二つの言い方があるようである(Ethn. Kwa., p. 1454)。一つ目はヤク(*yàq*)またはヤク(*yäq*)である(ボアズ氏の原語表記には揺れがある)。同書の索引、p. 1393にあるこの語項目を参照すること(また、「分配する」を意味するヤク *yàqu* とも比較すること)。この語から、「イェカラ(*yeqala*)」(財産)と、「ヤクスル(*yäxulu*)」(護符財や妻の個人財)という二つの派生語が生まれており、これに関してはヤ(*yä*)から派生する諸語彙も参照されたい(*ibid*., p. 1406)。二つ目のことばは「ダデカス(*dadekas*)」である(*Kwa. T.* III の索引、p. 519を参照すること。また *ibid*., p. 473, l. 31 も参照せよ)。ネウェティー(Newettee)(ヴァンクーヴァー島北西部の入江)の方言では、ダオマ(*daoma*)とかデデマラ(*dedemala*)とかと言う(Ethn. Kwa. の索引における語項目を見ること)。この語の語根はダー(*dâ*)である。この語根は、インド＝ヨーロッパ語の語幹「ダー(*dā*)」と同じかたちであるけれども、興味深いことにその意味もこの語幹の意味と類似しており、受け取る、取る、手でもつ、取りあつかう、等々の意なのである。それにこの語根の派生語も示唆に富んでいる。派生語の一つは、「敵の衣服の切れ端を取って、それに呪いをかける」という意味であり、もう一つの派生語は「手のなかに置く」、「家のなかに置く」という意味である(マヌス *manus*(ラテン語で「手」)とファミリア *familia*(ラテン語で「家族」)の意味と比較対照すること。これについては後述する)(これは、銅製品を買うときに手付として与えられる毛布について言われるもので、これに対しては利子つきでお返しがなされる)。さらにもう一つの派生語は、「競合相手の荷の上にたくさんの毛布を置くこと」、そうすることで「それらを受け取ること」を意味している。同じ語根から派生したさらに別の語の「ダデカ(*dadeka*)」は、なおいっそう興味深い。「お互いに嫉妬し合う」という意味なのだ(*Kwa. T.*, p. 133, l. 22)。もちろん、もともとの意味は「誰かが取ることによって他の人々を嫉妬させるもの」であったに違いない。「闘う」という意味の「ダデゴ(*dadego*)」とも比較すること。おそらくこれも、財産で闘うという意味であろう。

同じ意味をもっているが、もっと意味が特定化されている語彙も、このほかに存在している。たとえば、マメカス(*mamekas*)は「家のなかの財産」を意味する(*Kwa. T.* III, p. 169, l. 20)。

(212) Boas et Hunt, Ethn. Kwa., p. 706以下に引渡の演説が多数あるので、それを見ること。

精神的にも物質的にも貴重なもの(有用なもの、とは、わざと言わないでおく)は、ほとんど必ずこの種の信仰の対象となっている。まず、実際のところ、精神的価値をもつのは財であり、所有財であって、これらは贈与と交換の対象となる。たとえば、オーストラリア諸文明のように未開である度合いがもっと高い諸文明にあっては、コロボリー(corroboree)(オーストラリア先住民がおこなう舞踊を中心とした儀礼集会)をある部族に伝えると、自分たちが教えたそのコロボリーの上演の仕方をその部族に残してくることになる。それと同様にトリンギットにおいては、ポトラッチの終了後、そのポトラッチを主催した人々に、お返しに踊りを「残す」(Swanton, Tlingit Indians, p. 442)。また、トリンギットにおいてもっとも重要であり、もっとも不可侵で、人々の嫉妬心を掻き立てる所有財は、名前とトーテム紋章である(*ibid.*, p. 416ほか)。それを所有することで人は幸福になり、富裕になるのだ。

トーテム紋章、祭宴とポトラッチ、ポトラッチで勝ち得られる名前、ポトラッチが与えられたときに贈られ、後日お返しがされなくてはならないプレゼント、これらはすべて、ひとつながりとなっている。たとえば、クワキウトルではある演説にこう言われている。「今や、わたしの祭宴は彼のもとへゆく」(「彼」とは娘婿のこと。Sec. Soc., p. 356)。このようにして与えられ、返されるのは、秘密結社の「席次」であり、また秘密結社の「霊」である(所有財の位階と位階の所有権に関する演説も参照すること)。Ethn. Kwa., p. 472. また、*ibid.*, p. 708の別の演説も参照せよ。「これがあなたたちの冬の歌。あなたたちの冬の踊り。みんなそれから財産を引き出す。冬の毛布から財産を引き出す。これがあなたたちの冬の歌。これがあなたたちの冬の踊り」。クワキウトル語では、貴族の家の護符と、その家の諸特権とがただの一語で示される。「ケソ(*kleso*)」という語がそれで、紋章、特権の意である(たとえば、*Kwa. T.* III, p. 122, l. 32)。

ツィムシアンでは、踊りや行列で用いられる紋章入りの仮面や帽子は、ポトラッチで与えられる物の量に応じて(首長の母方オバが「部族の女たち」に対してなす贈り物に応じて)(ツィムシアンは母系出自の社会)、「これこれの量の財」と呼ばれる(Boas, Tsim. Myth., p. 541におけるテイトのことば)。

これとは逆に、たとえばクワキウトルにおいては、ものごとは倫理的な観点から思念されている。なかでも、主要な護符である「死を与えるもの」(ハラユ *halayu*)と「命の水」という二つの貴重財(これらはそれぞれ一個の石英結晶であることが明らか)がそうであり、また、先に言及した毛布その他もそうである。クワキウトルの興味深い言い方では、これらの所有財《パラフェルノ》(仏語原文の paraphernaux は「婚資外財産」、つまり衣服や宝飾品などのように、結婚とともに妻が夫方に持ち込むが、妻方家族から夫方家族へと移転される婚資には含まれない財産の意。モースの立論では、婚姻によって物品としては配偶者方に移動しても、終局的な所有権は移転しない財のこと)は、すべて祖父と同一視されている。これらは娘婿に貸与されているにすぎず、それも孫息子に返却されるためである以上、これも当然である(Boas, Sec. Soc., p. 507)。

調査をさらに深めてみれば、ハイダにおいても、物に関して同様の区別のあることが分かる。ハイダの人々は、財や富という観念に、古代人のように神格を与えてさえいる。神話や宗教の彫琢に努力を傾注するというのはアメリカではかなり珍しいことなのだが、そのような彫琢によって、ハイダの人々は抽象概念を実体化する域にまで達したのである。それが「財の婦人」(英語ではプロパティ・ウーマン *Property Woman* と書かれている)である。これについてはさまざまな神話や記述が残されている[213]。ハイダの人々において、この「婦人」は母にほかならず、支配的な胞族であるワシ胞族の始祖となった女神にほかならない。けれどもその一方で、奇妙なことに、そしてまた非常に遠い昔のアジア世界・古代世界の記憶を喚起することでもあるのだが、この「婦人」は「クイーン[214]」、すなわち、すべてを取ってしまうことのできる棒ゲームの主要な駒のことでもあるようである。「婦人」は、部分的にはこの駒の名前を戴いているのである。この女神はトリンギットのところでも見ることができる。(215) また、ツィムシアン(216)とクワキウトル(217)においては、それを崇拝する慣行は見られないが、それについて語った神話なら見ることができる。

(213) ギラコンス(Djilaqons)の神話が、Swanton, *Haida*, p. 92, 95, 171 に見られる。この神話のマセットのヴァリアントは、*Haida T.* Jesup. VI, p. 94, 98 に、スキデガテのものは *Haida T. M.* p. 458 に、それぞれ採集されている。この女性の名前は、ワシ胞族に属するハイダの家族名称のいくつかにも登場する。Swanton, *Haida*, p. 282, 283, 292, 293 を見ること。マセットにおいては、富の女神の名前はむしろスキル(Skil)である(*Haida T.*, Jesup. VI, p. 665, l. 28, p. 306. また、p. 805 の語彙項目も見ること)。スキル(Skil)もしくはスキール(Skirl)という鳥についても参照せよ(Swanton, *Haida*, p. 120)。スキルタゴス(Skiltagos)というのは財としての銅という意味であり、「銅製品」を見つける方法に関する説話がこの名前と関連している(p. 146 ならびに fig. 4 参照)。彫刻を施された柱には、ギルカダ(Djilqada)と、彼女の銅製品、柱および紋章をかたどったものが一つある(Swanton, *Haida*, p. 125; pl. 3, fig. 3 も見よ)。ニューコム(Newcombe)による記述も見ること(*ibid.*, p. 46. また同所の図も見よ)。彼女の呪物《フェティッシュ》には、盗んだ物が一杯詰まっているに違いないし、呪物《フェティッシュ》それ自体も盗んだ物であるに違いない。

彼女の正確な名称は「音を立てる財」である（*ibid.*, p. 92）。また、彼女にはほかに四つの名前がある（*ibid.*, p. 95）。彼女には息子が一人あって、その名は「石のあばら骨」である（実際には、銅のあばら骨のこと。*ibid.*, p. 110, 112）。彼女に出会う者、または彼女の息子や娘に出会う者は、賭け事で幸運に恵まれる。彼女は魔法の草をもっており、それを食す者は富裕になる。彼女の毛布の切れ端に触る者、彼女が規則正しく並べた貝を見つける者も、同じように富裕になる、等々（*ibid.*, p. 29, 109）。

彼女の名前の一つに「財は家にとどまる」という名前がある。多くの人々が、スキルという語と組み合わされた名称を戴いており、たとえば、「スキルを待つ者」とか「スキルへの道」とかといった具合である。ハイダの系譜図のE. 13およびE. 14を見ること。また、カラス胞族について、R. 14, R. 15, R. 16を見ること。

彼女は「悪臭女」と対立関係にあるようだ（*Haida T. M.*, p. 299）。

（214）　ハイダのヂル（*djîl*）ならびにトリンギットのナク（*näq*）について、本章前出の注（138）を見ること。

（215）　トリンギットの人々において、この神話は完全なかたちで見つかっている（*Tl. M. T.*, p. 173, 292, 368）。Swanton, Tlingit, p. 460も参照のこと。シトカ（Sitka）では、スキルの名前はおそらくレナクシデク（Lenaxxidek）で、これは子どもを一人もった女性である。この子が乳を吸う音が聞こえてくる。そこでこの子を探して回る。そのとき、この子に引っかかれて傷痕が残ると、傷のカサブタのかけらによって他の人々が幸福になる。

(216) ツィムシアンの神話は不完全である(Tsim. Myth., p. 154, 197)。ボアズ氏の注釈(*ibid.*, p. 746, 760)を参照すること。ボアズ氏はこれが「財をもたらす婦人」であるとは述べていないけれど、そうであることは明らかである。ツィムシアンの女神は「富の衣(garment of wealth)」を身にまとっているのだから。

(217) コミノカ(Qominoqa)の神話、すなわち「富める者」(富める女)の神話が、同一起源であるというのはありうることである。この女性は、クワキウトルのいくつかのクランでのみおこなわれる信仰の対象らしい(たとえば、Ethn. Kwa., p. 862)。コエクソテノク(Qoexsotenoq)の人々のある英雄は「石のからだ」という名称を戴いており、「からだの上の財産」となっている(*Kwa. T.* III, p. 187; cf. p. 247)。

これらの貴重財は、全体として呪力を備えた承継財《ドゥエール》(仏文原語の douaire は「寡婦資産」、つまり亡夫の財産に対する寡婦の権利の意。モースの立論では、婚姻関係を基盤として用益権は配偶者方に移転しても、終局的な所有権は移転しない財のこと)を構成する。この財は、その贈与者とも受領者とも一体的なことがしばしばであり、当該クランにこれらの護符を与えた霊や、霊がこれらを与えたクランを始祖として築いた英雄とも一体的である。[218] いずれにせよ、これらの全部族において、これらの財は全体としてつねに霊的な起源をもつのであり、かつそれ自体が霊的な性質をもつのである。[219] その上、これらは一つの箱に収蔵されている。というか、紋章つきの大箱に収蔵されていて、[220] この大箱はそれ自体が力能ある霊的個体としての性質を付与されているのである。[221] この箱は、人に語りかけたり、その所有者と感情的に結びついたり、所有者の魂をそのなかに収めたり、等々するのだから。[222]

(218)　たとえば、シャチ・クランの神話を見られたい（Boas, *Handbook of American Languages*, I. p. 554–559）。クランの始祖となった英雄は、みずからがシャチ・クランの成員である。この英雄は、ある霊と出会い、次のように言う。「わたしはあなたから、ログワ（*logwa*）（これは護符のこと。cf. p. 554. l. 49）を一つ、頂戴したいのです」。この霊は人間の姿形をしているが、じつはシャチである（p. 557. l. 122）。霊はこの者が自分のクランの一員であると分かったので、彼に銅製の切っ先がついたクジラを殺すための銛を与えた（銛がクジラ殺し用であることがp. 557 のテクストでは忘れられている）。シャチというのは「クジラ殺し（killer-whales）」なのだ（英語の killer whale は「シャチ、サカマタ」のこと）。霊はまた、彼に自分の名前（ポトラッチ名）を与えたので、彼は「満腹した場所」、「満腹感を得る者」と名乗ることになる。彼の家は「シャチの家」となるし、「家の前面にはシャチが描かれる」ことになる。「家にあるお前の皿はシャチになるだろう（シャチのかたちになるだろう）。同じように、ハラユ（*halayu*）（死を与えるもの）、「命の水」（この二つについては本章の注(212)に出ている）、お前が切り分け用に使う石英歯のナイフ、これらも（シャチになるだろう）」（p. 559）。

(219)　クジラが入った魔法の箱が一つあって、この箱は「岸辺にやってくる富」という名称をいただいていた。この名前はある英雄の名前ともなった(Boas, *Sec. Soc.*, p. 374)。「わたしのところに流れてくる財」(*ibid.*, p. 247, 414)を参照のこと。財が「音を立てる」ことについては、上述したところを見られたい(本章の注(213))。マセットの主要な首長の一人は、「その財が音を立てる者」という名称をもっている(*Haida Texts*, Jesup, IV, p. 684)。財は生き物である(クワキウトル)。マアムタギラ(Maamtagila)の人々は次のように歌う。「わたしたちの財が、彼の努力によって生を保たんことを。わたしたちの銅製品が破壊されずにあらんことを」(Ethn. Kwa., p. 1285, l. 1)(この箇所は本章の注(140)でも言及されている)。

(220) 家族の所有財《パラフェルノ》、つまり男性と、その娘もしくは娘婿とのあいだを経巡り、新たに息子がイニシエーションを施されるときや結婚するときに息子へと戻ってくる財は、普通は箱やケースに収められており、それには装飾と紋章がついている。この箱を組み立てて作り上げ、使用することは、アメリカ北西部のこの文明(カリフォルニアのユロック Yurok の人々(カリフォルニア先住民の最北部に位置し、文化的にはアラスカ、カナダ、オレゴンに続く北西海岸文化に属す)からベーリング海峡にいたるまでの文明)にきわめて特徴的なことがらである。一般的に言って、この箱にはトーテムもしくは霊の顔と目がついており、そのトーテムなり霊なりを象徴する諸物が箱に収められるわけである。それは、模様のついた毛布、「生の」護符ならびに「死の」護符、仮面、仮面帽子、帽子と冠、弓である。しばしば神話のなかでは、霊がこの箱や、箱のなかの収蔵物と同一視されている。たとえば、*Tlingit M. T.*, p. 173 では、ゴナカデト(*gonaqadet*)(海からサケ、オヒョウ、クジラなどを村にもたらす怪獣。そもそもは首長の娘婿の仮装)が箱、銅製品、帽子ならびに鈴のガラガラと同一視されている。

（221）もともとは、この箱を譲渡し、この箱を贈与することによって、受領者が「超自然的な」人となり、イニシエーションを施される者となり、シャーマンとなり、呪術師となり、貴族となり、ある儀礼結社での踊りと席次の保有者となるのであった。これは、新規のイニシエーションや結婚においてそうであったのと同じである。クワキウトルの系譜語りにおける演説を見ること（Ethn. Kwa., p. 965, 966; cf. p. 1012）。

（222）魔法の箱はいつも神秘に包まれており、家屋の奥深くに秘蔵されている。箱のなかにさらに箱が入っていて、多数の箱が入れ子状に重なり合っていることもある（ハイダ）。マセットの場合（*Haida Texts*, Jesup. VI, p. 395）。箱のなかには霊たちもおり、たとえば「ネズミ女」（ハイダ）がそうである（*H. T. M.*, p. 340）。さらに別の例として、箱のなかにいるカラスが、箱の持ち主が不実である場合にその目を潰すという話もある。このテーマにかかわる諸事例のリストは、Boas, Tsim. Myth., p. 854, 851 を見ること。浮遊する箱のなかに太陽が閉じ込められているというのは、もっとも広範に分布した神話の一つである（Boas, Tsim. Myth., p. 641, 549 のリスト）。こうした神話は旧世界にも広がっていたことが分かっている。

　さまざまな英雄譚にもっとも広く共通して見られる話の一つは、とてもちっぽけな箱にまつわる話である。この小箱はくだんの英雄には軽いけれども、他の人々にとっては重すぎて持ち上げられない。箱のなかにはクジラがいるとか（Boas, Sec. Soc., p. 374; *Kwa. T.*, 2e série, Jesup. X, p. 171）、箱からは食糧が無尽蔵に出てくるとか（*ibid.*, p. 223）。箱は生きていて、みずからの力で中空を浮遊する（Sec. Soc., p. 374）。カトリアン（Katlian）（シトカ地方の首長の一人）

の箱は富をもたらす(Swanton, Tlingit Indians, p. 448; cf. p. 446)。さまざまな花にしろ、「お日さまの堆肥」にしろ、「薪の卵」にしろ、「富ますもの」にしろ、言いかえると箱に収蔵された護符は、それ自体が富であるけれども、他方で養ってやらなくてはならないものでもある。

こうした箱の一つには、「あまりにも強力であるため占有することのできない」霊が収められている。この霊の仮面も、それを付けた者を殺してしまう(*Tlingit M. T.*, p. 341)。

こうしたさまざまな箱についたさまざまな名前は、これらの箱がポトラッチで用いられる仕方を暗示していることがしばしばである。ハイダにおいて油脂を入れる大箱は(マセットにて)母と呼ばれる(*Haida Texts*, Jesup, VI, p. 758)。「赤い底の箱」(太陽)が、「諸部族の海」へと「水を撒く」(水とは首長が分配する毛布のこと)(Boas, Sec. Soc., p. 551 および n. 1, p. 564)。

魔法の箱にかかわる神話の存在は、太平洋の北アジア沿岸地域の諸社会においても同様に特徴的なことがらである。同じような神話の見事な一例を、Pilsudski, *Material for the Study of the Aïnu Languages*, Cracovie, 1913, p. 124, 125 に見ることができる。この神話では、箱はクマによって与えられ、英雄はいくつものタブーを遵守しなくてはならない。箱には金や銀の製品がいっぱい入っており、また富をもたらす護符もいっぱい入っている。箱の用法はそもそも北太平洋沿岸の全地域で同一である。

このような貴重財の一つひとつ、富をあらわすこれらの表徴の一つひとつは、トロブリアンド諸島においてと同じように、それぞれの個別性、名前(223)、特質、力(224)を有している。アワビ(*abalone*)の大貝(225)。その貝で覆われた楯や、それで飾られたベルトや毛布。貝飾りのないただの毛布でも、毛布自体に紋章が入り、顔や目や、動物や人間の形象が織り込まれたり、そうした刺繡が施されたりしているもの(226)。家屋にしても梁にしても、装飾を施された内壁にしても(227)、それらは生き物《エートル》なのだ。何もかもが語りかける。屋根でも、火でも、彫像でも、絵でも。というのも呪力をもった家屋は、もちろん首長やその配下の民や、対をなしている相手の胞族の人々やらによって建造されるのであるけれども、それだけでなく、神々や祖先たちによっても建てられるからである(228)。霊たちと同時に、イニシエーションを施された若者たちを内に招じ入れ、かつまた外へと追いやるのも、この家屋なのである。

(223)「家族の諸物には個々別々に名前がつけられている」（ハイダ）(Swanton, *Haida*, p. 117)。個別名をもっているのは、家屋、扉、皿、彫刻入りの匙、カヌー、サケ漁の罠、である。「所有財の途切れることない連鎖」という表現を参照せよ(Swanton, *Haida*, p. 15)。――クワキウトルの人々がクランごとでどのようなものに個別名をつけているのかについてはリストがある。これらの個別名に加えて、貴族や男性や女性にはさまざまな称号が付与されているし、それにはまた、踊りやらポトラッチやらといったさまざまな特権がともなっていて、これらも同様に所有財をなしているのだ。家財道具とわたしたちが呼ぶことができそうなもののうちで、個別名をつけられており、したがってそのかぎりにおいて人格化されてもいるのは、皿、家屋、犬、カヌーである(Ethn. Kwa., p. 793 以下)。このリストにおいて、ハントは銅製品の名前、アワビの大貝の名前、扉の名前を挙げ忘れている。——いくつもの匙に一本の紐をとおしてまとめ、その紐がカヌーの形状をしたものにつながっている場合、この匙は「匙の錨づな」という名称を戴いている(結婚時の負債を弁済する儀礼において。Boas, Sec. Soc., p. 422 を見ること)。ツィムシアンの人々においては、以下が個別名をつけられている。カヌー、銅製品、匙、石壺、石刀、女首長の皿(Boas, Tsim. Myth., p. 506)。奴隷と犬はつねに価値の高い財であり、家族の一員としてあつかわれる存在である。

(224) これらの部族にとっての唯一の家畜は犬である。犬にはクランごとで異なる名前が付与されており(おそらくこれは首長の家族においてのことであろう)、犬を売ることは許されない。「犬はわたしたちと同じように人である」とクワキウトルは言う(Ethn. Kwa., p. 1260)。敵から邪術をかけられたり、攻撃を受けたりしたとき、「犬は家族を守ってくれるのだ」。ある神話によれば、コスキモ(Koskimo)の首長と、その首長の犬であるワネド(Waned)とは、同じ名前のままでお互いに姿を入れ換えていたという(*ibid.*, p. 835)。また、前出一一九頁ならびに第四章の注(4)(セレベス)も見ること。レウィキラク(Lewiqilaqu)の四頭の犬に関する怪奇な神話も参照せよ(*Kwa. T.* III, p. 18, 20)。

(225) «abalone»という語はチヌーク語をもととする混成語の単語で、ハリオティス(*haliotis*)

属の大きな貝を指す（アワビはミミガイ科ハリオティス属の貝類の総称）。装飾や鼻飾り（Boas, *Kwa. Indians*, Jesup. V. I, p. 484）、耳飾り（トリンギットおよびハイダ。Swanton, *Haida*, p. 146を見ること）などに用いられる。この貝はまた、紋章入りの毛布や、帯や帽子に配されることもある。例として（クワキウトル）、Ethn. Kwa., p. 1069を見よ。アウィケノク（Awikenoq）の人々、ならびにラシコアラ（Lasiqoala）の人々（ともにクワキウトル集団中の部族である）にあっては、アワビの貝が楯の周囲に配されている。これが不思議と、ヨーロッパの楯と同じようなかたちの楯なのだが（Boas, *5th Report*, p. 43）。この種の楯は、銅製の楯の古い形態であるか、もしくはそれと同価値のものであると思われる。銅製の楯にしても、これまた不思議と、ヨーロッパ中世的なかたちをしているのである。

アワビの貝は、かつては貨幣としての価値を有していたに違いないと思われる。今日《こんにち》では銅製品が貨幣としての価値を有しているが、それと同種の価値を有していたに違いない。スタトロルク（Çtatlolq）族（南部セイリッシュ）の神話では、ココイス（K'okois）すなわち「銅」と、テアヂャス（Teadjas）すなわち「アワビ貝」という二人の登場人物が結びつけられている。一方の息子と他方の娘が結婚し、そこから生まれた孫がクマの「金属箱」を略取するとともに、クマの仮面とポトラッチとを奪い取るのだ（*Indianische Sagen*, p. 84）。アウィケノク族の神話には、さまざまな銅製品の名称と同じく、さまざまな貝の名称をも「月の娘たち」と関連づけているものがある（*ibid.*, p. 218, 219）。

ハイダでは、これらの貝にはそれぞれ名前がつけられている。少なくとも、大きな価値が付与された貝や、よく知られた貝の場合には名前がついており、このことはメラネシアにおいてとまったく同様である（Swanton, *Haida*, p. 146）。その他のところでは、これらの貝が人や霊を名づけるのに役立っている。たとえば、ツィムシアンのところでの固有名の索引を見ること（Boas, Tsim. Myth., p. 960）。また、クワキウトルでは、アウィケノク、ナコアトク（Naqoatok）、グワセラ（Gwasela）の各部族に関して、クランごとに「アワビ名」というのが当てられている（Ethn. Kwa., p. 1261–1275）。このような慣用は、かつては民族を越えて広がっていたに違いない。——ベラクーラ（Bella Kula）の人々のアワビの箱（多数の貝殻で飾られた箱）とまったく同じものが、アウィケノクの神話においても語られており、同じように描写されている。それに加えて、箱のなかにはアワビの毛布が収蔵されており、どちらの箱の場合も日光の輝きを放つのだ。神話に語られた物語に登場する首長はレゲク（Legek）という名であるが（Boas, *Ind. Sag.*, p. 218 以下）（本章の注（157）、（199）参照）、この名はツィムシアンの大首長の名称でもある。というわけで、物と一緒になって神話も伝播したということが分かる。——マセットにおけるハイダの一神話、ほかでもない「創造主たるカラス」の神話では、カラスが妻に与える太陽がアワビの貝なのだ（Swanton, *Haida Texts*, Jesup. VI, p. 313, 227）。アワビを称号として戴く神話的英雄の諸名については、例として *Kwa. T.* III, p. 50, 220, etc. を見ること。

トリンギットでは、貝殻はサメの歯と関連づけられている（*Tl. M. T.*, p. 129）（前述したメラネシアにおけるマッコウクジラの歯の用法と比較対照せよ）。

これらの部族はみな、以上に加えて、デンタリア(*dentalia*)貝(小貝)でつくられた首飾りに対する信仰を有している。とりわけ、Krause, *Tlinkit Indianer*, p. 186を見られたい。まとめて言うなら、ここにはメラネシアと比較し、そしてもっと広く太平洋と比較したとき、貨幣とまったく同じ形態を備えたものが見られるのであり、それが貨幣と同じ信仰をたずさえつつ、同じ用途を果たしているということである。

なお、こうしたさまざまの貝は、ロシア人によるアラスカ占領時代にロシア人も交易の対象としていた。この交易が、カリフォルニア湾からベーリング海峡へ、およびその逆の方向へと、双方向でなされていたのである(Swanton, *Haida Texts*, Jesup, VI, p. 313)。

(226) 毛布は、箱とまったく同様に装飾を施されている。それればかりでなく、毛布は箱に施された図柄をそのまま引き写していることがしばしばある(Krause, *Tlinkit Indianer*, p. 200 の図版を見ること)。毛布はつねに霊的な何かを備えている。ハイダで、ちりぢりに引き裂かれた毛布片が「霊のベルト」と呼ばれることを参照されたい(Swanton, *Haida*, Jesup Exped., V, I, p. 165, cf. p. 174)。神話に語られた外套のうち、いくつかは「世界の外套」と言われる。リロエト(Lilloët)におけるカルス(Qäls)の神話(Boas, *Ind. Sagen*, p. 19, 20)。ベラクーラにおける「太陽の外套」(*Ind. Sagen*, p. 260)。ヘイルツク(Heiltsuq)における魚の外套(*Ind. Sagen*, p. 248)。この主題に関する諸事例の比較については、Boas, *ibid.*, p. 359, n° 113を見よ。

また、しゃべるゴザについて、*Haida Texts*, Masset, Jesup Expedition, VI, p. 430, 432 を

参照すること。毛布やゴザや、毛布に成形された獣皮に対するこのような信仰は、ポリネシアにおける紋章入りのゴザに対する信仰と比較すべきことがらであるように思われる。

(227) トリンギットにおいては、家のなかの何もかもがしゃべると見なされている。霊は家屋の柱や梁に語りかけ、柱や梁越しに語りかけていると見なされている。柱や梁も話すと考えられており、したがって、トーテム動物と霊と人間と家内の諸物とのあいだには対話が交わされると考えられている。このことはトリンギットの宗教の恒常的な原理である。たとえば、Swanton, Tlingit, p. 458, 459 を見ること。クワキウトルでは、家屋が耳を澄まし、語りかける(Ethn. Kwa., p. 1279, l. 15)。

(228) 家屋はある種の動産であると捉えられている(ゲルマン法でも長いあいだ、家屋は動産とされていたことが知られている)。家屋は別所に運ばれるし、みずから別所に移動する。「呪力のある家屋」(一瞬にして建てられ、とくに祖父によって与えられる家屋)をめぐっては、おびただしい数の神話があるので、それらを見られたい(Boas, Tsim. Myth., p. 852, 853 に、これらの神話の目録がある)。クワキウトルの諸事例も見ること(Boas, Sec. Soc., p. 376. 図版・図表については p. 376, 380 を見よ)。

こうした貴重財の一つひとつはまた[229]、それ自体のうちに物を生みだす力能を宿している[230]。それはたんなる表徴や保証であるだけではない。それは、富の表徴であり、富の保証なのであって、高位と豊饒を生みだす呪術的・宗教的な原理なのである[231]。儀式の場での食事において用いられる皿[232]や匙[233]は、クランのトーテムや位階のトーテムで装飾されたり、それらが彫り込まれたり、それらの紋章が施されたりするが、こうした皿も匙も、魂をもった物である。かつて霊は祖先に、汲めども尽きず物を生みだすさまざまな道具、食糧を生みだす道具を与えた。皿も匙もそれを今に再現しており、それら自体が霊であると考えられている。こうして、物はその創造者である霊たちと一体として捉えられるようになるし、食べるための道具は食べ物と一体として捉えられるようになる。だから、クワキウトルの皿もハイダの匙も、きわめて厳格な規範に沿って人手を経巡る重要な財なのであるし、首長のクランや家族のあいだで念入りに配分されているのである。[234]

(229)　以下の諸物もまた、呪術的かつ宗教的な貴重財である。

一　ワシの羽。これはしばしば雨、食糧、石英、「よい薬」などと同一視されている。たとえば、*Tlingit T. M.*, p. 383, p. 128, etc.　ハイダ（マセット）に関しては、*Haida Texts*, Jesup, VI, p. 292.

二　杖ならびに櫛。*Tlingit T. M.*, p. 385.　ハイダについては、Swanton, *Haida*, p. 38. Boas, *Kwakiutl Indians*, Jesup, V, part II, p. 455.

三　腕輪。たとえば、フレイザー川（カナダ南西部、ブリティッシュ・コロンビア州を流れる河川）下流域部族について、Boas,

Indianische Sagen, p. 36. クワキウトルについては、Boas, *Kwa. Ind.*, Jesup, V, II, p. 454.

(230) これらの諸物は、匙や皿や銅製品も含めてすべて、クワキウトル語でログワ(*logwa*)という総称(本章の注(218)参照)を有している。それが正確には何を意味するかと言えば、護符、超自然的な事物の意である(この語彙については、「貨幣観念の起源 Origines de la notion de monnaie」に関する拙論、ならびに、Hubert et Mauss, *Mélanges d'histoire des religions* の序文において考察を加えたことがあるので、そちらを見られたい)。「ログワ」という観念は、まさしくマナの観念である。けれども、この場合においては、そして本論での考察対象としては、これはとくに富と食糧の「力能」のことであって、これこそがさらなる富と食糧を生みだすのだ。ある演説にあっては、護符、すなわち「ログワ」のことが、「過去において財産を増大させた偉大なもの」と称されている(Ethn. Kwa., p. 1280, l. 18)。神話には、ある「ログワ」が「財産を手に入れてどんなに喜んだ」のかが語られているし、四つの「ログワ」(ベルト、等々)がどのようにして財産を集めたのかが語られている。四つのうちの一つは、「財産がたまるようにするもの」という名前であった(*Kwa. T.* III, p. 108)。実際、富をつくりだすのは富である。ハイダのある俚諺では、思春期の娘が身につけたアワビ貝のことを、「富裕にしてくれる財産」と述べてすらいる(Swanton, *Haida*, p. 48)。

(231) ある仮面には、「食糧を得る」という名前がつけられている。ニムキシュの神話に、「こうして、あなたがたは食糧が豊かになることだろう」とあるのと比較対照されたい(*Kwa.*

T. III, p. 36, l. 8）。クワキウトルの人々においてもっとも位階の高い貴族たちの一人は、「招く者」とか、「食糧の与え手」とか、「ワシの羽毛の与え手」とかといった称号を戴いている。Boas, Sec. Soc., p. 415 を参照のこと。

籠であるとか、装飾の施された箱であるとかも（たとえば漿果類の採集に用いられる箱など）、同じように呪術的な力を有している。例として、ハイダ（マセット）の神話がある（*Haida T.*, Jesup, VI, p. 404）。カルス（Qäls）にまつわるとても重要な神話があって、そこにはカワカマス、サケ、サンダーバード（西部アメリカ先住民の伝説において雷鳴や雷光を起こすことのできる巨鳥のこと）が登場し、さらにそこに籠が加わるのだが、籠はこの鳥が唾を吐き入れると漿果で一杯になる（フレイザー川下流域部族。*Ind. Sag.*, p. 34）。アウィケノクに同種の神話あり（*5th Rep.*, p. 28）。籠のなかには、「決してカラにならない」という名前を戴くものもある。

（232）皿にどのような図柄が彫刻されているかに応じて、皿には一つずつ名前がつけられている。クワキウトルでは、皿は「動物の首長」をあらわしている。前出二七〇—二七一頁を参照すること。皿のなかには、「いつも一杯に盛られた皿」という称号を戴くものがある。Boas, *Kwakiutl Tales* (Columbia University), p. 264, l. 11 を見ること。ある種のクランの皿は「ログワ」である。というのは、これらの皿はかつて、そのクランの祖先の一人に話しかけた。その祖先とは〈招く者〉（前注を見ること）であって、皿はこの祖先に自分たちをもってゆくよう言ったのである（Ethn. Kwa., p. 809）。カニキラク（Kaniqilaku）の神話も参照せよ（*Ind. Sag.*, p. 198）。*Kwa. T.*, 2e série, Jesup, X, p. 205 には、物を変化《へんげ》させる力をもつ男が、魔法の籠から漿果を出して義理の父親(彼はこの義父にいじめられていたのだ)に食べさせたことが語られている。漿果はイバラの茂みへと姿をかえ、この義父のからだのいたるところから体外に突き出てきたのだった。

(233) 本章前出の注(223)を見ること。

(234) 同上箇所を見ること。

「名声のお金[235]」

(235) この表現は、クリッケベルク(Krickeberg)氏が用いたドイツ語の「レノミールゲルト(Renommiergeld)」(原義は「誇示するお金」)から借用した。楯や金属板は、楯や金属板としてと同時に硬貨としても用いられるし、とりわけ首長たちがポトラッチで身につけ、あるいは首長がポトラッチを贈る相手方の人たちが身につけて誇示する品としても用いられる。こうした使用の仕方をじつに正確に描出しているのが、この表現なのである。

けれども、何にもまして紋章を施された銅製品こそが[236]、ポトラッチの最重要の財として大きな信仰の対象となり、崇拝の対象とさえなっているものである[237]。第一に、これらのすべての部族において、銅が生き物であることに関する信仰と神話が存在する[238]。少なくともハイダやクワキウトルのもとでは、銅はサケと同一視されており、サケ自体もまた信仰の対象とされている。[239] しかし、観念的でもあり技術的でもあるこの神話論的要素に加えて、[240] すべての銅製品は、その一つひとつが個別かつ特別な信仰の対象となっている。クランの首長の家族に帰属している主要な銅製品は、それぞれみな名前をもっており、[241] それぞれに固有の個別性をもっており、固有の価値をもっている。[242] 価値というのは、ことばの十全な意味での価値であり、呪術的であるとともに経済的であるような価値、恒常的にそれに備わった価値、銅製品がポトラッチでさまざまな有為転変をくぐり抜けるにもかかわらず、また、部分的に破壊されたり、全体が破壊されたりすることすらあるにもかかわらず、それを超えて永久不変に残り続ける価値である。[243]

(236) アメリカ北西部における銅の生産加工術については、とてもよく論議されてはいるものの、いまだにきちんと分かってはいない。リヴェ(Rivet)氏は、Orfèvrerie précolombienne, *Journal des Américanistes*, 1923という優れた研究において、この問題を意図的に考察から外している。いずれにしても、銅にかかわるこの技術がヨーロッパ人の到来以前にさかのぼることは確かなようだ。北部の諸部族、トリンギットとツィムシアンとは、コッパー川(アラスカ南東部の川)から産出する天然銅を探し求め、それを採掘し、あるいはそれを入手してきた。古文献の著者たちが言うところ、ならびに、Krause, *Tlinkit Indianer*, p. 186を参照されたい。

これらの部族のすべてにおいて、「銅の大きな山」の話がある。トリンギットについては、*Tl. M. T.*, p. 160を、ハイダについては、Swanton, *Haida*, Jesup. V, p. 130を、ツィムシアンについては、Tsim. Myth., p. 299を、それぞれ見よ。

(237) この機会に、「貨幣観念の起源に関する覚書(Note sur l'origine de la notion de monnaie)」においてわたしが犯した過ちを訂正しておく。わたしはそこで、ラカ(*Laqa*)もしくはラクワ(*Laqwa*)(ボアズ氏はこの二つの綴りを用いている)ということばと、ログワ(*logwa*)ということばとを混同していた。当時は、ボアズ氏本人がしばしばこれら二つの語を同じことのように書いていたので、致し方のないことではあった。しかしその後、一方は赤いとか銅とかを意味するのに対して、もう一方は超自然的なもの、高価なもの、護符、等々のことだけを意味することが明らかとなった。ただし、あらゆる銅製品はログワでもあるので、この点でわたしの所論は依然として有効である。けれども、この場合ログワという語は、銅製品という語に対する一種の形容詞であり、その類義語のようなものである。たとえば、*Kwa. T.* III, p. 108には、「ログワ」の名称が二つ、すなわち「財産を手に入れて喜ぶもの」と、「財産がたまるようにするもの」の二つが引かれているが(本章の注(230)参照)、これらは銅製品のことである。けれども逆に、すべてのログワが銅製品であるわけではない。

(238) 銅は生き物である。銅鉱にせよ銅山にせよ呪力をもっており、「富の植物」が密生している。Masset. *Haida Texts*, Jesup. VI, p. 681, 692を見よ。また、Swanton, *Haida*, p. 146の他の神話とも比較すること。銅は匂いを有している(事実そうである)。*Kwa. T.* III, p. 64, l.

8. 銅に加工・細工を施すという特権に関して、ツィムシアンでは一連の重要な伝説群が存在している。Tsim. Myth., p. 306 以下のツァウダ(Tsauda)とガオ(Gao)の神話を見ること。同様のテーマのリストは、Boas, Tsim. Myth., p. 856 を見ること。ベラクーラでは、銅は人格化されていたようである。*Ind. Sagen*, p. 261 を見よ。また、Boas, *Mythology of the Bella Coola Indians*, Jesup Exp., I, part 2, p. 71 と比較すること。そこにおいて、銅の神話はアワビの貝の神話と関連づけられている。ツィムシアンにおけるツァウダの神話はサケの神話と関連しているが、サケ神話についてはすぐあとで論じる。

(239)　銅は赤いため、太陽と同一視されたり(*Tlingit T. M.*, n° 39, n° 81)、「空から落ちてきた火」(これはある銅製品の名前である)と同一視されたりする(Boas, *Tsimshian Texts and Myths*, p. 467)。そして、これらすべての事例において、銅はサケとも同一視される。クワキウトルでは、サケの人々と銅の人々とは双子であるとされており、この双子が崇拝の対象となっているため、銅とサケとのこの同一化はことのほかはっきりとしている。Ethn. Kwa., p. 685 以下を見よ。神話上の連関は次のような流れになると見られる。春、サケの到来、まっさらの太陽、赤い色、銅、である。銅とサケとの同一化は、北方諸民族においてもっと顕著である(Boas, Tsim. Myth., p. 856 にある同種の神話群のリストを見ること)。たとえば、*Haida T.*, Jesup, VI, p. 689, 691, l. 6 以下、n. 1 におけるマセットのハイダ神話。また、p. 692, n° 73 の神話とも比較すること。ポリュクラテスの指輪の伝説とまったく同じ伝説がここに認められる。スキデガテにある、銅を飲み込んだサケの伝説がそれである(*H. T. M.*,

p. 82)(ポリュクラテスはギリシアのサモス島の僭主。同盟相手のエジプト王アマシスはポリュクラテスの盛運に不安をいだき、幸運と不運とを交互に味わうのがよいと彼に説いて、一番大事なものを捨てるよう忠告した。ポリュクラテスはそれにしたがい、指輪を海に捨てた。しかし五日後、ある漁師が大魚をポリュクラテスに献上すると、その腹中から当の指輪が発見された。アマシスは過度な幸運は破局をもたらすと考え、ポリュクラテスとの友好関係を破棄した)。トリンギットには(それに続いてハイダにも)、英語でMouldy-end(サケの名)と訳された名前をもつ存在者についての神話がある。*Tl. M. T.*, p. 307のシトカの神話を見ること。銅の鎖とサケが出てくる。ランゲル(米国アラスカ州南東部。主としてトリンギットが居住)の別バージョン(*ibid.*, n°5)では、箱のなかのサケが男になる。同型の説話については、Boas, Tsim. Myth., p. 857を見ること。ツィムシアンのある銅製品は「川をさかのぼる銅」という称号を戴いているが、これは明らかにサケのことを暗示したものである(Boas, Tsim. Myth., p. 857)。

銅に対するこうした崇拝と、水晶に対する崇拝とが、いかなる点で関連しあっているのかを探究する余地があると言えるだろう。これについては前述したところを見ること。たとえば、*Kwa. T.*, 2e série, Jesup, X, p. 111にある水晶山の神話。

同様に、翡翠に対する崇拝も、銅に対する崇拝と関連づけてみる必要がある。少なくともトリンギットについてはそうであり、*Tl. M. T.*, p. 5では、翡翠=サケがことばをしゃべっている。シトカでは、翡翠石が語り、さまざまな名前を与える(*Tl. M. T.*, p. 416)。最後に、貝に対する崇拝があること、ならびにそれが銅に対する崇拝と結びついていることを想起しておく必要がある。

(240) すでに見たとおり(本章の注(238))、ツィムシアンにおけるツァウダの家族は、銅を鋳造し、銅にまつわるさまざまな秘儀を保持してきた人々からなる一族であるようだ。クワキウトル神話には、首長家であるザワダエノク(Dzawadaenoqu)家についてのものがあるが、これも同種の神話のようである。この神話では、銅製品の作り手であるラクワギラ(Laqwagila)が、男の富者であるコムコムギラ(Qomqomgila)、および「女の富者」であり、銅製品の作り手であるコモコア(Qomoqoa)と結びつくものとして描かれている(*Kwa. T.* III, p. 50)。さらに全体は、ある白い鳥(太陽)と結びつくものとして描かれている。この鳥はサンダーバードの息子であり、銅の匂いを発している。女性に変身すると双子を出産し、この双子がまた銅の匂いを発する(*Kwa. T.* III, p. 61–67)。

「銅の作り手」というこの同じ称号を戴く祖先と貴族に関するアウィケノクの神話は、これと比べてはるかに面白味に欠ける。

(241)　銅製品は一つひとつに名前がついている。「名前をもった偉大な銅たち」と、クワキウトルの演説では語られている(Boas, Sec. Soc., p. 348, 349, 350)。銅製品の名前のリストが *ibid.*, p. 344 にあるが、残念なことに、そのそれぞれを恒常的に所有するクランがどのクランなのかは示されていない。クワキウトルの偉大な銅製品の名前についてはかなりの情報があり、それによって、どのような崇拝と信仰がそれらと結びついているのかが明らかである。そのうちの一つは、「月」という称号(ニスカ Nisqa 部族)を戴いている(Ethn. Kwa., p. 856)。また、銅製品を与えてくれた精霊があって、銅製品がその精霊の化身となっている場合には、その精霊の名前が銅製品の名前となっている。たとえば、Ethn. Kwa., p. 1421 にあるゾノコア(Dzonoqoa)。こうした場合、銅製品はその精霊の形姿を具現化しているわけである。あるいは、トーテムの始祖となった精霊の名前がついている銅製品もある。たとえば、「ビーバーの顔」という名前の銅製品(Ethn. Kwa., p. 1427)や、「アシカ」という名前の銅製品(*ibid.*, p. 894)、など。たんにその銅製品の形状を言いあらわしているだけの名前もある。「T型の銅」、「上部が長いやつ」といった具合である(*ibid.*, p. 862)。さらに、「偉大な銅」(*ibid.*, p. 1289)とか、「鳴り響く銅」(*ibid.*, p. 962. これはある首長の名前でもある)とかと名づけられただけの銅製品もある。また、銅製品がポトラッチを体現していて、ポトラッチの価値がそこに凝縮されている場合には、そのポトラッチのことを暗示するような名前がついている。マクストセレム(Maxtoselem)という銅の名前は、「他人が恥じ入るようなもの」ということである。これについては、*Kwa. T.* III, p. 452, n. 1にある「彼らはみずからの負債に恥じ入っている」(負債＝*gagim*)という表現を参照すること。「諍いの原因」という名前もある(Ethn. Kwa., p. 893, 1026, etc.)。

トリンギットの銅製品の名称については、Swanton, Tlingit, p. 421, 405を見られたい。これらの名前は、その大部分がトーテムと関連している。ハイダおよびツィムシアンの銅製品の名称に関しては、それの所有者である首長と同じ名前がつけられた銅製品しか知られていない。

(242) トリンギットにおける銅製品の価値は、その位の高さによって異なっており、奴隷の数で算定されていた。*Tl. M. T.*, p. 337, 260およびp. 131(シトカおよびスキデガテ、等々).ツィムシアンについては、Boas, Tsim. Myth., p. 540におけるテイトの記録を見よ。また、

ibid., p. 436とも比較すること。同じ原理がハイダについても見られる。Swanton, *Haida*, p. 146.

ボアズ氏は、銅製品が一連のポトラッチを経るごとに価値を増してゆくさまについて、詳細な研究をおこなっている。たとえば、レサクサラヨ(Lesaxalayo)という銅の実質的な価値は、一九〇六年から一九一〇年頃において以下のとおりであった。一枚四ドル相当のウールの毛布が九〇〇〇枚、五〇艘のカヌー、ボタンつき毛布六〇〇〇枚、銀の腕輪二六〇個、金の腕輪六〇個、金の耳輪七〇個、ミシン四〇台、蓄音機二五台、仮面五〇枚。このとき弁者は次のように言っている。「首長ラクワギラ(Laqwagila)のため、わたしはこれらのつまらぬ品々をみな差し上げます」(Ethn. Kwa., p. 1352)。*Ibid.*, l. 28で、銅が「クジラのからだ」にたとえられていることも参照せよ。

(243)　破壊の原理については、既述箇所を見られたい。ただし、銅製品の破壊は特殊な性格を帯びているようである。クワキウトルでは、ポトラッチのたびに銅製品から一部分が切除されてゆくというかたちで、銅製品は断片ごとに徐々に破壊される。さまざまなポトラッチでそうした断片を一つひとつ取り戻すようつとめ、全部そろったら、それらを接合して元の姿を復元すると、名誉となる。この種の銅製品は価値を増すのである(Boas, Sec. Soc., p. 334)。

いずれにしても、銅製品を消費し破壊することは、それを殺すことである(Ethn. Kwa., p. 1285, l. 8, l. 9)。一般的に使われる表現では「海に投げ捨てる」となるが、この表現はトリンギットでも用いられる(*Tl. M. T.*, p. 63およびp. 399, 歌謡四三)。もし仮に、こうした銅製品が水におぼれず、水死しないとしたなら、それはその銅製品が木製のまがいもので、水に浮かぶからなのだ(Tsim. Myth., p. 369 にある、ツィムシアンがハイダに対しておこなったあるポトラッチの話を見よ)。銅製品が壊されると、「砂浜で死んだ」と言われる(クワキウトルの場合。Boas, Sec. Soc., p. 564 および n. 5)。

その上、銅製品には他の銅製品を呼び込み、引きつける力能も備わっている。それは、富が富を呼び寄せるのと同じである。高位にあることが名誉を引き寄せ、霊の憑依を引き寄せ、実りある連盟関係《アリアンス》を引き寄せ[244]、あるいはその逆であるのと同じである。銅製品は生きているのであり、自律的にふるまうのであり[245]、他の銅製品を引き寄せるのである[246]。クワキウトルでは、「銅製品の引き寄せ手」と名づけられた銅製品が一つある[247]。この言い回しが表現しているのは、他のすべての銅製品がそれぞれの周囲に群れをなして集まるさまである。それと同時に、その持ち主の名前は「わたしへ向かって流れ込む財」となる。銅製品をしばしば指す別の名前は「財のもたらし手」というものである。ハイダやトリンギットにおいては、銅製品というのは、それらをもって移動するお姫さまを取り囲んで一つの「砦」をなす[248]。そのほかのところでは、銅製品を所有する首長は無敵になる[249]。それらは、その家の「神聖なる薄板」なのだ[250]。銅製品を与えた霊[251]、銅製品の所有者、そして銅製品それ自体[252]、これらすべてを、しばしば神話は同じものとして語る。霊の力の源泉は富であり、逆に富の力の源泉は霊であって、一方の力の源泉をもう一方と区別することは不可能である。銅は話をするし、不平もらす。[253]銅自身が、自分をほかの人に与えるようにとか、自分を破壊するようにと要求するのだ。銅はまた、何枚もの毛布でおおって暖かくしておく。それは首長を埋葬するときに、首長があの世で分配できるようにと、何枚もの毛布の下に首長を埋めるのと同様である。[254]

(244)　クワキウトルには二種類の銅製品があったようだ。第一に、非常に重要度の高い銅製品がある。これらは家族の外部に出ることがないし、それを壊すこともできない。壊せるのは、それを鋳造し直す場合だけである。第二に、価値の劣る銅製品がある。これらはそのままのかたちで外部に流通し、第一の銅製品の付属物となっているようだ。たとえば、Boas, Sec. Soc., p. 564, 579を見よ。このような二級の銅製品を所持することは、クワキウトルにおいては、おそらく貴族の称号としても位階としても二流のものを所持することに対応している。これらの銅製品は、こうした二流の称号や位階をともなって、首長から首長へ、家族から家族へ、世代から世代へ、男性から女性へ、女性から男性へと伝えられてゆくものなのだ。これに対して、偉大な称号と偉大な銅製品は、クランの内部に、あるいは少なくとも部族の内部に、ずっと留め置かれるようである。そもそも、そうでしかありえなかったのではないだろうか。

(245) 首長ハヤス(Hayas)(本章の注(138)では「ハイヤス Haiyas」)のポトラッチに関するハイダの神話には、銅製品がどのように歌っていたのかが語られている。「そいつはとても悪い。ゴムシワ(Gomsiwa)(これは町の名前であり、英雄の名前でもある)をつかまえろ。小さな銅製品の回りに、たくさんの銅製品が集まる」(*Haida Texts*, Jesup, VI, p. 760)。ここで語られているのは、「小さな銅製品」が自力で「大きく」なり、その回りに他の銅製品たちが集まる様子である。前述の銅=サケと比較すること。

(246) ある子どもの歌(Ethn. Kwa., p. 1312, l. 3, l. 14)(ボアズ原典では「子どもの歌」ではなく、「子どもの発音で歌われる」歌)によると、「部族の首長たちがもつ偉大な名前の銅製品が、彼の回りに集まってくる」。銅製品は、「首長の家にひとりでに落ちてくる」(あるハイダの首長の名前。Swanton, *Haida*, p. 274, E)と考えられている。銅製品たちは「家のなかで互いに相まみえる」のであり、「家のなかで一堂に会する薄板」なのである(Ethn. Kwa., p. 701)。

(247) 「招待者」(コエクソテノクス Qoexsot'enox)の神話における「銅製品のもたらし手」の話を見ること(*Kwa. T.* III, p. 248, l. 25, l. 26)。これと同じ銅製品が、Boas, Sec. Soc., p. 415では「財のもたらし手」と呼ばれている。〈招待者〉という称号を戴く貴族の秘密の歌は、以下のようなものである。

わたしの名は、「わたしに向かって進んでくる財」となるだろう。財の「もたらし手」をわたしが有しているがゆえに。

銅製品はわたしに向かって進んでくる。銅製品の「もたらし手」のゆえに。

クワキウトル語のテクストでは、正確には「ラクワギラ(L'aqwagila)」と言われている。これは、「銅製品の作り手」であって、たんなる「もたらし手」ではない(本章の注(240)参照)。

(248) たとえば、トリンギットのポトラッチでのある演説において(*Tl. M. T.*, p. 379)。また、ツィムシアンでは、銅は「楯」である(Tsim. Myth., p. 385)。

(249) 息子が新たにイニシエーションを施されたことを祝して銅製品を贈与する際のある演説において、「与えられた銅製品は「鎧」である。「財の鎧」である」と述べられている(Boas, Sec. Soc., p. 557. ここでは首の周囲に下げられた銅製品のことが話題になっている)。この若い男性の称号にしてからが、ヤコイス(Yaqois)、すなわち「財の担い手」なのだ。

(250) クワキウトルでは、成熟期を迎えた王女たちを成女小屋に隔離する際に重要な儀礼が執りおこなわれるが、その儀礼にこうした信仰が明瞭に示されている。王女たちは銅製品とアワビの貝を身につける。この際に、王女たち自身が銅製品の称号、「家のなかで互いに相まみえる神聖なる薄板たち」という称号を名乗る。そうすれば、「彼女たちも彼女たちの夫も、たやすく銅製品を手に入れられるようになるだろう」と言われている(Ethn. Kwa., p. 701)。アウィケノクのある英雄の姉妹は「家のなかの銅」という称号を有している(*Kwa. T.* III, p. 430)。クワキウトルの貴族の娘の歌には、一種のスヴァヤムヴァラ(*svayamvara*)、すなわちヒンドゥー式の婿選びを想起させるものがあり、おそらくはそれと同じ儀礼に属していると思われる。そこでは次のように歌われている。「わたしはいくつもの銅製品の上に座しています。母はわたしのために帯を織ってくれています。わたしが「家の平皿」をもつようになったときのために」等々(Ethn. Kwa., p. 1314)。

(251) 銅製品はしばしば霊そのものである。これは、紋章としての楯および命をもった紋章という、よく知られたテーマでもある。銅製品と「ゾノコア」(本章の注(241)参照)および「コミノカ」(本章の注(217)参照)が同一であることについて、Ethn. Kwa., p. 1421, 860 を見ること。なかには、トーテム動物であるような銅製品もある(Tsim. Myth., p. 460)。さらにまた、銅製品がいくつかの神話的動物の属性にすぎないような場合もある。「銅のシカ」と、それに備わる「銅のシカの枝角《えだづの》」は、クワキウトルの夏季の祭宴である役割を果たす。Boas, Sec. Soc., p. 630, 631 を見ること。また、p. 729 に、「シカのからだの上の偉大さ」(字義どおりには、シカのからだの上の富)とあるのとも比較すること。ツィムシアンは銅製品のことを次のように見なしている。銅製品は「霊の髪の毛」である(Boas, Sec. Soc., p. 326)。銅製品は「霊の糞便」である(Boas, Tsim. Myth., p. 837 の主題リスト)。あるいはまた、〈大地のカワウソ女〉の爪である(*ibid.*, p. 568)。銅製品は、霊が霊どうしでポトラッチを贈り合うときにも、霊たちによって用いられる(Tsim. Myth., p. 285. *Tlingit T. M.*, p. 51)。銅製品が「霊たちのお気に召す」のである。諸々の比較対照の題材については、Boas, Tsim. Myth., p. 846 を見られたい。また、前出一一七—一一八頁も見ること。

(252) ネカペンケン(Neqapenkem. 一〇クデの顔)(クデは長さの旧単位で、肘から中指の先までに対応する身体尺。約五〇センチメートル)の歌がある。「わたしは銅の破片。部族の首長たちは壊された銅製品」(Boas, Sec. Soc., p. 482)。比較対照のため、p. 667 の原語テクストならびに逐語訳を見られたい。

(253)　ダンダラユ(Dandalayu)という銅製品は、自分を誰かにあげてやってくれと、「家のなかで不平をもらす」(Boas, Sec. Soc., p. 622 の演説)。マクストスレム(Maxtoslem)という銅製品は、「誰も自分のことを壊してくれないといって不満をもらしたものである」。この銅製品の代償として支払われる毛布は、「それを暖かく保つ」(Boas, Sec. Soc., p. 572)。「これを見つめる他の銅製品があれば、そいつらに恥を感じさせるもの」という称号を、この銅製品がいただいていることを思い出しておこう。ほかにもポトラッチに参加して「恥ずかしいと感ずる」銅製品が一つある(Ethn. Kwa., p. 882, l. 32)。

ハイダ(マセット)のある銅製品(*Haida Texts*, Jesup. VI, p. 689)は、「所有する財産が音をとどろかせる者」という名前をもった首長の所有財なのであるが、壊されたあとでこう歌う。「わたしはここで朽ち果てよう。もうたくさんの者どもを引きずり込んだのだから」(ポトラッチによって、死に引きずり込んだという意味)。

(254)　贈り手もしくは貰い手が、毛布の山の下にうずもれようと、毛布の山の上を歩こうと、この二様の儀礼はじつは等価である。というのも、一方では人は自分自身の富よりも優位にあるのであり、他方では逆に劣位にあるのだからである。

しかしながらその一方、人々が譲り渡すのは財物であるのと同時に、富であり運でもある。(255) イニシエーションを経た成員を銅製品や護符の所有者にしてくれるのは、その当人の霊であり、補佐役のさまざまな霊なのである。こうして獲得された銅製品や護符は、今度はそれら自体が獲得するための手段となる。銅製品を。富を。位階を。そして最後に霊たちを。もっとも、これらはすべて同じものなのだが。銅製品だけでなく、それと同時に、仮面やら護符やらといった、他のさまざまな恒常的形態のもとでの富について考察してみれば、それらも銅製品と同様に、集めて蓄える物でありながら、ポトラッチが交互におこなわれるなかで与えられる物でもあって、結局のところこれらすべての物は、それを使用することと一体化しており、そしてまた、それを使用して得られた物とも一体化しているのである。(256) 人が位階を得るのは、これらの物によってである。人は富を得ることによって、霊を得ることになる。そして今度はこの霊が、さまざまな試練に打ち勝った英雄に取り憑くのである。そうなればさらに、この英雄はシャーマニズム的なトランスをおこない、儀礼の踊りをおこない、人々を統べる上でのさまざまなサービスをおこなって、それらに対する対価を受け取ることになる。すべてが連動していて、すべてが一つに融け合っている。物は物で人格を有しており、人格は人格でいわばクランに帰属する恒常的な物であるのだ。首長がもっている称号も護符も銅製品も霊も、同じことをあらわしているのであって、(257) 同じ性質と同じ機能を備えている。財物が人の手を経巡るその流れは、男たちや女たちや子どもたちの流れにしたがうものだし、饗宴や儀礼や儀式や踊りの流れにしたがうものである。それどころか、からかいことばや罵りことばの流れにさえしたがうものである。結局のところ、その流れは同一なのだ。人が物を与え、物を返すのは、そこにおいて人が互いに「敬意」を与え合い、「敬意」を返し合うからである。今でも言うとおり、「挨拶」を掛け合い、返し合うからである。けれどもそれはまた、何かを与えることにおいて、人が自分自身を与えているからでもある。そして、人が自分自身を与えるのは、人が自分自身を(自分という人を、そしてまた自分の財を)他の人々に「負っている」からなのである。

(255) **一般的考察**　アメリカ北西部では、さまざまな財物が人から人へと譲渡されており、それがどのようにしてなされるのか、なぜなされるのか、そしてどんな儀式やら消費やら破壊やらを経由してなされるのかについては、かなりよく分かっている。けれども、実際に物を引渡す行為そのもの、とくに銅製品を引渡す行為については、それがどのような形式をまとっているのか、まだあまりよく分かっていない。この問題は調査の対象とすべきではないだろうか。分かっていることはごくわずかながら、それだけでも非常に興味深く、所有財と所有者とのつながりを疑いなく示している。クワキウトルでは、銅製品の譲渡にあたる行為は、何某の「名前の影に銅を置くこと」と呼ばれるとともに、銅製品を獲得することは、新しくそれの所有者となった人に「重さを与える」ことである(Boas, Sec. Soc., p. 349)。また、ハイダでは、土地を購入することを表明するために銅製品を持ち上げる(*Haida T. M.*, p. 86)。

けれどもそれだけではない。ハイダの人々にあってはさらに、ローマ法でのように、銅製品で叩くという用法がある。つまり、銅製品で人を叩くと、その人にその銅製品が与えられることになるのだ。スキデガテのある物語のなかに、この儀礼的所作を確認することができる(*ibid*., p. 432)。この場合、銅が触れていった物は、その銅の支配下に組み込まれ、その銅によって殺されることになる。そもそもこれは「平和」と「贈与」の儀礼なのだ。

クワキウトルの人々には、少なくとも一つの神話において(Boas, Sec. Soc., p. 383, 385; cf. p. 677. l. 10)、エスキモーにも見られる譲渡儀礼の痕跡が保持されてきた。英雄が、自分の与える物をすべて嚙んで渡すのである。ハイダのある神話には、〈ネズミ女神〉が自分の与える物を「なめて」渡していたという描写がある(*Haida Texts*, Jesup, VI, p. 191)。

(256) ある婚姻儀礼(そこでは象徴的なカヌーが破壊される)では、次のように歌われる。

わたしはスティーヴンス(Stevens)山に行って、山を粉々にするぞ。そこから火を起こすための石をつくるぞ(山を砕いた破片)。

カトサイ(Qatsai)山に行って、山を壊すぞ。そこから火を起こすための石をつくるぞ。

富が、偉大な首長たちのところからそれに向かって転がりつつある。

富が、四方八方からそれに向かって転がりつつある。

どんな偉大な首長たちも、それに守ってもらうことになるぞ。

(257) そもそも通常は、少なくともクワキウトルの人々にあっては、称号も護符も銅製品も霊も同じである。ある種の貴族たちは、自分たちが執りおこなったポトラッチと同一視されている。主だった首長が有する主要な称号は、たんにマクスワ（Maxwa）というのだが、これは「盛大なポトラッチ」という意味なのだ（Ethn. Kwa., p. 972, 976, 805）（本章の注（158）、（208）参照）。同じクランにおいて、「ポトラッチの与え手」などといった諸々の名前があることを参照せよ。同じ民族の別部族であるザワデエノクス（Dzawadeenoxu）の人々では、主要な称号の一つは「ポラス（PoLas）」という称号である。これについては、本章前出の注（208）を見られたい。また、その系譜については、*Kwa. T.* III, p. 43を見ること。ヘイルツクの人々の主要な首長は、「コミノカ」（本章の注（217）、（251）参照）すなわち「富める女」という霊と交流があって、「富の作り手」という名前を戴いている（*ibid.*, p. 427, 424）。カクツェノク（Qaqtsenoqu）の王子たちは「夏季の名前」というのをもっているのだが、それはクラン名で、もっぱら「財産」のことを言いあらわす名前、「ヤク（yaq）」の名前なのである。たとえば、「からだの上の財産」とか、「偉大なる財産」とか「財産を所有している」とか「財産の場所」とか（*Kwa. T.* III, p. 191; cf. p. 187, l. 14）。クワキウトルのもう一つ別の部族であるナコアトク（Naqoatoq）の人々は、自分たちの首長に対して「マクスワ」および「ヤクスレム（Yaxlem）」、すなわち「ポトラッチ」、「財産」という称号を付与している。この名称は「石のからだ」という神話に登場する（ハイダにおける石のあばら、〈幸運の女神〉の息子と比較すること）。霊は彼に言う。「お前の名前は「財産」としよう。つまり、ヤクスレムと」（*Kwa. T.* III, p. 215, l. 39）。

同じようにハイダの人々においては、「買い取ることのできないもの」（競合相手が買い取ることのできない銅製品ということ）という名前を戴く首長がいる（Swanton, *Haida*, p. 294.

XVI, I)。この同じ首長が同時にまた、「全部が混ざり合った」という称号を戴いてもいる。すなわち、「ポトラッチの集まり」ということである(*ibid.*, n° 4)。また、前述した「家のなかの財産」といった諸々の称号も参照すること。

第一の結論

以上のように、四つの大きな人間集団においてわたしたちが見いだしたのは、次のことがらである。まず、四集団のうちの二つないし三つにおいて、ポトラッチを見いだした。次いで、そのポトラッチがおこなわれる主要な理由と、その通常の形態を。それに加えて、ポトラッチのさらにその先に、四集団のすべてにおいて、交換のアルカイックな形態、すなわち、贈り物を与え、それにお返しをすることからなる贈り物の交換を見いだした。その上、これらの諸社会において物が人の手を経巡る流れが、さまざまな権利や人が移動する流れにほかならないことを見いだしたのである。ひとまずはここで止めておくこともできるかもしれない。だが、これらの諸事象が多数の事例にのぼり、幅広い範囲に見られ、重要な意味をもつことから、次のように考えてまったく差し支えない。すなわち、人類のきわめて広範な部分が、きわめて長期におよぶ過渡的な段階でおこなっていたに違いないある体制があり、その体制は、本論でたった今叙述した諸民族においてだけでなく、そのほかのところにもまだ残っているということである。クランからクランへ、家族から家族へという「全体的給付」の段階はすでに超えたにもかかわらず、まだ純粋な意味での個人間の契約には到達しておらず、お金が流通する市場や、本来的な意味での売買や、そしてとりわけ、品位検定を施された貨幣で価格をあらわすという観念には到達していない諸社会がある。贈与＝交換というこの原理は、こうした段階の諸社会の原理であったに違いないと考えることができるのである。

第三章　こうした諸原理の古代法および古代経済における残存

先立つ本論で提示した事象は、すべて〈民族誌学〉と呼ばれる研究領域において収集された事象であった。その上それらは、太平洋の沿岸諸地域に分布する社会から取られている[1]。この種の事象が使用されることがあるにしても、それは通常、興味本位によってであり、せいぜいのところ比較の相手としてであって、それというのも、これら「未開の制度」と呼ばれるような制度のタイプから、わたしたちの諸社会がどれほど隔たっており、またどれほど近いのかを測りとるためだからである。

（1）もちろん、これらの事象が他の地域にも広がって分布していることはわきまえている（第四章の注（38）を参照のこと）。研究をここに限定しているのはあくまでも暫定的なことでしかない。

しかしながら、こうした事象には一般的な社会学的価値が備わっている。なぜかと言えば、それによって社会進化上のある一時点を知ることができるのだから。でも、それだけではない。こうした事象にはまた、社会史学的な重要性も備わっている。こうしたタイプの制度は、現代のわたしたちの法と経済の形態へと移行する過渡的な段階において、実際にあらわれるものだからである。こうした制度によって、わたしたち自身の諸社会が歴史的な観点から説明されうるのだ。交換をめぐって、わたしたちの社会に直接に先立つ社会が有していた倫理と実践は、先にわたしが分析の俎上にのせたさまざまな原理のすべてを痕跡として現在にとどめている。その痕跡の残り具合には強弱の違いがあるけれども。わたしは実際のところ、わたしたちの法体系や経済体系の源には、先に論じたさまざまな制度と同種の制度があるということを明らかにできると考えている。(2)

(2)　メイエ(Meillet)氏とアンリ・レヴィ＝ブリュル(Henri Lévy-Bruhl)氏、ならびに故ユヴラン(Huvelin)から、以下の行論に対する貴重な意見を頂戴した。

わたしたちが暮らしている社会というのは、物に関する諸法と人に関する諸法とをはっきりと区別する社会である。人と物とをはっきりと区別する社会である(このような対比は法学者たち自身によって今では批判されているが)。この区別は根本的であり、わたしたちの所有・譲渡・交換のシステムは、部分的にであれ、まさにそれによって条件づけられているのだ。これに対して、わたしたちがこれまで考察してきた法システムに、そのような区別は無縁である。同様にまた、わたしたちの文明は、セム文明、ギリシア文明、ローマ文明の昔から、債務や有償給付と、贈与とをはっきりと弁別しているけれども、このようにいろいろと弁別するというのは、大文明の法システムにおいても比較的新しいことなのではないだろうか。大文明にしても先行する前段階を経由しており、そこではこうした冷徹で計算づくのものの見方など存在していなかったのではないだろうか。贈り物を交換し合うという、人と物とが一つに融け合うあの慣行を、おこなっていたのではないだろうか。インド＝ヨーロッパ語系の法システムのいくつかの特徴を分析してみることで、これらの法システムもまた実際にそのような変遷を経てきたことを示せるだろう。ローマについては、こうした法システムの痕跡が見いだされるだろう。インドとゲルマニアについては、この法システムそのものが、比較的新しい時代においても依然として効力を失わずに機能しているさまを目の当たりにすることになるだろう。

一　人の法と物の法（非常に古拙なローマ法）

ローマ法が本当の意味で歴史時代に入るのはかなり後代になってのことであるが、

その時期よりも前の時代のローマ法[3]や、歴史時代に入る時期のゲルマン法[4]と、すでに見てきたようなアルカイックな法システムとを比較してみれば、ローマ法とゲルマン法というこれら二つの法システムがよく分かるようになる。[*1] とりわけ、法制史学においてもっとも論争を呼んできた問題の一つ、ネクスム(*nexum*)をめぐる理論を、改めて提起することが可能になるのである。[5][*2]

(3) 知られているとおり、十二表法(Douze Tables)を仮説的に復元したものと、碑文によって保存されてきたいくつかの法文書とを別にするなら、ローマ法の最初の四世紀間についてはきわめて貧弱な史料しか存在しない(ローマの成立は紀元前八世紀半ばなので、「最初の四世紀間」とは、それから前四世紀半ばまでに当たる。十二表法はこの時期も終盤の前四五〇年頃に成立)。だが、ここでわたしは、ランベール氏が見せた(Lambert, L'Histoire traditionnelle des Douze Tables, *Mélanges Appleton*, 1906)、過度に厳密な史料批判をおこなう態度を踏襲するつもりはない。とはいえ、ローマ法学者たちの理論や、ローマ「古代史学者」たちの理論であってさえ、その大半は仮説としてあつかわれるべきことは認められなくてはならない。こうした仮説の列に、わたしもまた一つ新しい仮説をつけ加えるわけである。

(4) ゲルマン法については、後出を見ること。

(5) ネクスムについては、Huvelin, Nexum, in *Dict. des Ant.*; Magie et droit individuel (*Année*, X)を見ること。また、*Année sociologique*, VII, p. 472 以下、IX, p. 412 以下、XI, p. 442 以下、XII, p. 482 以下におけるユヴランの分析と考察も見よ。Davy, *Foi jurée*, p. 135

も見ること。文献リストならびにローマ法学者たちの諸理論については、Girard, *Manuel élémentaire de Droit romain*, 7e éd., p. 354 を見られたい。

ユヴランならびにジラール(Girard)氏は、あらゆる点から見て真実に非常に近いところにいるように思われる。ユヴランの理論に対して、わたしとしては補足を一点と異論を一点提起するのみである。「侮辱条項(clause d'injures)」(Magie et droit ind., p. 28; cf. Injuria. *Mél. Appleton*)は、わたしの見解ではたんに呪術的なものではない(ユヴランによると、債務者が身体的に拘束されることが未開社会における契約的な義務のはじまりだが、物理的に身体を拘束しない場合には呪術的な縛りが用いられるようになった。フランク王国期や中世の契約文書には、違約への呪詛の文言が条項として記されている。それが後代になって緩和されたのが侮辱条項であり、債務不履行の場合、債権者は債務者を侮辱する権利を有した。文明が進展した段階では侮辱と見えるが、元来は呪詛であったという)。むしろそれは、ポトラッチ型の古い法を非常にはっきりと示す事例であり、その名残なのである。二人の人が、一方は債務者に、他方は債権者になるということによって、優位に立った側は自分の相手側を、すなわち自分の恩義に浴した側を、侮辱する権能を得ることになるからである。このことから、膨大な量におよぶ一連のさまざまな人間関係が導き出されてくる。『社会学年報(*Année sociologique*)』の本号では、ジョーキング・リレーションシップ(*Joking relationships*)、すなわち「冗談関係」(個人間や集団間で、相互的または一方的に相手をからかったり、侮辱したり、物を持ち去ったりすることが社会制度として許容・期待されている関係)、とりわけウィネバゴ(Winnebago)(スー Siou 族)(北アメリカ東部森林の先住民の一派)のそれを焦点にしつつ、こうした関係に着目している。

ユヴラン(Huvelin)はある研究論文においてこの主題を明示したけれども[6]、それにとどまらず、その論文で彼はネクスムをゲルマン法のワディウム（*wadium*）（担保、質入れ、抵当などを意味する。フランス語の gage、英語の wage の語源となったゲルマン語）と関連づけ、また、より一般的な見地から、契約で与えられる「付加的な担保（gages supplémentaires）」（トーゴ、コーカサスなど）と関連づけた（「付加的な」という形容詞はモースのもの。ユヴランの原典ではたんに「担保」。モースが「付加的な」を補ったのは、債権者に支払うべき代価の一部が、たとえば前払金や手付金のように「担保」として与えられるのでなく、それとは別に、それに「付加して」与えられる場合を念頭に置いたものと思われる）。その上で、次にユヴランはこの「付加的な担保」を共感呪術と関連づけた（「共感呪術」はジェームズ・フレイザー James Frazer が定式化した呪術的作用のあり方で、接触し合っていた物は離れても影響力をおよぼし合うとする「感染呪術」と、類似した物は互いに影響力をおよぼし合うとする「類感呪術」の二種に大別される）。一方の契約当事者と接触関係にあった物は、それが何であれ、他方の契約当事者に対してある力を伝えることになるのであるが、その力と関連づけたわけである。ただし、この後者の説明は事象の一部分にしか当てはまらない。呪術的な制裁は、ただありうるというだけのことであり、それ自体としては与えられる物に備わっている本性とその霊的性質が結果としてもたらすものでしかないからである。

（6） Huvelin, Magie et droit individuel, *Année*, X.

まず、付加的な担保、とりわけゲルマン法のワディウム[7]は、たんなる担保の交換に収まるものではない。それらは、命を担保に入れることによって、ありうべき呪術的な影響関係を成立させることにとどまるものでさえない。[*3] 担保として預けられるのは、通常取り立て価値のないものだからである。たとえば、棒のやりとりがそうだ。ローマ法の問答契約《スティピュラシオン》（定められた文言の使用を要する言語契約の一つ。正式の文言による発話形式で、「あなたはわたしに○○を与えることを約束するか」と問い、ただちに相手が「わたしは約束する」と答えることによって債権が成立した）におけるスティプス（*stips*）であるとか(8)、ゲルマン法の問答契約におけるフェストゥカ・ノタタ（*festuca notata*）であるとか。*4 また、アール（arrhes）（フランス語で「手付金」）はセム語起源であるけれども、これにしてもたんなる前払金に収まるものではない(9)（「手付金」のフランス語arrhesは、セム語からギリシア語を経由し、ラテン語に入ったarrha［質、手付］に由来している。ユヴァランによると、手付金はもともと神への献納金であり、誓約の保証として神格に供犠された硬貨であったが、当事者の一方が他方に渡す前払金に変化した）。それらは物なのだ。それも、それ自体として魂を吹き込まれた物なのだ。何よりもそれは、古代において相互的に負った義務としてなされていた贈与が、いまだにその痕跡をとどめている、その遺制なのである。契約の当事者どうしは、これらの物によって縛りつけられる。この点において、付加的な物品のこうしたやりとりは、魂と物とが一つに混ざり合って行き来することを、擬制的に表現しているのである。(10) ネクスム、すなわち法的な「縛り」は、人間にだけでなく、物にも由来しているのだ。

（7）　後出三七四―三七五頁を見ること。ワディアティオ（wadiatio）（ゲルマンの担保誓約、賭け）について、Davy, *Année*, XII, p. 522, 523 を見よ。

（8）　*stips* という語をこのように解釈するに当たっては、セビリャのイシドルス（Isidore de

Séville)（六世紀から七世紀の教父・神学者。主著『語源』で知を体系的に提示した）の解釈を根拠としている(V, p. 24, 30)。また、Huvelin, Stips, stipulatio, etc... (*Mélanges Fadda*), 1906も見よ。ジラール氏(*Manuel*, p. 507, n. 4)は、セヴィニ(Sévigny)にならって、ウァロ（マルクス・テレンティウス・ウァロは紀元前一世紀のローマの軍人で著述家・学者。『農業論』三巻ほか）の文章、およびフェストゥス（セクストゥス・ポンペイウス・フェストゥスは二世紀後半の文法学者。紀元前後の文法学者フラックスの著述にもとづき、辞典『語の意味について』を編纂。以下本論でのフェストゥスへの言及は、この辞典への参照）のそれが、こうした純粋かつ単純な比喩的解釈とは対立するとしている。しかし、じつはフェストゥスは、「堅固な(stipulus)」とか「強固な(firmus)」とかと述べたそのあとで、「打ち込まれた(defixus)[……?..]」についても語っていたはずなのだ。残念ながら当該の一節は部分的に失われているが、これはおそらくは地面に打ち込まれた棒のことである(ハンムラビ期のバビロニアの契約で、土地を売却するときに棒を投げたことと比較されたい。Cuq, Études sur les contrats, etc., *Nouvelle Revue Historique du Droit*, 1910, p. 467を見よ)。

(9) Huvelin, *loc. cit.*, *Année sociologique*, X, p. 33を見ること。

(10) ローマ法学者たちの論争に立ち入ることはしないが、ユヴランとジラール氏がネクスムに関しておこなった考察に、いくつかの考察をつけ加えておく。

一 ネクスムということば自体は、ネクテレ(*nectere*)（結ぶ、編む、縛る、拘束する）という語からきている。*nectere*に関してフェストゥスは(当該語項目を見よ。また項目*obnectere*も参照すること)、神祇官たち(Pontifes)が残して現在にまで伝わった稀な文書の一つを伝えていた。「藁で綱を編む」(*Napuras stramentis nectito*)がそれである。この文書は明らかに所有物にまつわる禁忌のことを言っており、その禁忌が藁の結び目によって示されている。したがって、引渡《トラディタ》される(*tradita*)物は、それ自体として印づけられ、結ばれており、この結び目をつけた状態で受領者《アッキピエンス》(*accipiens*)のもとにきていたのだ。したがって、引渡される物が、受領者を縛ることができたのである。

二　ネクスス(*nexus*)(結ばれた、編まれた、縛られた、拘束された)となる人物とは、受領者すなわちアッキピエンスである。他方で、ネクスムに当たっての儀礼方式上の文句からは、その人物がエンプトゥス(*emptus*)、すなわち通常「買われた」と訳されるものであるということが想定されている。しかし(後出を見ること)、エンプトゥスというのは現にアッケプトゥス(*acceptus*)(受け取られた、受け入れられた)という意味なのだ。物を受け取った人物というのは、その者自身が買い取られた上に、さらにまた貸付によって、自身が受け取られたことにもなるのである。まずは物を受け取ったのだから。さらにまた、その物に付加して貸付として与えられる銅塊を受け取ったのだから。こうしたやりとりにおいて、ダムナティオ(*damnatio*)(判決、宣告)や握取行為《マンキパティオ》(*mancipatio*)その他が存在しているのかどうかについては議論がある(Girard, *Man.*, p. 503)。この問題について立場を明らかにするのは控えるけれども、これらの用語はすべて多かれ少なかれ同義語なのではないかとわたしは考える。「拘束と所有によって」(*nexo mancipioque*)という表現や、「購い、完全な所有権をもって受け入れる」(*emit mancipioque accepit*)という碑文の表現(奴隷売買に関して)を参照されたい。そして、これらが同義語であることほど分かりやすいこともない。なぜと言って、誰かから何かを受け取ったというただそのことだけで、人はその相手に恩義を負うことになるのだから。それによって、その人はダムナトゥス(*damnatus*)(有罪判決を下された、非とされた、あることへ義務づけられた)となり、エンプトゥスとなり、ネクススとなるのだから。

三　ローマ法学者たちも、ユヴランでさえも、これまで普通は、ネクスムが執りおこなわれる形式のある細部に対してあまり注意を払ってこなかったのではないかと思われる。それは銅塊、すなわフェストゥスがあれほどまでに論じていた(項目 *nexum* を見ること)アエス・ネクスム(*aes nexum*)(支払いを義務づけられた銅)のあり方のことである。この銅塊はネクスムが成立する際に、トラデンス(*tradens*)(引渡者)からアッキピエンス(受領者)に対して与えられる。けれどもわたしが考えるところでは、受領者がみずからの身を解放するに当たって、その受領者は約束した給付を実行したり、物や代価を相手に渡したりするのはもちろんであるが、それだけではないのだ。何よりも受領者は、同じ秤と同じ証人たちのもとで、同じこのアエス(*aes*)(銅)を、相手に、つまり自分にとっての貸し手や売り手やら等々に、返すのである。そうすると、今度は相手のほうがこれを買い、受け取るのだ。ネクスムを「解消(*solutio*)」するこの儀式は、ガイウス(紀元二世紀の法学者)によって完全な記述がなされている(Gaius, III, 174. このテクストはかなりよく復元されている(ガイウス『法学提要』第三巻一七四)。ここではジラール氏にご教示いただいた読み方にしたがう。Girard, *Manuel*, p. 501, n. を参照せよ。また、*ibid.*, p. 751 も参照のこと)。その場で支払いがなされる売買の場合には、二つの行為が言うなれば同時になされるか、きわめて短い間隔しか置かずになされる。このため、決済があとに持ち越される売買や、儀礼の式次第をともなってなされる貸借の場合ほど、この象徴物が二方向の意味を担っていることは明確ではなかった。その結果、この二方向の作用がこれまで見逃されてきたのである。しかし、即時売買の場合であっても、ともかくもこれが作用していたのだ。ここでの解釈が正しいとするなら、諸々の儀式形式に由来するネクスムのほかに、そしてまた、物に由来するネクスムのほかに、もう一つ別のネクスムが存在することになる。それは、この銅塊に由来するネクスムである。この銅塊は、二人の契約当事者の双方が、与えて受け取ってというやりとりを交代でおこない、同一の秤で重さを量り合う（「あなたにこの秤を最初で最後のものとして与える」*hanc tibi libram primam postremamque*）ものだからである。そして、そうすることで二人は交互に結ばれ合うものだからである。

四　そもそも、少し次のように想像してみよう。青銅貨幣がまだ使われていなかった時代に、あるいは、計量した銅塊を使うことすらなかった時代に、さらには鋳造された銅片、すなわち牝牛をかたどったアエス・フラトゥム（*aes flatum*）（鋳造した銅）さえ用いられていなかった時代に（周知のとおり、最初のローマの貨幣は氏族 *gentes* によって鋳造され、家畜をあらわしていたけれども、おそらくは当該の氏族がみずからの家畜を抵当にしていることを証する印だったのであろう）、ローマにおける契約とはどういうものか、思い描くことができるとしてみよう。代価が実際の家畜、もしくは比喩的な家畜によって支払われる売買というのを想像してみよう。家畜であり代価であるこの物、もしくはそれを比喩的にあらわす物を引渡すときには、それによって契約当事者たちが相互に近づくことになった、とくに売り手が買い手に近づくことになったということを考えてみれば十分である。家畜の売買のときでも譲渡のときでも同じであるが、買い手、つまり最後にその物を所有することになった人物は、売り手、つまり直前までその物を所有していた人物と、少なくともある一定の期間にわたって(たとえば、売買契約の解除をもたらすような品物の欠陥が日を置いて見つかるかどうか、など)、つながりをもっていることになるのだ(ヒンドゥー法に関する事象および民俗事象については後出を見ること)。

法的な形式主義《フォルマリスム》ということそのことが、物の重要性を証している。ローマ市民法においては、財の引渡は日常的なことでも世俗的なことでも単純なことでもなかった(重要な財は奴隷と家畜であり、のちになってこれに不動産が加わった)。引渡はつねに儀式的な方式に則っておこなわれ、相互的であった(11)。そして、依然として集団的におこなわれていた。五人の証人がおり、あるいは少なくとも五人の友人がいて、それに加えて「秤持ち」がいた。わたしたちが引渡を捉えるときには、純粋に法的に、また純粋に経済的に捉えるけれども、そのような近代的な諸観念とは無縁のさまざまな観念が、引渡に絡まり合っていたのである。したがって、ユヴランがきちんと明らかにしたように、引渡によって確定されるネクスムは、依然として宗教的なさまざまな表象に満ち満ちていたのだ。ただユヴランは、こうした表象をあまりに狭く、呪術的な表象として捉えすぎただけのことである。

（11）　ウァロ『農業論』II, p. 1, 15.

確かに、ローマ法におけるもっとも古拙な契約であるネクスムは、すでにして集団的契約という基底からは分離しており、人に拘束を課す古代的な贈与というシステムからも分離している。ローマ法における義務のシステムがどのような前史をもっているか、確実なことは今後もおそらく決して書けないだろう。けれども、どの方向に探究を進めればよいかを示すことはできると思っている。

それというのも、呪術的・宗教的なさまざまな縛りはあるし、法的な形式化を受けたことばやら身振りやらがつくりだすさまざまな縛りもあるわけだけれども、それらの縛りとは別に、物に根差した縛りというのも、おそらくはあるからである。

さらにまたこの縛りは、ラテン人や古代イタリア諸民族の法システムの非常に古い用語のいくつかによっても示されている。これらの用語のうちのいくつかの語源をたどってみれば、議論はこうした方向に向かうことになるように思われる。そこでここでは、以下を仮説として提示しておきたい。

もともとは、物それ自体が人格と力能を備えていたのに違いない。

物は、ユスティニアヌス法やわたしたちの法が考えるような無機質の存在者ではない（東ローマ皇帝ユスティニアヌスの命によりローマ法大全が成立したのは六世紀前半。『学説彙纂』、『勅法彙纂』、『新勅法』、『法学提要』からなる）。まず、それは家族の一部をなしている。ローマのファミリア（*familia*）（家族、僕婢、資産）は、人だけでなくレス（*res*）（物）をも含んでいた。『学説彙纂』にも、まだそのような規定の仕方を見ることができる(12)（ローマ法大全の一部をなす『学説彙纂』は、帝政初期からの著名な法学者の学説を編纂した集成。二世紀から三世紀の法学者であるガイウス、パピニアヌス、ウルピアヌス、パウルス、モデスティヌスらの学説を中心とする）。きわめて注目すべきなのは、古代へ遡れば遡るほど、ファミリアという語がそのファミリアの一部をなすレスをも意味として指し示すようになることで、もっとも古くにはこの語が家族の食糧や諸々の生活手段をも指すほどであった(13)。おそらく、ファミリアという語の語源をもっともよく説明するのは、この語をサンスクリット語のダーマン（*dhaman*）、すなわち家《メゾン》と関連づける語源説であろう(14)。

(12)「ファミリア（familia）」については、『学説彙纂』第五〇巻一六章「ことばの意義について」一九五番、第一節を見ること。「ファミリアの呼称は（……）物や人にしたがって分類される（……）」（Familiae appellatio, etc... et in res, et in personas diducitur, etc...）（ウルピアヌス）とある。Isidore de Séville, XV, 9, 5とも比較すること。『学説彙纂』（第一一巻二章）にあるとおり、ローマ法では非常に遅い時代になるまで、遺産分割の訴訟は「ファミリアエ・

エルキスクンダエ（familiae erciscundae）」（ファミリアの分割）と呼ばれていた。『勅法彙纂』（第三巻三八章）でも依然としてそうであった（『勅法彙纂』は二世紀前半に法整備をおこなったハドリアヌス帝以降、ユスティニアヌス帝までの勅法の集大成。ユスティニアヌス法典とも）。これとは逆に、十二表法に見られるとおり、「レス」のほうも「ファミリア」と同等である。十二表法、第五表三「金銭とみずからの財産《レス》の保護に関して」（*super pecunia tutelave suae rei*）。また、Girard, *Textes de droit romain*, p. 869, n. および *Manuel*, p. 322; Cuq, *Institutions*, I, p. 37 も参照すること。ガイウスはこのテクストを再録しており、そこでは「家産《ファミリア》と金銭に関して」（super familia pecuniaque）と言っている（Gaius, II, 224）。「ファミリア」が「レス」および「スブスタンティア（substantia）」（実質、本質、資産）と同等であることは、『勅法彙纂』（ユスティニアヌス法典）にも依然として見ることができる（第六巻三〇章五）。さらにまた、『学説彙纂』の「田舎と都市部に保有する家産《ファミリア》」（familia rustica et urbana）とも比較せよ（『学説彙纂』第五〇巻一六章「ことばの意義について」一六六番）。

(13)　キケロ『弁論家について』五六、『カエキナ弁護論』七（マルクス・トゥッリウス・キケロは紀元前一世紀前半、共和政ローマ末期の政治家・哲学者）。テレンティウスに、「わたしには一〇日分の生活を支えるだけの家産《ファミリア》もありはしない」（Decem dierum vix mihi est familia）とある（プビリウス・テレンティウス・アフェルは前二世紀前半の劇作家。引用は『自虐者』九一〇）。

(14)　Walde, *Latein. etymol. Wörterb.*, p. 70. ヴァルデ氏はためらいがちにこの語源説を提起しているけれども、ためらう必要などない。しかも、「レス」の中核として、「ファミリア」の究極の「マンキピウム（*mancipium*）」をなすのは、奴隷としての「マンキピウム」である（mancipium には「財産」の意と「奴隷」の意とがある）。その奴隷の別名が「ファムルス（*famulus*）」（奉公人、奴僕）であって、これはファミリアと語源を同じくすることばなのである。

次いで、物には二つの種類があって、ファミリアとペクニア(*pecunia*)とが区別されていた。ファミリアとは家に属する物(奴隷、馬、ラバ、ロバ)であり、ペクニアとは家畜小屋でではなく、そこから遠く離れた野に暮らす家畜群である。[15] さらにまた、手中物《レス・マンキピ》(*res mancipi*)と非手中物《レス・ネク・マンキピ》(*res nec mancipi*)とが、売買形式に応じて区別されていた。[16] 前者は貴重財であって、そこには不動産や子どもさえもが含まれており、握取行為《マンキパティオ》(*mancipatio*)、すなわち手(*manu*)に握り取る(*capere*)という方式を経なくては譲渡されえない物である。[17]＊5 ファミリアとペクニアとの区別が、手中物と非手中物の区別に一致していたのかどうかについては多くの議論があるが、そのような一致があった——そもそもの起源において——ことには、いささかも疑問の余地がないとわたしは考えている。握取行為《マンキパティオ》を必要としないもの(非手中物)はまさしく野にある小型家畜であり、ペクニアすなわちお金《かね》であった(pecuniaには、「財産、お金、金額」の意味もある)。お金《かね》としてのペクニアは、その概念も名称も形態も家畜群から派生していたのである。ローマの古人たち(*veteres*)は、先にツィムシアンやクワキウトルの地で見たのと同じ区別をしているように思われる。すなわちそれは、「家《メゾン》」(イタリアやフランスでいまだに言うように)に恒常的に存在し、それを本質的になりたたせている財と、そこを通過するだけの一過性の財との区別である。一過性の財とは、食糧や遠くの牧草地の家畜群、金属やお金であって、いまだ家父権の従属下にある息子でさえ、結局それらについては取引を商うことができたのであった。

(15)　ファミリアとペクニアとが区別されていることは、サクラタエ・レゲス(*sacratae leges*)(神聖法。違反者には神法上の制裁が科される)(フェストゥスのこの項目を見よ)や、その他の多くのテクストによって確認することができる。この区別については、Girard, *Textes*, p. 841, n. 2; *Manuel*, p. 274, 263, n. 3を見ること。もちろんこの語彙の区分は、いつの時代にあっても確固としていたわけでない。けれども、ジラール氏の見解とは反対に、わたしは古い起源の時代にあっては、両者がきわめて明白に区別されていたと考えている。しかもこの二分法は、オスク語(インド=ヨーロッパ語族イタリック語派に属し、古代南部イタリアで用いられた言語で、死語。前五世紀にまでさかのぼる碑文で知られる)の*famelo in eituo*(家産と金銭)にも見いだせるのだ(*Lex Bantia*, l. 13)。

(16)　手中物と非手中物との区別は、西暦五三二年、市民法(都市国家ローマ成立以来の太古からの法で、ローマ市民にのみ有効。本章の訳注＊1参照)の明示的な廃止により、ようやくローマ法から姿を消した。

(17)　握取行為《マンキパティオ》については後出を見ること。握取行為《マンキパティオ》がこれほど後代になっても要求されたということ、あるいは少なくとも適法であったということは、ファミリアにとって手中物を手放すのがいかに困難であったのかということを証している。

さらにまたレスは、後の世にはただ有形なだけの物体でしかなくなってしまい、取引のたんなる受動的な対象物になってしまったのであるけれども、もともとの起源においては違っていたはずである。レスということばの語源をもっともよく説明するのは、この語をサンスクリット語のラー(*rah*)、ラティー(*ratih*)と比較する語源説であるように思われる。このサンスクリット語は、贈与、贈り物、心地よきものを意味している。[18] レスとは何よりもまず、他人を喜ばせるものであったはずなのだ。[19] 他方でまた、物は家族の所有財であることの証しを印章でしるされていた。したがって、これらのマンキピ物(手中物)については、儀式的な方式に則った引渡[20]、すなわち握取行為《マンキパティオ》が法的な縛りを生みだすということは理解できる。なぜなら、「受領者《アッキピエンス》」の手中にありながらも、そのものは依然として、部分的に、また一時的に、はじめの所有者の「家族」のものでもあり続けているからである。それは相変わらずその家族に縛りつけられており、それと同時に現今の所持者をも縛りつけている。この状態は、現今の所持者が契約の履行によって解放されるまで続く。契約の履行とはすなわち、物や価格やサービスを対価として引渡すことである。それによって今度は逆に、契約当事者のはじめの一方が縛られることになるのである。

(18) この語源説については、Walde, p. 650 の当該語項目を見よ。このほか、*rayih* という語は所有財や貴重品や護符という意味であり、アヴェスタ語(ゾロアスター教聖典『アヴェスタ』が書かれた古代東部イランの言語)の *rae*

や *rayyi* も同様の意味である。また、古アイルランド語の *rath* は「見返りを当てにしない贈り物」を意味する。

(19)　オスク語で「レス（*res*）」を意味することばは *egmo* である（cf. *Lex Bant.*, l. 6, 11, etc.）。ヴァルデ（Walde）は *egmo* を *egere*（ラテン語で「必要とする、欠いている」）と関連づけている。それは「欠けているもの」である。つまり、自分が他人に与えて他人を喜ばせる物としての《*res*》がある一方で、自分には欠けていて他人からくるのを待っている物としての《*egmo*》があることになる。イタリック語派に属する古い諸言語が、このように相互に対応しつつ背反し合う二つの語彙を有していたというのは、きわめてありそうなことである。

(20)　後出を見よ。

注解

物には内在的な力が備わっているとする観念は、そもそもローマ法には二つの点でつねにつきまとってきた。二つの点とは、窃盗すなわちフルトゥム（*furtum*）と、要物契約（当事者の合意のみでなく、目的物の実際の引渡が必要な契約）である。

窃盗について言えば[21]、窃盗が招来する種々の行為や拘束は、明らかに物に備わった力に起因している。物は、それ自体のうちに「永遠の所有権（*aeterna auctoritas*）」を蔵しているのだ[22]。この力は、その物が盗まれたときにはいつでもあらわとなるのである。この点からすると、ローマ法で言うレスは、ヒンドゥーやハイダの所有財と異なるところはない(23)。

(21) Huvelin, Furtum (*Mélanges Girard*), p. 159–175; *Étude sur le Furtum*, 1. *Les sources*, p. 272を見ること。

(22) 非常に古い法律であるアティニア法(*lex Atinia*)の表現で、アウルス・ゲリウス(Aulu-Gelle, XVII, 7)が伝えているものに、「盗み出された物についての所有権は永遠とせよ」(Quod subruptum erit ejus rei aeterna auctoritas esto)とある(アウルス・ゲリウスは二世紀のローマの文法学者・資料編纂家。引用は、盗品については時効による所有権取得がなく、当初の所有者のその物品に対する権利が永遠であることを言う)。ウルピアヌスよりの抜粋(Ulpien, III, p. 4, 6)と比較すること。また、Huvelin, Magie et droit individuel, p. 19も参照のこと。

(23) 後出を見よ。ハイダでは、窃盗の被害者は盗人の家の戸口に皿を一枚置いておくだけでよい。そうすれば、通常は盗まれた物が戻ってくる。

他方で要物契約は、ローマ法でもっとも重要な契約のうちの四つの契約によって構成されている。その四つとは、消費貸借(借りた物それ自体は借主が消費し、貸主にはそれと種類・品質・数量が等しい物を返還することを約して、貸主から金銭その他を受け取ることで成立する契約)、寄託、質、使用貸借(借主は賃料を支払わずに無償で目的物を借りて使用し、収益を得たのちに返還することを約して、貸主から目的物を受け取ることで成立する契約)である*6。このほか、無名契約(法典上に名称が規定されていない契約)のなかにも同じく要物契約とされるものがあり、とりわけ、売却とならんで契約それ自体の発端にあったとわたしが考えている無名契約、すなわち贈与と交換について(24)、このことが当てはまる。けれどもそれは当然であった。実際のところ、ローマ法においてはもとより、現代のわたしたちの諸法においてさえ、最古の法規範にはしたがわざるをえないのだ。(25) 贈与がおこなわれるためには物かサービスがなくてはならないということ、そして、その物やサービスは受け手に必ずや義務を負わせるということがそれである。たとえば、(受贈者が)報恩の義務を怠ったからという理由で(贈与者が)贈与行為を撤回して無効にできるというのは、後代のローマ法のものであるが、(26) 現代のわたしたちの諸法にも同じく見られるのであって、標準的な法にもとづく制度である。自然法にもとづく制度であると言うことさえできるだろう。

(24) Girard. *Manuel.* p. 265. 『学説彙纂』に、「しかしその一方、交換は物を引き渡す時点から債務の開始をもたらす」(*permutatio autem ex re tradita initium obligationi praebet*)とあるのと比較せよ(『学説彙纂』第一九巻四章「物の交換について」一、第二節)。

(25) 『学説彙纂』における「モデスティヌス　規範集」に、「物が関与する場合は、物によってわれわれは拘束を受ける」(*re obligamur cum res ipsa intercedit*)(『学説彙纂』第四四巻七章「債務と訴訟について」五二)とある。

(26) ユスティニアヌス(紀元五三二年)『勅法彙纂』第八巻五六章一〇。

しかしながら、これらの事実は部分的なものであり、いくつかの契約についてのみ証拠となっているのにすぎない。これに対して、わたしの所説はもっと一般性の高いものである。ローマ法の非常に古い時代にあっては、物《レス》の引渡《トラディティオ》(*traditio*)という行為は――口頭や書面での意思表示があった場合でも――重要な機会の一つをなしており、そうでないような場合は一つとしてありえなかったと、わたしは考えているからである。ローマ法は、そもそもこの問題についてはつねに態度が揺れていた[27]。確かにローマ法は、交換が方式に則っておこなわれることが必要であり、少なくとも契約が交わされることが必要であると宣言しており、この点ではわたしが記述してきた古代的な諸々の法システムの規定と同じである。ローマ法が述べていたとおり、「たんに物を引渡しただけでは所有権は移転しない」(*nunquam nuda traditio transfert dominium*)[28]。しかしながら、その一方でローマ法は、ディオクレティアヌス帝(在位二八四―三〇五年)の時代のような後代(紀元二九八年)にいたってもなお[29]、「物の引渡と使用取得でその物の所有権は定まり、合意によって移転するのではない」(*Traditionibus et usucapionibus dominia, non pactis transferuntur*)と宣言してもいる。レスは、給付にせよ物品にせよ、契約の必要不可欠の要素をなしているのである。

(27) Girard, *Manuel*, p. 308.
(28) パウルス(『学説彙纂』第四一巻一章三一、第一節)。
(29) 『勅法彙纂』第二巻三章「合意約束について」二〇。

その上さらに、これらはかなりの議論の対象となった問題であるけれども、それはすべて語彙の問題であり概念の問題であって、古い時代が史料に乏しいことを考えるなら、わたしたちはそれらを解決するのに適した立場にいるとはあまり言えないのである。

ここまでのことがらについてなら、十分に確実である。けれども、おそらくもっと先にまで議論を進め、法学者や言語学者に対して一つの道筋を提示することが許されるだろう。それは道筋としてはおそらく幅の広いものであって、それを辿って研究を進めることができるけれども、それを辿った先には、十二表法の時代にすでに（既述のように、十二表法は紀元前四五〇年頃に成立）、そしておそらくはさらにそのずっと以前に、一つの法システムが丸ごと失効していたことが、たぶん想像できるようになる、そういう道筋である。ファミリアやレス以外の法的な諸々の語彙が深く掘りさげて研究される。そこでわたしは一連の仮説を素描してみたい。一つひとつの仮説は、おそらくさほど重要ではないだろう。けれども、それらを全体として見るなら、それなりに重みのあるひとまとまりの仮説群を形成しているのである。

契約と義務にかかわるほとんどすべての語彙、ならびにこれら諸々の契約の形態のうちのいくつかは、引渡《トラディティオ》がなされたという事実がただそのことだけでつくりだす霊的な縛りのシステムにかかわっているように思えるのだ。

契約当事者はまずもってレウス（*reus*）（債務者、被告、罪人）である。[30] 何よりもそれは他人からレスを受け取った者であり、そうであるがゆえに、その相手のレウスとなる。言いかえれば、物それ自体によって相手に縛りつけられた者、つまりは、物の霊によって相手に縛りつけられた者となる。[31]（レウスをレスと関連づける）この語源説はすでに提起されたことがあるけれども、まったく意味をなさない説としてしばしば却けられてきた。だが、意味をなさないどころか、この語源説にはきわめて明白な意味が備わっている。実際のところ、ヒルン(Hirn)が明らかにしているように、(32) もともと *reus* は *res* の -*os* 型語尾の属格であり、*rei-jos* に代わるものなのである。すなわち、物によって憑依《ポ》=所有《セ》された人《デ》である。ヒルンと、ヒルンの論にしたがうヴァルデは、(33) 確かにここでレスを「訴訟」と訳しており、*rei-jos* も「訴訟に巻き込まれた」と訳している。(34) だが、この訳は恣意的であって、レスという語が何をおいても訴訟用語であると決めてかかっている。これとは逆に、わたしの意味派生説が受け入れられるなら、およそあらゆるレスも、そしてまた、レスのおよそあらゆる引渡《トラディティオ》も、「係争《アフェール》」の対象であり、公的な「訴訟《プロセ》」の対象であることになるのだから、「訴訟に関与させられた人」という意味のほうこそ、逆に二次的に派生したことが分かる。ましてや、レウスに罪人という意味があるのは、なおのこと派生的なことであって、わたしたちは通常の順序とは正反対に、諸々の意味が派生してきた系譜を辿り直すことができるのではないだろうか。次のように言えるだろう。(一)物に憑依《ポ》=所有《セ》された人《デ》。(二)物の引渡《トラディティオ》を原因とする係争《アフェール》に巻き込まれた人。(三)そして最後に、罪人、有責者。(35) この観点からすると、「準不法行為」(故意ではなく過失や不注意などによる不法行為のこと。ローマ法、とくにユスティニアヌス法典では、住宅占有者が建物から物をつきだして往来者に損害をきたした場合など、四種の準不法行為が規定されている)をめぐるあらゆる理論、「準不法行為」が契約とネクスムと訴訟(*actio*)の起源にあるとするあらゆる理論は、これまでよりも若干分かりやすくなる。物をもっているという、ただそのことだけで、物を受領《アッキピエンス》した人はそれを引渡《トラデンス》した人に対して不安定な状態に身を置くことになるわけなのだ。それは、罪責状態に準じるような状態（有責で *damnatus*, 拘束され *nexus*, 銅の負債に縛られている *aere obaeratus*）であり、霊的に劣位にある状態であり、倫理的な不平等をこうむっている状態（マギステル *magister*（主人））に対するミニステル *minister*（従者））なのである。(36)

（30）　レウス（*reus*）ということばが罪人、有責者という意味をもつことについて、Mommsen, *Römisches Strafrecht*, 3e éd., p. 189 を見られたい。古典的な解釈は歴史に対する一種の予断から生じている。それは、対人関係に関する公法、とりわけ刑法が原始の法であるとし、対物関係にかかわる諸法、および諸契約が近代的で洗練された現象であると見る予断である。けれども、契約それ自体から契約に関する諸法を導き出すほうがよほど単純であろうに！

（31）　そもそもレウスは、法的な語彙であるとともに宗教的な語彙でもある（Wissowa, *Rel. u. Kultus der Römer*, p. 320, n. 3, n. 4 を見よ）。たとえば、*voti reus*（奉納義務を負っている人。何かを納めることを約して神に誓願を立てた人は、祈願成就の暁にそれを奉納しなくてはならなかった）（『アエネイス』第五巻二三七）とか、*reus qui voto se numinibus obligat*（祈願によって神々に奉納義務を負う人）（セルウィウス注釈『アエネイス』第四巻六九九行の該当箇所）（セルウィウスは四世紀の文法学者）とかといった具合に。レウスと同じ意味をもつのは、*voti damnatus*（奉納義務を課された罪人）であるが（ウェルギリウス『詩選』第五歌八〇行）、このことはきわめて意味深長である。というのも、*damnatus*（断罪された人）とは *nexus*（拘束された人）にほかならないのだから。誓願を立てた人は、何かを約束した人や何かを受け取った人とまったく同じ立場にある。その人は、誓いを果た

し終わるまでは *damnatus* であるわけである。

(32) *Indo-germ. Forsch.*, XIV, p. 131.

(33) *Latein. Etymol. Wörterb.*, p. 651 の語項目 *reus* を見よ。

(34) これは最古のローマ法学者たち自身の解釈でもある(キケロ『弁論家について』第二巻一八三、「その人の事案についてところのすべての人は当事者である」 *Rei omnes quorum de re disceptatur*)(「レウス」は被告の意味で使われるが、キケロは原告であれ被告であれ、争われている事案《アフェール》にかかわりをもつすべての人を「レウス」と呼ぶとした)。彼らがつねに気にかけていたのが、レスとは係争にほかならないということであった。ただしこの解釈にも、それが十二表法の時代の痕跡をとどめているという利点がある。というのも十二表法(第二表二)では、レウスはたんに被告人を指すのではなく、訴訟にかかわる両当事者を、つまり後代の訴訟手続きにおける訴人(*actor*)と被告人(*reus*)の双方を指しているからである。フェストゥス(語項目 *reus* を見ること。また、「双方の前に置かれている *pro utroque ponitur*」という別の断章も参照のこと)は十二表法に注釈をつけながら、この論点に関して二人の非常に古い時代のローマ法学者のことばを引いている。ウルピアヌス(『学説彙纂』第二巻一一章二、第三節「係争者二人のうちの一人」 *alteruter ex litigatoribus*)と比較すること。両当事者は訴訟によって同じように縛りつけられている。両者はそれに先立ち、物によって同じように縛りつけられていたと想定してよい。

(35) 物に対して責任を負い、物によって責任を負わされる者としての「レウス」の観念は、非常に古い時代のローマ法学者たちにもまだ馴染みのものである。彼らのことばをフェストウスが引いている(この語項目を見よ)。「保証要求の当事者(*reus stipulando*)は stipulator(契約者)と言われる人に同じ(……)。保証約束の当事者(reus promittendo)は自身の名義によって他人に何かを約束する人」(*reus stipulando* est idem qui stipulator dicitur. ...reus promittendo qui suo nomine alteri quid promisit)、等々。そこで明らかにフェストゥスは、これらの語彙がいわゆる連帯性《コレアリテ》(ローマ法における債務者間もしくは債権者間の連帯性)という保証システム(債務者と連帯し、その債務弁済に責任を負うという意味での保証、連帯保証)のなかでどのように変容しているのかに触れようとしている。ところが、古い時代の論者たちが問題にしていたのは別のことなのだ。そもそも連帯性にしてからが(『学説彙纂』第一四巻六章七、第一節におけるウルピアヌス、ならびに『学説彙纂』第四五巻二章「設定された二人の主債務者について」という標題)、人を物へと縛りつけ、この場合には人を係争《アフェール》へと縛りつける解消不能な紐帯という意味を保持しているのである。この紐帯は、その人とともに「その友人や親族たち」、すなわち連帯人たちをも縛りつける紐帯だからである。

(36) オスク語で書かれたバンティア法(*Lex Bantia*)でミニストレイス(*ministreis*)というのは、ミノリス・パルティス(*minoris partis*)にほかならない(l. 19)。これは訴訟で敗れる側のことである。このように、イタリック語派の諸方言にあっては、これらの語の意味が失われたことは一度としてなかったのだ!

握取行為《マンキパティオ》がいまだにおこなわれてはいたけれども、その本義はもはや理解されなくなっていた時期がある。[37] 非常に古拙なローマ法では、握取行為《マンキパティオ》は購買＝売却であって、それがのちにエンプティオ・ウェンディティオ(*emptio venditio*)(売買)になったのであるけれども、[38] わたしは以上に論じた観念体系を、この時期の握取行為《マンキパティオ》の形態に見られる非常に古い諸特徴のいくつかとも結びつけている。第一に、握取行為《マンキパティオ》がつねに引渡《トラディティオ》をともなうことに着目してみよう。[39] 当初の物の保持者、すなわち引渡手《トラデンス》は、自分の所有物を提示し、方式に則った仕方でその自分の物からみずからを解きほどき、それを引渡し、そうすることで受領者《アッキピエンス》を買う。第二に、本来的な意味での握取行為《マンキパティオ》が、この引渡手の所作に対応しておこなわれる。物を受け取る者は、その物を自分の手(*manus*)に握り取り、それが受け取られたことを認める。それだけでなく、支払いがおこなわれるまでは自分自身が売られている状態にあることをも認めるのである。ローマの法律家たちにならって、[*7] 日頃わたしたちは握取行為《マンキパティオ》のことしか考察の対象にしないし、握取行為《マンキパティオ》にしても占有取得としてしか理解しようとしないけれども、実際には同じ一つのやりとりのなかに、物を客体とし、人を客体とした、相互に対称的な関係にある複数の占有取得が存在しているのである。[40]

(37) 握取行為《マンキパティオ》と売買(エンプティオ・ウェンディティオ *emptio venditio*)との区別に関し、ローマ法学者たちはその起源をあまりにも古い時代にさかのぼらせすぎているように思える。十二表法の時代には、そしておそらくはそのはるか後代になっても、売買契約が純粋な諾成契約として存在していたということはありそうにない。売買契約が純粋な諸成契約となったのはこの後のことであり、その時期はおおむね特定することができる。Q・M・スカエウォラ（クィントゥス・ムキウス・スカエウォラは、紀元前二世紀から一世紀はじめ、共和政ローマ期の政治家で、初期ローマ法の権威者）の時代である。十二表法は、*venum duuit*（競売に付す）という用語を用いているが、もっぱらそれは、もっとも厳密な儀礼的方式をともなっておこなわれ、握取行為《マンキパティオ》以外の方式では絶対に遂行されえなかった売却、すなわち息子の売却を言いあらわすためである（第四表二）。その一方で、少なくとも手中物について言うなら、この時代にその売却は、契約としてはただ握取行為《マンキパティオ》によってのみなされていた。つまり、これらの用語はすべて同義語なのだ。古代人たちも、このようにさまざまな語彙が同じような意味で混ざり合っていたことを記憶にとどめていた。ポンポニウス（Pomponius）のことばが『学説彙纂』（第四〇巻七章「候補自由人について」）にあるのを見られたい。「というのも十二表法は、エンプティオ（購買）ということばによって、あらゆる所有権の譲渡を包括しているように思われるので」（*quoniam* Lex XII. T. *emtionis*（*emptionis* の誤記）*verbo omnem alienationem complexa videatur*）。これとは逆に、握取行為《マンキパティオ》ということばは非常に長い期間にわたり、〈法律訴訟〉（Actions de la Loi）の時代まで、純粋な諸成契約にもとづく諸行為を言いあらわしてきた（法律訴訟は共和政前期に知られていた五種の訴訟手続き。原告が儀式に則り、定型文言を発話しなくてはならなかった。たとえばガイウス『法学提要』によると、ブドウ樹を切られて訴訟を提起した者は、訴えの根拠となる十二表法が「樹木」一般の切断について述べているので「樹木」と言わねばならなかったのに、「ブドウ樹」と言ったために敗訴した。このような柔軟性の欠如から、紀元前二世紀に民事訴訟の変革がはじまり、紀元前一七年に法律訴訟手続きはほぼ廃止された）。たとえば、信託（フィドゥキア *fiducia*）がそうであり、これと握取行為《マンキパティオ》とはときに混同されている。Girard, *Manuel*, p. 545 の諸文書を見ること。また、p. 299 も参照せよ。それだけでなく、マンキパティオもマンキピウムもネクスムも、おそらくはきわめて古い時点では、かなり無差別に用いられていたのであろう。

ただし、このように同義の諸語彙があったことを留保しておいた上で、以下の本論ではファミリアの一部をなすようなレスの握取行為《マンキパティオ》だけを考察することにしたい。ウルピアヌスが伝えている原則(Ulpien, XIX, 3, cf. Girard, *Manuel*, p. 303)、「マンキパティオはマンキピ物(手中物)の譲渡に特有である」(*mancipatio... propria alienatio rerum mancipi*)から出発することとする。

(38) ウァロ『農業論』にとって(II, 1, 15; II, 2, 5; II, V, 11; II, 10, 4)、エンプティオ(*emptio*)(買購)という語はマンキパティオ(*mancipatio*)を包含している。

(39) この引渡《トラディティオ》にはある種の儀礼がともなっていたと考えることさえできる。その儀礼とは、マヌミッシオ(*manumissio*)(奴隷解放)の儀礼形式、すなわち奴隷が自分で自分を買い戻すとされるときの解放の儀礼形式のなかに保持されているような類のものである。わたしたちは、握取行為《マンキパティオ》において両当事者がどのような所作をなすのかについて十分な資料をもっていないけれども、マヌミッシオの方式(フェストゥス、項目*puri*)がその根底において家畜の売買《エンプティオ・ウェンディティオ》の方式と同じであることは、きわめて注目にあたいする。たぶん引渡手《トラデンス》は、これから引渡そうとする物を自分の手でつかんだあと、その物を手のひらで叩く習慣だったのだ。ヴス・ラヴェ(*vus rave*)、つまりブタを叩くこと(メラネシアのバンクス諸島)や、ヨーロッパの祭市で家畜が売れたとき、その家畜の尻を叩くこととも比較しうる。ただし、諸々の原典テクスト、とくにガイウスのそれは、この特定の主題について欠落している部分が多々ある。だからこそ、こうした仮説をあえてここで提示することもできたわけだ。もっとも、さまざまな文書が発見されれば、こうした欠落もいつかは埋められることになるであろう。

（40）前出のネクスムに関する考察を見よ。

ハイダには紋章入りの銅製品で「叩く」という儀礼形式があったけれども、それと同じ儀礼形式がここにも見いだされたわけである（前出、第二章の注（255）を見ること）。

その一方で、非常な長きにわたって、エンプティオ・ウェンディティオ[41]は二つの別々の行為なのか、それともただ一つの行為なのかという問題が議論されてきた。以下に見るとおり、それを二つの行為として数えなくてはならないということについて、わたしはこれまでの議論に加え、さらなる論拠を提示するものである。その場でただちに支払いがなされる売買では、二つの行為がほとんど同時に起こる可能性があるとしても、それは二つに数えなくてはならないのである。もっと未開の諸法においては、贈与があり、次いでお返しの贈与があった。それと同様に、古いローマ法においても、売却があり、次いで支払いがある。こうした状況においてみれば、システム全体を理解するのにいかなる困難もなくなるし、それに加えて問答契約さえも理解できるようになる[42]。

（41）Cuq, *Institutions juridiques des Romains*, t. II, p. 454.

(42) 前出を見よ。スティプラティオ(*stipulatio*)、すなわち両当事者による棒の交換は、古代の担保に対応するばかりでなく、古代における付加的な贈与にも対応している。

実際のところ、どのような儀式上の方式が用いられたかに目を止めれば、ほとんど事足りる。たとえば、銅塊にかかわる握取行為《マンキパティオ》の方式。また、奴隷が自分を請け出して解放されるときに、その奴隷から金《きん》を受け取る方式[43](この金《きん》は「清浄であり、真正であり、神に捧げられたものでなく、彼自身のものでなくてはならない」*puri, probi, profani, sui*)。この二つの方式は同じである。その上、これらは二つとも、最古の購買《エンプティオ》、すなわち家畜と奴隷の購買(この最古の購買については市民法 *jus civile* として今日《こんにち》に記録が残されている)の方式を伝えている[44]。二番目の保有者となる者が物を受け取るのは、物に瑕疵《かし》がない場合、とくに呪術的な瑕疵がない場合だけである。そしてまた、その者がそれを受け取るのは、その者がそれに対してお返しをできたり、それを相殺できたり、それに支払いをなしうるときだけである。レッディト・プレティウム(*reddit pretium*)(対価を支払う)とか、レッデレ(*reddere*)(返還する)とかといった表現に注意してみよう。ここにもまた、ダレ(*dare*)(与える)という語根があらわれているではないか[45]。

(43) フェストゥス、*manumissio* について。

(44) ヴァロ『農業論』2, 1, 15; 2, 5; 2, 5, 11: *sanos*(健全である), *noxis solutos*(害から解放されている), etc. を見ること。

（45）　同様にまた、ムトゥイ・ダティオ（*mutui datio*）（消費貸借）等といった表現にも注意すること。実際ローマ人たちは、物の引渡《トラディティオ》がつくりだすありとあらゆる行為を言いあらわすのに、与える（*dare*）という語彙しかもっていなかったのだ。

そもそもそれに、フェストゥスがエメレ（*emere*）（買う）という語彙の意味と、この語によってあらわされる法的形式の意味とを、今日《こんにち》にまではっきりと伝えてくれている。彼は当時まだ、次のように述べている。「アベミト（*abemito*）は取りのぞけ、もしくは取り上げろという意味である。というのも、古代の人々はアッキペレ（*accipere*）（受け取る）と言う代わりにエメレと言っていたからである」（*abemito significat demito vel aufero; emere enim antiqui dicebant pro accipere*）（項目 *abemito*）。さらに彼は別所で、次のような意味に立ち戻っている。「今日では買うを意味するエメレを、昔の人はスメレ（*sumere*）（取る）という意味で用いていた」（*Emere quod nunc est mercari antiqui accipiebant pro sumere*）（項目 *emere*）。これはそもそも、ラテン語のこの語それ自体が関連しているインド＝ヨーロッパ語系の語彙の意味にほかならない。エメレということ、それは、誰かから何かを取るということ、受け取るということなのである。[46]

（46）　Walde, *ibid.*, p. 253.

エンプティオ・ウェンディティオという表現のうち、もう一方の語彙であるウェンディティオ（*venditio*）（売ること）を見てみると、ここでもまた法に関する話として、ローマの法律家たちのとは違った話が聞こえてくる。(47) 彼らにとっては、価格があって、貨幣が用いられることが売るということの表徴であり、価格も貨幣も介在しないのであれば、それは物々交換か贈与でしかないのであった。けれども、ウェンデレ（*vendere*）（売る）という語は、もともとはウエヌム・ダレ（*venum-dare*）であって、アルカイックで先史時代の型の合成語である(48)（語源的には、*vendere* ← *venum dare* ← *venus*「売却」の対格形＋*dare*「与える」）。したがって、この語にはっきりとダレ（*dare*）（与える）という語要素が含まれていることは間違いなく、そのことが贈与や移転を想起させるものとなっている。それに対して、ウェヌム・ダレのもう一方の語要素であるウェヌム（*venum*）については、すでに売却それ自体ではなく、売却価格を意味するようになっていたインド＝ヨーロッパ語系の語彙、オーネー（ὠνή）を借用したものであると思われる。この語彙はサンスクリット語ではヴァスナー（*vasnah*）となるもので、ヒルンもかつて、(49) この語をブルガリア語で持参財や花嫁代償を意味する語と関連づけたことがある。

(47)『学説彙纂』第一八巻一章三三、パウルスよりの抜粋（三三は三四の誤記か）。

(48) このタイプの諸語彙については、Ernout, Credo-Craddhâ（*Mélanges Sylvain Lévi*, 1911）を見ること。レスや他の多くの用語についてと同じく、これもまたイタリア・ケルト語系、およびインド・イラン語系の法的な諸語彙が同一系統であるという事例である。トラデレ（*tradere*）、レッデレ（*reddere*）といった、これらの語の古代的形態にも目を止めておこう。

（49）　Walde, *ibid.*, 項目 *vendere* を見ること。
「リキタティオ（licitatio）」（買い値をつけること、競売）という非常に古い語彙のなかに、戦争と売却（競売）とが同等であると考えられていた時代の痕跡が残されているというのは、ありそうなことである。フェストゥスはここでも言っている。「リキタティ（licitati）とは、商いあるいは闘いで争う人である」（*Licitati in mercando sive pugnando contendentes*）と（フェストゥス、語項目 *Licitati* を見ること）。トリンギットやクワキウトルの言い回しである「財の戦争」と比較せよ。また、競りとポトラッチについては、第二章の注（146）を参照すること。

インド＝ヨーロッパ語系の他の諸法

非常に古拙なローマ法に関する以上のような諸々の仮説は、どちらかと言えば先史時代にかかわっている。ラテン人の法も倫理も経済も、このような形態をとっていたはずであるけれども、そうした形態は、ラテン人の諸制度が歴史時代に入ったときに忘れ去られてしまったのであった。それというのも、まさしくローマ人と、そしてギリシア人とが[50]、おそらくは北部および西部のセム語系の人々に続いて[51]、対人関係にかかわる法と対物関係にかかわる法との区分を創案したのだし、贈与や交換から売却を区別したのだし、倫理的な義務と契約とを切り離したのだし、そして何よりも、儀式的関係と法的関係と利害関係とのあいだには違いがあることに思いいたったからである。真の革新、偉大で称賛に値する革新によって、もはや時代に合わなくなった倫理段階を乗り越え、贈与経済を乗り越えて先に進んだのはローマ人とギリシア人なのだ。贈与経済というのは、あまりにも運任せで安定性がなく、あまりにも高くついて無駄が多いから。贈与経済というのは、人対人のさまざまな思惑で満ち満ちていて、市場・商業・生産の発達とは両立しえず、つまるところ当時にあっては反経済的となっていたから。

(50)　ギリシア法について、より正確には、イオニア人とドーリア人による法典化という偉業に先行して存在していたはずの法のうち、どのような要素がギリシア法に残存したのかについて、十分に研究がなされてきたわけではない。このためギリシアのさまざまな民族が、こうした贈与の諸規則を知らなかったのか、それとも知っていたのかを確言することはできない。ついては、以下に挙げるようなさまざまな問題に関して文献の全体を再検討することが必要ではないだろうか。それは、贈与、結婚、担保(Gernet, 'Εγγύαι, *Revue des Études grecques*, 1917 を見ること。また、Vinogradoff, *Outlines of the History of Jurisprudence*, II, p. 235 も参照せよ)、歓待、利子、契約といった諸問題である。そのような再検討をおこなったとしても、断片的なものが見いだされるだけかもしれない。けれども、ここにそうした断片の一つがある。アリストテレスが、寛大な市民(高田三郎訳、岩波文庫版では「豪華なひと」)というもの、およびそれが公的・私的に果たす出費や、その義務と負担について述べていることがそれである（アリストテレス『ニコマコス倫理学』一一二三a三）。アリストテレスはそこで、異国人の応接や外交使節、贈り物とお返しの贈り物（καὶ δωρεὰς καὶ ἀντιδωρεάς）について触れ、彼らがいかに公共の諸事に（εἰς τὰ κοινὰ）出費をするかについて述べており、さらに次のように付け加えている。「贈り物というのは、神々への捧げ物とどこか似たところがある」（τὰ δὲ δῶρα τοῖς ἀναθήμασιν ἔχει τι ὅμοιον）と（第二章の注（151）、ツィムシアンを参照すること）。

現代におこなわれているインド＝ヨーロッパ語系の諸法のなかで、アルバニア法とオセチア法の二つには、この種の制度を認めることができる。これらの人々にあっては、結婚やら葬式やら等々で過度の浪費をおこなうことが、近代的な法律や政令によって禁止されたり、制限されたりしているのである（たとえば、Kovalewski, *Coutume contemporaine et Loi ancienne*, p. 187, n.）。ここではこうした法律や政令の存在を指摘するにとどめておく。

（51）周知のとおり、契約のほとんどすべての方式は、紀元前五世紀に、エジプトはフィラエのユダヤ人たちがアラマイ語（アラム語）で残したパピルスによって確認することができる。これについては、Cowley, *Aramaic Papyri*, Oxford, 1923 を見ること。バビロニアの契約に関するウングナッド（Ungnad）の研究も知られている。*Année*, XII, Huvelin, p. 508, および Cuq, Études sur les contrats de l'époque de la 1re Dynastie babylonienne (*Nouv. Rev. Hist. du Dr.*, 1910) を見ること。

なお、わたしがここで再構成してみせたものはすべて、蓋然的ではあるけれども一つの仮説にすぎない。けれども、その蓋然性の程度は、いずれにせよ次の事態によって高まることになる。それは、インド＝ヨーロッパ語系の他の諸法、成文化された真の諸法も、すでに歴史時代となって現在に比較的近い時期においてなお、オセアニア諸社会やアメリカ諸社会を舞台としてわたしが記述したシステムと同じ型のシステムをおそらくは経験していたということである。オセアニアやアメリカの諸社会は俗に未開社会と呼ばれているし、よくてもアルカイックな社会と言える程度なのだけれども、そうした社会のシステムと同様のシステムを、である。したがって、ある程度は安心して一般化をおこなうことができる。

インド＝ヨーロッパ語系の諸法のうち、こうした痕跡をもっともよくとどめているのがゲルマン法とヒンドゥー法という二つの法システムである。書かれたテクストが多く残されているのもまた、これら二つである。

二　古典ヒンドゥー法(52)

(52)　古代ヒンドゥー法には、他の聖典と比べるとかなり後代になって編纂された選集が二系統あり、それらによって現代に知られている。そのうち古いほうの系統は『ダルマスートラ（*Dharmasutra*）』である（ダルマスートラは律法経のこと。紀元前五世紀頃から記録されたバラモン教の祭式綱要書「カルパスートラ」の一種）。ビューラー（Bühler）はこれが仏教よりも前に成立したとしている（Sacred Books of the East 所収の *Sacred Laws*, 序論）（Sacred Books of the East はマックス・ミュラー Max Müller によって編纂され、ヒンドゥー教、仏教、道教、儒教、ジャイナ教、ゾロアスター教、イスラームなどの宗教テクストを英訳した五〇巻におよぶ叢書）が、これらのスートラ（*sutra*）のなかに、仏教以後に成立したものがないとはかぎらない（もっとも、これらのスートラの基盤をなした伝統までもがそうであるとは言わないが）。いずれにしても、これらはヒンドゥーの人々がシュルティ（*Çruti*）、すなわち〈天啓聖典〉（Révélation）と呼ぶものの一部をなしている。

これに対して、もう一方の系統はスムリティ（*smrti*）、すなわち〈聖伝〉（Tradition）の系統である。もしくは、『ダルマシャーストラ（*Dharmaçastra*）』の系統である（ダルマシャーストラは、紀元前後からの数世紀間に成立した古インド法典を指す。主なものに『マヌ法典』や『ヤージュニャヴァルキヤ法典』がある）。これらの〈法の書〉（Livres de la Loi）のうち中心的なのは有名な『マヌ法典（code de Manu）』である。『マヌ法典』に関しては、その成立時期はスートラ（ダルマスートラ）にわずかに遅れるにすぎない。

けれども、わたしはここで長大な叙事詩を資料として用いた。この叙事詩資料はバラモン教の伝統において、スムリティならびにシャーストラ（*Çastra*）（すなわち聖伝ならびに教授された法）としての価値を備えたものである。それが『アヌシャーサナ・パルヴァン（*Anuçasanaparvan*）』（『マハーバーラタ *Mahabharata*』第一三巻）（アヌシャーサナ・パルヴァンは「教説の巻」の意）である。これは法典類よりいっそう明瞭なかたちで贈与の論理について述べる一方で、法典類と同じだけの価値をもち、それらと同じような霊感に満ちた書である。とりわけこの書の編纂の基盤には、『マヌ法典』そのものの立脚基盤となっている伝統と同じマーナヴァ(Manava)派のバラモン教学派の伝統が存しているように思われる(これについては、Bühler, *The Laws of Manu*, in Sacred Books of the East, p. LXX 以下を見ること)(『マヌ法典』は一般に、それ以前に存在していた法である律法経をもとに成立したとされ、バラモン教の一学派であるマーナヴァ派の影響があるとの説もある)。そもそも、このパルヴァン(*parvan*)(巻)とマヌとは相互に引用し合っている節《ふし》さえあるのだ。

ともかくも、この資料の価値は計り知れない。贈与に関する長大な叙事詩からなる長大な書である。そこでは贈与、つまり注釈の言うダーナ・ダルマカタナム(*dana-dharmakathanam*)に対して、一書の三分の一以上、四〇以上にもおよぶ「教えが割かれている」。その上この書は、インドにおいてきわめて広く知られている。矢の床に横たわって死を待つ偉大な見者王、ビーシュマ(Bhisma)が、ダルマ(Dharma)、すなわち〈法〉の化身である偉大な王、ユディシティラ(Yudhisthira)に対して、悲劇的な調子でこの書を唱え聞かせたそのさまを、叙事詩は伝えているのである。

以下の本論ではこの資料を *Anuç.* と略記し、参照箇所を指示する場合には、詩行番号、ならびにアディヤーヤ(*adhyaya*)(章)ごとの詩行番号の、おおむね二つによることとする。原典から転記するときには、文字をイタリック体に置き換える。

贈与の理論

注記

ヒンドゥーの法史料を用いるのにはかなり大きな困難がある。さまざまな法規範があるし、法規範に匹敵する法的権威を備えたさまざまな叙事詩があるのだが、それらを編纂したのがバラモンたち（古代インドで形成された四種の階層中、最上位を占める神官・司祭）だからである。そして、バラモンはそれらを、自分たちのためだけに編纂したとは言わないまでも、他に対して自分たちの立場を有利にするように編纂したとは言えるからである。ときあたかも、バラモンがみずからの支配的な立場を勝ち得た、まさにそのときのことである[53]。だから、法規範も叙事詩も、法のある一面の理屈をしか示していない。そのため、他の二つのカーストであるクシャトリヤ（*ksatriya*）（バラモンに次ぐ第二位の階層で、政治や戦争を司る王・貴族・武士）とヴァイシュヤ（*vaiçya*）（第三位の階層で、生産や商業などに従事する平民）については、これらの法規範や叙事詩に紛れ込んだたくさんの情報を頼りに再構成を試みることによってしか、その法と経済がいかなるものであったのかを垣間見ることはできない。ところが、本論で記述しようとしている法理論、「贈与の法」、すなわちダーナダルマ（*danadharma*）に限って言うならば、それが適用される対象は実際にバラモンだけなのである。それが対象としているのは、バラモンがどのように贈与を懇請し、どのように贈与を受け取り、どのようにそれにお返しをするのかだからである。もっとも、バラモンは宗教的な祭式を執行することをもってお返しとするので、それ以外のお返しの仕方はないのだが。そしてまたそれが対象としているのは、どうしてバラモンに贈与をしなくてはならないのかである。当然のことながら、バラモンには与えなくてはならないとするこの義務こそが、幾多の法規範によって規定されているのだ。バラモンを相手にするのとは異なり、たとえば貴族たちどうしのあいだでとか、君主の家系の家族どうしのあいだでとか、さまざまなカーストや民族のそれぞれの内部でとか、一般の人々のなかでとかでは、これとはまったく違った人間関係がおそらく支配的であっただろう。それが現にどのような関係であったのか、今や分かりようもないのだが、それはたいしたことではない。ヒンドゥーの事象は途方もない領域の広がりを有しているからである。

(53) 諸々のシャーストラおよび叙事詩には仏教との闘いが語られていることからして、これらが編纂された時期は(これらの基盤にある諸規範そのものが成立した時期は、とまでは言わないが、少なくともこれらが編纂された時期は)、仏教との抗争より後のことである。これは一つならざる点から明らかだ。ともかくも『アヌシャーサナ・パルヴァン』について言えば、そこには仏教に対する暗示的な言及がいたるところにあり、このことは確実である(とくにアディヤーヤ一二〇を見よ)。さらには――編纂が最終的に完了したのはおそらくきわめて遅い時代のことなのだ――、この同じパルヴァンには、まさしく贈与の理論に関してキリスト教への暗示を読み取ることすらできるのではないかと思われる（アディヤーヤ一一四、詩行一〇）。そこではヴィヤーサ（*Vyasa*）（聖仙で、『マハーバーラタ』の伝説上の作者）が次のように言い足している。「以上が巧みに（カルカッタ版ではニプネーナ *nipunena*）（ボンベイ版ではナイプネーナ *naipunena*）教授された法である」、「みずからの自我に反することを他人にすることなきよう。これがダルマ（法）の要点である」（詩行五六七三）（『マハーバーラタ』のテクストには、「カルカッタ版」、「ボンベイ版」、「プーナ批判版」などがあり、複雑である。ただし、「プーナ批判版」の刊年は「贈与論」発表後の一九三三―六六年）。しかしながらその一方、バラモンは成句と格言をつくるのに長けた人々であったので、キリスト教とは無関係に自分たちだけでこうした着想にたどりついたというのもありえないことではない。実際、その一つ前の詩行（詩行九＝詩行五六七二）には、この上なくバラモン教的なおもむきが備わっている。「欲望に身をゆだねる（そして身を誤る）者もある。拒むにあっても与えるにあっても、幸福にあっても不幸にあっても、歓喜にあっても悲嘆にあっても、人は（ものごとを）みずからに（みずからの自我に）なぞらえることで、それらをはかりとるものだ、云々」。ニーラカンタ（Nila*kantha*）（『マハーバーラタ』の注釈者で、一七世紀の人。彼の注釈はボンベイ版に収められている）の注釈は明確かつ独自のものであり、キリスト教的なものではない。「人が他人に対してふるまうのと同じように（同じように他人もその人に対してふるまう）。懇願したにもかかわらず拒絶にあったとき、その拒絶を自分ならどのように受け取るだろうかと感ずることによってこそ、云々、人は何を与えなくてはならないのかが分かるものなのだ」。

実際、アーリア人が移住定着した直後の古代インドは、二つの点でポトラッチの地であった[54]。第一に、アッサムの諸部族（チベット＝ビルマ語派）（チベット＝ビルマ語派はシナ＝チベット語族の一語派）とムンダ(*munda*)系の諸部族（オーストロアジア語族）（ムンダもしくはムンダーは、インドの中部から東部にかけて居住する人々。言語学上、ムンダ語派はモン＝クメール語派などとならんでオーストロアジア語族の下位分類をなす）という二つの非常に大きな集団において、いまだにポトラッチを認めることができる。この二つの集団は、ともにかつては今よりはるかに人口規模が大きく、インド人口の大きな部分の基層を形成してきた集団である（アーリア人の移住以前からインドに居住していた集団で、言語的にもインド＝ヨーロッパ語系ではない、ということ）。これらの諸部族におけるポトラッチの伝統は、バラモン的な外観がのちに上から覆いかぶさってもなお、絶えることなく存続してきたと考えることさえできる[55]。たとえば、バタク(Batak)（スマトラ北部内陸地帯に主として居住）のインジョク(*indjok*)[56]や、その他のマレー的な客人歓待原理と同じような制度がここにもあって、その痕跡は、不意の客人があっても、その客人を食事に招くことなく、自分たちだけで食事をとってはいけないとする諸々の禁止規範に見ることができるのではないだろうか。「友を招かずに（食べる者）、その者はハラーハラ(*halahalah*)の毒を食べることになる」と言われるのだ（インド創造神話である「乳海攪拌」神話によると、不死の霊水である甘露アムリタを手に入れようと、神々と悪魔らが協力して大海をマンダラ山で攪拌。神々が蛇をマンダラ山に巻きつけて攪拌した際、蛇が石を嚙んで猛毒ハラーハラが流れ出たという。シヴァ神がこれを飲み干し、世界を救った）。

（54） わたしはここで、北東インド（モース原文のまま訳出。「北西インド」の誤りか）に到達したアーリア人たちが、『リグ・ヴェーダ(*Rg Veda*)』が編纂された時代のようなきわめて古い時代から、市場や商人や価格や貨幣や売買を知っていたということを否定するつもりはない（Zimmern, *Altindisches Leben*, p. 257 以下を見ること）（アーリア人が北西インドに進入・移住した時期は、紀元前一五〇〇年頃と推定されており、紀元前一二〇〇年頃にはインド・アーリア語最古の文献、『リグ・ヴェーダ』が成立したとされる。ヴェーダはシュルティ［天啓聖典］であり、詩的霊感を備えた聖仙が超越的な状態のうちに啓示を受けて表現した）。『リグ・ヴェーダ』第四巻二四、九。とくに『アタルヴァ・ヴェーダ（*Atharva Veda*）』（呪法・呪句の集成）には、こうした経済は馴染みのものである。インドラ自身が商人なのだ（讃歌三、一五。これは『カウシカスートラ *Kauçika-sutra*』（『カウシカスートラ』は『アタルヴァ・ヴェーダ』の編要書）第七巻一に使われたものである。第七巻一〇および一二は物を売却にゆく人の儀礼におけるもの。同所一行目のダナダー *dhanada*（財を与える者）、ならびに同所にあるインドラの形容詞、ヴァージン *vajin* を見ること）（モースによる語の取り違えか。現在の標準的ローマ字転写法で vajin は「速い、力強い」の意で、確かにインドラを形容する語であるが、ここでの参照先にある語は vanij であり、「商人」の意。なお、インドラは『リグ・ヴェーダ』の宗教における最大の神。雷霆神の性格が顕著）。

わたしはまた、財の譲渡の起源にあって、対物的でもあり対人的でもあり、さらにはまた形式的でもあるこの事象（ポトラッチのこと）だけに、インドの契約が発していたなどと言うつもりもなければ、インドにおいて他の形態のさまざまな義務、たとえば準不法行為が知られていなかったなどと言うつもりもない。わたしが論証しようとしているのは次の一点に尽きる。こうしたさまざまな法システムと並行して、もう一つ別の法と経済と心性が存在していたということ、これである。

(55)　とりわけ、クランや村落による全体的な給付があったに違いない。先住者の部族や民族にあっては、今でもあるのだから。バラモンは「庶民」なぞから何であろうとも受け取ってはならないとする規範、とりわけ彼らが催す宴会に参加してはならないとする規範は

(*Vasistha*, 14, 10 および Gautama, XIII, 17; Manu, IV, 217)(それぞれ『ヴァシスタ・ダルマスートラ』、『ガウタマ・ダルマスートラ』、『マヌ法典』)、おそらくこの種の慣行を念頭に置いている。

(56) *Anuç.*, v. 5051, v., 5045(= *Adh.*, 104, v. 98, 95)に次のようにある。「エキス《エッサンス》が除去された液体を飲んではならない……。自分と同じテーブルについている人(注解、自分が席をすすめ、自分と一緒に食事をとるべき人)にそれを贈ることなしに飲んでもならない」。

第二に、これと同種とは言わないまでも、同属の制度にはさまざまなものがあって、それらの痕跡が最古のヴェーダにもいくつか残されている。こうした痕跡はインド=ヨーロッパ語世界のほとんどどこにでも見いだすことができるため(57)、アーリア人以前にインドにいた人々に加え、アーリア人もまたこれらをインドに持ち込んだと考えることができる(58)。その上で、アーリア人以前の人々が有していた系統と、アーリア人が持ち込んだ系統とが、一つに混ざり合ったのだ。その時期を大まかにでも推定するなら、それはヴェーダ期の後期、インダス川とガンジス川という二大河川のそれぞれの流域に形成された大平野にアーリア人が移住定着した時期に重なると考えることができるだろう。おそらくはまた、この二つの系統は互いに互いを強め合ったことだろう。だからこそ、文学史上のヴェーダ時代が終わるや否や、ポトラッチに関連する理論も慣行も、ともに著しい発達を遂げたのだ。

(57) たとえばアーダーナム(*adanam*)というのは、剃髪した若者の両親や成年式がすんだ若者の両親であるとか、婚約が成立した男性や女性であるとか等に対して、友人たちが贈る贈り物のことであるが、これはゲルマンの「ガーベン（*gaben*）」（一一世紀から一四世紀にかけての高地ドイツ語である中高ドイツ語で、「贈り物として与える」「とくに結婚式などで」の意）と、名称まで同じである。「ガーベン」についてはのちに論ずる（家庭祭式綱要書『グリヒヤスートラ *Grhyasutra*』を見ること。また、Sacred Books 所収のオルデンベルク（Oldenberg）による翻訳の索引において、これら種々の名称を見ること）。

別の例として、贈り物（食べ物の）に由来する名誉がある。*Anuç.* 122, v. 12, 13, 14 に次のようにある。「讃えられて、自分からも讃える。飾られて、自分からも飾る。「物を与える人だ」と、そこかしこで言われる。そうなると、その人はいたるところから賛美されるようになる」（*Anuç.* v. 5850）。

（58）　語源学的で意味論的な研究がおこなわれれば、ローマ法に関して得られた諸成果と同じような成果がここでも得られるのではないだろうか。交換や贈与や賭けが、わたしたちが契約というときに通常思い描くような意味での契約の役割を果たしている別のもう一つの体系があって、最古のヴェーダ文献には、こうした体系を前提としなければ理解できないような語彙が多々認められるのである。これらの語彙は、ラテン語の用語よりも語源がさらにはっきりとしている上に、市場や売買に関する語でさえもがこれに含まれる。なお、「与える」と訳されるサンスクリット語の単語、ダー（*da*）と、そこから派生するおびただしい数の語彙（たとえば、「受け取る」とか「取る」とかを意味するアーダー *ada* など）については、しばしばその意味が多義的であることが指摘されてきたところである（もっともそれは、インド＝ヨーロッパ語系のあらゆる言語に一般的に見られることであるが）。

さらに例示を進め、いっそのことここで、売却というテクニカルな行為をもっともよく示す二語からなるヴェーダのことば、パラダー・シュルカーヤ(*parada çulkaya*)、すなわち「ある値段で売る」ということばを例にとってみよう。そしてまた、動詞パン(*pan*)から派生するあらゆる語彙(たとえばパニ *pani*「商人」)も。するとまず、パラダー(*parada*)という語のほうには、ダー(*da*)、「与える」という語が含まれている。それだけでなく、シュルカ(*çulka*)のほうは、確かにラテン語のプレティウム(*pretium*)(価値、価格、代価、報酬)がもつテクニカルな意味を共有しているのだが、それとはまったく違うことも意味している。この語は、価値や価格を意味するだけでなく、闘いの代償とか、花嫁代償とか、性的サービスへの報酬とか、租税や貢祖とかをも意味しているのだ。そしてまたパンについては、すでに『リグ・ヴェーダ』の時代から、パニ(商人、吝嗇家、強欲を意味し、さらには異国人の名称の一つでもあった)という語とか、貨幣の名称であるパナ(*pana*)(のちにこれが有名なカールサーパナ *karsapana*(一定の価値を示す重量の単位)となる)とか等々の派生元となっていたわけであるが、このパンは売るという意味とならんで、プレーする、賭ける、何かのために争う、与える、交換する、危険を冒す、思い切ってやる、獲得する、危険にさらすという意味ももっている。その上、名誉を讃えるとか、称賛するとか、高く評価するとかを意味するパンという語があって、これがここで述べたパンとは別の動詞であると考えなくてはならないなどということは、おそらくないのである。貨幣を意味するパナはまた、売り物、報酬、賭けや賭博で賭けられる物、賭博がおこなわれる家屋、さらには自宅に代えて客人を泊めた宿屋すらをも意味している。

これらの語彙の全体は、さまざまな観念を相互に結びつけているのであるが、それらはポトラッチのなかでしか結びつきようのない諸観念なのだ。すべてのことが明かしているのは、原初的なシステムの存在である。そのシステムをもととして、本来的な意味での売却という後代のシステムが考え出されたのである。けれども、語源説による再構成というこの試みに深入りしないようにしよう。そうした試みは、ことインドに関しては不要であるし、これを続けていると、おそらくは遠くインド＝ヨーロッパ語系の世界を離れたところにまで立ちいたることとなるであろうから。

『マハーバーラタ』とは、ある巨大なポトラッチにまつわるお話にほかならない。たとえば、カウラヴァ(Kaurava)家の兄弟とパーンダヴァ(*P*andava)家の兄弟とのあいだのサイコロ勝負。あるいはまた、パーンダヴァ兄弟の姉妹であり、兄弟共通の妻となるドラウパディー(Draupadi)の婿選びと（ドラウパディーはパーンダヴァ兄弟の姉妹ではない）、婿候補として名乗り出た男たちの競技[59]。同じ説話モチーフは叙事詩中の諸々のすばらしい挿話にも繰り返しあらわれている。たとえば、ナラ(Nala)王とダマヤンティー(Damayanti)姫の物語に語られているのは、『マハーバーラタ』が全体として語っていることと同じで、集会場の建設であったり、サイコロ勝負であったり、等々である[60]（『マハーバーラタ』第二巻『サバー・パルヴァン』、すなわち「集会の巻」には、パーンダヴァ五王子、とくに長男のユディシティラのために集会場を建てることが語られている。集会場は公の会議や裁判に用いられただけでなく、公的社交場にもなり、公許の賭博もおこなわれた）。ただ、物語には文学的・神学的な装いが凝らされているため、それですべてが潤色されてしまっているのであるが。

(59)『マハーバーラタ』の『アーディ・パルヴァン(*Adiparvan*)』(「最初の巻」)第六章にある叙事詩の梗概を見ること。

(60) たとえば、『マハーバーラタ』第二巻『サバー・パルヴァン(*Sabhaparvan*)』(「集会の巻」)の第一二章にあるハリシュチャンドラ王(Hariçcandra)の伝説を見ること。別の例が、『ヴィラータ・パルヴァン(*Virata Parvan*)』(「ヴィラータの巻」。『マハーバーラタ』第四巻。ヴィラータは王の名)の第七二章にある。

もっとも、わたしがここで論証を進める上では、起源を異にするこれらの多様な要素がそれぞれどれくらいずつ入り込んでいるのかを量定して組み合わせ、そうすることで体系の完全な姿を仮説的にであれ再構成することが必要となるわけではない[61]。それと同じように、この体系にかかわりをもっていた階級はいくつなのかとか、この体系はいつ最盛期を迎えたのかとかといったことも、比較研究においてはさほど正確に規定されている必要はない。後代になっていくつかの理由から(本論ではその理由に立ち入ることはしないが)、この法システムは、それがバラモンにとって有利に作用する場合は別として、消失してしまった。けれども、この法システムは六世紀間から一〇世紀間にわたって、すなわち紀元前八世紀から紀元後二、三世紀まで、実際に間違いなくおこなわれていたと言うことはできるのであって、それで十分なのだ。叙事詩もバラモンの法も、旧来の雰囲気のなかで生き続けている。そこにおいては、贈り物が依然、義務としてなされており、物には特別の力能が備わっており、物が人としての人格の一部をなしている。社会生活のこうした諸形態を記述するとともに、それらが何を理由としているのかを考察するだけにとどめておこう。たんに記述してみるだけでも、かなりの説得性がある。

(61)　ここで認めておかなくてはならないのは、本論考の中心的な主題であるお返しをする義務に関して、ヒンドゥー法にはわずかの事象しか見つからなかったということである。おそらく、『マヌ法典』第八章二一三くらいだろう。もっとも明確な事象といえば、逆にお返しすることを禁ずる規則なのだ。バラモンは葬送のシュラーッダ（*çraddha*）（祖霊祭）、つまり死者たちへの供食儀礼を非常に精緻に発展させてきたのであるが、そもそもの起源にあっては、この儀礼はお互いに招待し合い、招待にお返しをする機会となっていたのではないかと思われる。にもかかわらず、そうしたおこないは厳禁されたのである。*Anuç.*, v. 4311, 4315（＝XIII, Lect. 90, v. 43以下に相当）には次のようにある。「シュラーッダに友人たちしか招かない者は天に昇ることができない。友も敵も招いてはならず、友でも敵でもない者を招かねばならない、云々。祭司が友人である場合、その祭司に報酬を提供すると、その報酬は悪鬼（ピシャーチャ *piçaca*）という名前で呼ばれることになる」（v. 4316）。おそらくこの禁止は、日常的な慣行にとってまさしく革命的な変化であろう。律法詩人ですら、この変革がある特定の一時期に、ある特定の一教派によってなされたとしている（『ヴァイカーナサ・シュルティ *Vaikhanasa Çruti*』、*ibid.*, v. 4323＝Lect. 90, v. 51）（ヴァイカーナサ派は、紀元前後には成立していたとされる僧たちの集団に発する教派）。実際、狡猾なバラモンは、贈り物を受け取っても自分たちでお返しをすることはせず、代わりにお返しをする役目を神々や死霊たちに押しつけてしまった。これに対して一般大衆が、相変わらず友人たちを葬儀の食事に招待し続けていたことは疑いない。インドの一般大衆はそもそも現在でもそうし続けているのだから。バラモンはというと、お返しもせず、招きもせず、結局のところ受け取りさえしないのがつねであった。しかしながら、バラモンの諸規範は、本論の事例を例示する上では十分なだけの資料を提供してくれている。

物を与えると、与えられた物はこの世でもあの世でも、それ自身に対する返報を生みだすことになる。この世では、与えられた物が同じ物を自動的に生じさせて、与え手に対して返報とする。(62)物はそのままなくなってしまうのではなく、それ自身を再び生みだすのである。あの世にゆくと、やはり同じ物がそこにも増えて待ち受けている。食べ物を与えるとする。その食べ物は、この世では食べ物として与え手へと戻ってくることになる。けれど、あの世に行っても、同じ食べ物が同じ人のものになる。さらには、その人が生まれ変わる段階ごとに、同じ食べ物がその人のものとなるのである。(63)水や井戸や泉を与えれば、渇きに備える必要がなくなる。(64)衣服や金や日傘を与え、灼熱の地面を踏み歩くためのサンダルを与えれば、同じ物がこの世でもあの世でも返ってくる。土地を贈与すれば、その土地は他人のために実をつけることになるけれども、その一方で自分の利得は、この世でもあの世でも、自分が生まれ変わった先のそれぞれの生でも、それだけ大きくなることになる。「月が日ごとに大きく満ちゆくように、ひとたび土地の贈与がなされれば、それは年ごとに（収穫ごとに）大きくなるものだ」(65)。土地は収穫物をもたらし、地代をもたらし、地税をもたらし、鉱物をもたらし、家畜をもたらす。土地の贈与がなされれば、これらによって贈与者も受贈者もともに豊かになることになる(66)。法と経済にまつわるこうした一大神学理論が、無限に続く見事な詩行のなかで展開され、無数の韻文の章句のなかで展開されている。法規範も叙事詩も、この点では尽きるところがないのである(67)。

(62)　*Vas. Dh. su.*, XXIX, 1, 8, 9, 11–19. これは『マヌ法典』第四章二二九以下に相当。また、*Anuç.* の第六四章から第六九章までの全章（パラーシャーラ Paraçara（正しくは「パラーシャラ Parāśara」。聖仙・見者で、『マハーバーラタ』の伝説上の作者、ヴィヤーサの父とされる）からの引用と併せて）も参照すること。この書のこの部分は、全体として一種の連禱を基盤としているように思われる。それは半ば占星術の性格も備えており、第六四章のダーナカルパ（*danakalpa*）からはじまっていて、誰が誰に何を贈らなくてはならないのかを統べる星々の配置が定められている。

(63)　*Anuç.*, 3212. 犬やシュードラ（*çudra*）（四種の階層中、最下層で、一般に忌避される仕事に従事する者）、「犬のために料理をする者」である（犬肉を調理する者でもある）シュヴァーパーカ（*çvapaka*）（正しくは「シュヴァパーカ śvapāka」。原義は「犬を調理する者」。四種の階層外の賤民層で、「犬の飼育者」ともされる）に与える食べ物でさえそうなのだ（＝第六三章の詩行一三。また、同じ章の詩行四五＝通し番号での詩行三二四三、三二四八とも比較すること）。

（64）　生まれ変わる各段階において、どのようにして前の段階で自分が与えた物を取り戻すのかについて、一般的な諸原則が述べられているのを見よ（第一三巻の第一四五章、詩行一—八および詩行二三と三〇）。吝嗇家に対してどのような制裁が下されるのかについては、同じ章の詩行一五から二三に示されている。それら諸制裁のなかでも、とりわけ吝嗇家は「生まれ変わって貧しい家族に生まれ落ちる」とされている。

（65）　*Anuç.* 3135. Cf. 3162（＝Lect. 62, v. 33, 90）.

（66）　V. 3162（＝*ibid.*, v. 90）.

（67）　結局のところ、『マハーバーラタ』のこのパルヴァン、この詠歌は、全体として次の問いに対する答えとなっている。それは、移り気な〈幸運〉の女神であるシュリー（Çrī）（ラクシュミーという名で知られるヒンドゥー女神の別名。幸運を司り、ヴィシュヌ神の妻とされる。仏教に取り入れられ、吉祥天と呼ばれる）をいかにして獲得することができるのかという問いである。これに対する第一の答えは、シュリーは牝牛たちのいるところや、その糞やら尿やらのなかに住まっているというものだ。牝牛たちもそれぞれが女神なのだから、その牝牛たちがシュリーにそこに住まうことを許したというわけである。だからこそ、牝牛を贈り物として与えると、与え手には幸福が保証されることになるのである（第八二章。また、本章後出の注（79）を見よ）。第二の答えは根本的にヒンドゥー的なものであり、インドのありとあらゆる倫理的教義の基礎をさえなすものである。その答えが教えるところでは、〈幸運〉と〈幸福〉の秘密は、与えること、一人占めにしないことにある（第一六三章）。〈幸運〉を追い求めずに、それを他の人々にも分かち与えることにある。そうすれば〈幸運〉は自分のところに戻ってくるのだから。この世にあっては、ひとりでに自分がなした善行のかたちをとって戻ってくるのだから。そしてまたあの世でも。自己を捨てること。与えるためにのみ獲得すること。これこそが本源の法をなす法であり、真の利得の源泉なのだ（詩行五六五七＝第一一二章の詩行二七）。「誰しも食べ物を分かち与えることで日々を豊かなものとしなくてはならない」。

しかも、土地にせよ食糧にせよ、人が贈り物として与える物はすべて人格化されている。土地も食糧も生き物であって、対話を交わす相手となり、契約に参加する当事者となる。そして、それそのものが与えられることを望むのだ。その昔、大地は太陽の英雄であるラーマ（Rama）、ジャマダグニ（Jamadagni）の息子ラーマに語りかけた。ラーマは大地の歌を耳にすると、土地を丸ごと、聖仙《リシ》カーシャパ（Kaçyapa）に与えた（ジャマダグニおよびカーシャパは、ともにサプタリシと呼ばれる七聖仙の一人）。大地は、古代のことばづかいでであろうが、次のように歌っていたのである(68)。

わたしを受け取ってください（受取手よ）、
わたしを与えてください（与え手よ）、
わたしを与えれば、わたしを改めて得ることになるでしょう。

それに加えて大地は、今度はいささか平板なバラモン的なことばづかいで語りながら、次のように歌ってもいた。「この世でもあの世でも、与えられた物は再び新たに獲得される」。ある非常に古い法典によれば、(69)アンナ(*Anna*)、すなわち神格化された食糧が、次のような詩を歌い上げたという。

わたしを神々に贈ることなく、死霊たちに贈ることなく、自分の従者やら客人やらに贈ることもなく、料理ができたからといって(わたしを)食べてしまう人。そして愚かにも(こうして)毒を食すことになる人。わたしのほうこそ、こういう人を食べてしまうのである。わたしがその人の死なのである。

これに対して、アグニホートラ(*agnihotra*)を捧げ、ヴァイシュヴァデーヴァ(*vaiçvadeva*)(70)をきちんとおこない、自分はそのあとで食べる人(アグニホートラは献供儀礼の一種で、朝夕、祭火へ熱した牛乳を献供する。ヴァイシュヴァデーヴァは「一切の神々に関する」の意で、すべての神々に対する供養礼拝の儀礼)。自分が食べ物を与えなくてはならない人々に食べ物を与えたあと、残された物を——喜びと清浄と信心のうちに——食べる人。このような人に対してわたしは甘露となり、その人はわたしをおいしく味わう。

(68) 詩行三一三六(=第六二章の詩行三四)では、この一節はガーター(*gāthā*)(詩節のこと。「偈」、「偈頌」とも言う)と呼ばれている。シュローカ(*çloka*)(韻律の名称。『マハーバーラタ』の多くはこの韻律で書かれている)ではない。したがってこの一節は古い伝統に由来するものである（ただし、ガーターがシュローカより古いと一概には言えない）。その上、詩句の前半部分である *mamevadattha, mam dattha, mam dattva mamevapsyaya*（詩行三一三七＝第六二章の詩行三五）＊8は、後半部分とは独立している可能性がきわめて高いとわたしは考える。そもそも、詩行三一三二（＝第六二章の詩行三〇）が先立ってこの部分を他から切り離している。「牝牛が、張り切った乳房から乳を滴らせながら自分の仔牛のところに駈け寄ってゆくように、祝福を授かった土地は、日頃から土地を贈与している者のところに駈け寄ってゆくものである」。

（69）*Baudhayana Dh. su.*, II, 18（正しくはII. 5. 18）．この法典は客人歓待の諸規範と同じ時代のものであるばかりでなく、明らかに〈食糧信仰〉とも同じ時代のものである。〈食糧信仰〉については、それがヴェーダ宗教の後期の諸形態と同じ時代のものであるとともに、ヴィシュヌ信仰の時代まで続き、ヴィシュヌ信仰に吸収されたと言うことができる。

（70）後期ヴェーダ時代におけるバラモン教の供犠のこと。*Baudhayana Dh. su.*, II, 6, 41および42と比較すること。また、*Taittiriya Aranyaka*, VIII, 2とも比較すること。

分け与えられるということ、これは食べ物に本来的に備わった性質なのだ。他人に食べ物を分け与えないということは「食べ物の精髄《エッサンス》を殺す」ことであり、自分に対しても他者に対してもその食べ物を破壊することなのだ。このような解釈の仕方は、物質論的であると同時に観念論的である。だが、バラモン教が施しと客人歓待について示したのが、まさにこの解釈なのである[71]。富とは、与えるためにつくるものなのだ。富を受け取るべきバラモンがいなかったとすれば、「富者たちの富は無為となっただろう[72]」。

食べ物を、みずからそれと弁えずに食べる者は食べ物を殺す。ひとたび食べられてしまうと、食べ物のほうがその者を殺す[73]。

吝嗇たることは、法が定める円環を途絶することである。それは、一つの功徳や一つの食べ物から次の功徳や次の食べ物が再生する、永遠に続く円環を途絶してしまうことなのである[74]。

(71)　聖仙《リシ》(*rsi*)マイトレーヤ(Maitreya)と、クリシュナ・ドゥヴァイパーヤナ(*Krsna* dvai-*payana*)の化身であるヴィヤーサ(V*yasa*)とのあいだの著名な対話において、これに関する全理論は提示されている(*Anuç*., XIII, 120, 121)。この対話にわたしは、仏教に対するバラモン教の闘争の痕跡を見いだした。とくに詩行五八〇二(=第一三巻、第一二〇章の詩行一〇)を見ること。したがって、この対話は全体として歴史的な重要性を有していたはずであるし、クリシュナ信仰が勝利を収めた時代のことを暗に述べているに違いない。にもかかわらず、ここで説かれている教義はまったくもって古いバラモン教神学の教義なのだ。おそらくはそれは、インド最古の、アーリア人以前のインドの民族的倫理に根差した教義であるとさえ言える。

（72）*Ibid.*, v. 5831（= Lect. 121, v. 11）.

（73）*Ibid.*, v. 5832（= 121, v. 12）. カルカッタ版にしたがって、ここは *annam* と解すべきであり、ボンベイ版の *artham* と解すべきではない。後半の詩節は意味が不明であり、おそらくは伝承の過程で間違いが生じたのであろう。けれども、そこには何がしかの意味を見いだすことができる。「彼が食するこの食べ物、この食べ物をまさしく食べ物となす当のもの、そのことを知らずしてその食べ物を殺し、みずからも殺される人がいる」。これに続く二行はさらに不可解であるが、観念をもっと明瞭に表現しており、ある一人の聖仙《リシ》と結びついていたはずの一教義のことを暗に言っている。詩行五八三四（=同章の詩行一四）である。「賢者・識者は食べ物を食べることによってそれを生まれ変わらせる。彼が主人なのだ。そして今度は食べ物のほうが、彼を生まれ変わらせる」（詩行五八六三）。「これが（ものごとが）展開するさまである。というのも、与え手の勲功であるものは、受け手の勲功でもあるからである（逆もまた然り）。というのも、ここでは、片側の車輪一つだけで進むわけではないからである」。プラタープ（Pratâp）の翻訳（マハーバーラタ）は逐語訳でない言い換えをとても多く含んでいるけれども、この箇所についてはいくつものすぐれた注釈を基礎として翻訳がなされており、訳業に見合った翻訳であると言えよう（ただし、瑕瑾《かきん》となる誤訳が一箇所あり、これは別である。詩行一四の *evam janayati* がそれだ。再生するのは食べ物であって子どもではない）。*Ap. dh. su.*, II, 7, 3 と比較すること（『アーパスタンバ・ダルマスートラ』Apastamba Dharma Sutra のこと）。「客人に先んじて食事に手をつける者は、食糧を損ない、財産を損ない、子孫を損ない、家畜を損ない、家族の勲功を損なう」。

(74) 本章前出の注(64)を見ること。

その一方で、この交換のやりとりにおいて、そしてまた窃盗に関して、バラモン教では所有物が人と同一のものとして明確に捉えられている。バラモンの所有物とはバラモンその人なのだ。

バラモンの牝牛。それは毒であり毒蛇である。

呪句集成の『ヴェーダ』(『ヴェーダ』を構成する四書の一つ、『アタルヴァ・ヴェーダ Atharva-Veda』のこと)には、すでにこのように述べられている[75]。古代のバウダーヤナ(Baudhayana)法典(『バウダーヤナ・ダルマ・スートラ Baudhayana Dharma Sutra』のこと)は次のように宣している[76]。「バラモンの所有物は、(それを着服した者を)子や孫にいたるまで殺す。毒は(本当の毒で)ない。バラモンの所有物こそ(毒のなかの)毒と呼ばれる」。バラモンの所有物は、それ自体のうちに自前の制裁力を備えているのだ。なぜならそれ自体が、バラモンに存する何やらおどろおどろしいものだからである。バラモンの所有物が盗まれるときには、窃盗が意識的で意図的になされている必要すらない。本論で対象としているパルヴァン(巻)、すなわち『マハーバーラタ』のなかで本論にもっともかかわりのある巻の、ある一つの「章」では、[77] 全節をあげてヤドゥ（Yadu）人の王であるヌリガ（Nṛga）の話が語られている。それによれば、ヌリガは家臣の手違いによって、あるバラモンに別のバラモンが所有する一頭の牝牛を与えてしまい、そのためにトカゲに変えられてしまった。牝牛を受け取ったバラモンは、手違いとは知らずに受け取ったのであり、それを返すことを望まなかった。他の牝牛十万頭と引き換えでも、返すことを望まなかった。今やこの牝牛は彼の家の一部となっているのだから。彼の身内なのだから。

この牝牛は、ときとところに順応している。よい乳牛だし、穏やかで、ここにとても愛着を抱いている。その乳は甘く、わたしの家にあってじつに貴重であり、つねにあるべきものである。（詩行三四六六）

わたしには、虚弱なのに母乳から乳離《ちちばな》れさせた幼子が一人あって、その子を養ってくれているのがこの牝牛である。わたしがこの牝牛を誰かにやるようなことはありえない。（詩行三四六七）

牝牛を持ってゆかれたバラモンのほうも、それと引き換えに別の牛で我慢することなどできなかった。牝牛は二人のバラモンの所有物であることになってしまい、しかもその状況に解決をもたらす術はなかった。二人のバラモンがともに拒絶するそのはざまで、哀れな王は何千年というあいだ、そこに孕まれた呪詛によって、呪いをかけられたままとなったのであった(78)。

(75) 『アタルヴァ・ヴェーダ』第五巻一八、三。同所の詩行一九、一〇とも比較せよ。

(76) 第一巻五、一六(正しくは第一巻一一、一六)(前出、盗まれた物《レス》に関する「永遠の所有権 *aeterna auctoritas*」を参照すること)。

(77) 第七〇章。この章は牝牛の贈与(牝牛贈与の儀礼については第六九章で述べられている)に関するものである。

(78) 詩行一四以下。「バラモンの所有財は殺す。バラモンの牝牛がヌリガを殺すように」という詩行三四六二(＝同章の詩行三三)がある(また、詩行三五一九＝第七一章の詩行三六とも比較されたい)。

与えられた物と与え手とのあいだの結びつき、所有物と所有者とのあいだの結びつきが、牝牛の贈与にかかわる諸規範においてほど緊密であることはない(79)。それらの規範を知らぬ者もない。ダルマ(法)の王(80)であるユディシティラ(Yudhisthira)(ユディシティラはパーンダヴァ五兄弟の長男で、ダルマ神より授かった子)、つまり叙事詩の中心的な英雄であるユディシティラその人が、牝牛の贈与に関する規範を遵守して、大麦と牝牛の糞を食糧とし、地面を寝床とし、そうすることで王たちのなかの「牡牛」となったのだった。三日と三晩のあいだ、牝牛の所有者は牝牛のまねをしてふるまい、「牝牛の誓い」を遵守する。[81] 牝牛の所有者は、三晩のうち一晩は、「牝牛の液」、すなわち、体液や糞や尿だけを食糧とする（尿には〈幸運〉の女神であるシュリー神が宿っている）。所有者はまた、三晩のうち一晩、牝牛と一緒に、牝牛と同じく地面に寝る。注釈者が付け加えて言うには、「ノミやシラミにたかられても、掻いたり払い除けたりすることなく」である。そうすることで所有者は、「心を一つにして牝牛と」一体化するのである。[82] 牛小屋に入ったあとで、所有者は牛たちを聖なる名前で呼びながら、[83] 次のように言い足す。「牝牛は我が母、牝牛は我が父」、等々。実際に牝牛を贈与する段になると、所有者は最初の文句を繰り返すことになる。儀式に則って牝牛を贈与するときがきたとしよう。牝牛を褒め讃えたのちに、牝牛の貰い手（モース原文どおりに訳出。「与え手」の誤記か）が言う。

お前たちがそうであるところのもの、わたしはそれである。今日わたしはお前たちの精髄《エッサンス》となった。お前たちを与えることで、わたしはわたし自身を与えるのである。[84]（詩行三六七六）

これに対して、貰い手が受け取りながら（プラティグラハナ pratigrahana（領受）をおこないながら）[85]、言う。

精神において動かされ（手渡され）、精神において受け取られたお前たち。わたしたち二人を讃えておくれ。ソーマ(Soma)のかたち(月のかたち)をし、ウグラ(Ugra)のかたち(太陽のかたち)をしたお前たちよ。[86](詩行三六七七)

(79) *Anuç.*, Lect. 77, 72; Lect. 76. これらの規則はおびただしい細部の描写とともに語られているけれども、そうした細部は事実に依拠しているとはあまり思われず、おそらくは頭だけで考え出されている。儀礼はある特定の学派、すなわちブリハスパティ(Bṛhaspati)学派のものであるとされている(第七六章)(ブリハスパティはインド神話における知恵と雄弁の神)。この儀礼は贈与がおこなわれる前に三日三晩続き、そのあとも三日間続く。ある種の状況のもとでは、一〇日間続くことさえある(詩行三五三一=第七一章の詩行四九、詩行三五九七=第七三章の詩行四〇、詩行三五一七=第七一章の詩行三二)。

(80) 王は恒常的な「牝牛の贈与(*gavam pradana*)」のなかで暮らしていた。詩行三六九五=第七六章の詩行三〇。

(81) まさしくそれは、贈与者に牝牛たちを一体化させ、牝牛たちに贈与者を一体化させるイニシエーションである。それは一種の秘儀、《*upanitasu gosu*》なのだ。詩行三六六七(=第七六章の詩行二)。

(82) これは同時に浄化儀礼でもある。これによって牝牛の所有者は、どんな罪からも解放されることになる(詩行三六七三=第七六章の詩行八)。

(83) サマンガ(*Samanga*)(四肢をすべて有している)、バフラ(Bahula)(大きい、肥えた)といった名前。詩行三六七〇（詩行六〇四二を参照のこと。牝牛たちは言った。「バフラよ、サマンガよ。お前は恐れを知らない。お前は平静である。お前はよい友だ」）。叙事詩は、これらの名前がヴェーダの名前であり、シュルティの名前であることを忘れずに述べている。実際、諸々の聖なる名前は、『アタルヴァ・ヴェーダ』第五巻四、一八、詩行三および詩行四に見ることができる。

(84)　字義どおりには、「お前たちの与え手であるわたしは、わたしの与え手である」。

(85)　このことばは「つかみとる行為」を意味し、アッキペレ(*accipere*)、ランバネイン(*λαμβάνειν*)、テイク(*take*)（それぞれラテン語、ギリシア語、英語で「取る、得る」等を意味する）等々とまったく同列のことばである。

(86)　この儀式では、「ゴマの菓子やすえたにおいのするバターの菓子でできた牝牛」であるとか、同様に「金や銀でできた」牝牛であるとかを贈ることができるとも想定されている。この場合、それらの牝牛は本物の牝牛と同じようにあつかわれていた。詩行三五二三、三八三九を参照すること。その際、諸々の儀式上の所作、とりわけ取引の儀式は、もう少し精緻化されることになる。たとえば、これらの牝牛には儀式名が与えられる。なかには「将来」という意味の名前もある。また、牝牛たちとともに暮らす「牝牛の誓い」は、さらに日数が長くなる。

バラモン教の法原理のなかには、このほかにも不思議と、先に本論で記述したポリネシア、メラネシア、アメリカのさまざまな慣習のうちのいくつかを思わせるようなものがある。贈り物を受け取るときの仕方が驚くほど似ているのだ。バラモンも度しがたいほど気位が高い。まず、バラモンは市場と一切のかかわりをもつことを拒絶する。それだけでなく、市場に由来するものは何一つ受け取ってはならない(87)。国レベルの経済体制ができており、そこには都市があり、市場があって、貨幣が用いられているにもかかわらず、バラモンはインド・イラン共同時代(アーリア人のインドへの移住定着に先立つ時代)の古い牧畜民の経済と倫理に忠実なままである。そしてまた、大平野を耕す農耕民(もともとそこに住み着いていたのか、あとから移住定着したのかは問わず)の経済と倫理に忠実なままである。その上、バラモンは高貴な身分にふさわしい態度を守り続けている(88)。他人から物をもらいでもしたら、相変わらず貴人としての自尊心が傷つくことになると考えているのである(89)。『マハーバーラタ』の二つの「章」に、偉大なる〈見者〉である七人の聖仙の話が出てくる。飢饉のとき、七人の聖仙がその一党とともに、シビ(Çibi)王の息子の遺体を食べようとしていると、シャイヴィヤ・ヴリシャダルバ(Çaivya Vṛsadarbha)王が彼らに、莫大な量の贈り物と、それだけでなく黄金のイチジクまでをも供しようと言う。だが、彼らはそれを断って、王にこう答えるのである。

王よ、王から物を受け取るというのは、はじめこそ蜜でありましょうが、しまい

には毒となるのです。（詩行四四五九＝第九三章の詩行三四）

これに続いて、呪いのことばが二連《ふたつら》なり唱えられる。このような理屈はかなり滑稽である。バラモンというこのカーストは、丸ごとその全体が贈り物をもらうことで生の糧を得ているにもかかわらず、まずは贈り物を拒絶する体を装うのである。[90] 次にこのカーストは、歩み寄りの姿勢を見せ、人が自発的に供したものであれば、拒まず受け取ることにする。[91] さらに続いて、このカーストは長いリストをつくりあげ[92]、誰からは物を受け取ってもよいか、どんな状況であれば受け取ってもよいか、何であれば受け取ってもよいかを定める。[93] その結果、飢饉のときであれば、何でもかんでも受け入れることができるようにしてしまうのである。[94] もちろんその場合には、簡単な贖罪式を執りおこなうことが条件となるのであるけれども。[95]

（87） *Ap. dh. su.*, I, 17, 14.『マヌ法典』第一〇章八六―九五。バラモンは、購入されなかったものを売却することができる。*Ap. dh. su.*, I, 19, 11と比較せよ。

（88） メラネシア、ポリネシアについては、第一章の注（37）、ならびに第二章の注（20）を参照すること。ゲルマニアについては、本章後出の注（121）と比較すること。*Ap. dh. su.*, I, 18, 1. *Gautama Dh. su.*, XVII, 3も参照せよ。

（89） *Anuç.*, Lect. 93, 94を参照すること。

(90) *Ap. dh. su.*, I, 19; 13, 3. そこでは、別のバラモン学派であるカーンヴァ派(Kanva)が引用されている。
(91) 『マヌ法典』第四章二三三。
(92) *Gautama Dh. su.*, XVII, 6, 7. 『マヌ法典』第四章二五三。バラモンが物を受け取ることのできない相手のリスト。*Gautama*, XVII, 17. 『マヌ法典』第四章二一五―二一七も参照のこと。
(93) 拒絶しなくてはならない物品のリスト。*Ap.*, I, 18, 1; *Gautama*, XVII. 『マヌ法典』第四章二四七―二五〇も参照のこと。
(94) *Anuç.* Lect. 136 全文を見ること。『マヌ法典』第四章二五〇および第五章一〇一、一〇二を参照せよ。また、*Ap. dh.* su., I, 18, 5-8; 14-15; *Gaut.*, VII, 4, 5 も参照のこと。
(95) *Baudh. dh. su.*, II, 5, 8; IV, 2, 5. タラトサマンディー讃歌(*Taratsamandi*)の詠唱原文は『リグ・ヴェーダ』第九巻五八。

それというのも、贈与が与え手と貰い手とを結びつけるその縛りは、与え手にとっても貰い手にとっても、ともにあまりに強いからである。先に考察してきた諸体系のいずれにおいても、一方は他方に過度に強く縛られることになっていた。それはここでも同じであるし、ここでのほうがより強く縛られることになってさえいる。貰い手は与え手に対して従属的な立場に身を置くことになるのだ。だからこそ、バラモンが

「受け取る」ことなどあってはならず、ましてや王に対してものを請うことなど、あってはならないのである。(96) 神格のなかの神格である以上、バラモンは王よりも上位にあるのだし、することと言えばたんに「取る」ことだけであって、それ以外のことをしようものなら、神格のなかの神格にふさわしからぬふるまいをすることになってしまう。その一方で、王の側から見るならば、何を与えるかということと同じくらい重要なのが、どのように与えるかという与え方の問題であるのだ。(97)

(96)「賢者の活力と輝きは、物をもらうこと（受け取ること、取ること）によって損なわれる」。「物を受け取りたがらない人々にご用心なさいませ、王よ！」（*Anuç.* v. 2164 = Lect. 35, v. 34）。

(97) *Gautama*, XVII, 19, 12 以下。*Ap.*, I, 17, 2. 贈与の作法については『マヌ法典』第七章八六。

贈り物というのは、したがって、与えなくてはならないものであり、受け取らなくてはならないものであり、しかもそうでありながら、もらうと危険なものなのである。それというのも、与えられる物それ自体が双方的なつながりをつくりだすからであり、このつながりは取り消すことができないからである。とくに、食べ物が贈られる場合がそうだ。与え手が怒れば、貰い手はその怒りに身をゆだねることになってしまう。(98)互いが互いに身をゆだねることにさえなる。敵のところで物を食べてはならないというのは、このためである。(99)

(98) Krodho hanti yad *danam*.「怒りは贈り物を殺す」(*Anuç*. 3638 = Lect. 75, v. 16)。

(99) *Ap*. II, 6, 19. なお、『マヌ法典』(第三章五、八)に荒唐無稽な神学的解釈があるのも参照せよ。それによればこの場合(敵のところで物を食べる場合)、「その人は食べ物を供した者の過ちを食べることになる」というのだ。この解釈が念頭に置いているのは、諸法によってバラモンに課された一般的な禁止、すなわちバラモンの本質をなす務めの一つである「罪を食べる者」としての務めを果たすことの禁止である。バラモンはいまだにこの務めを果たしているのだが、果たしていないものとされているのだ。いずれにしてもこのことは、贈与する側にとってもされる側にとっても、贈与からは何もよいことが生まれないということを意味している。

ありとあらゆるアルカイックな用心が払われる。法典にしろ叙事詩にしろ、ヒンドゥーの文芸家たちと同じように、次の主題を仔細にわたって論じている。すなわち、贈与と贈与者と贈与物とは、そのそれぞれが相互的な関係にあるものとして把握するべき関係項であるということであり、(100)それらの関係項は厳密かつ細心に把握しなくてはならないということであり、そうであるのは贈り物を贈る仕方にも、それを受け取る仕方にも、いかなる瑕疵《かし》もないようにしなくてはならないから、ということである。すべてが作法にしたがっているのだ。市場とは違うのである。市場では、物にはある価格が定まっており、誰に対しても同じ中立的なありようをしていて、そういう物を手に入れるのだから。それとは逆にここでは、何かと関係を取り結んでいないものなど一つとしてない(101)。契約関係を結ぶこと、婚姻関係を結ぶこと、財物を移転すること、そして、財物の移転によって与え手と受け手とを縛り合う関係が生成すること。ここにおける経済倫理は、このような全体を考慮することによってなりたっている。契約を結ぶ者たちがどのような性質と意図をもっているのかということ、そして、与えられる物がどのような性質をもっているのかということ、これらのことは不可分なのである(102)。わたしがここで述べたいことを、律法詩人は見事に言いあらわしてくれている。

ここには一つの車輪（片側で回転するだけの）しかない、というわけではないのだ(103)。

(100)　自分がどのような人々から食べ物を受け取っているか、どのような人々の食べ物を腹に収めているか、さらには食べ物それ自体がどのようなものであるかに応じて、来世での自分の生まれ変わりかたが決まってくる。

(101)　後代のものと思われるある章において、理論の全体が要約されている。*Anuç*. 131 である。そこには、ダーナダルマ（*danadharma*）（贈与の法）を明示的にあらわす表題（詩行三＝通し番号の詩行六二七八)、「どのような贈り物を、誰に、いつ、誰から」が付されている。ここに、贈与の五つの動機が見事に開陳されている。義務(バラモンに自発的に贈与をおこなう場合)、利得(「彼はわたしに物をくれるし、くれたし、これからもくれるだろう」)、恐れ(「わたしは彼のものでないし、彼もわたしのものではない。彼がわたしに害をなすこともありえるだろう」)、愛(「彼はわたしにとって大切な人で、わたしも彼にとって大切な人だ」、「彼はすぐに物をくれる」)、憐れみ(「彼は貧しく、わずかのもので我慢している」)、以上の五つである。また、第三七章も見られたい。

(102) 贈与される物品を浄化するための儀礼についても研究する余地があるだろう。この儀礼はもちろんのこと、その物品を贈与者から断ち切る手段ともなっている。クシャ(kuça)という草の茎を一茎用いて、その物品に水を撒布するのがそれだ(それが食べ物である場合については、*Gaut.*, V, 21, 18 および 19, *Ap.*, II, 9, 8 を見ること)。負債を浄化する水があることも参照せよ。*Anuç.*, Lect. 69, v. 21 ならびにプラタープの注釈(当該箇所 p. 313)。

(103) 詩行五八三四。本章前出の注(73)を見ること。

三　ゲルマン法(担保と贈り物)

ゲルマン諸社会は、それらがいかなる贈与理論をもっていたかについて、これほどまでに古い時代の、またこれほどまでに完全な痕跡を、残してはくれなかった(104)。けれどゲルマン諸社会においても、自発的でありながら強制的に与えられ、受け取られ、お返しがなされる贈与という形態のもとでの交換は、きわめてはっきりとして発達した体系を形成していたのであって、これほど典型的な体系というのは他にはほとんど存在しないほどである。

(104)　さまざまな事象が知られるようになるのは、かなり後代の碑銘によってである。『エッダ』の諸歌謡が編纂されたのも、スカンジナビア人がキリスト教に改宗してのち、かなりたってからのことである。しかしながら、第一に、伝承がおこなわれていた時代は、それが文字に編纂された時代とは非常に隔たっている可能性がある。第二に、最古の時代の資史料によって知られている伝承の形態に関してでさえ、その時代は伝承が成立した時代とは大きく隔たっている可能性がある。この二つは史料批判の原則であり、史料批判に当たる者は決してこれを忘れてはならない。

ここであつかおうとしている主題については、これらの諸事象を利用することにまったく問題はない。第一に、本論が記述している法システムにかくも大きな位置を占めているさまざまな贈与のその一部は、ゲルマン人において確認することができる最初期の諸制度のうちに見ることができる。タキトゥスがそのうちの二種について書きとどめてくれている。一つは、婚姻に起因する贈与、ならびにそれがどのように贈与した側の家族に戻ってくるのかについてである(『ゲルマニア』第一八節の短い一章において。この章についてはのちに立ち戻ることにする)。もう一つは、貴族たちがおこなう贈与、とりわけ首長がおこなう贈与と首長に対してなされる贈与についてである(『ゲルマニア』第一五節)。第二に、こうした諸々の慣習が比較的長い期間にわたって維持されており、そのためこのようなそのさまざまな痕跡を見いだすことができるのは、その慣習が堅固なものであり、まさしくゲルマン精神に確固たる根を下ろしてきたからである。

ゲルマン文明もまた、長くにわたって市場をもたずにいた[105]。ゲルマン文明は根本において封建的で農民的なままであった。そこにおいては、買い値や売り値という観念はもとより、それを言いあらわす語彙でさえ、起源が新しいように思われる[106]。これよりもっと古い時代にあっては、ゲルマン文明もポトラッチの一大システムを極度に発達させていた。なかでも、贈与の一大システムを発達させていた。そこにあって、部族内のクランや、クラン内の大合同家族は[107]、そしてまた、部族どうしの関係における部族や、首長どうしの関係における首長、さらには王どうしの関係における王でさえ、家族集団の閉域を越え出たところで倫理的かつ経済的な生活を営んでいた。そして、そうであるかぎりにおいて(しかもそうである度合いは比較的大きかったのである)、これらがコミュニケーションをはかり、相互に扶助をなし、相互に連盟を結ぶときには、贈与や婚姻というかたちでそうしたのである。担保や人質によって、饗宴によって、贈り物によって、それもできるだけ大がかりなものによって、そうしたのである。先に「ハヴァマール」からとられたさまざまな贈り物に関する詩行について見たけれども、『エッダ』が提示するあの美事な光景に加えて、ここでは三つの事象について指摘しておきたい。

（105）　Schrader, *Reallexikon der indogermanischen Altertumskunde*, 見出し項目 *Markt*, *Kauf* を見ること。また、そこに指示された種々の参照文献を見ること。

（106）　周知のとおり、カウフ（*Kauf*）（買い入れ、購入）という語、およびそれから派生するすべての語は、ラテン語のカウポ（*caupo*）、「商人」に由来している。ライエン（*leihen*）（貸す、借りる）、レーネン（*lehnen*）（ドイツ南部の言語群である上部ドイツ語で、領地として与える、貸す、借りる）、ローン（*lohn*）（賃金）、ビュルゲン（*bürgen*）（保証人になる、保証する）、ボルゲン（*borgen*）（借りる、貸す）、等々の語の意味があいまいであることもよく知られているが、このことが証しているように、これらの語を専門化した意味で用いるということは最近になってのことなのである。

（107）　ビュッヒャー（Bücher）が *Entstehung der Volkswirtschaft* で提起した閉鎖的経済（ゲシュロッセン・ハウスヴィルトシャフト *geschlossene Hauswirtschaft*）（閉鎖的家内経済）の問題をここで提起することはしない（ビュッヒャーは、生産された財が消費者に届くまでの過程を尺度とし、「閉鎖的家内経済→都市経済→国民経済」という経済発展段階説を唱えた）。わたしに言わせると、この問いは立て方が間違っている。一つの社会に二つのクランが生まれるや否や、必然的にその二つのクランは相互に関係を取り結び、交換をおこなったからである。両クランは、お互いの女性たちを交換し（外婚制）、儀礼を交換しただけでなく、同時にお互いの財をも交換した。少なくとも、一年のうちのある特定の時期や、一生のうちのある特定の機会に、そうした財の交換をおこなった。もちろん、それ以外の時期にあっては、各家族はしばしばきわめて小さな単位となり、そのそれぞれが内に閉じて暮らしていた。けれどもだからといって、家族が年がら年中閉鎖的に暮らしていた時代など、かつてあったためしはないのである。

ドイツ語では、ゲーベン（*geben*）（与える、贈る、渡す、譲る）およびガーベン（*gaben*）（高地ドイツ語の一一世紀から一四世紀の段階である中高ドイツ語で、「贈り物として与える」「とくに結婚式などで」の意）からの派生語が大変に豊富な語彙群を形成しているけれども、これについてはまだ徹底的な研究がなされていない(108)。これらの派生語は非常に数多くにのぼる。たとえば、アウスガーベ（*Ausgabe*）（支出、支給）、アプガーベ（*Abgabe*）（交付、租税）、アンガーベ（*Angabe*）（申立、告訴、手付金）、ヒンガーベ（*Hingabe*）（引渡、譲与、献身）、リーベスガーベ（*Liebesgabe*）（愛の贈り物、喜捨、施し物）、モルゲンガーベ（*Morgengabe*）（結婚の翌朝、夫が妻に与えた贈り物）。非常に興味深いのがトローストガーベ（*Trostgabe*）（フランス語では「残念賞 prix de consolation」にあたる）（字義どおりには「慰めの贈り物」の意）である。また、フォアゲーベン（*vorgeben*）（偽りの申立をする、口実にする、前もって与える）、フェアゲーベン（*vergeben*）（「台なしにする gaspiller」および「許す par-donner」にあたる）（vergeben は「許す、与える、損なう」等の意）、ヴィーダァゲーベン（*widergeben*）（お返しをする）、ヴィーダァゲーベン（*wiedergeben*）（「借りた物を」返す）、など。ギフト（*Gift*）（贈り物、毒）やミットギフト（*Mitgift*）（妻方の持参金）等々の語についての研究や、それらの語彙によって指示されるさまざまな制度についての研究も、今後なされるべきである。[109] その一方で、贈り物やプレゼントの全体系、そして、それが伝承や口承において占める重要性については、お返しをする義務の問題も含めて、リヒャルト・マイヤー（Richard Meyer）氏によって見事な記述がなされている。それは、わたしたちが知るかぎりでもっともすぐれた口承研究の一つにおいてであるが、[110] ここではそれを参照するにとどめ、差し当たってはそこからいくつかの明敏な指摘だけを押さえておくことにしたい。それらは、関係の縛りが人に義務を課す力についての指摘、すなわち、交換すること、供与すること、供与された物を受け入れること、お返しする義務を負うことが構成するアンゲビンデ（*Angebinde*）（贈り物。元来は護符やリボン等を首や腕に結びつけ、誕生日や命名日の祝い品とした）についての指摘である。

（108）　これらの語彙を、クルーゲ（Kluge）およびゲルマン語系の諸語に関する他の語源辞典で見ること。*Abgabe, Ausgabe, Morgengabe* についてはフォン・アーミラ（Von Amira）を見ること（*Hdb.* d'Hermann Paul）（索引に引かれた諸頁を見よ）。

(109) いまだに最良の研究は以下のものである。J. Grimm, Schenken und Geben, *Kleine Schriften*, II, p. 174; Brunner, *Deutsche Rechtsbegriffe besch. Eigentum.* さらに、ベーテ(*Bete*)(中高ドイツ語で、懇願すること)がすなわちガーベ(*Gabe*)(贈り物)であることについて、Grimm, *Deutsche Rechtsalterthümer*, I, p. 246, cf. p. 297. 無条件の贈与がまずあって、そこから義務的な贈与へと移行したのではないかとする仮説があるけれども、これは無意味である。これら二種類の贈与はつねに存在してきたし、とくにゲルマン法においてはこれらの性質は二つながらつねに混ざり合ってきたからである。

(110) Zur Geschichte des Schenkens, in Steinhausen, éd, *Zeitschr. f. Kulturgesch.* その p. 18以下を見よ。

そもそも、ほんの少し前まで存続していた制度がある。それどころかそれは、ドイツの村落社会における倫理と経済慣習においては、多分いまでも存続している制度であり、経済の観点から見ると甚大な重要性を有する制度である。それがガーベン(*Gaben*)であり、[111] ヒンドゥーのアーダーナム(*adanam*)(本章の注(57)参照)に厳密な意味で対応するものである。洗礼式、聖体拝領式、婚約式、結婚式のとき、招待客たちは——しばしば村人全員が招待にあずかるのだが——、たとえば婚礼当日の食事のあとでとか、あるいはその前日にとか、さらにはまたその翌日に(グルデンターク *Guldentag*)(「グルデン」

は旧通貨単位で、金貨、のち銀貨。「ターク」は昼間、日）とか、婚礼祝いの贈り物を贈る。その贈り物の価値は、婚礼に要した費用を大幅に上回るのが一般的である。ドイツのいくつかの地方では、このガーベンこそが結婚における花嫁の持参財をなす。結婚式当日の朝、みなが花嫁にこのガーベンをプレゼントすると、それが花嫁の持参財となるのである。この場合には、このガーベンがモルゲンガーベという名前で呼ばれるのだ。また、いくつかの場所では、気前よくこのように贈り物を贈るということが、若い新郎新婦が多産に恵まれるということの保証となるのである[112]。婚約式を執りおこなってある関係を取り結ぶということ、そして、代父と代母が代子の保証人となり、代子を援助する（*Helfete*）ために、代子の人生のさまざまな時点でさまざまな贈り物をするということ、こうしたこともまたきわめて重要である。このテーマはわたしたちには見覚えのあるもので、それというのもこのテーマが、客人を招待するということや、招待されなかった人々の呪詛に見舞われるということや、逆に招待された人々から祝福を受け、気前よく贈り物をもらうということや、こうしたことがらに関するわたしたちの慣習やら物語やら伝説やらのいたるところでお馴染みだからなのである。招待されなかった人々や招待された人々が妖精である場合には、とくに。

（111）Em. Meyer, *Deutsche Volkskunde*, p. 115, 168, 181, 188 その他を見られたい。この問題

については、ゲルマンの民俗に関するどの概説書(Wuttke のもの等)でも参照することができる。

(112) 「花嫁代償(prix de la mariée)」の呪術的かつ法的な性質について、ファン・オッセンブリュッヘン(van Ossenbruggen)氏が提起した問題(第一章の注(70)を見ること)に対するもう一つの答えを、ここに見ることができる。この論題については、モロッコで新郎新婦に対しておこなわれる、そしてまた新郎新婦がおこなう多種多様な給付のあいだの関係について、Westermarck, *Marriage Ceremonies in Morocco*, p. 361 以下、ならびにそこで引かれている同書の他の各所において見事な理論化がなされているので、それを見られたい。

第二に問題としたい制度も同じ起源を有している。それは、ゲルマン人のあらゆる類の契約において、担保が必要とされるということである。[113] フランス語のガージュ(gage)(保担)という語それ自体がここに由来している。その語源は、ワディウム(*wadium*)にあるからである(三〇六頁参照)(英語のウェイジ *wage*, つまり「給与」と比較せよ)。[114] ユヴランは、ゲルマンのワディウムが契約による関係の縛りを理解するための一助となることをすでに示しており、[115] これをローマのネクスムと関連づけていた。ユヴランが解釈しているように、実際のところ、担保がいったん受け取られると、ゲルマン法における契約当事者どうしは、それによってお互いに何らかの働きかけをなすことが可能となった。それというのも、今や一方の側は他方の側の何ものかをもっていることになるから。そして他方の側も、物の元来の所有者であった以上は、それに呪術をかけておいたかもしれないから。さらには、担保に供される物が二つに切断されて、二人の契約当事者のそれぞれが半分ずつを所持することもしばしばあったから。けれどもこうした説明には、本論での議論にもっと近しい別の説明を重ね合わせることができる。確かに呪術的な制裁が介入するということはありうるけれども、それが唯一の関係の縛りではないのである。物それ自体、つまり、担保として与えられ、担保に質入れされた物それ自体が、それみずからの力能によって、ある関係の縛りをなすのだ。まず、担保は義務である。ゲルマン法においては、およそどんな契約にも、売却であれ購入であれ、貸付であれ寄託であれ、担保の設定が含まれている。一方の契約当事者（債務を負う側）は他方（債権をもつ側）に対して何らかの物品を与える。通常それはたいして価値のないものである。たとえば手袋とか、硬貨一枚（トロイゲルト *Treugeld*）（原義は「誠実なお金」で、保証金の意）とか、ナイフとか――わたしたちは今でもピンを使っている――。これらは、引渡された物に対して支払いがなされるときに返還されることになる。ユヴランがすでに注目しているとおり、担保となる物それ自体はさして高価なものではなく、通常は当事者の身の回り品である。ユヴランは正当にも、この事実を「命が担保に入れられたもの」、すなわち「ライフトークン(life-token)」のテーマと関連づけている(116)(本章第一節の冒頭、および本章の訳注＊3を参照)。実際のところ、このようにして相手方に渡される物には、それを与える者の個別性が十全なかたちで充当されているのである。それが今や相手の手のうちにある。このことで、契約当事者は契約を履行せずにはいられなくなるのだ。契約を履行すれば相手から物を請け出すことができる。けれど、それはとりもなおさず自分自身を請け出すことになるわけなのだから。だから、ネクスムはこの物自体に存しているのであって、呪術的な所作だけに存しているわけではない。契約が方式に則ったかたちで取り交わされること、言いかえると、ことばや誓言や儀礼的行為が交わされ、握手が交わされることだけに存しているわけではないのである。それはもちろん文書に宿っているし、呪術的な力をもつ「行為(actes)」に宿っているし、一つのものを割って、当事者の双方がおのおのの持ち分を所持するときの、その「割符(tailles)」に宿っているし、両者が共食するなかで、双方が相手の実体を互いに分有することになるときの、その一緒の食事に宿っている。けれども、それと同じように、物それ自体にも宿っているのである。

(113) 以下の行論では、担保(gages)と手付金(arrhes)とを別のものとしてあつかう。もっとも、手付金というのはセム語起源のもので——それはこの arrhes という名詞がギリシア語およびラテン語で示すとおりだ——、フランス法にも知られているのと同じように近年のゲルマン法にも知られていた。それどころか、いくつかの慣習においては、手付金は古い時代の贈与と区別されていなかった。たとえば、ハントゲルト（*Handgeld*）（ドイツ語で「手付金」）はチロル地方（オーストリアとイタリアにまたがるアルプス山脈東部地域）のいくつかの方言にあっては « *Harren* » と言われている。

同様にここでは、結婚における担保概念の重要性について示すことはしないでおく。本論ではただ、ゲルマン語系の諸方言においては、「買い値（prix d'achat）」が *Pfand*, *Wetten*, *Trugge*, *Ehethaler* といったさまざまな名詞で等しく示されるということを指摘するにとどめる。

（114） *Année sociologique*, IX, p. 29 以下（*Année sociologique*, X の誤りか）。Kovalewski, *Coutume contemporaine et loi ancienne*, p. 111 以下と比較すること。

（115） ゲルマンのワディウムについては、依然として以下の諸文献が参考になる。Thévenin, Contribution à l'étude du droit germanique, *Nouvelle Revue Historique du Droit*, IV, p. 72; Grimm, *Deutsche Rechtsalt.*, I, p. 209–213; Von Amira, *Obligationen Recht*; Von Amira, in *Hdb.* d'Hermann Paul, I, p. 254, 248.

ワディアティオ（*wadiatio*）に関しては、Davy, *Année soc.*, XII, p. 522 以下を参照されたい。

（116） Huvelin, p. 31.

そもそもワディアティオ(*wadiatio*)(ゲルマンの担保誓約、賭け)に備わった二つの特徴が、物に宿るこの力を証拠立てている。第一に、担保《ガージュ》(117)は強制を課し、縛りを課すだけではない。それはさらに、それを引渡した者の名誉や権威や「マナ」をも賭け《アンガージュ》にさらしている。(118) 渡し手は、担保を入れて賭けている状態からみずからが解放されないかぎり、劣位にとどまり続けるからである。というのも、ヴェット(*wette*)(賭け)やヴェッテン(*wetten*)(賭ける)ということば(それを訳せば法的意味でのワディウムとなるのだが)(119)は、「担保《ガージュ》」という意味と同じように、「賭け《パリ》」という意味ももっているからである。それは債務者を拘束する手段ではあるけれども、もっと直接的には競い勝ったときの報奨なのであり、挑み敗れたときの制裁なのである。契約が完遂されないかぎり、債務者はこの賭けの敗者のようなもので、競走で二番手に甘んじているのと同じである。このとき債務者は、自分が賭ける《アンガージュ》以上に失うこととなり、自分が支払わなくてはならない以上に失うことになる。そのうえ債務者は、自分がすでに受け取った物(それはまた、担保が請け出されずにいるかぎりは、元来の所有者がいつでも返還を要求できる物でもある)を失う危険にも身をさらしているのである。

(117) Brissaud, *Manuel d'Histoire du Droit français*, 1904, p. 1381.

(118) Huvelin, p. 31, n. 4 は、原始の呪術的儀礼が退化し、たんなる倫理的テーマとなりさがったものとしてのみこの事象を解釈している。しかし、この解釈は不完全であって有効ではなく(第二章の注(145)を見ること)、ここで本論が提起している解釈を否定するほどのものではない。

(119) ヴェット(*wette*)やウェディング(*wedding*)といった語彙が類縁関係にあることについては、のちに立ち返りたい。賭けと契約との語義上の境があいまいになることは、フランス語においてさえ顕著である。たとえば、ス・デフィエ(*se défier*)(疑って警戒する)とデフィエ(*défier*)(挑んで立ち向かう)のように。

第二の特徴は、担保《ガージュ》を受け取ることの危険性を明らかにするものである。なぜなら、みずからを賭す《サンガージュ》のは、担保を差し出す者だけではないからである。担保を受け取る者もまた、みずからを縛ることになるからである。トロブリアンド諸島の貰い手とまったく同じように、担保の受け手は担保として与えられる物に警戒の態度をとる。そのためその物は、それがルーン文字(ゲルマン語の表記に用いられた文字体系で、一世紀頃、ギリシア文字やラテン文字をもとに、ゲルマン語の発音体系に合うように改変してつくられた表音文字)やさまざまな刻み込みをつけられたフェストゥカ・ノタタ(*festuca notata*)(本章訳注*4参照)の場合には、[120] 受け手の足元に投げ出して与えられる。[121] あるいはそれが割符である場合には(受け手はその片割れを保管しておいたり、しておかなかったりするわけであるが)、受け手のほうはそれを地面の上で受け取るか、もしくは胸元で(*in* *laisum*）受け取り、手で受け取ることはない。儀式はその全体において、挑戦と警戒の形式を備えており、挑戦と警戒の双方を表現している。英語では、今日《こんにち》においてさえ、*throw the gage*（英語のgageには「抵当物、担保」という意味に加えて「かつて挑戦の印として投げた手袋、帽子」の意味があり、これを拾うことは応戦を意味したことから、throw down the gage で「挑戦する」の意味になる）という表現は *throw the gauntlet*（gauntletは「甲冑の籠手」を意味し、中世の騎士が挑戦の印に籠手を投げたことから、throw down the gauntlet で「挑戦する」の意味になる）に相当している。それというのも、担保は与えられた物として、「ともに＝応じ合う者《コ＝レスポンダン》」どうしである二人の双方にとって危険を孕んでいるからである。

（120） フェストゥカ・ノタタについては、Heusler, *Institutionen*, I, p. 76 以下を見ること。Huvelin, p. 33 は、割符の使用に注意を払っていなかったように思われる。

（121） Huvelin, p. 36, n. 4.

最後に三つ目のことがらである。物が与えられたり渡されたりするときに、その物が体現している危険性を、非常に古いゲルマン法や非常に古いゲルマン諸語ほどはっきりと感じさせてくれるものは、おそらくほかにない。ゲルマン諸語の全体においてギフト（*gift*）という語が二つの意味を有しているということは、これによって説明できる。すなわち、贈与という意味と、毒という意味の二つである。わたしは別所で、この語の意味論的な歴史について議論を展開したことがある。[122] 贈与が不幸をもたらし、贈り物や財が毒に転化するというこのテーマは、ゲルマンの伝承において基本的なものである。ラインの黄金はそれを征服した者に破滅をもたらし、ハーゲンの盃はそこから酒を飲む勇者を死に導くのだから（ドイツの英雄叙事詩『ニーベルンゲンの歌』に題材をとったワーグナーの楽劇『ニーベルングの指環』を参照。ラインの黄金からつくられた指環を奪取し、ハーゲンの奸計で酒盃に仕込まれた呪薬を飲み、最終的に死にいたるのは英雄ジークフリート）。この種の民話や物語は、ゲルマンのでもケルトのでも、じつにあまたの数にのぼるけれども、それがいまだにわたしたちのものの感じ方に取り憑いている。ここでは、ある詩節を引くにとどめておこう。それは、『エッダ』の英雄の一人であるフレイズマル（Hreidmar）が、ロキ（Loki）の呪詛に答えて言う詩節である。[123]

お前は贈り物をくれた。
けれども、真心をこめた贈り物ではなかったのだな。
善意からくれたわけではなかったのだな。
そんな危険なものと最初から分かっていたなら、
お前たちの命など、さっさと奪っていたものを。

(122)　Gift, Gift, *Mélanges Ch. Andler*, Strasbourg, 1924（本書所収「ギフト、ギフト」）．どうしてこの論文でギフト（*gift*）の語源を検討しなかったのかという質問をいただいた。このことば（ドイツ語のgiftには「毒」と「贈り物」と、大別して二つの意味がある)はラテン語のドシス(*dosis*)を翻訳したものであり、このラテン語のほうはギリシア語のドシス(δόσις)、つまり服用量とか毒薬量とかをあらわすことばをラテン文字に転写したものである。この語源から想定されるのは、高地ドイツ語および低地ドイツ語の諸方言において、通俗的な使われ方をするものに学者語があてがわれたということであるけれども、これは通常の意味論的な法則には合致しない。それに加え、この翻訳にあたって *gift* という語彙が選ばれた理由が説明されなくてはならないだろう。また、いくつかのドイツ諸語において、この語は「贈り物」という意味ももつわけであるが、そういう事態をもたらした逆の言語学的タブーも説明されなくてはならないことだろう。最後にまた、ラテン語と、とりわけギリシア語で、*dosis* という語が毒という意味で用いられるということから、古代人にあっても、本論で記述しているのと同じように、さまざまな観念や倫理規範のあいだの連合があったということが示されている。

わたしは、*gift* という語の意味が両義的であることを、ラテン語のウェネヌム(*venenum*)(薬と毒の両義を有する)の両義性と関連づけ、また、ピルトロン(φίλτρον)(惚れ薬、媚薬、呪薬)ならびにパルマコン(φάρμακον)(治療、毒薬、護符など)の両義性と関連づけた。さらに以下の連関もつけ加えておくべきではないだろうか(Bréal, *Mélanges de la société linguistique*, t. III, p. 410)。それは、*venia*(ラテン語で「好意、親切、容赦、免罪」の意)、*venus*(ラテン語で「売却」の意)、*venenum* と、*vanati*(サンスクリット語で「喜ばせる」)、および *gewinnen*, *win*(「獲得する」)(gewinnen はドイツ語で、win は英語で、それぞれ「勝つ、獲得する」の意)との連関である。

そしてまた、引用の誤り一件について訂正しておかなくてはならない。アウルス・ゲリウスはこれらの語彙について確かに論じているけれども、ホメロス（『オデュッセイア』第四歌二二六）を引用しているのは彼ではなく、法学者ガイウスが十二表法に関するその著述で引用しているものである（『学説彙纂』第五〇巻一六章「ことばの意義について」二三六）。

（123）「レギンの歌」（Reginsmal）、七。フレイズマルの息子のオトを殺してしまった神々は、オトの皮を覆えるだけの黄金を積んで償うことを余儀なくされた。しかし、ロキ神がこの黄金を呪うことばを吐いたため、フレイズマルはここに引用する詩節で応答する。この件は、モーリス・カエン氏にご教示いただいた。カエン氏は、本引用の三行目にある「善意から」という訳は型どおりの訳であると指摘している。実際のところ、*af heilom hug* とは「幸運をもたらす心根から」を意味する。

ケルト法

インド＝ヨーロッパ語族の諸社会を構成するもう一つ別のグループも、この種の諸制度を有していたに違いない。それはケルト系の諸民族である。ユベール氏とわたしは、この主張を論証する作業に着手したところである(124)。

（124）「ゴール人首長の自死」（Le Suicide du chef Gaulois）というこの研究論文は、ユベール氏の注解をともなって *Revue celtique* の次号に掲載される予定である。

中国法

最後に、中国文明という大文明も、同じように古代から、まさしく本論の対象である法原理を保持してきた。中国文明においては、およそあらゆるものが、その最初の所有者とのあいだに断ち切ることのできない関係の縛りを有していることが認められているからである。今日《こんにち》にあってもなお、人が自分の財物のなにか一つを売却すると[125]、それが現に自分の手を離れてどこかに行ってしまうような動産であっても、その人は生涯を通じ、それを購入した人に対して、「自分の財物を嘆き悼む」という一種の権利を保持し続けるのだ。黄《ホアン》(Hoang)師は、売り主が買い主に渡すこの「嘆き手形」について、幾種類かの型を記録している[126](「嘆き手形」の中国語原語は「嘆契據」もしくは「嘆契」。耕地等を売却した旧所有者〔売り主〕が、困窮を理由に現所有者〔買い主〕に無心をした事実、およびそれで得た額面を記し、今後無心は繰り返さぬことを誓約した証文のこと)。それは物に対する一種の追求権であり、それが人に対する追求権と混ざり合う結果、その物が最終的に他人の財産の一部となったのちも、そして、「撤回不能な」契約の、そのあらゆる条項が履行されたのちでさえも、非常な長い期間にわたり、それを売った当人から離れずにいるのである。物が移転すれば、たとえその物が他の財で代替されうるとしても、そこで結ばれた契約関係は一時的なものではなくなる。物の移転によって、契約当事者たちは永久に相互依存の関係に立つと考えられているのだ。

(125)　ゲルマン法や古代のフランス法においてと同様、中国の不動産法においても買い戻し条件つき売買（売り主が、買い主の支払った代金および契約費用を一定期間内に返却すれば、契約を解除できるとする約款がついた売買契約）が知られている。また、相続財として保持され、外部に転出してはならなかったはずの不動産が売却された場合に、その不動産を親族たち――親族に数えられる人々はきわめて広範におよぶ――が買い戻す権利、すなわち宗族買い戻しと呼ばれるものが知られている。Hoang, *Notions techniques sur la propriété en Chine*, Variétés sinologiques, 1897, p. 8, 9 を見ること。しかし、ここではこの事実にあまり重きを置くことはしない。買い戻しを想定せずに土地を売却し去るということは、人類史において、そしてとくに中国においては、きわめて新しいことがらだからである。ローマ法にいたるまで、そしてまた古代のゲルマン法やフランス法においても、買い戻しの留保なしに土地を売ってしまうということには、家内共産制や、土地に対する家族の深い愛着や、逆に家族に対する土地の深い愛着に由来する多くの制約がまとわりついていたものなのだ。だから、それを証明するとなれば、じつに容易にできたことであろう。家族とは炉であり土地であるのだから、土地が資本流動の法や経済をまぬかれているとしても当然なのだ。実際、「ホームステッド（homestead）」に関する昔の諸法にしろ新しい諸法にしろ、また、「差押えの対象から除外される家族財」に関するもっと最近のフランス諸法にしろ、古来の状態が存続しているものであり、古来の状態に回帰するものである。したがってここでは、もっぱら動産について論ずることとする。

(126) Hoang, *ibid.*, p. 10, 109, 133 を見ること。

これらの諸事象については、メストル(Mestre)およびグラネ(Granet)の両氏のご好意によってご教示を得た。お二人は中国においてこれらをご自身で観察されている。アンナン(フランス領インドシナ時代にフランス側がベトナム中部を呼んだ名称)の倫理においては、贈り物を受け入れるというのは危険なことである。

このことを指摘したのはウェスターマーク(Westermarck)氏である。(127) 氏は部分的にではあるが、この事実がもつ重要性に気づいていた。

(127) *Origin... of the Moral Ideas*, v. I, p. 594. ウェスターマークは、本論があつかっているのと同じ種類の問題がそこにあることを感じ取ってはいたが、客人歓待にまつわる法という観点からしかこれを論じなかった。しかしながら、ル＝アール(*l'ar*)というモロッコの慣習(懇請者が他人に何ごとかを強制的におこなわせるための供犠、*ibid.*, p. 386)(モロッコ・アラビア語の「アール 'ar」、もしくはそれにモロッコ・アラビア語の定冠詞を付した「ル＝アール l-'ar」は、公共の場でおこなわれる贈与行為で、個人ないし集団に贈与者の意向を強制的に受け入れさせ、義務関係の修復や社会的名誉の回復などを図る)、ならびに「神と食べ物が報いてくれるだろう」という原則(この表現がヒンドゥー法のそれと同一であることは注目にあたいする)に関する彼の諸考察はきわめて重要であり、読んでおかなくてはならない。Westermarck, *Marriage Ceremonies in Morocco*, p. 365, cf. *Anthr. Ess. E. B. Tylor*, p. 373 以下を見られたい。

第四章　結　論

一　倫理に関する結論

以上で考察してきたことは、わたしたち自身の諸社会にも広げて適用することが可能である。

わたしたちの倫理にしても、そして、わたしたちの生活そのものにしてからが、そのきわめて大きな部分が以上に見たのと同じ雰囲気、すなわち、贈与と義務と自由とが混ざり合った雰囲気のなかに、相変わらずとどまっている。何もかもが売り買いという観点だけで分類されるまでにはまだなっていないわけで、これは幸いである。物には依然として情緒的な価値が備わっているのであって、貨幣価値に換算される価値だけが備わっているわけではないのだ（もっとも、たんにこの種の価値としてのみ存在するような価値というものが、そもそもあればの話だけれども）。わたしたちは商人の倫理だけを持ち合わせているわけではない。わたしたちのなかには、依然としてかつての暮らしぶりを保持している人々や階級があるのだし、すくなくとも年間のうちのある種の時節とか、あるいはある種の機会とかには、わたしたちのほとんどすべてがこうした旧来の習慣に服すのである。

贈り物を受け取ったにもかかわらずお返しをしないでいれば、その人が劣位に置かれるということは昔とかわりない。とくに、あげる側がはなからお返しなど期待しておらず、受け取る側がもらいっぱなしで終わるような場合には。エマソン（Emerson）の興味深いエッセイ、「贈り物とプレゼントについて（On Gifts and Presents）」のことをここで想起しても、ゲルマン的倫理の領域から離れることにはならない[1]（Ralph Waldo Emerson, "Gifts," *Essays: Second Series*, 1844. 贈り物のやりとりにおいて受益者が与え手に対していだく憎しみ、相手の寛大さによって受益者が課されることになる負債について論じられている）。施しが、それを受け取る者を傷つけるというのは、今もかわらないのだ。[2] むしろわたしたちの倫理においては、富裕な「慈善家」が誰かに慈悲を施すことによって、その誰かを自分ではそれと気づかずに侮辱していることになるという事態をなくすべく、意が用いられているのである。

（1） *Essais*, 2e série, V.

（2） 『コーラン』第二章二六五節を参照すること（「まっすぐな言葉と容赦の心の方が、施し物をしておいて後から偉ぶったりするよりはるかにまさる。アッラーは無限の富をもち、限りなく寛容にまします」［井筒俊彦訳、岩波文庫版］）。また、*Jewish Encyclopaedia*, I, p. 465 におけるコーラー（Kohler）

の所論も参照せよ。

招待というのは、されればお返しをしなくてはならないものである。それは「礼」に対して「礼」を返すのと同じである。ここに見てとるのができるものこそ、古くから受け継がれてきた基盤、すなわちかつての貴人たちのポトラッチが、今もその名残をのぞかせるさまなのだ。それと同時にまた、人間活動の基本をなすモチーフがここにも姿を見せているのが分かる。それが、同性の人どうしの競合関係であり(3)、人間にとって「基底的な他者支配への志向《アンペリアリスム・フォンシエ》」である。それは社会的存在としての人間の基底であると同時に、動物的存在・心理的存在としての人間の基底でもあって、それがここにあらわれている。わたしたちの社会生活という一種独特なこの生にあっては、「借りを返さないままでいる《レステ・アン・レスト》」というのは、こうした表現が今なお使われていることから分かるように、許容されえないことなのだ。受け取った以上のものを返さなくてはならない。「奢り合い《トゥルネ》」は、それを続ければそれだけ高くつくようになるし、規模も大きくなってしまう。たとえば、わたしが子どもの頃のロレーヌ地方（フランス北東部）では、普段はこの上なくつましい暮らしぶりに甘んじているにもかかわらず、守護聖人祭や結婚式や聖体拝領式や葬式のときには、客人をもてなすのに莫大な出費をする村の家があったものだ。こうした機会には「お大尽さま《グラン・セニュール》」でなくてはならないのである。わたしたちのなかには、昔からずっと一貫してこのようにふるまい続け、お客をもてなすとか、祭宴をおこなうとか、「ご祝儀《エトレンヌ》」をふるまうとかという段になると、見境なくお金を使う人々も一部にあると言うことさえできる。

(3) William James, *Principles of Psychology*, II, p. 409.

招待というのは、しなくてはならないものであるし、されたら受けなくてはならないものである。わたしたちは、いまだにこのような習慣を持ち続けている。現代の自由業者たちにおいてさえそうである。今から五〇年とたたない前には、あるいは多分もっと近年になってもなお、ドイツとフランスのいくつかの地域では、一村の全員が結婚の宴に参加したものであった。誰か欠席する者があれば、それは悪い徴候にほかならず、何かが起こることの前触れであり、嫉みをいだかれ、「呪い」をかけられたことの印であった。フランスでは多くの場所で、今でも祝典にはすべての人が参加している。プロヴァンス地方(フランス南東部)では、子どもが産まれると、今でもみながそれぞれに、卵やその他の象徴的な贈り物を持ち寄っているのである。

売却された物にも、いまだに魂が宿っている。それを売った元の所有者は、今でもそのあとを追っているし、物のほうでも元の所有者を追い求めている。ヴォージュ山地(フランス北東部、ロレーヌ地方とアルザス地方にまたがる山地)の谷あいにあるコルニモンでは、少し前まで次のような習慣が普通におこなわれていた。まだおこなっている家もあるのではないかと思う。家畜を人から購入したときのことである。そのとき買い主は、その家畜が以前の主《あるじ》のことを忘れるように、そして、「我が家」へ戻ろうなどという気を起こさぬように、家畜小屋の扉の楣《まぐさ》（扉や窓などの上に渡した水平材）のところに十字架をあつらえ、売り主の端綱はしまっておいて、自分の手から塩をやることになっていた。ラオン＝オ＝ボワでは、このとき家畜にバターを塗ったパンを一切れやるのが習慣であった。家畜にやるのに先立って、パン切れは炉の自在鉤のまわりを三周させることになっており、家畜にやるときには右手で差し出したのであった。こうした慣習は、確かに大型家畜についてであって、この場合には家畜は家族の一部をなしているし、家畜小屋も家屋の一部をなしている。けれども、フランスにはこのほかにも沢山の慣行があって、物が売却されたとしたら、その物を売り主から切り離さなくてはならないということが強調されているのだ。たとえば、売られた物を叩くとか、売り物の羊を鞭打つとか、等々(4)。

（4）Kruyt, *Koopen*, etc. は、セレベスにおけるこの種の諸事象に言及している（抄録 p. 12）。*De Toradja's... Tijd. v. Kon. Batav. Gen.*, LXIII, 2 における以下の各所も参照すること。水牛を家畜小屋に入れる儀礼（p. 299）、犬を、四肢一本ずつ、からだの各部分ずつに買ってゆき、その犬の餌に唾を吐きかける儀礼（p. 296）、猫はいかなる理由があっても売り買いすることはできないが、貸し借りの対象にはなること(p. 281)、等々。

次のように言うことすらできる。今日《こんにち》にあっては、法のある一部分、すなわち産業および商業に従事する人々にかかわる法が丸ごと、倫理観と葛藤をきたしていると。一般の人々は経済について、法に先立つさまざまな観念をいだいているし、生産者もそうだけれども、そうした諸々の先行観念が何から生まれるかと言えば、それは自分が生産した物を追い求めようとする堅い意志からである。そしてまた、自分は利益に与らないのに、自分の労働だけは先々へ転売されてゆくことへの強い不満からなのである。

今日《こんにち》では、古いさまざまな原理が抵抗を起こし、現代のわたしたちの法規範がもつ冷厳さや抽象性や非人間性に抗している。この点で、生まれつつある現代の法のある部分については、そして、さまざまな慣習のなかでも最近の慣習については、それらが逆に昔に立ち戻ることを旨としていると言えるだろう。わたしたちの体制がもつローマ的・サクソン的な冷酷無情さに対し、このような抵抗が生じるのはまったくもって健全であるし、またその抵抗力も強い。法と慣習の新しい原理のなかには、このような観点から解釈できるものがある。

芸術・文学・科学の分野における所有権については、それを認知し、原稿やら機械の一号機やらオリジナルの美術作品やらが売却されてしまえばそれでおしまいという状態を乗り越えるまでに、長い時間を要した。作家にせよ発明家にせよ、人類にとっては恩人であるにもかかわらず、実際のところ社会はその相続人たちに対して、作家・発明家の権利継承者が創造物に有する若干の権利以上のものを認めることに、たいした意味があるとは思っていない。そうした創作物は個人の精神活動の所産であるだけでなく、集合的な精神活動の所産でもあると、えてして誰しも決めつけがちで、だから、それらができるだけ早く公衆の享受しうるものとなるよう、あるいは一般の財と同じく広く世間に出回るよう、誰もが期待するのである。ところが、作家やその直接の相続人たちがまだ存命のあいだに、絵画や彫刻やさまざまな美術作品がどれだけの剰余価値を生じるかということが分かってスキャンダルとなり、一九二三年九月のフランス法へとつながったのであった。この法律は作家とその権利継承者たちに追求権を付与するもので、それによって彼らには、作家の創作物が転売を重ねるたびに生まれる剰余価値に対して権利が認められるようになっている。(5)

（5）　権利保有者たちが代々に渡って収益をあげるのは不当であるとする原則があるけれども、この法律はこの原則にもとづいてはいない。そのため、ほとんど適用されていない。

文学の著作権に関するソヴィエトの法制度とその変転は、まさしくこの観点から非常に興味深い研究対象である。まず最初、著作権は一律に国有化された。次に、これによって権利を害されるのは存命中の作家だけであることが明らかとなり、国が出版を独占する上での十分な原資が、これによっては創出されないことが明らかになった。したがって、作家の諸権利が再び認められるようになった。きわめて古い古典的な作品で、すでに公共財産と化したものでさえ、その対象となった。ロシア時代には著述家を保護する諸法が貧弱ながらあったのだが、そうした法律よりも前に存在していた古典的な作品でさえ、その対象とされたのである。今ではソヴィエトは近代的な法を採用するようになったと言われる。しかし実際には、わたしたちの倫理観と同じく、ソヴィエトもこれらのことがらに関しては態度を決めかねており、どのような権利を採択すべきなのか、人が有する権利なのか、物に対する権利なのか、ほとんどはっきりさせてはいないのである。

社会保険に関する現代の法制度は、国家社会主義（一九世紀ドイツの政治学者・社会主義者のフェルディナント・ラッサールが、資本主義下における労働者の貧窮についての考察から理論化した概念。国家の補助と介入によって労働者の置かれた状態を是正しようとする）がすでに実現を見たものであるけれども、それはあげて次のような原理に由来している。労働者はみずからの生命と労力を提供してきたのであるけれども、それは雇用主に対してばかりでなく、集団全体に対してもである。なおかつ労働者が、保険事業にも参加を義務づけられるのである以上、労働者が提供するサービスから恩恵を受けてきた人々は、雇用主が労働者に給与を支払っているからといって、その労働者に対してすべての借りを返したことにはならない。国家みずからが、共同体を代表＝代行《ルプレザンタン》するものとして、労働者の雇用主とともに、それに労働者自身の参与も得て、労働者の生活にある一定の保障をなす義務を負うのである。それが失業に対する保障であり、疾病に対する保障であり、老齢や死亡に対する保障であるわけだ。

わが国の産業者たちは、家族の扶養を担う労働者たちのために、みずから進んで精力的に種々の家族扶助金庫を発達させてきたけれども、たとえばこの金庫のような、近年になって意図的な工夫をめぐらせることで確立した慣習であってさえ、おのずとある必要性に応えるものとなっている。それは、人々をそこにつなぎ止める必要性である。人々が担っている負担がどれだけであり、またその負担に応じた物質的・精神的な利益の程度がいかほどであるのかを斟酌する必要性である。(6) 似たような〈団体＝結社《アソシアシオン》〉がドイツやベルギーでも活動し、同様の成功を収めている。イギリスでは、長期におよぶひどい失業が数百万人という労働者を巻き込んでいるこの時期にあって、失業に対する保険のための一大運動があらわれている。それによると、この失業保険は義務的であり、同業組合によって組織化されることになっている。市当局も国も、失業者に対して支払われる給付金というこの莫大な額の支出を引き受けたがらないからである。それというのも、その原因となるものが産業の状態だけにもとづいており、また、市場の一般的状況にもとづいているのだから。このために、優れた経済学者や産業界の指導者たち(パイバス Pybus 氏や、リンデン・マッカッセー Lynden Macassey 卿)が活動し、企業みずからが職業別組合ごとにこうした失業対策のための金庫を組織し、企業みずからがこのような負担を担うよう、働きかけをおこなっている。つまるところ彼らは、労働者の生活保障に要する費用、すなわち雇用不足から彼らを守るための費用が、個々の産業それぞれの一般的な経費の一部をなすようにしようと考えているのである。

(6) ピルー(Pirou)氏がすでにこの種の指摘をおこなっている。

わたしには、このような倫理も、このような法制度も、何らかの動揺を示しているのではなく、あげて法への回帰を示しているように思われる(7)。第一に、職業倫理と同業組合法が芽生え、現実のものとなっているのが見られる。補償金庫や互助組合は、産業者の団体が何がしかの同業組合事業のために形成するものであるけれども、純粋に倫理的な見地から見ると、いかなる欠陥もまぬかれている。ただし、これらの組織の運営が雇用主によってしかなされていないという一点は別であるが。それに加えて、ここで活動しているのが集団であるということがある。国家、自治体《コミューン》、公的保険機関、退職年金金庫、信用金庫、互助組合、雇用主集団、給与生活者集団。これらはすべて相互に結びついており、それはたとえばドイツやアルザス＝ロレーヌの社会法制に見られるとおりである。フランスの社会保険においても、近い将来、同様となることであろう。わたしたちはしたがって、集団倫理へと再び立ち戻っているのである。

（7）言うまでもなく、わたしはここでいかなる現状破壊をも助長しようとするものではない。市場や売買は資本の形成に必要不可欠な条件である以上、それらを統制する諸々の法原則は、新しい諸原則とも、またそれより古い諸原則とも、両立しなくてはならないからである。また、両立しうるからである。

しかしながら、モラリストや立法者がいわゆる自然法の諸原則にとらわれるようなことがあってはならない。たとえば、物に関する法と人に関する法との区別などは、わたしたちの法のあるものがつくりだした抽象物、理論的な抽出物としてのみ捉えるのでなくてはならない。この区別は残しておかなくてはならないけれども、あるべき領域のなかにとどめおくのでなくてはならない。

第二に、国家やその下位集団が誰に対して配慮をしているのかというと、それが個人に対してであるということがある。社会が、社会を形成する単位を再び見いだそうとしているのだ。社会は個人を再び求めるようになり、個人を包み込むようになっている。それも、ある特異な精神状態においてのことである。というのもそれは、個人が有するさまざまな権利についての感じ方と、他のもっと純粋な諸々の感じ方（つまり、慈善、「社会サービス」、連帯といったことがらについての感じ方）とが、入り混じっているような精神状態なのだから。贈与、ならびに贈与における自由と義務というテーマ、気前のよさというテーマ、そして贈り物をすることの利得というテーマ、これらがわたしたちのところに再び戻りつつあるのだ。影響力をもちながらも、あまりに長いあいだ忘れ去られていたモチーフが、再び姿をあらわすかのようである。

けれども、ただ事実を述べ立てるだけでは十分ではない。そこから何らかの倫理実践を、倫理上の教えを導き出すことが必要である。法というものが、たとえば物の法と人の法との弁別といった、いくつかの抽象化作用を今や捨て去りつつあると言うだけでは十分ではない。サービスを売って対価を得て、それでおしまいという粗暴な法に、それとは別の法がいくつか付加されつつあると言うだけでは十分ではないのだ。必要なのは、こうした変革がよいものだと述べること、これなのである。

第一に、わたしたちは「貴人の消費」という習いに再び戻りつつある。また、戻らなくてはならない。アングロ＝サクソン圏でのように、そしてまた現代の他の諸社会

（未開社会も、高度な文明化を遂げた社会も）でのように、富者は昔に立ち返り、自分が同胞にとって一種の財務官であると思うようにならなくてはいけない（自発的に立ち返るべきであるが、強制されてでも立ち返らなくてはならない）。古代の諸文明（現代の諸文明もそこに源をもつわけだけれども）には、五十年節をおこなうものがあった（五十年節［ヨベルの年］は、ユダヤ人がカナンに入った年から数えて五〇年ごとの年。このときユダヤ社会では、奴隷の解放、負債の帳消し、人手に渡った土地の元の所有者やその後継人への返還などがおこなわれた）。レイトゥルギア、コレゴス、トリエラルキアといった制度をもち（いずれも古代ギリシアの慣行で、富裕な市民に課された公的な義務。レイトゥルギアはアテナイの富豪がおこなう公共奉仕。コレゴスは富裕な市民が資産を提供し、演劇の合唱隊［コロス］を組織する制度。トリエラルキアはアテナイの富裕な市民に課された三段櫂船［漕手が上下三段に並んだガレー船］の艤装奉仕）、シュシティア（共同食事）をおこなうものもあった。按察官や執政官（ともに古代ローマの政務官職。按察官は公共物や祭儀の管理等をおこない、執政官は元老院や市民集会の招集、軍事の編成・指揮等をおこなった）が義務的な支出をおこなうものもあった。これと同じような法制の時代に、わたしたちは再びさかのぼらなくてはならないだろう。

第二に、もっと配慮が必要なのは、一人ひとりの個人のことである。その人の生活、その人の健康、その人の教育（そもそも教育を受ければ報われる）、その人の家族、そしてその家族の行く末のことである。労働契約、不動産の賃貸借契約、生活必需品の売買契約においては、今以上に誠実さが必要であり、思いやりが必要であり、寛大さが必要である。そしてまた、投機による買い占めや高利による貸し付けから生じる収益に制限を設けるための方策を見つけることも必要になるだろう。

その一方で、個人は働かなくてはならない。人は他人を当てにするよりも、自分自身を頼みとするよう仕向けられる必要がある。そしてまた、個人は人としても集団においても、みずからの利益を守ることができなくてはならない。寛大さが過剰となり、共産主義にまでなれば、個人にとって害となるだろうし、社会にとっても害となるのではないだろうか。そうなれば、現代人が利己主義に陥り、現代法が個人主義に陥っていることが、個人にも社会にも害をなしているのと同じことになってしまう。『マハーバーラタ』には、時宜を得ずに過剰に贈り物を与えていたあるバラモンに対して、森の悪霊が次のように説く場面がある。「そんなことをしているから、お前は痩せ細り、顔色も悪いのだ」と。修道士のような生活も、シャイロックのような生活も、ともに避ける必要がある。ここに述べている新しい倫理は、おそらくは現実と理想とが適切に、バランスよく混ざり合うことに存することになるだろう。

このようにしてわたしたちは、アルカイックなものに、基礎的な原理に、部分的にであれ再び戻ることができる。また、戻らなくてはならない。そうすればわたしたちも、生と行動を導くある種の動機を再び見いだすことができるだろう。それは多くの社会や階層が今日においてもなお有している動機である。それがすなわち、公の場で物を与える喜びであり、美的なものへ気前よく出費する喜びであり、客人を歓待し、私的・公的な祭宴を催す喜びなのである。社会保険にしろ、相互扶助組織や協同組合における他人への気遣いにしろ、職業団体や、イギリス法では「友愛組合（Friendly Societies）」（病気の際や老齢になったときなどに金銭扶助を図るための共済組合）という美名が冠されている法人団体すべてにおける人への気遣いにしろ、これらは、かつて貴族が保有農（領主から半永久的に土地を貸与されている農民）に対して請け合っていたたんなる人的利益の保障よりも価値あるものであるし、雇用主からもらう日給に依存したしがない生活よりも価値あるものであるし、さらには、資本主義経済のもとでの貯蓄と比べてさえ価値のあるものである。資本主義下では、貯蓄といっても供与される信用の変動に左右されるしかないのだから。

このような諸原則が支配的であるような社会はいったいどのような社会であろうか。これに思いをめぐらせることは、今や可能である。現代の大国の国民にあっては、自由業に従事する人々において、すでにある程度までこの種の倫理と経済とがおこなわれている。名誉、私利私欲のなさ、そして同業組合の連帯は、そこにおいては無意味なことばではないし、労働の必要性に背くものでもない。これ以外の職業団体も、これと同様、もっと人間味溢れるものにしようではないか。そしてそれらを、なおいっそう完成されたものにしようではないか。そうすれば、大きな進歩が遂げられることになるだろう。デュルケーム(Durkheim)がしばしば唱道したのが、この進歩なのである。

わたしの考えるところでは、こうすることによって、わたしたちは法というものの揺るぎない基底に、正常な社会生活の原理そのものに、戻ることになるであろう。市民があまりに善良であり自覚的であるなどと期待してはならないし、逆に市民があまりに他に無関心で現実主義的であるなどと決めつけてもならない。必要なのは、市民が自分自身についての鋭敏な感覚をもつこと、そしてそれと同時に他者についての、社会的現実についての、鋭敏な感覚をもつことである(倫理にかかわるこうしたことがらにおいて、社会的現実以外の現実など、そもそもありえるだろうか)。必要なのは、市民が自分のことを考え、さまざまな下位レベルの集団のことを考え、そして全体社会のことを考え、そうしながら行動することなのだ。この倫理は永遠である。この倫理はもっとも進歩した社会にも、近い未来にきたるべき社会にも、思いつくかぎりでもっとも進歩の度合いの低い社会にも、等しく共通するものだから。わたしたちは基盤に触れているのだ。ここではもはや法的な語彙で語りさえしない。人々について、そして人々の集団について、語っていることになるからだ。それというのも、どんな時代にあっても活動しているのは、そしてどんな場所にあっても活動してきたのは、人だからである。社会だからである。精神的存在としての、生身の存在としての人間の感情だからである。

このことを論証してみよう。わたしが全体的給付の（クラン間でおこなわれる全体的給付の）体系と呼ぶことを提唱している体系がある。この体系においては、人々と集団が相互にあらゆるものを交換し合う。この全体的給付の体系は、わたしたちが現に確認しうるかぎりで、そしてまたわたしたちが想像しうるかぎりで、もっとも古い経済・法体系をなしている。これが基礎となって、その下地の上に交換＝贈与の倫理が浮き彫りになってきたのである。そしてこの体系こそ、その規模に違いはあるとはいえ、わたしたちの諸社会がこちらの方向に進んでほしいとわたしが思えるような経済・法体系と、まったくもって同じタイプの体系なのである。今となっては遠い過去のものであるこの法の段階を理解してもらうため、非常に隔たりの大きい社会からとってきた二つの事例を見てみたい。

パインマウンテン（クイーンズランド州中東部）（オーストラリア北東の州）のコロボリー[8]（corroboree）（公衆を前にしておこなわれる舞踊劇）（オーストラリア先住民がおこなう舞踊を中心とした儀礼集会）では、人が一人ひとり、それぞれ一方の手で投槍器をもち、他方の手は自分の背中に回して、聖所に入ってくる。ダンス場の向こうの端にある輪を目がけて武器を投げると、それと同時に自分がどこからきたのか、その場所の名前を声高に告げる。たとえば、「わたしの国はクンヤン(Kunyan)だ」といったふうに。[9] そこでしばし動きを止め、そのあいだに彼の友人たちは、この他方の手に「贈り物をもたせる」。槍やらブーメランやら別の武具やらをもたせるのである。「こうして、すぐれた戦士は片手では摑みきれないほどの物を受け取ることになる。とりわけ彼に未婚の娘たちがいる場合には[10]」。

(8) Roth, Games, *Bul. Ethn. Queensland*, n° 28, p. 23.

(9) 登場したクランがこのように名乗ることは、オーストラリア東部を通じてきわめて一般化した慣習であり、名前がもつ名誉と力のシステムと関連している。

(10) これは注目すべきことがらである。プレゼントの交換を通じて、ここで結婚の約束が結ばれると考えることができるからである。

ウィネバゴ(Winnebago)部族(スー Siou 族)においては(ウィネバゴはアメリカ東部森林の先住民の一派。言語はスー語族に属する)、クランの首長は自分と同じ身分の人々、つまり他クランの首長たちに対して、きわめて特徴的なことばをかけることになっている。[11] それは、北米インディアンの全文明に広範に分布した作法のモデルをなすものである。[12] 各クランはクラン祭宴のときに、他のクランの代表者たちのために食べ物を調理し、たばこを用意する。たとえば、蛇クランの首長の口上を飛び飛びに引くと、次のような具合である[13]。

みなさんにご挨拶いたします。ありがたいことです。そう言うほかに、何と言うことができましょう。わたしは取るに足らない無価値な人物です。なのにみなさんは、わたしのことを思い出してくださった。ありがたいことです。（……）みなさんは霊たちのことを考え、わたしと席を同じくするためにお出でくださった。（……）みなさんの皿にはまもなく食べ物が盛られます。ですので、わたしは改めてみなさんにご挨拶いたします。人間でありながら、霊たちの代わりをつとめておられるみなさんに。（……）

首長たちがみな食べ終わり、たばこが火にくべられて献供されると、最後の口上が告げられる。その口上において、祭宴と、そこでなされたあらゆる給付の倫理的な意義が明らかになる。

この席に座りにきていただき、ありがとうございます。みなさんに感謝いたします。みなさんはわたしを励ましてくださいました。（……）みなさんのご祖先の祝福（みなさんのご祖先が啓示を受け、その生まれ変わりがみなさんであるわけですが）は、霊たちの祝福にも等しいものです。みなさんがわたしの祭宴にご参加くださったのはありがたいことです。これこそ、わたしどもの年長者たちが言ったことに違いありません。「お前の命はか弱い。お前が強くなれるとすれば、勇者たちの忠告によるほかはない」と。みなさんはわたしに忠告を与えてくださいました。(……)わたしにとってそれは命なのです。

このように、人類進化の端から端まで一貫して、英知の教えは一致している。これまでずっと行動原理であり続けてきたもの、そして、これからもずっとそうであり続けるであろうものが、あるのだ。わたしたちの生活原理としても、だからこの行動原理を取り入れようではないか。自分の外に出ること。つまり与えること。それも、みずから進んでそうするとともに、義務としてそうすること。そうすれば過つ恐れはない。マオリの素敵なことわざが、そう告げている。

コ・マル・カイ・アトゥ(Ko Maru kai atu)
コ・マル・カイ・マイ(Ko Maru kai mai)
カ・ンゴへ・ンゴへ(ka ngohe ngohe)
「取るのと同じように与えなさい、そうすれば万事うまく運ぶでしょう[14]」。

(11) Radin, Winnebago Tribe, *XXXVIIth Annual Report of the Bureau of American Ethnology*, p. 320 以下。

（12）ホッジ（Hodge）が執筆した *Handbook of American Indians* の項目 Etiquette（作法）を見よ。

（13）P. 326. 例外的なことに、招待された首長たちのうちの二人が蛇クランの成員である。トリンギットにおけるある葬儀の祭宴（たばこ祭宴）での口上は、引用とぴったり重なるものであり、比較対照することができる。Swanton, *Tlingit Myths and Texts*（Bull. of Am. Ethn., n° 39）, p. 372.

（14）タイラー（Taylor）師は、*Te Ika a Maui, Old New Zealand*（Rev. Richard Taylor, *Te Ika a Maui, or, New Zealand and Its Inhabitants*. London, 1855）, p. 130 の諺四二において、「取るのと同じように与えなさい、そうすれば万事うまく運ぶでしょう」（Give as well as take and all will be right）と、きわめて簡略に訳している。けれども、逐語的に訳すとすれば、おそらく次のようになる。「マル（Maru）が与えるだけのものをマルは取る、それでよし、それでよし」（マルとは戦争と正義の神のことである）。

二　経済社会学ならびに政治経済学上の結論

これらの諸事象はわたしたちの倫理を照らし出すだけではないし、わたしたちの理想を導く助けとなるだけではない。これらの諸事象の視点に立つことにより、きわめて一般的な経済的な諸事象をもっとよく分析することが可能となるし、さらにはそのような分析を施すことで、わたしたちの諸社会に適用することのできるよりよい社会運営の方法を予見することも容易になるのである。

これまでに何度か見てきたように、贈与＝交換というこの経済は、いわゆる自然経済や功利主義経済とはまったくもって別物である。本論であつかってきたすべての民族の経済生活――論旨を明確にするために言っておきたい。これらの民族は新石器文明という大文明をよく体現している人々である、と――には、以上に述べてきたようなきわめて重大な諸現象が備わっている。そしてまた、これらの伝統を引き継ぐ多数の現象もあって、それらはわたしたちの間近に位置していた諸社会に、あるいはわたしたち自身の諸社会の慣習に、残っている。これまでに知られているさまざまな経済システムを比較検討しようとした経済学者は稀であったが、その稀な経済学者たちですら、自分たちが通常用いている説明図式から、こうした諸現象をとりこぼしてしまっているのである[(15)]。このためわたしは、マリノフスキー氏の考察に加えて（というのもマリノフスキー氏は、「未開」経済に関する通俗的な教説をすべて「叩きのめす」ために、一つの研究業績を丸ごとつぎ込んだからであるが[(16)]）、これまでにも繰り返してきたわたし自身の考察を示すことにする。

（15） ビュッヒャー（Bücher）氏は、*Entstehung der Volkswirtschaft*（3e édit.）, p. 73 において

こうした経済的な諸現象を捉えているけれども、その重要性を過小評価しており、それらをたんなる客人歓待に還元してしまっている。

(16) *Argonauts*, p. 167 以下。Primitive Economics, *Economic Journal*, mars 1921. また、マリノフスキーの *Arg.* に寄せたJ・G・フレイザー(Frazer)の序文を見よ。

諸々の事象の系列のうち、確証されているのは以下のものである。

これらの社会においては、価値観念が機能していること。剰余価値が蓄積されており、それは絶対的な尺度から言ってもきわめて多額にのぼること。そうして集められた剰余価値が、たんに喪失するためだけに消費されることがしばしばであり、そこでは比較的盛大な贅沢がなされており[17]、何かを儲けようなどという了見はまったく介在させないでいること。一種の貨幣のような、富をあらわす表徴があって[18]、それが交換されること。けれども、このように非常に豊かな経済システムも、全体としては依然として宗教的な要素に満ち満ちていること。貨幣は依然としてその呪術的な力を有しており、依然としてクランに、ないしは個人に結ばれていること[19]。さまざまな経済的な活動、たとえば市場が、儀礼やら神話やらに浸潤されていること。経済的な諸活動が、儀式的で義務的な性格を保ち、何らかの効力を有していること[20]。経済的活動が儀礼や法的事象で満ちていること。デュルケームは経済的価値という観念が宗教的な起源を有することについて問いを提起したけれども、[21] この観点からすると、わたしたちはこのデュルケームの問いに、すでにして答えを与えていることになる。

(17) ここで引用することのできる極端な事例の一つは、チュクチの人々における犬の供犠の事例である(第一章の注(52)を見よ)。並はずれて見事な犬小屋を所有している人々は、自分の犬ぞり隊の犬をすべて殺してしまい、新しい犬を買い直さざるをえなくなることがある。

(18) 前出二八〇―二八一頁その他を見られたい。

(19) 前出一二六―一二七頁と第一章の注(78)、二七六―二七七頁と第二章の注(232)も参照すること。

(20) Malinowski, *Arg.*, p. 95. マリノフスキー氏のこの著作にフレイザーが寄せた序文も参照せよ。

(21) *Formes élémentaires de la vie religieuse*, p. 598, n. 2.

これらの事象はまた、有用性がある物について、それを交換することとか、その「物々交換」とか、そのペルムタティオ(*permutatio*)(交換)とかと、[22] 非常に不適切な表現で言われていることがらの形態と理由に関するたくさんの問いにも答えるものとなっている。歴史経済学のなかには、古代ローマ人の法律家にならって(その古代ローマ人はと言えばアリストテレスにならっているのだが[23])、こうした有用物どうしの交換が分業の起源にあると決めてかかるものがあるけれども、これらのさまざまな社会は、すでにその多くがかなりの程度分かってきていて、そこにおいて人の手から手へと渡っているものと言えば、じつは有用性をもたないものなのである。各クランも、各世代も、そして一般に両性のそれぞれも、——相互の接触から生起する多種多様の関係のため——不断の経済的昂揚状態にあるのだが、この興奮状態それ自体にしてからが、ほとんどまったく実用性などとはかかわりがない。わたしたちがおこなう売買であるとか労働契約であるとか証券取引であるとかは散文的なものであるけれども、この興奮状態はそれに比べると、まったくもって散文的ではないのである。

(22)　『学説彙纂』第一八巻一章「購入契約について、買主と売主とのあいだで成立すべき合意約束について、および売却されえない物について」一。パウルスは、「ペルムタティオ」が売却か否かをめぐり、ローマの法律家たちのあいだで起きた大論争について説明している（『学説彙纂』第一八巻一章一は「パウルス　告示註解第三三巻」。その「前文」に、「購入および売却の起源は交換にはじまる」とある）。この一節は全編にわたって興味深い。この碩学の法学者がホメロス（『イリアス』第七歌四七二—四七五）の解釈においておかした間違いさえもが興味深い。オイニゾント（οινίοντο）（「［物々交換によって］葡萄酒を買う」の意。正しい綴りは οἰνίζοντο）は確かに「買う」という意味であるが、ギリシアの貨幣と言えば、青銅や鉄や皮や牝牛本体や奴隷であり、それぞれはみな定まった価値を有していたのである。

(23)　『政治学』第一巻、一二五七a一〇以降。同所二五の「メタドシス（μεταδόσις）」（「交換」の意。正しい綴りは μετάδοσις）

という語に注目せよ。

けれども、わたしたちはここまで論を進めてきた、さらにその先へと議論を進めることができる。わたしたちがこれまで使ってきた主要な諸観念を解体し、混ぜ直し、色づけをし直して、これまでとは違ったふうに定義することができるからである。わたしたちがこれまでに使ってきたさまざまな語彙は、プレゼントにしろ贈り物にしろ贈与にしろ、それ自体としてはさほど正確なものではない。ほかに語彙が見つからない、それだけのことだ。自由《リベルテ》に対する義務とか、寛大さ《リベラリテ》、気前のよさ、奢侈に対する倹約、利得、有用性とか、わたしたちはこうした諸概念をとかく対立し合うものとして捉えがちであるけれども、法と経済にかかわるこれらの概念をこのあたりで見直すのがよいのではないだろうか。この問題について、ここではいくつかの指摘をなすことしかできないが、たとえばトロブリアンド諸島を取り上げてみよう[24]。わたしが論述してきたさまざまな経済的行為の、そのすべてを鼓吹しているのは、ここでもまた一つの複合的な観念である。それというのもこの観念は、純粋に自発的で、純粋に見返りを求めない給付という観念ではなく、また、純粋な損得勘定にもとづいた有用物の生産と交換という観念でもないからである。トロブリアンド諸島で盛んにおこなわれているのは、これらが混ざり合った一種の混合物なのだ。

（24）　まったく同様に、アラブのサダカ（*sadaqa*）（喜捨、花嫁代償、正義、貢租）をここで取り上げることもできたであろう。前出一一三頁以下を参照すること。

マリノフスキー氏は入念な努力をはらって、[25]調査対象となったトロブリアンド諸島民のところで自身が観察したあらゆる取引を、その動機の観点から分類している。すなわち、それらの取引における利益の追求という動機と、逆にそこにおける無私無欲さの追求という動機の観点から、分類している。その結果マリノフスキー氏は、それらを純粋な贈与と、値切り合いをおこなった後の純粋な物々交換という両極端のあいだに位置づけて並べている。[26]けれども、結局のところ、この分類は適用することができない。たとえば、マリノフスキー氏によれば、純粋な贈与の典型は配偶者どうしのあいだでの贈与だという。[27]ところが、わたしの見るところでは、マプラ（*mapula*）、[28]すなわち男性が自分の妻に対してなすこの「恒常的な」支払いを、性的なサービスがなされたことに対する一種の報酬[29]と関連づけるところにこそ、まさしくマリノフスキー氏が指摘したもっとも重要な事象の一つがある（ただしマリノフスキーは、夫婦関係という恒常的な関係のなかで何らかの特定の機会・理由と結びつくことなく夫が妻に提供する贈り物と、性的サービスという特定の機会・理由があり、それへの対価として男が女に渡す贈り物とを峻別しつつ、両者を比較している）。それはまた、あらゆる人類のあらゆる性的関係を鮮やかに照らし出す事象でもある。同じように、首長に対する贈り物は貢ぎ物である。食べ物の分配(サガリ *sagali*)は労働力の提供や儀礼の遂行(たとえば葬礼における通夜番のような)に対する手当である[30]。結局はというと、こうした贈与が自発的でないのと同じように、それらはまた真に無私無欲であるわけではない。それらはほとんどの場合、すでにしてそれ自体が反対給付なのだ。つまりそれらは、先だって供与されたサービスや物に支払いをするためになされている。そればかりでなく、自分にとって有益でもあり、また拒むことが許されてすらもいない何らかの連盟関係《アリアンス》[31](たとえば、漁撈民の部族と農耕民や土器づくりの部族とのあいだの連盟関係《アリアンス》のような[32])を維持するためになされてもいるのである。ところが、このことはトロブリアンド諸島にかぎらず一般的なことがらであって、わたしたちはたとえば、マオリやツィムシアンなどの地でもこれに出会ってきた[33]。だから、この力がどこに宿っているのかが分かる。神秘的でもあり、また実際的でもあるこの力、クランどうしを接合させもすれば、同時にクランとクランとを対立させもするこの力、クラン間に分業をもたらしもすれば、同時にクランとクランとを相互的な交換へと仕向けもするこの力、それがどこに宿っているのかが分かる。これらの社会においてすら、個人であれ全体集団であれ(というより下位レベルの集団であれ、と言うべきだが)、人には誰の干渉も受けずに契約を拒否する権利があるとずっと思ってきた。だからこそ、財が人の手から手へと渡るとき、そこには気前のよさという装いがつきまとっているのである。しかしながらその一方、実際には個人にしろ集団にしろ、通常の場合にはそれを拒否する権利もなければ、それを拒否することで何の利得にもならないのだった。だからこそ、これらの社会は現代のわたしたちの諸社会と隔たっているにもかかわらず、それと近縁な関係にもあるのである。

(25)　*Argonauts*, p. 177.
(26)　きわめて注目にあたいするのは、このケースでは売買がないことである。というのも、ヴァイグア(*vaygu'a*)の交換、つまり貨幣の交換がおこなわれないからである。したがって、トロブリアンド諸島民が到達した最高度の経済も、交換それ自体において貨幣を使用するまでにはいたっていないのだ。
(27)　純粋贈与(*Pure gift*)。
(28)　P. 179.
(29)　このことばは、未婚の娘たちが性交渉によって支払いを受ける(そうしたやりとりは非難されるものではない)ときの、その支払いを指すことばでもある。*Arg*., p. 183も参照すること。
(30)　第二章の注(89)を参照せよ。サガリということば(ハカリ *hakari* と比較すること)は分配を意味している。

(31) 第二章の注(95)を参照せよ。とりわけ、義理の兄弟に対するウリグブ(*urigubu*)の贈与(男性からその姉妹の夫への収穫物の贈与)。また、収穫物と労働との交換。

(32) 第二章の注(86)(ワシ *wasi*)を見よ。

(33) マオリについて、第三章の注(68)を見よ(ただし内容的に対応しない)。ツィムシアンのクラン間でどのような分業がなされるのか(そしてそれが祭宴においてどのように機能するのか)について、あるポトラッチ神話が見事に叙述している(Boas, Tsimshian Mythology. *XXXIst Ann. Rep. Bur. Am. Ethn.*, p. 274, 275, cf. p. 378)。この種の事例は無限に挙げることができるのではないだろうか。実際、こうした経済的な制度は、はるかに進化が遅れた諸社会にも存在している。たとえばオーストラリアにおいて、赤色オーカーの地脈を所有する地域集団がいかに傑出した地位を占めるかを見よ(Aiston et Horne, *Savage Life in Central Australia*, Londres, 1924, p. 81, 130)。

貨幣の使用からは、これとはまた別の考察が示唆されることだろう。トロブリアンド諸島のヴァイグア(*vaygu'a*)、すなわち腕輪と首飾りは、アメリカ北西部の銅製品やイロクォイ(Iroquois)(イロクォイは現ニューヨーク州を居住地としていた北米先住民。言語はイロクォイ語族。五つの集団に分かれていたが、一六世紀後半以降にイロクォイ五部族連合として組織化。アルゴンキンなどの周辺諸族に対して軍事的な優越性を示した)のワンプン(*wampun*)(*wampum* の誤記。北米先住民が交換や装飾に用いた貝殻ビーズ)と同じく、それ自体が富であり、富の表徴であり[34]、交換と支払いの手段であり、また、与えなくてはならない物、それどころか破壊しなくてはならない物である。ただ、依然としてこれらのヴァイグアは、それを用いる人々と結びついた担保であり、また、これらの担保によって人々も互いに結びついている。ところがその一方で、すでにヴァイグアは貨幣の表徴としての役割も果たすようになっているため、新たにヴァイグアを所有できるためには、今あるヴァイグアを商品やサービスに転化させて与えるのがよいということになる。転化した商品やサービスが、やがて今度は貨幣へと再転化することになるからである。まったくもってトロブリアンドやツィムシアンの首長は、程度に大きな差があるとはいえ、資本家と同じやり方をしているように思われる。なぜなら資本家というのは、時期が有利と見れば自分の手持ちの資金を手放す術を心得ており、それによってのちにみずからの流動資産を新たに構成するのだから。自分の利益に執着するということと、自分の利益にこだわらずに無私無欲であるということと、この二つがともに、このような形態のもとでの富の循環と、それに続いて起こる富の表徴のアルカイックな循環の形態とを説明づけるのである。

（34）　第二章の注（29）を見よ。ゲルマン系諸語において、トークン（*token*）（英語で「印、証拠」の意）とツァイヒェン（*zeichen*）（ドイツ語で「印、合図」の意）とが貨幣一般を指す語彙として等価であるということに、こうした諸制度の痕跡を認めることができる。貨幣が何ごとかの表徴《シーニュ》であり、表徴の運び手であるということと、貨幣が何ごとかの保証《ガージュ》であるということとは、同一のことがらなのだ。

ある人物のサイン《シニャチュール》が、いまだにその人の責任を保証《アンガジェ》するのと同様である。

さらに、富を破壊するがために破壊するなどというのは、自分の利得に対して完全に無関心であるからだと誰しも思うものであろうが、実際にはそれですらこのような無関心に呼応してはいない。富の破壊という崇高なおこないでさえ、自己中心主義《エゴティスム》をまぬかれているわけではないのだ。消費が純粋に奢侈のための消費であるとき、その消費の形態はほとんどつねに極端なものとなり、そしてしばしば純粋な破壊の形態をとる。そのような消費形態においては、長い年月をかけて集められた大量の財物がいちどきに贈与され、また破壊されさえする。とくにポトラッチの場合がそうだ。(35)そして、確かにこのような消費形態は、こうした諸制度に対して、たんに出費するがための贅沢な出費、子どもじみた財の浪費という装いを付与するものである。それもそのはず、実際にそうした場では有用性のある物が消費され、豪華な食事が過剰に消費されるのはもちろんのこと、それに加えて人々は、破壊する喜びのために破壊するのだから。たとえば、銅製品や貨幣を破壊するのだから。ツィムシアンやトリンギットやハイダの首長たちが、それらを水に投げ捨てるとき。クワキウトルの首長たちや、それと連盟関係にある他部族の首長たちが、それらを砕き割るとき。けれども、だからといって、贈与をしたり、熱に浮かされたように消費をしたり、富をただ捨て去ったり、狂乱して富を破壊したりということが、無私無欲に発しているわけではまったくない。とくに、ポトラッチをおこなう諸社会においては。というのも、首長と配下とのあいだに、そして配下とさらにその取り巻きとのあいだに、こうした贈与によってヒエラルキーが確立されるからである。与えるということ、それはみずからの優位を表明することである。それは、より大きくあることであり、より高くあることであり、マギステル（*magister*）（主人）であることである。これに対して、受け取って何もお返しをしないということ、もしくは、受け取っても受け取った以上のものを返さないということは、従属的な立場に身を置くことである。それは、相手の子分、従僕になることであり、より小さくなることであり、より低い地位に身を落とすことなのである（ミニステル *minister*（従者））。

（35）　Davy, *Foi jurée*, p. 344 以下を見よ。ダヴィ氏（*Des clans aux empires; Eléments de sociologie*, I）はただ、これらの事象の重要性を誇張してしまった。ポトラッチはヒエラルキーを樹立するのに有効であるし、現にしばしばヒエラルキーを樹立するのであるけれども、ヒエラルキーを樹立するのに必要不可欠というわけではないのだ。たとえばアフリカの諸社会は、ニグリシア系であれバンツー系であれ、ポトラッチを有していないか、有してはいるがあまり発達させてこなかったか、あるいは、おそらくかつて有していたけれども失ってしまったか、そのいずれかである。にもかかわらず政治組織の点で、そこにはありうべきありとあらゆる形態が見られるのだ。

社会的な優越を勝ち得ること。それどころか、むき出しの優越と言うことすらできるような優越を勝ち得ること。クラの取引をおこなおうとする者が追求しているのは、何にもましてこれなのだ。クラにおける呪術の儀礼はムワシラ(*mwasila*)と呼ばれるが、[36] ムワシラにはこのことを示す呪文や象徴が溢れている。たとえば、これからクラ・パートナーに対して用いようとするビンロウジ(一六〇頁の訳注参照)に呪文がかけられる。それから、首長とその朋輩に呪文がかけられ、彼らのブタや首飾りに呪文がかけられ、次いで自分の頭とその「開口部」に呪文がかけられ、さらには自分たちがもってゆくすべての物、はじめの贈り物であるパリ(*pari*)(クラにおいて贈与や交易の対象とされる品)や、その他諸々に呪文がかけられる。こうしてすべてに呪文がかけられたあとで、呪術師は誇張のきいた文句を発する。[37]

わたしは山をひっくり返す。山は動く。山は崩れる、(……)。わたしの呪文はドブの山の頂きにまで届く。わたしのカヌーは沈むだろう。わたしの名声は雷のごとくであり、わたしの足音は空飛ぶ妖術師の吠え声のごとくである。トゥドゥドゥドゥ(Tudududu)(マリノフスキーによれば、「トゥドゥドゥドゥ」は雷鳴をあらわす擬音語。ただし、モースが引用している呪文のマリノフスキー原文にこの擬音語はなく、別の呪文にあらわ

いる）。

（36）*Arg.*, p. 199–201, cf. p. 203.
（37）*Ibid.*, p. 199. 引用した詩的表現で、山ということばはダントルカストー諸島を指している。カヌーはクラで獲得して持ち帰る品々の重みで沈むことになるだろうというのだ。p. 200にある別の呪文、およびp. 441のテクストと注解を参照すること。また、p. 442にある「泡立つ」に関することば遊びは注目にあたいするので、参照すること。p. 205の呪文を参照。第二章の注(256)も参照せよ。

一番であること。もっとも美しく、もっとも強運に恵まれ、もっとも強く、もっとも富裕であること。これこそがみなの追求することであり、かつ、そうであることによって追求する物は獲得される。後日、首長は配下の民や親族たちに自分が受け取った物を再分配し、そうすることで自分のマナ(*mana*)を確固たるものとする。首長は、首飾りに対しては腕輪をお返しし、訪問に対しては歓待をお返しし、等々することによって、首長たちのあいだでみずからの位階を維持する。この場合に富とは、あらゆる観点から見て、有用なものであると同時に威信を獲得し維持するための手段である。けれども、わたしたちの社会では違うなどと、果たして言うことができるだろうか。わたしたちの社会においてさえ、富というのはもっぱら他人を動かすための手段であるというのが、確かなことではないだろうか。

ここで今度は、贈与および無私無欲の概念と先に対立させた別の観念の考察へと進んでみよう。それは、利益の観念、個人による功利性の追求という観念である。この観念もまた、それがわたしたちの精神において作用するのとは違ったふうにあらわれてくる。トロブリアンド諸島の首長や、アメリカ諸族の首長、それにアンダマン諸島のクランなどが、利益の追求に匹敵するような何らかの動機に駆られて贈与や消費をおこなっているのだとしても、また、その昔、気前のよいヒンドゥー教徒や、高貴なゲルマン人やケルト人も、そうした動機に駆られて贈与や消費をおこなっていたのだとしても、それは商人や銀行家や資本家の冷徹な合理性とは異なるものなのだ。これらの文明にあっても、もちろん人は欲得ずくで動く。だが、その動き方が現代におけるのとは違っている。財を貯め込むことは貯め込むけれど、それは消費するためであり、「恩義を施す」ためであり、「臣下」を得るためである。交換をおこなうことはおこなうけれど、交換する物といえば何よりも奢侈品であり、装飾品であり、衣服であり、あるいはまた、すぐにその場で消費される物や饗宴である。もらった以上をお返しすることはするけれど、それは先に贈り物をくれた人、あるいは先に交換をはじめた人を劣位に貶めるためであって、「お返しまでに時間がかかったこと」で相手がこうむった損失をたんに穴埋めするために、多めにお返ししているのではない。つまり、利益の追求があることはあるけれど、その利益追求はわたしたちの行動原理となっているとされているような利益追求と同じではなく、ただそれに似たところがあるというだけのことでしかないのである。

一方には、下位レベルの集団の内部にあって、相対的に不定形で私利私欲に拘泥しない経済がある。それは、オーストラリアや北アメリカ（東部およびプレーリー）のクランの生を統べている経済である。もう一方には、個人個人がひたすら利益を追求することに根差した経済がある。こちらのほうは、セム人およびギリシア人がそれを見いだして以来、わたしたちの諸社会が少なくとも部分的にであれ経験してきた経済である。これら二つの経済の型を両極として、そのあいださまざまな経済的な制度や経済的な出来事が段階的に長大な連なりをなして並んでいる。そしてまた、この段階的な連なりは、わたしたちが好んで理論化しようとする例の経済的合理性によって支配されるものではないのである。

利益ということばそれ自体が新しく、会計の専門用語を起源としている。それがラテン語の「インテレスト（*interest*）」（ラテン語 *interest* は、*interesse*［あいだにある、出席する、関与している］の直説法現在三人称単数形）であって、会計簿で徴収する地代に対応した位置に書き込まれていたものである。古代の倫理意識がもっとも享楽主義的《エピキュリアン》であった時代には、人々が追い求めたのは善と快楽であって、物質的な功利性ではなかった。合理主義と営利主義が勝利を収めてはじめて、利潤という観念や個人という観念が通用するようになり、また生活原理の高みにまで達するようになったのである。わたしたちは、個人の利益という観念がいつごろ隆盛を誇るようになったのか、その時期をおおむね特定することができる——マンデヴィル（『蜂の寓話』）以降である（マンデヴィルは、オランダに生まれ、イギリスで活動した一七、八世紀の医師・文人。一七一四年の『蜂の寓話』は、「私悪すなわち公益」という副題をもち、利己心にもとづいて自己利益を追求する個々人の行動が、結果として全体社会を豊かにすることを主張した）——。「個人の利益」ということばを、ラテン語やギリシア語、あるいはアラビア語に翻訳しようとすれば、それはじつに困難なことになり、回りくどい説明的な仕方で訳すしかない。古典サンスクリット語で読み書きをしていた人々は、アルタ（*artha*）という語を使用しており、これはわたしたちの利益概念にかなり近いのだが、これらの人々でさえも利益について、行為にかかわる他の諸範疇と同じく、わたしたちとは異なった捉え方をしていた。古典時代のインドの諸聖典には、すでに人間のさまざまな活動が、法（ダルマ *dharma*）、実利（アルタ *artha*）、欲望（カーマ *kama*）の三つに割り振られている（「トリヴァルガ」「三つ巴」と呼ばれる「人生の三目的」）。けれども、ここで問題になっている利益というのは、まずもって政治的な利益のことである。

王侯やバラモンや大臣の利益のことであり、王国や各カーストの利益のことなのだ。『ニーティシャーストラ（*Nitiçastra*）』は膨大な文献であるけれど（「ニーティ」は「処世術、賢明な行動」の意であり、「ニーティシャーストラ」は「処世訓」にあたる）、それとても経済にかかわるものではない。

人間を「エコノミック・アニマル」に仕立てたのは、きわめて最近のわたしたち西洋の諸社会である。けれども、そのわたしたちといえども、まだ全員がこの種の生き物であるわけではない。西洋の諸社会では、大衆にあってもエリートにあっても、純粋な消費のための消費、不合理な消費というものが日常的におこなわれているし、それはまた、西洋の貴族層が現在に伝える遺風のいくつかをいまだに特徴づけてもいる。ホモ・エコノミクス（*homo oeconomicus*）とは、わたしたちがすでに通り過ぎた地点ではなく、わたしたちの前に控える地点なのだ。倫理と義務の人がそうであるように。また、科学と理性の人もそうであるように。人間はじつに長いあいだホモ・エコノミクスなどではなかった。人間が機械になったのは、それも、計算機なぞという厄介なものを備えた機械になったのは、ごく最近のことなのだ。

もっとも、わたしたちは幸いなことに、このようにいつでも冷酷に功利的な計算ばかりをおこなうという状態から、今のところはほど遠いところにいる。わたしたち中産階級の西洋人がどのように消費し、どのように出費しているのか、たとえばアルヴアックス(Halbwachs)氏が労働者階級についておこなったのと同じように、統計学的な徹底した分析をおこなってみればよい。どれだけの欲求をわたしたちは満たしているのだろうか。また、功利性を最終目的としないさまざまな性向のうち、わたしたちが満足させていないものがどれほどあるのだろうか。それに対して富裕な者は、自分の所得のうちのいかほどを個人的な功利追求のために現にあてがっているのか、また、あてがうことができるのか。富裕な者は奢侈品を買うために出費するし、芸術を享受するために出費もすれば、無分別に常軌を逸した出費もするし、使用人たちを雇うために出費もする。こうした出費の仕方を見ると、富者にはかつての貴族たちや、本論がその慣習について記述してきた未開社会の首長たちと、どこか似通ったところがないだろうか。

でも、そうであることはよいことだろうか。これは別の問題である。純粋に消費のために消費するというだけでなく、ほかにいくつもの消費や交換の仕方があったほうが、おそらくはよいのだろう。けれども、わたしの考えでは、最良の経済の方法が見つかるとすれば、それは個人個人がみずからの欲求を計算することのなかに見つかるものではない。わたしたちが自分自身の富を大きくすることを望む場合でさえ、会計管理や財務運営に長ずるようになったとしても、だからといってわたしたちは、たんなる財務の専門家であってはならないとわたしは信じている。個人が自分の目的をひたすら露骨に追求するなら、全体の目的も全体の平和も損なわれるし、全体の労働や全体の喜びの秩序だった展開も乱される。さらにそれは個人へと跳ね返り、個人その人にとっても害となるのである。

わたしたち資本主義社会の諸企業にしてもさまざまな団体を組織しており、それらは重要な社会セクションであって、先に見たとおり、すでに集団として、企業の従業員たちをやはり集団として引き寄せようとしている。その一方、組合活動によって形成されるあらゆる集団は、それが雇用主の集団であれ賃金労働者の集団であれ、自分たちが公益を擁護し、公益を代表すると主張している。組合員の私益や同業組合の私益を擁護し、代表するのと同じだけの熱心さをもって、公益を擁護し、代表していると主張するのである。こうした立派な言辞には、たしかにたくさんの比喩がちりばめられている。けれどもきちんと認識しなくてはならないのは、道徳や哲学だけでなく、世論や、ほかならぬ経済の技法までもが、この「社会」というレベルの高みへとのぼりはじめているということである。自分のためだけでなく、他人のためにも誠実に労働をおこなえば、生涯にわたって誠実に俸給が支払われるという確信を人々がもつようにならないかぎり、もはや人々をまともに労働に従事させることはできないということを、わたしたちは分かっている。生産に従事し、かつ生産物を交換にも供している者は、今改めて次のように感じている――じつを言えば、これまでにもずっと感じてきたのだが、今や非常に鋭敏に感じているのである――。すなわち、自分が交換に出しているのはたんなる生産物、たんなる労働時間以上のものであるのだと。自分は自分自身の何ものかを与えているのだと。自分の時間や自分の生を与えているのだと。だからこの贈与、これに対してこの者は、控え目にでもよいから報いを得たいと思うのだ。そして、この者に対してこの報いを拒みでもすれば、この者のやる気を失わせて怠惰に追いやり、その生産性も低下させることになるのである。

わたしたちはおそらく、社会学的であり、かつ実践的でもある結論を、ここで一つ示すことができるのではないかと思う。メッカでムハンマドに啓示された著名な第六四章、「騙し合い章」(最後の審判)は、神について述べている。

一五節　あなたがたの富や子らは、あなたがたにとって試練である。神の御許にこそ大いなる報いが湛えられている。

一六節　力のかぎりを尽くして神を畏れよ。耳をかたむけ、したがい、喜捨(*sadaqa*)をなせ。それが、あなたがたの身のためである。自分の貪欲をよく抑える者は幸いである。

一七節　あなたがたが神に惜しむことなく貸付をするなら、神はあなたがたに倍のお返しで報いたまい、あなたがたをお赦しになるだろう。神は感謝に篤く、寛大さに満ちておられるからである。

一八節　神は見えるものも見えないものも知っておられる。神こそ力をもつお方、英明なお方である。

以上の章句において、アッラー（Allah）（神）ということばを社会ということば、および職業集団ということばに置き換えてみればよい。あるいは、宗教心がおありになるのなら、アッラーとあるところに、アッラー、社会、職業集団という三つのことばを同時に読み込んでみればよい。喜捨とあるところを、協力という概念に置き換えてみればよい。何らかの労働による協力や、他人への何らかの給付による協力といった概念に、置き換えてみればよい。そうすれば、今、難儀しながらも生まれでようとしている経済の技法について、かなり明確なイメージをもつことができるであろう。そのような経済の技法は、すでにいくつかの経済集団においては機能している。そしてまた、大衆の心性においても機能している。大衆というのは指導者たちよりも的確に、大衆自身の利益や社会共通の利益について感知しているものなのだ。

社会生活のこうした側面はよく分かっていないけれども、こうした側面について研究を施すことで、おそらくは西洋の諸国民や、その倫理やその経済がとるべき道が、わずかなりといえども照らされることになるのではないだろうか。

三　一般社会学ならびに倫理上の結論

わたしが本論でとってきた方法について、さらにここで一つ注記することを許していただきたい。

わたしはこの研究を一つの範例として提示したいわけではない。たくさんの事象が指摘されているだけのものである。すべてを十分に網羅しているわけではないし、分析ももっと先にまで推し進めることができるだろう。(38) 結局のところ、わたしは歴史学者や民族誌学者に対していくつもの問いを提起しているのであり、調査すべきいくつもの対象を提案しているのであって、何らかの問題を解決して、最終的な答えを与えているわけではないのである。だが、この方向に進めばたくさんの事象が見いだされるだろうと、わたしは確信している。当面のところ、わたしにはこの確信で十分なのだ。

(38) 本論で研究してきた諸地域とならび、本研究が最重要の地域としてあつかうべきであったのはミクロネシアである。ミクロネシアには、とりわけヤップ島とパラオ諸島に、きわめて重要な貨幣と契約の体系が存在するからである。インドシナの、とくにモン＝クメール語系の人々や、アッサム地方、チベット＝ビルマ語系の人々においても、この種のさまざまな制度が見られる。最後に、ベルベルの人々もタウサ(*thaoussa*)という注目すべき慣習を発達させてきた(Westermarck, *Marriage Ceremonies in Morocco* を見ること。索引の項目 *Present* を見よ)。これについては、ドゥッテ(Doutté)およびモニエ(Maunier)の両氏がわたしよりも専門家であり、研究をおこなうことになっている。セム語系の古法にしろベドゥインの慣習にしろ、同じく貴重な資料を提供してくれることだろう。

けれどもそうであるのは、このように一つの問題を取りあつかうその仕方のなかから、わたしが問題発見的《ヒューリスティック》なある原理を引き出したいと考えているからにほかならない。わたしが本論で考察した事象はすべて、こういう表現を許していただけるなら、全体的な社会的事象である。あるいは、別の言い方をすれば——ただ、わたしとしては前の言い方のほうが好きなのだけれども——、一般的な社会的事象である。どういうことかと言うと、これらの事象は場合によって、社会の全体を活性化させ、あらゆる社会制度からなる全体を活性化させるということだ(ポトラッチ、クランどうしの対抗、部族どうしの相互訪問、等々)。そして、そうではない場合でも、非常に多くの社会制度を活性化させるということである(とくに、これらの交換や契約がどちらかと言えば個人的なものとしてなされる場合がそうである)。

これらの現象はすべて、法的現象であると同時に経済的現象であり、宗教的現象であり、さらにはまた審美的要素をもつ現象であり、社会形態にかかわる現象であり、等々である。まず、これらの現象は法的現象である。というのも、これらの現象は私法および公法の性格を有しているから。また、きちんと組織化された倫理意識とともに、組織化されていない不定型な倫理意識ともかかわっており、厳格に規範化された義務に裏打ちされた現象であるかと思えば、たんに周囲の人々の賞賛や非難の的となるだけの現象でもあるから。さらに、これらの現象は政治的現象(集団間的現象)であると同時に家内的現象(集団内的現象)でもあって、クランや家族集団にかかわると同時に社会階級にもかかわるものであるから。

次いで、これらの現象は宗教的現象である。厳密な意味での宗教はもちろんのこと、呪術的要素やアニミズム的要素が関与しており、組織化されていない不定型な宗教的心性が関与しているから。また、これらの現象は経済的現象である。なぜなら、価値、功利性、利益、奢侈、富、獲得、蓄積といった観念が、これらの現象のいたるところに見られるから。それと同時に、消費という観念はもちろんのこと、純粋な出費のための出費、ただただ贅《ぜい》を尽くすことだけを目的としてなされる出費という観念までもが、そのいたるところに見られるから。ただし、こうした諸観念がこれらの現象において理解される仕方は、今日《こんにち》のわたしたちがそれを理解する仕方と同じではない。

さらにはまた、これらの諸制度には無視しえない審美的な側面が備わっている。本研究ではこの側面についてては意図的にあつかわなかったが、たとえば踊りがあって、人々は交互にそれを踊る。歌があり儀礼的な誇示があって、それはありとあらゆる種類におよぶ。演劇があって、遊動する集団から集団へ、協同者から協同者へと、順繰りにおこなわれる。さまざまな種類の物品があって、人々はそれらを作り、使い、飾りたて、磨きあげ、集め、情熱をもって手から手へと渡す。受け取っては歓喜し、見せびらかしては首尾を果たす。饗宴があって、すべての人がそれに参加する。食べ物であれ物品であれサービスであれ、あるいはトリンギットが言うように「敬意」であってさえ、すべては審美的な感情を沸き立たせるものなのだ。たんに倫理とか利益とかにかかわる感情を呼び起こすだけではないのである(39)。そしてまた、このことはメラネシアだけに当てはまることでもない。アメリカ北西部のポトラッチの体系についてはなおさら当てはまることであるし、インド＝ヨーロッパ語系の世界の祭市についてもいっそう当てはまることなのである(40)。

(39) トロブリアンド諸島の「クラ」における「美の儀礼」(Malinowski, p. 334 以下)を見ること。「わたしたちのパートナーはわたしたちを見る。わたしたちの顔が美しいのを見る。彼はヴァイグアをわたしたちに投げ寄こしてくれる」(p. 336)。お金を身体装飾に用いることに関して、Thurnwald, *Forschungen*, III, p. 39 を参照すること。プラハトバウム(*Prachtbaum*)という表現(ドイツ語で原義は「美麗な樹木」)については、III, p. 144, v. 6, v. 18. 貨幣で装飾された男性もしくは女性を指す表現については、p. 156, v. 12. 別所では首長が「樹木」と呼ばれている(I, p. 298, v. 3)。さらに別所では、装飾された男性が芳香を放つ(I, p. 192, v. 7; v. 13, 14)。

(40) 花嫁候補者の市場。祭宴、フェリア(*feria*)(祭市)の観念。

そして最後に、これらの現象は明らかに社会形態にかかわる現象である。これらの現象においては、あらゆるものごとが集会や祭市や市場や、あるいは少なくとも、それらの代わりをなす何らかの祝祭の場でおこなわれるが、これらの場はすべて、そこに集まる人々の集団があるということを前提としてなりたっている。しかもその集団は持続性をもちうる。たとえば冬におこなわれるクワキウトルのポトラッチの場合であれば、冬季のあいだは集団の凝集力が高まるわけだし、メラネシア人の海洋遠征であれば、遠征中の数週間は同じように集団が凝集するわけだけれども、そうした凝集の期間を超えて集団が存続することがあるのである。その一方、道が必要である。粗造りの小径であろうとも。海が必要である。湖が必要である。そして、それらを通じて、平和裡に通行できることが必要である。部族内の連盟関係《アリアンス》が必要であり、部族間の、さらには民族間の連盟関係《アリアンス》が必要である。すなわち、「コンメルキウム(commercium)」(通商、取引、交際、交通)と「コヌビウム(connubium)」(「通婚、縁組み」の意。正しいラテン語綴りは conubium)とが必要なのである。(41)

(41) Cf. Thurnwald, *ibid.*, III, p. 36.

したがってそれは、たんなる単位ではない。制度のたんなる要素ではない。複合的な要素からなる制度そのものというのでもない。さまざまな制度がかたちづくるシステムがいくつもあって、その一つがたとえば宗教システムであり、もう一つが法システムであり、別の一つが経済システムであり云々、といったふうに分かれているという、それらのシステムのどれかに相当するというのですらない。それは「全体」なのであり、社会システムの全体なのであって、それが機能するさまをわたしは記述しようと試みてきたわけである。わたしは、さまざまな社会をその動態や生きた様態において見てきた。それらの社会は硬直した社会ではないのだし、静態にとどまっているとか、さらには生を失った残骸であるとかではないのだから、そんなふうに考察することはしなかった。ましてや、それらを分解し、解体して、さまざまな法規範やら神話やら価値やら価格やらに分けるなどということもしなかった。全体を丸ごと考察することも、これによって、本質的なことがら、全体の動き、生き生きとした様相を把捉することができたのであり、社会が、そしてまた人間が、自分自身について、また他者に対して自分自身が占める位置について、情緒的に意識化する束の間のときを把捉することができたのである。社会生活をこのように具体的に観察することのうちに、新しい諸事象を見いだす手段がある。わたしたちはそれらの事象をおぼろげに捉えはじめたのにすぎない。全体的社会的事象を考究すること以上に差し迫ったものはないし、また実り多いものもないと、わたしは思っている。

全体的社会的事象を考究することには二つの利点がある。まず第一に、一般性に関する利点である。というのも、これらの事象は一般的な作用をするものであり、さまざまな個別の制度や、これらの制度のさまざまな個別の単位と比べれば、普遍的である度合いが高いことが見込まれるからである。個別の制度や個別の単位というのは、程度に多少の違いはあれ、その地方特有の色彩を偶発的に帯びているのがつねだから。しかし第二に、そしてとりわけ大切なことに、全体的社会的事象の考究には現実性に関する利点がある。この考究を通じて、社会的なものごとを、それがあるがままに、具体的に認識することができるようになるのである。社会にあって捕捉されるのは、観念であったり規範であったりする以上に、人であり集団であり、人や集団のふるまいである。目に止まるのはそれらが動くさまであり、それはたとえば、力学にあって質量や系が目に止まったり、海にあってタコやイソギンチャクが目に止まるのと同じである。わたしたちが目にするのはおびただしい人間たちなのだ。それがすなわち動的な力なのであり、そういう人間たちが自分たちの環境のなかを、そしてまた自分たちの感情のなかを、浮動しているのである。

歴史学者は、社会学者が過度の抽象化をはかり、社会を構成する多種多様な要素を過度にばらばらにあつかっていると考えており、そのことに異議を唱えている。これは正しい。歴史学者を見習わねばならない。つまり、所与のものを観察しなくてはならないのである。ところが、この所与となるものこそ、ローマであありアテナイであり、平均的なフランス人であり、どこそこの島のメラネシア人であって、祈禱なるものやら、法なるものやらが、それ自体として所与となるわけではないのだ。社会学者がいささか過度に諸要素を分離し、抽象化をはかってきたというのは致し方のないことであったにしても、今となっては社会学者も、全体を再構成するようつとめる必要がある。そうすれば、実り多いデータが見いだされることだろう――そしてまた、心理学者をも満足させる手段が見いだされることだろう。心理学者というのは、自分たちが特権的な立場にあることを強烈に意識していて、とくに精神病理学者ともなれば、自分たちが具体的な事象を研究しているということに確信をいだいているものだから。彼らの誰しもが何を現に研究し、何を観察すべきと考えているのかと言えば、それは全体的な存在者のふるまいである。機能別に分断されたのではない、全体的な存在者のふるまいである。彼らを見習わなくてはならない。具体的なもの《コンクレ》を研究するということは、全的なもの《コンプレ》を研究するということである。そうした研究は社会学において可能であるばかりか、社会学においてこそいっそう魅力的で説得的となる。わたしたち社会学者が観察しているものこそ、限定された数の人間たちが示す全的で複合的な《コンプレクス》さまざまな反応なのだ。そもそも、その人間というもの自体が全的で複合的な存在者なのである。わたしたち社会学者が記述しているのも、そうした人間たちが有機体として、また心的存在(プシュカイ *psychai*)としていかなるものかということなのだ。それと同時にわたしたち社会学者は、この人間たちがつくりあげる集団《マス》のふるまいをも記述し、かつ、それに対応したさまざまな心意現象、すなわち、群衆の感情・観念・意志とか、組織づけられた社会やその下位集団が有する感情・観念・意志とか、といったものを記述する。わたしたち社会学者が目にしているのも、さまざまな集合体であり、それら集合体の諸々の反応なのだ。そして、そうした集合体がいだく観念や感情は、通常は反応の事後的な解釈なのであって、それらが反応を事前に動機づけることはほとんどない。社会学の原理ならびに目的は、集団の全体を把捉し、集団のふるまいの全体を把捉することなのである。

本論でわたしが指摘した事象のすべてについて、今の時点でその形態学的基底を把握しようと試みるだけの時間的余裕が、わたしにはなかった――そんなことをすれば、限定されたテーマを不当に拡大することになったことだろう――。けれども、わたしが依拠したいと考えている方法を例示するためだけであっても、この研究をどのような方向に進めてゆくことができるのかをここで指摘しておくのは、おそらくは有益なことであろう。

本論でこれまでわたしが記述してきた社会は、現代のヨーロッパ諸社会をのぞけば、すべて分節社会である。[*1] インド＝ヨーロッパ語系の諸社会ですら、たとえばローマ社会なら十二表法以前の時代とか、ゲルマン諸社会では『エッダ』が編纂されるかなりの後代にいたるまでとか、アイルランド社会でも主要な文芸作品が編纂される時期まででとか、依然として社会はクランを基盤として形成されていた。そうでなくとも、少なくとも大家族を基盤として形成されていて、そうした大家族は程度の違いこそあれ、内部においては未分化であり、外部に対しては相互に独立していた（クランや大家族が全体社会の分節として並置され、全体社会はそれらが機械的連帯によって結びつくことで構成されるという社会モデルに対応）。現代のわたしたちの社会には統合性と統一性とが備わっているが（ここで言われている「統合性 unification」、「統一性 unité」は、有機的連帯が各社会単位を相互依存的に結びつけることによって実現される全体社会の「統合性」、「統一性」のこと）、それとは違ってこれらの社会はどれも、それが現在ある社会であれ、過去にあった社会であれ、そのような統合性・統一性とは無縁である。もっとも、浅薄な歴史叙述ではこれらの社会にも統合性と統一性があるとされているけれども。他方で、これらの集団の内部にあって、一人ひとりの個人というものは、悲しむにせよ真剣になるにせよ吝嗇になるにせよ、わたしたちほどではなく、わたしたちほど個別的ではなかった。たとえそれが、非常に際立った性格の個人であったとしてもである。ただ、少なくとも外面的には、人々はわたしたちより寛大で気前がよかった。今でもそうである。部族の祭宴や、クランどうしが対抗しておこなう儀式や、家族どうしが互いに縁組みを交わしたり、互いにイニシエーションを施し合ったりする際に執りおこなう儀式などで、集団が相互に訪問し合うようなとき。さらには社会がもっと進歩し――「客人歓待の法」が発達して――、神々との親交と契約の法が「市《いち》」や町の「平和」を保障するようになったとき。途方もなく長い年月を通じ、そして途方もなく多数の社会を通じて、そうしたときに人間たちは、ある奇妙な精神状態において互いに関係を取り結び合ってきた。それは、不安感と敵愾心とが肥大した精神状態であり、また、気前のよさが同じく肥大した精神状態である。ただし、不安感にしろ敵愾心にしろ気前のよさにしろ、それらの肥大が常軌を逸して見えるのは、わたしたちから見てのことにすぎない。現代に直接に先立つすべての社会において、そしてまた、現代においてもわたしたちを取り巻いているすべての社会において、さらには、わたしたちの民俗倫理のあまたの慣習においてさえ、中間的なものなどない。完全にみずからを相手にゆだねる《ス・コンフィエ》か、さもなければ完全に相手を拒絶《ス・デフィエ》するか、そのいずれかなのだ。武器を置いて呪術をあきらめるか、さもなければすべてを与えるか。しかも、すべてを与えるというのは、その場かぎりのもてなしを施すことから、娘や財を与えることにまでわたる。このような精神状態においてこそ、人間たちは他者を拒むようなとりすました態度を捨て去ったのであり、与えること、そしてお返しをすることを、みずからに引き受けることができるようになったのである。

それというのも、人間たちには選択肢がなかったから。二つの人間集団が出くわしたとき、なしうることは次のいずれかでしかない。離れるか――双方が不信感をあらわにし合うとか、挑発し合うといった場合には戦うか――、さもなければ、つきあうか（「つきあう」の原語はtraiter。一般的には「取りあつかう」の意の他動詞であるが、人が直接目的補語となる場合には、その人を「遇する、処遇する」の意となり、また文章語としては人を「もてなす、供応する」の意ともなる。ことがらが直接目的補語となる場合には、それについて「交渉する、取り決める」の意味ももつ）。わたしたちに非常に近い時代の法システムにいたるまで、そしてわたしたちの経済システムからさして遠くない時代の経済システムにいたるまで、人が「つきあい」を取り結んできたのは、いつでもよそ者と（たとえそれが連盟関係にある者であろうとも、よそ者と）である。トロブリアンド諸島のキリウィナの人々はマリノフスキー氏に言った。[42]「ドブ島の人々はわたしたちのように善良ではない。獰猛で人喰いだ。ドブ島に着いたときには、わたしたちはドブ島の人々が怖い。わたしたちを殺しかねないから。でも、ごらん。ショウガの根を吐きつけると、あいつらの気がかわるのさ。槍を置いて、わたしたちを快く迎え入れるようになるのさ」（マリノフスキーによれば、ただのショウガではなく、呪文をかけておいたショウガの根を吐きつける。ドブ島へ到着したトロブリアンド諸島民は、まず敵意と対抗心を示すふるまいによって迎えられるが、ドブの村に着いてつばを吐きかけるという儀式的所作をおこなうと、そうした態度は影をひそめる）。祭宴と戦闘と、この二つあいだの境が揺れ動くものであることを、これほどよく物語るものはない。

(42) *Argonauts*, p. 246.

最良の民族誌家の一人であるトゥルンヴァルト(Thurnwald)氏は、メラネシアの別の部族について系譜にまつわる統計的研究をおこなったなかで、[43]ある出来事について記述している。ちょうど好適な事例であって、人々が祭宴から戦闘へと、集団的に、かつ一挙に移行するさまをよく示すものとなっている。ブレアウ(Buleau)という首長がいて、ボバル（Bobal）という別の首長とその配下の人々を招き、ある宴会を催した。その宴会は、これから長期にわたって続く一連の宴会の最初のものであったと思われる。人々はさまざまなダンスを何度も繰り返して踊りはじめ、それが一晩中つづいた。朝になっても、一晩を踊り明かし、歌い明かしたことで、誰もが気持ちの昂ぶった状態にあった。ブレアウが何かちょっとしたことで注意したのがきっかけとなって、ボバルの配下の男たちの一人がブレアウを殺してしまった。すると、ボバル側は全員が一団となって虐殺と掠奪をおこない、村の女たちを拐《かどわ》かして去ったのだった。「ブレアウとボバルとはむしろ仲のよいほうで、ただ競合する関係にあっただけなのに」と、人々はトゥルンヴァルト氏に語った。わたしたちといえども、誰しもこの種の事態をいくぶんかは見聞きしてきた。自分たちの身近にそうした事態が生じることさえある。

（43）　*Salomo-Inseln*, t. III, table 35, n. 2.

理性を感情に対置すること。平和への意志を、上に述べた類の突発的な狂乱に対置すること。どの民族もこうすることによって、戦争と孤絶と停滞にかえて連盟と贈与と交際を得ることができるのである。

本研究を閉じるに当たって見いだされるものがあるとすれば、それはしたがって以上のことである。社会が発展してきたのは、当のその社会が、そしてその社会に含まれる諸々の下位集団が、さらにその社会を構成している個々人が、さまざまな社会関係を安定化させることができたからである。すなわち、与え、受け取り、そしてお返しをすることができたからである。交わりをもつためには、まずはじめに槍を下に置くことができなくてはならなかった。そのときはじめて、財や人は交換されるようになった。それも、たんにクランとクランとのあいだでだけではなく、部族と部族とのあいだで、さらには民族と民族とのあいだで、そして——とりわけ——個人と個人とのあいだで、交換されるようになった。そうなってようやく、人々は利益となることどもを互いにつくり合い、互いに満たし合うことができるようになったのだし、最後には武器に訴えることなしにそれらを守ることができるようになったのである。このようにして、クランにしても部族にしても民族にしても、互いに殺し合うことなく、けれども対峙し合うことができるようになった。互いに相手の犠牲となることなく、けれども与え合うことができるようになった。そしてまた近い将来、文明世界と言われるわたしたちの世界においても、諸階級や諸国民、そしてまた諸個人は、そうできなくてはならない。ここにこそ、クラン・部族・民族の英知と連帯の不変の秘訣の、その一端があるのである。

以上に述べたもの以外には、他に倫理も経済も社会実践も存在しない。ブリトン人（インド=ヨーロッパ語族のうちケルト語系の人々の一派。前ローマ期にヨーロッパ大陸からグレートブリテン島に渡って先住していた）が『アーサー王年代記』において語るのは、[44]アーサー王がコーンウォール（イングランド南西端でケルト地域）の一大工の協力を得て、宮廷における驚嘆すべき発明品をつくりだした経緯である。それがすなわち〈円卓〉である。〈円卓〉に着座すれば、騎士たちは争いをやめたのだから。それより前はと言えば、「下劣な妬み心」から愚かしい小競り合いが起これば、どんなに盛大な饗宴であっても、決闘と殺人で血塗られることになるのだった。大工はアーサーに言った。「とても素敵なテーブルを一つ、つくって進ぜましょう。一六〇〇人の人、それ以上もの人が着座することのできるテーブルです。しかも、着座する場所をかえてその周りを巡ることができ、誰一人として席にあぶれることのないテーブルです（……）。争いをしようとする騎士など、いなくなることでしょう。というのも、そこでは上座も下座もなく、格差がつかないからです」。こうして「上席」はなくなり、そのため喧嘩騒ぎもなくなった。アーサーがその〈テーブル〉をもって赴けば、アーサーに付きしたがう騎士たちはどこであれ仲良く上機嫌で、敵との戦いに負けることもなかった。今日《こんにち》でもなお、諸国民が強大かつ富裕、幸福かつ善良になるとすれば、それはこうした仕方によってである。民族も階級も家族も個人も、騎士たちのように共通の富のまわりに着座するすべを心得ているなら豊かになることもできようし、幸せになるのはそのときを措いてはないであろう。何が善で何が幸福かをはるか遠くまで探しに行く必要はない。平和として定立されたものがある。労働として（あるときには集団でおこなう労働として、あるときには一人でおこなう労働として）適切に秩序づけられたものがある。富として蓄積され、次いで再分配されたものがある。互いに尊重し合い、互いに寛容になり合うこととして教育が教えるものがある。善も幸福も、そこにあるのだ。

（44） *Layamon's Brut*, v. 22736 以下、*Brut*, v. 9994 以下（『ブルート *Brut*』は、一三世紀はじめ、イングランドの僧・詩人のラヤモンが中英語の韻文によって編纂した年代記で、ブリテンの歴史を語る。アーサー王の生涯と事蹟に関するセクションを含む）。

人間の全体的なふるまいを研究し、全体としての社会生活を研究するにはどうすればよいのか、それをここではいくつかの事例に沿って見てきた。同時に見てきたのは、この研究が具体的な研究であって、習俗の科学に通じ、社会科学のある一翼をなすにいたるのはもちろんのことながら、さらに加えて、倫理に関する諸結論を導く可能性があるということである。倫理に関するというのは、古いことばを蒸し返すなら「礼節《シヴィリテ》」に関すると、そして今風のことばで言うなら「市民意識《シヴィスム》」に関すると、むしろ言うべきかもしれない。実際、このような研究をおこなうことによって、審美的なものや倫理的なものや宗教的なものや経済的なものといった、人を動かす多様な動因、そして、物質的なものや人口動態にかかわる多様な要因に目を向けることができるようになり、それらを測りとったり比較考量したりすることができるようになる。こうした諸々の動因・要因の全体が社会というものを基礎づけており、また共同生活というものを構成している。したがって、これらの諸動因・諸要因を意識して統制していくということが究極の技法《アート》なのだ。ソクラテス的な意味での〈政治〉なのである。

訳　注

トラキア人における古代的な契約形態

＊1　トラキアは、ギリシア北東端とブルガリア南部、およびトルコのヨーロッパ部分にまたがるバルカン半島東部の地域。古代ギリシア時代には、インド＝ヨーロッパ語族に属する言語を話すトラキア人が居住し、精巧な金細工を含む独自の文化を展開した。紀元前六世紀頃からギリシア人の植民都市が建設されるようになり、一時はアケメネス朝ペルシアの支配も受けたが、紀元前四世紀にマケドニア王国によって征服された。その後、南部は共和政ローマに支配され、北部もローマ帝国、東ローマ帝国の支配を受けた。キリスト教の広まりとともにスラヴ人が進入し、言語的にはブルガリア語とギリシア語が主流となる。一四世紀以降はオスマン帝国の勢力が浸透し、トルコ語を話すムスリム人口の定着とともに、民族的・宗教的な混淆が進展した。

また、ビュザンティオン（ビザンティウム、ビザンツ等とも）は古代トラキア東端の町。ローマ皇帝コンスタンティヌス一世が三三〇年にローマ市からここに遷都し、コンスタンティノポリスと改称した。東ローマ帝国（ビザンティン帝国、ビザンツ帝国）の首都。一四五三年からオスマン帝国の首都となる。イスタンブール。

＊2　ギリシア中期喜劇は、アリストパネスに代表される古喜劇（紀元前五世紀）と、メナンドロス

に代表される新喜劇(紀元前三二〇年頃以降)とのあいだに位置し、紀元前四〇〇年頃から紀元前三二〇年頃までおこなわれた。古喜劇に対して合唱隊(コロス)の役割が縮小され、政治批判や風刺が弱まったという。

アテナイを中心とするアッティカ地方では、豊饒と葡萄酒の神ディオニュソスを祀る祭礼の一環として悲劇・喜劇が上演された。レナイア祭、大ディオニュシア祭(都市のディオニュシア祭)、田舎のディオニュシア祭がそれで、前二者での上演は国家の公式行事として、後一者での上演は地方の自治組織デモスの責任において、それぞれおこなわれた。また、上演においては競演制度が導入され、審査員として選ばれた市民たちが上演作品を評価し、優勝作品を定めた。たとえば大ディオニュシア祭での上演の場合、優勝作品の劇作者とコレゴス(コロスにかかる諸費用を負担し、上演スポンサーとなる市民)は、観衆を前に蔦で編んだ冠を授けられた。

ギフト、ギフト

＊1　ここで並列されている四つの語彙は、いずれもインド＝ヨーロッパ語族において同一の語源に関連するものと思われる。最後の vadi は、ゴート語(ゲルマン語派の東ゲルマン語に属し、ゲルマン語の古形を保存する言語で、死語)の *wadi-(語頭のアステリスクは理論的な再建形であることを示す)のことか。「誓約」、「担保」等の意味で、英語の wage(「給与」。廃語だが「担保」の意もあらわした)、フランス語の gage(「担保、抵当」)、ゲルマン語の wadium(「担保、抵

当」）と語源的に関連する。ドイツ語の wette（「賭け」）、および英語の wed（「結婚する」と「担保、抵当」の二義をもつ）、wedding（「結婚」）が同じ系列上にあることについて、「贈与論」第三章の注(119)を参照のこと。

贈与論

第一章

＊1　ここでは、父方オバの夫と母方オジとが同一カテゴリーとなる類別的な親族名称体系が念頭に置かれているものと考えられる。類別的な親族名称体系とは、分析的には細分化することのできる親族カテゴリーを区別せず、それらを一つのカテゴリーに括る名称体系のこと。たとえば、父も父の兄弟も「チチ」という同一名称のもとに包括するような名称体系がそれにあたる。本論では、子どもは自分から見て父方オバ夫妻のもとに預けられるわけであるが、父方オバの夫と母方オジとが同一カテゴリーに括られるとすれば、父方オバの夫はカテゴリー上、母方オジにほかならず、母方オジに預けられることとなる。

＊2　サモアで婚姻を取り結ぶ家族集団（アイガ）は、女方（新婦方）と男方（新郎方）とに位置づけられる。結婚の際、女方からはタオンガやトンガなどと呼ばれる財（実用はされないが、高い象徴的価値が付与される細編みゴザや、樹皮布など、女性の手仕事によって生産されるものが主となる）が男方に渡され、これに対して男方からはオロアと呼ばれる財（ブタや現金など）が女方に渡

される。モースが言及している子どものやりとりでは、男性が自分の姉妹夫婦に子どもを預けるので、夫婦側から見れば、世帯に女方から子どもが入ってきたことになり、これが女方財として位置づけられる(下図参照)。山本泰・山本真鳥『儀礼としての経済——サモア社会の贈与・権力・セクシュアリティ』弘文堂、一九九六年、ほかを参照。

*3　訳者割注に訳したとおり、いずれも「あなたが与えてくれるよう、わたしも与える」に相当し、人と神格とのあいだでの互恵的な交換関係をいう表現。サンスクリット語表現のほうは、本章の注(71)にあるとおり、『ヴァージャサネーイ・サンヒター』からとられている。『ヴァージャサネーイ・サンヒター』は、バラモン教の聖典ヴェーダのうち、祭式で唱えられる祭詞の集成である『ヤジュル・ヴェーダ』のなかの『白ヤジュル・ヴェーダ』を構成するサンヒター(本集。マントラの集録で、ヴェーダの基本部門)の一つ。モースの引用は誤っており、このサンヒターの第三章、詩行五〇に、*dehi me, dadāmi te*(我に与えよ、我は汝に与えん)とある。

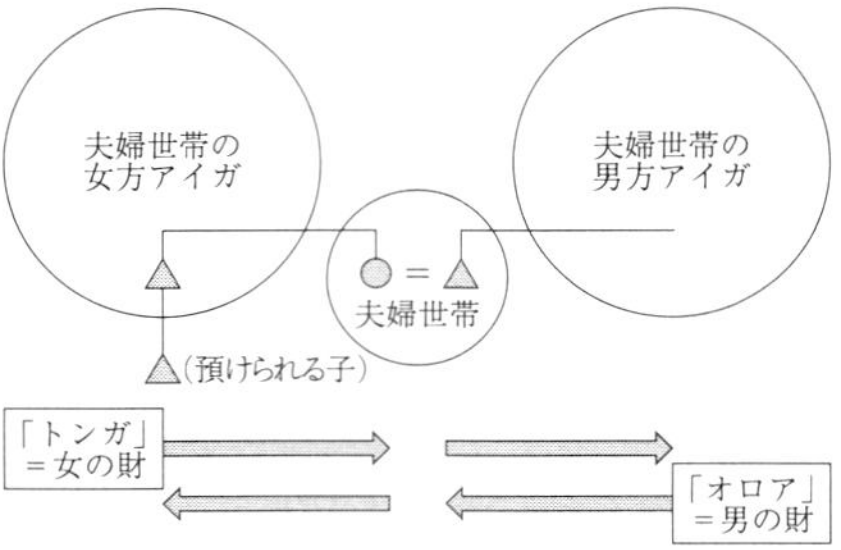

＊1　マリノフスキーによれば、「クラ・コミュニティ」は、一つ、もしくは複数の村落からなり、共通のリーダーを持つ社会的単位である。大規模な外洋遠征の際にはコミュニティで航海をし、クラで一体となって取引し、共同で呪術をおこなう。同時にコミュニティの内部でも財貨の交換がおこなわれており、対外的にも対内的にも一つの社会圏をなす。したがってクラには、単一のクラ・コミュニティ内部で、もしくは隣接し合う複数のクラ・コミュニティの範囲内でおこなわれる小規模な内陸クラと、海によって隔てられた二つのクラ・コミュニティのあいだでおこなわれる大規模な外洋遠征クラがあることになる。

＊2　ボアズによれば、霊が人の前にあらわれ、超自然的な力をその人に授ける。こうした霊はまず神話上のクランの祖先たちの前に出現したものであり、その後、子孫たちにも出現し続ける。他方、同じ霊が異なる部族のさまざまなクランの祖先の前に、クラン横断的にあらわれる。霊は自分が出現した相手の男たちに新しい名前を与えるが、この名前は冬季、霊たちが人々のところに住まう期間しか使用されない。したがって、霊がともにいると見なされるときから、夏の名前はすべて使われなくなり、貴族たちは冬の名前を名乗るようになる。社会構造の基盤は名前であるため、名前の変更は社会構造の全体的な変換をともなう。人々はクランへと集団化することをやめ、自分にイニシエーションを施してくれた霊に応じて集団化するようになるからである。つまり、ある特定の霊に守護されている人々が結社を構成するようになる。さらにこの結社の内部で、付与された儀礼や踊りに応じて下位区分がなされる。

＊1　以下の本論および原注の理解に必要と思われる範囲で、ローマ法大全にいたるローマ法の歴史を略述する（船田享二『ローマ法 第一巻』岩波書店、一九六八年、ほか参照）。

一　ローマ法の古代〔王政期と共和政前期〕　紀元前八世紀半ば、都市国家ローマが建国され、王政が敷かれる。前六世紀末にエトルリア人支配を脱し、前五〇九年、貴族による共和政が成立。それから前二〇〇年頃までを共和政前期とする。王政期と共和政前期のローマは、都市国家として限定された地域に根差し、基本的には同系統の人々からなる共同体的な農業国であった。法も、地域的に限定された農業経済に対応し、民族的な性格の強い粗野な古法であり、ローマ市民のみに適用される「市民法」の時代であった。この時代で特筆すべきは、前四五〇年頃の十二表法であろう。十二表法は共和政前期での貴族と平民との対立を反映するものであるが、その後も有産者に対する無産者の抵抗運動によって改革的立法がなされ、たとえば前三二六年のポエテリウス＝パピリウス法により、債務不履行者の身体を鉄鎖で拘束し、市民を債務奴隷化する古来の規定が廃止された。

二　ローマ法の古典時代〔前期〕〔共和政後期と帝政（元首政）期〕　ポエニ戦争とカルタゴ征服を通じ、都市国家ローマは紀元前二〇〇年頃から地中海にまたがる領域国家ローマへと転換し、農牧を中心とした経済も商業化を遂げる。これ以降、前二七年のアウグストゥス（オクタウィアヌス）による帝政（元首政）の樹立までを共和政後期とする。共和政後期には、海外諸地方の属州化により多様化する人口と、広大な領域におよぶ商業経済の伸張を反映し、ローマ法も世界法へと進展していった。共和政後期から帝政（元首政）へいたる過程で、紀元前二世紀からは法学者の活躍が顕著な時代となり、とくに紀元後一―二世紀は帝国中央による統制と組織化が進んで、法の古典時代が現出した。だが、紀元後三世紀はじめからの半世紀間、ローマは政治的混乱に襲われ（「三世紀の危機」）、三世紀末にディオクレティアヌスが専制君主政を創始した。

三　ローマ法の古典時代（後期）〔帝政（専制君主政）期〕　「三世紀の危機」の混乱により、三世紀はじめに古典期法学は急速に衰え、ローマ帝国自体も三九五年に東西に分裂した。五世紀前半にはテオドシウス二世による法整備があり、四七六年の西ローマ帝国消滅を経て、六世紀前半にはユスティニアヌスによってローマ法大全が編纂された。

以上の大局的な動向のうち、「贈与論」で主たる議論の対象となっているのは、古法の時代である古代の市民法である。この法は、商業が未発達で農業に依拠し、狭い地域を地盤としていたローマ市民を律するものとして厳格な形式主義を特徴としており、宗教的意義をもつ儀式との結合や、特定の厳格な方式の履行（特定の式語を唱えることなど）に、行為の法的効力を認めていた。また、呪術や呪詛で他人を害し、みずからを益することが重大な犯罪として規定されていることなどは、この法の古拙な性格を示すものとされる。本章冒頭でモースが、大文明の法システムにしても前段階を経由していたはずであり、そこでは人と物とが一つに融け合う贈与交換の慣行（人と物とを分離するという現代的で冷徹な計算づくの慣行の反対物）が支配的であったと述べた際にも、ローマ法についてはこの法的段階が想定されている。

＊2　ネクスム(nexum)は、債務不履行の場合に債権者が債務者にただちに執行をおこない、その身体を拘束して隷属状態とする権限を有する古来の契約にかかわっており、ローマ法用語として一般に「拘束行為」と訳される。本文で後述される握取行為《マンキパティオ》(本章の訳注＊5も見よ)によって、債務者が債権者の権力下に入ることにもとづいていた。本章の訳注＊1に触れたように、前三二六年、ポエテリウス＝パピリウス法が、執行を受けて拘禁された債務者を鉄鎖でつなぐことを禁じてのち廃《すた》れた。したがって、ネクスムがローマ法の古法時代に属する契約形態であることに留意されたい。

＊3　ユヴランは、ゲルマン法のワディウム、およびその他の担保が共感呪術のみに依拠したものとも原初的な呪術的事象であるとして、次のように論ずる。契約を結ぶ際、債務者は債権者にワディウムを手渡し、債権者はそれを支払いまで保持して、支払い時に返還する。ワディウムを引き取りたいという欲求のため、債務者は債務を履行するよう促されるのだが、ワディウム自体はたいして価値のないものであり、どうして債務者がそれを請け出すことに執着するのかが理解できない。ところが、ワディウムとして債権者に預けられるのが、債務者が日常的に身につけている物であり、その身体に恒常的に接触している物であることに着目すれば、こうしたワディウムの効力が共感呪術(指輪、首飾り、ハンカチ、衣服、武具など、身につける物を、それを身につけていた人に結びつける呪力)にもとづくことが分かる。それは、命が担保に入れられたものなのである。その物に作用をおよぼすことは、その所有者に作用をおよぼすことであって、それを通じて所有者を支配することができる。そのため債務者は、それを請け出そうと努力することに

なるのである。

＊4　stips もしくは stipes は、「杖、杭、切り株」を意味し、festuca notata は「印を刻まれた棒」を意味する。後者についてユヴランによると、ゲルマン人にあっては、債務者はルーン文字の刻まれた短い棒を手にしながら、方式に則って誓約のことばを発し、次いでその棒を債権者に投げて憎悪の念を象徴的にあらわす。もしくは、担保を引渡すように、それを債権者に引渡す。ユヴランはここに、文字はそれを刻んだ者と共感的に結びついており、棒はそれを手にしていた人と共感的に結びついているという観念が作用しているとする。

＊5　ローマ法は太古から物を二つに分類していた。一つは握取行為《マンキパティオ》（mancipatio）と呼ばれる儀式によって所有権が移転する物で、手中物《レス・マンキピ》（res mancipi）という。もう一つは握取行為《マンキパティオ》によらず、たんに引渡のみで所有権が移転する物で、非手中物《レス・ネク・マンキピ》（res nec mancipi）という。手中物を構成するのは、自由人、奴隷、ウシ、ウマ、ロバ、ラバ、ローマ領土内の土地（農地・建築用地とも）であり、相対的に自足的な家父長的奴隷制のもと、農牧を主生業としていた都市国家ローマの経済体制の基礎をなす最重要の財であった。そのため手中物は、氏族にかわって社会経済的単位となった家族の生存に不可欠の財であり、家産であって、握取行為《マンキパティオ》によって原所有者の所有権は法的に保護されるとともに、その譲渡には厳格な形式性が課された。

後代の紀元二世紀半ばに著されたガイウスの『法学提要』（I. 119–121）には、握取行為《マンキパティオ》の儀式について次のように記されている（船田享二訳、有斐閣、一九六七年。表記の一部を改変）。

五名より少なくない成熟者であるローマ市民を証人とし、かつ、そのほかに、同一の資格をもち、銅の秤をもつ者、すなわち秤持ちと呼ばれる者一名を立会わせ、その権力内に客体を受領する者が客体を握って次のように唱える。「予はこの奴隷がローマ市民法によって予の所有であることを宣言する。そうしてこの奴隷はこの銅および銅の秤によって予に買得されよ」。それから、同人は銅片で秤を押下げ、かつ、その銅片を代金として、同人がその権力内に客体を受領する行為の相手方に供与する。

ウルリッヒ・マンテは、手中物が農業経済の基盤をなす最重要の財であり、本来は譲渡や売買が不可能であったとした上で、受領者が唱えるべき右の「予に買得されよ」という式語を、不可能な所有権移転を可能にする手続きと解している（『ローマ法の歴史』田中実・瀧澤栄治訳、ミネルヴァ書房、二〇〇八年）。譲渡不可能な所有財・家産というテーマは、「贈与論」においてモースが再三立ち返るテーマである。

なお、握取行為《マンキパティオ》(mancipatio)という語は、客体が手で摑まれる(manu capitur)ことに由来している。ただし、土地の所有権移転については、当事者がその土地に不在のまま儀式をおこなうことをつねとした。初期の先史時代には、儀式中に客体の実際の売買代金が銅で量られて支払われており、したがって「現実売買の握取行為」をなしていたが、のちに儀式ではたんに象徴的な銅片が用いられ、売買代金は儀式外で支払われるようになった（前五世紀半ばの十二表法では、すでに後者が通例であった）。握取行為《マンキパティオ》はガイウスの時代にも依然おこなわれていたが、三世紀後半になって廃《すた》れ、ユスティニアヌス帝によって廃止された。

＊6　ローマ法で「契約（市民法上承認された契約）」を構成するものには四つの類型が設定されて

おり、「要物契約」のほかは、「言語契約」（定められた文言の発話が要求される。問答契約 stipulatio, 婚資の言明 dotis dictio, 解放奴隷の労務約束 perarum promissio）、「文書契約」（遠隔地にある当事者間で、債務者が書簡によって債務を申し込み、債権者が金銭出納簿に承諾の意思を記入するという書式が要求される。借方記入 expensilatio）、「諾成契約」（二つの意思表示によって、他に方式を必要とせずに有効となる。売買 emptio venditio, 賃約 locatio conductio, 委任 mandatum, 組合 societas）である。

＊7　紀元前五世紀半ばに成立した十二表法が、ローマの領土的拡大にともなう人口構成の複雑化や経済体制の変化などによって現状に適合しなくなるなか、プラエトル（法務官）が形式主義を保ちつつも柔軟な法務をおこなう体制が、紀元前二世紀頃から成立する。それにより、法律家の階層が出現して法の理論的な考察に当たるようになった。とくに紀元後の最初の二世紀（帝政期に入り、政治的安定と経済的成長が実現した二世紀間）は古典期法学の盛期とされ、『法学提要』と呼ばれる教科書も著述されるようになった。しかし、三世紀の政治的混乱とともに、古典期法学の発展も終焉を迎えた。

＊8　引用されている一節は、分かち書きの仕方を含め、現在の標準的なローマ字転写法では、mām evādatta, māṃ datta, māṃ dattvā mām avāpsyatha と表記すべき一節。意味は、「他ならぬわたしを君たちは受け取れ。わたしを君たちは与えよ。わたしを与えたのち、わたしを君たちは得るだろう」。

＊1　「分節社会（société segmentée, société segmentaire）」は、デュルケームが『社会分業論』において提起した概念で、デュルケームの用語としては「環節社会」と訳されることが多い（ゴカイ、ミミズ、ヒルなど、一般に細長い円筒形で、前後に連なるほぼ同じ構造をもった多数の環節からなる生物がイメージされている）。デュルケームの社会類型論において、分節社会は複数の同型集団が並置されて結合することによってなりたつ機械的連帯を特徴とするものとして概念化されている。これに対して、社会的分業が進展すると、社会は同型でない複数の集団に役割分化と階層化が生じ、それらが相互依存するかたちで構成されることになり（ここでも脳や他の臓器への分化と相互依存による生体の構成という生物イメージが作用している）、有機的連帯による全体社会の統合が特徴的となる。以下のモースの行論も、この区別を念頭に置いている。デュルケームの「分節社会（環節社会）」概念は、エヴァンス＝プリチャードやフォーテスらによってイギリス社会人類学に移入され、とくにアフリカの「部族社会」論における「分節リネージ体系（segmentary lineage system）」の概念へと練り上げられた。

訳者解説――マルセル・モースという「場所」

本書は、マルセル・モースの「贈与論」を中心に、それと直接的にかかわる比較的短い論考群のなかから別に二篇を選び、一書に編んだものである。これら三篇を通貫する主要テーマは、「全体的給付」である。

モースは一八七二年、フランス北東部、ロレーヌ地方のエピナルに生まれ、一九五〇年にパリで没したフランスの社会学者・民族学者である。著名な社会学者であるエミール・デュルケームの甥(姉の子)にあたり、デュルケームが教鞭をとっていたボルドー大学において哲学を学ぶ。そこでモースが師事した教員には、デュルケームのほか、アルフレッド・エスピナス(『動物社会論』により、オーギュスト・コント以来論じられてきた「社会学」を本格的にアカデミズムに導入したことで知られる)らがいた。一八九五年に哲学の教授資格《アグレガシオン》を取得。その後パリに居を移し、高等研究実践院(École pratique des hautes études)において宗教学やサンスクリット語学などを学んだ。「祈り」をテーマとする博士論文を執筆するためであったが、これはついに未完に終わった。モースにとって高等研究実践院は、考古学・比較宗教社会学を専攻していたアンリ・ユベールや、民族学者ロベール・エルツらとの出会いの場でもあった。

モースは、デュルケームが一八九八年に創刊した『社会学年報(*Année sociologique*)』誌の編集に当初から参画している。この雑誌は、デュルケームが提唱した社会学的方法を基盤とし、政治・経済・法・倫理・宗教・社会類型などの諸分野においてその方法を適用しようとする研究者らを糾合したものであり、いわゆるフランス社会学派の牙城となったものである。前述のユベールやエルツらも集ったこの雑誌においてモースは、未開の分類形態に関するデュルケームとの共著論文を発表するとともに、ユベールとの共著による供犠論や呪術論など、宗教社会学・宗教民族学にかかわる論文を発表している。その他、おびただしい編数にのぼるオリジナルな論考や書評記事をそこに発表した。

このほかこの雑誌に関与した研究者には、本書で名前が挙げられているだけでも、法制史学(とくに古代ローマ法学)のポール・ユヴラン、中国研究のマルセル・グラネ、未開心性論で知られるリュシアン・レヴィ＝ブリュル、集合的記憶論で知られるモーリス・アルヴァックスらがいる。なかでも、デュルケーム社会学の忠実な継承者を自任していたジョルジュ・ダヴィは、契約の起源を社会学的・民族学的に考究し、その観点からポトラッチに大きな意義を認めたことで、モースと関心を共有していた(本書でモースが再三ダヴィに言及しているとおりである)。

第一次世界大戦末期にデュルケームが没してのち、モースは『社会学年報』誌の新シリーズを主導し(「贈与論」はその第一号に発表された)、フランス社会学派の中核を担い続けた。この間、一九〇一年からは母校である高等研究実践院で「非文明民族の宗教史」講座を担当し、一九三一年にはコレージュ・ド・フランスの「社会学」講座担当教授に任命された。コレージュ・ド・フランスは、フランス高等教育の頂点に位置づけられるべき国立の教育機関であり、新たな教授を迎える際には講座を新設することを慣例としていた。つまり、モース就任とともに「社会学」が講座として設けられたわけであり、このことは、フランス社会学派が主導した「社会学」が、フランス・アカデミズムの頂点に地歩を得たことを意味していた。モースはまた、リュシアン・レヴィ=ブリュルらとパリ大学民族学研究所の創設(一九二五年)にかかわり、同研究所では民族誌学を講ずるなど、後進の育成にも力を尽くしている。モース自身は民族誌学者としての現地調査(フィールドワーク)をほとんどおこなわなかったが、モースの弟子たちのなかから、マルセル・グリオール、ミシェル・レリス、アルフレッド・メトロー、ドゥニーズ・ポームなど、優れた民族誌学者たちが育成され、モースの次世代の研究者として世界各地に現地調査に赴いた。民族学研究所でのモースの講義は、『民族誌学の手引き(*Manuel d'ethnographie*)』と題された講義録として弟子たちにより出版されている。

学術的には、本書に示されている贈与論・交換論から、供犠論・呪術論などの宗教社会学もしくは宗教民族学的な研究、エスキモー社会に関する社会類型学的研究まで、さらには身体技法論や人格論まで、きわめて幅広い関心と該博な知識によって多様なテーマを縦横に論じたモースであるが、その一方で、早くから社会主義的な政治運動・社会運動にコミットし、とくに協同組合運動に力を注いだ経歴も有する。たとえば、ボルドー在学中の一八九四年に起き、フランスの国論を二分したとも言えるドレフュス事件にあっては、ドレフュス擁護派として活発な活動をおこなった。モースのユダヤ的背景も、ここには関係していたものと思われる。とりわけジャン・ジョレスの社会主義思想に大きな共感をいだいていたモースにとって、第一次世界大戦の危機を目前にナショナリズムが高揚するなか、平和主義を貫こうとしたジョレスが開戦前夜に暗殺されたこと、そしてみずから戦争への志願従軍を経験したこと、さらには大戦末期にロシア革命が勃発し、社会主義のあり方をめぐる国際環境に大きな変化が生じたことなど、大戦は大きな影響をおよぼすものであった。大戦はまたモースにとり、たとえばロベール・エルツの戦死(「贈与論」においてモースが「亡友のエルツ」に言及しているのを参照していただきたい)など、学問上の盟友の死をもたらした。息子を大戦で失い、精神的な打撃を受けたデュルケームが、大戦終結を待たず、一九一七年に没したことも、大戦期のモースに暗い影を投げかけたことであろう。しかしながら、「市民モース」として大戦後も活発な社会活動をおこなったモースは、大戦前から一貫して左翼系の紙誌、たとえば『人民(*Le Populaire*)』、『リュマニテ(*L'Humanité*)』(一九〇四年にジョレスが創刊し、一九二〇年の社会主義労働者インターナショナル・フランス支部[フランス社会党の前身]の分裂までその機関紙であった)、『社会主義運動(*Le Mouvement socialiste*)』などの媒体を通じ、政治的・社会的な記事や論考を数多く発表している(これについては、本解説の末尾で立ち戻りたい)。大戦後のモースが、民族学者としてその文明論を発展させたのと同時に国民論を展開したことにも、大戦を経験したモースの政治的・社会的な関心があらわれていると言えよう(以上については、大部のモース伝である Marcel Fournier, *Marcel Mauss*, Paris: Fayard, 1994 を参照)。

さて、本書所収の論文三篇は、「全体的給付」を共通の主要テーマとすると、冒頭で述べた。たとえばモースは、「贈与論」のなかで「全体的な」社会的現象（いわゆる「全体的社会的事象」）に論及している。これは、あるレベルの社会集団を全体として賦活するとともに、法的領域やら倫理的領域やら、政治的領域やら経済的領域やら、宗教的領域やら審美的領域やらといった、その社会集団を構成するさまざまな側面のどれか一つに還元されることなく、むしろそれらの側面のすべてが混然となって一挙に表出するような社会的現象のことである。「あらゆることがここで混ざり合っている」。モースはそう言っている。

そのモースが、「全体的な」社会的現象の精華として取り上げるのが、全体的給付である。ひいては競覇的な様相を強く呈する全体的給付としての「ポトラッチ」である。このことは本書に示されているとおりであるが、したがってモースは、「給付」というある社会的要素をあつかいながらも、それを要素のための要素分析に付すのでなく、社会の全体的な体系に位置づけつつ、ポリネシア、メラネシア、北西アメリカ、太古のギリシア・ローマ世界、ゲルマン世界、ヒンドゥー世界などの全体的な体系を比較するという全体論的かつ比較論的な議論構成を採用している。

このようなモースの「全体」への志向性は、いくつかの点から説明することができる。たとえばモースが、一八世紀フランスの哲学者・ユートピア論者であるドン・デシャンの「全体性」概念に感化されていたこと。あるいは、カント、シェリング、ヘーゲル、コントらが練り上げた「全体性」概念の影響を受けていたこと。さらには、モースの同時代に展開されており、モースが大きな関心を寄せていた当時の心理学、わけてもデンマークの哲学者ヘフディングが唱えた「全体性の法則」と、ゲシュタルト心理学に多くを学んでいたこと、など(以上については、Alexander Gofman, A Vague but Suggestive Concept: The 'Total Social Fact', in Wendy James & N. J. Allen, eds., *Marcel Mauss: A Centenary Tribute*, New York, Oxford: Berghahn Books, 1998, p. 63–70を参照)。本書でわたしは、「トラキア人における古代的な契約形態」という論文名や「贈与論」の副題にも用いられているフランス語の「フォルム(forme)」に対し、原則として「形態」という訳語をあてている(文脈によって例外的に「形式」と訳した箇所がある)。この訳語選択は、モースに対する心理学上の「ゲシュタルト(形態)」という概念(ドイツ語「ゲシュタルト」のフランス語訳が「フォルム」である)の影響、すなわちたんなる要素の総和としてではなく、それを超えた地平に開かれる構造化された全体として心的現象を捉えるという考え方の影響を考慮したがゆえである。

これに対して、モースが本書の諸論文を執筆していた一九二〇年代前半の民族学・人類学の状況はと言えば、全体論（ホーリズム）の対極にある要素主義（アトミズム）に依拠しつつ、人類史規模で壮大な、しかしながら多分に思弁的な通文化的一般化を図った文化進化論（本書でモースが言及しているその研究者には、イギリスのフレイザーやタイラーらがいる）や、文化伝播論（同じく独墺学派のシュミットやコッパース、オーストラリア＝イギリスのエリオット・スミスらがいる）が批判にさらされるようになっていた時期である。それに代わって、研究者みずからが現地にフィールドワークに赴き、綿密な実証的データをもとに異文化理解を構築しようとする研究が主流となりつつあった。本書に沿って言えば、それが一方ではボアズによる北米先住民研究であり、他方ではマリノフスキーのトロブリアンド諸島民研究や、ラドクリフ＝ブラウンのアンダマン諸島民研究である。このうちボアズは、北米に対象を限定した上で、さまざまな文化要素の地域分布や地域間での文化要素の借用と伝播の過程を実証的に明らかにし、性急かつ図式的な一般化を図った文化進化論や文化伝播論への批判として歴史主義人類学を提示した。これは、「文化要素は旅をする」という発想にもとづくとともに、どんな文化要素が他地域に借用されたかと同じく（あるいはそれ以上に）、どんな文化要素が借用されなかったかが重要であるとするモースの文明論（たとえば、

Marcel Mauss, Les civilisations: éléments et formes, *Civilisation: le mot et l'idée*, Paris: La Renaissance du livre, 1930, p. 81-106を見られたい。ここにも「フォルム」の語が顔をのぞかせている)ともきわめて親和的な立場である。

その一方で、マリノフスキーとラドクリフ＝ブラウンは、ミクロな地域社会を対象としつつ(いずれも「島」を対象地域としていることに留意しよう)、その文化に見られる多様な側面と多様な要素を相互的な連関性において把握し、一社会のまさしく体系的な全体を描き出すという新しい学術的境地を開いて、民族学・人類学の対象設定と研究方法に革新をもたらした。要素と要素間関係からなる全体(これがすなわち体系にほかならず、それはたんなる要素の総和に還元されえないものである)への着目が、それまでの要素主義を排し、全体論という立論を導いたのである。本書でも参照されているマリノフスキーの『西太平洋の遠洋航海者(*Argonauts of the Western Pacific*)』(抄訳は増田義郎訳、講談社学術文庫、二〇一〇年)、ならびにラドクリフ＝ブラウンの『アンダマン諸島民(*The Andaman Islanders*)』が、ともに一九二二年に刊行されたことに鑑みるなら、モースがいち早くこれらを読み、みずからの研究に受容していることが、本書からも明らかである。モース自身はフィールドワークに従事しなかったとはいえ、このような民族学・人類学における新しい動向も、モースの「全体」への志向性と共鳴し合っていたことが容易に推察される(他方、フレイザーが『アンダマン諸島民』の分析手法の革新性を讃えつつも、それに対するデュルケーム社会学の過度の影響を批判したことから分かるように、逆にフランス社会学派のほうも、新たに生まれつつあったイギリス社会人類学派の動向に多大な影響を与えていた)。

わたしは、こうした「全体」への強い志向性にもとづいて学術的探究に臨むモースその人が、ある「全体的な」事象であるとの感をまぬかれることができない。モースという人は、その「全体的社会的事象」という用語に擬すならば「全体的学術的事象」であり、さらに言ってよければ「全体的思想的事象」であって、そういう事象が顕現する「場所」なのである。このことは、「贈与論」一つをとっても言えることである。モースが「全体的な」社会的現象について述べていたことばをそのまま援用するならば、「贈与論」というこの著作について、「あらゆることがここで混ざり合っている」と言えるのではないだろうか。ここでは、「贈与論」を中心として、そこに見られる多様な論点の複雑な絡まり合いを、いささか単純化したかたちながら提示することで、訳者解説としての責にあてたい。

まず最初に取り上げたいのが、「贈与」と「交換」との混ざり合いである。「贈与論」のタイトル自体が、このことを示している。「贈与論――アルカイックな社会における交換の形態と理由」（強調引用者）というそのタイトルは、「贈与」と「交換」とがこの論考の主題として混ざり合っていることの証左である。実際モースは、この論考において、「贈与＝交換（échange-don）」とか、逆に「交換＝贈与（don-échange）」とかの表現を何度か用いている。日本語では、「贈与交換」という表現が、あたかも一つのまとまった表現であるかのようにあつかわれることが多いが（したがって、「贈与交換」なる社会的事象がそれとして存立しているかのような錯覚を与えることが多いが）、もちろん「贈与」と「交換」とは別である。簡潔に言うなら、ある給付をめぐり、給付をした側が、その給付に対する対価（反対給付）を法的に、正当に、要求できるか否かが、「贈与」と「交換」とを原理的に分ける指標であろう（実際に反対給付を要求するかどうかは別問題である。これについては、Alain Testart, *Critique du don: Études sur la circulation non marchande*, Paris: Éditions Syllepse, 2007 を参照）。あれをあげたんだから、これをちょうだいと、正当に要求する権利をもつ場合が交換である（商品を渡した側は、その代金を要求する正当な権利をもつ。逆に代金を支払った側は、対応する商品を要求する正当な権利をもつ）。そのような反対給付への権利を正当に主張できない場合が贈与である（あなたの誕生日にあれをあげたんだから、わたしの誕生日にはこれをちょうだい、と要求すると、そもそもの誕生プレゼントの贈与としての意義が損なわれる)。

もちろんこれは、反対給付を要求することへの正当な権利の問題であり、先に記したように、実際に反対給付を要求するか否かは別のことであるし、要求しないまでも、給付した側が反対給付への期待をいだくかどうかも別のことである。商品が引渡されたのに代金を支払わない者に対して、引渡手は代金の支払いを要求する正当な権利をもつし、極端な場合には訴訟というかたちで争いうることも、それが法的に承認されたふるまいであることを示している。にもかかわらず、引渡手が実際にはその要求を行使しないこともありうる。また、反対給付を正当には(法的には)要求できないにもかかわらず、給付側がそれを期待したり、あからさまに要求したりすることもあるだろう(「お前の学費を払ってやったのは、家業を継いでもらいたいと思ってのことだったのに、親の期待に背いて別の職種に就くなんて」などと言う場合のように)。したがって、贈与と交換とは、現実の社会的様態としてはさまざまな中間領域を含むのではあるが、反対給付にかかわる法的な条件性、ないしは無条件性という点で原理的な差異をもつのである。

モースの論考には、この贈与と交換とが、ある意味で混ざり合っている。たとえばトロブリアンド諸島のクラは、自分がかつてパートナーに与えた財に見合う財を相手に要求しうるという点で、明らかに交換の一形態である。逆に北西アメリカのポトラッチは、自分が与えた財の反対給付を要求しえないという点で明らかに贈与の一形態である。しかしながらモースは(モース自身がこのことに自覚的であったかどうかは別として)、贈与が交換に転化し、交換が贈与に転化するその場面に眼を凝らしているように見える。それが、「お返しをする義務」への着目である。給付をおこなった側がお返しを正当に要求できるか否かとは別の地平で、給付を受けた側が「お返しをする義務」を感ずるということ。ここに、無条件の贈与であっても、贈与を受けた側がお返しをすること(たとえば、返礼のポトラッチ)で、結果的に交換と呼びうる社会的現象があらわれることが問題となる。あるいは、給付を受けた側の「お返しをする義務」を挫折させるような多大な給付をすることで、本来は交換であったはずのものを結果的に贈与に変換するような社会的現象があらわれることが問題となる。原理的には社会的意義を異にする贈与と交換とが、モースという「場所」において混ざり合っているのである。

第二に取り上げたいのは、この「贈与＝交換」もしくは「交換＝贈与」が有する平和性と暴力性との混ざり合いである。とりわけ今見たような意味での給付の無条件性ないし無償性を念頭に置いたときの、贈与の平和性と暴力性である。「贈与論」の第四章でモースが言うように、人類の英知の結晶であり、行動原理・生活原理でもあること、それが「自分の外に出ること」であり、「与えること」であるとするなら、それは、個人であれ集団であれ、人間が個に閉じこもることなく、他者へと自己を開くことにほかなるまい。ヨーロッパ諸社会のかつてのアルカイックな形態であれ、モース同時代のヨーロッパ以外の諸社会の未開な形態であれ、それが人間存在の「基盤」であるとするなら、モース同時代のヨーロッパ諸社会についても、改めてそれが見いだされるはずであるし、現に見いだされはじめている。モースがそう主張するとき、モースはある意味で楽観的なまでに社会的・政治的・経済的な平和の可能性に信を置いている。

ところがその一方でモースは、そうした贈与の暴力性にも無関心ではいない。贈与者が「毒」を贈与する場合がそれだ。これは、論文「ギフト、ギフト」にはじまり、「贈与論」の第三章で「もらうと危険なもの」としての贈与に論及した箇所によくあらわれている。「贈与＝交換」もしくは「交換＝贈与」が創出し、確立し、維持する「つながり」なり「絆」なりは、個人や集団を絡めとる危険な「縛り」にもなるのである。したがって、贈ること、贈られた物をもらうことは、贈る側にとっても、もらう側にとっても賭けなのだ。そのような危険な賭けを通じて、集団どうしは「つきあう」(「贈与論」第四章)ことになる。何かを賭すとは、将来の不確実性(暴力の可能性)に対峙しつつ、その不確実性を確実性(平和への期待)へと縮減すること、そしてそうしながら、その確実性に信を置くことではないだろうか。その意味で、信とは賭けであり、賭けとは信にほかならない。その信と賭けとが、モースという「場所」において混ざり合っているのである。

第三に(そして最後に)取り上げたいのは、「贈与＝交換」ないし「交換＝贈与」によって給付され、自集団の外に出され、その外部を循環するさまざまな財物の一方で、モースが「譲渡されてはならない」財物に再三言及している点である。「贈与＝交換」もしくは「交換＝贈与」されるものが外に出てゆき、集団間を横断的に循環し、それによって集団間のネットワーク(場合によっては集団間のヒエラルキー)を形成するとするならば、「譲渡されてはならない」ものは、結局は集団内に滞留し、そこにおいて通世代的に継承され、それによって当該集団のアイデンティティの表徴となる。たとえば、「贈与論」第二章で、クワキウトルとツィムシアンにおける所有財の区分についてモースが述べていることを見てみよう。

> 彼らのところでは、まず一方にたんに消費され、日常的にただ分配される物品がある(わたしには、これについて交換がなされている気配を認めることはできなかった)。そして他方に、家族が有する貴重財がある。護符や紋章入りの銅製品、皮毛布や紋章入りの布などである。この後者のタイプの物品は、儀式的手続きに則って引渡がなされる。それは、結婚において女性が引渡され、さまざまな「特権」が娘婿に引渡され、名前や位階が子どもたちや娘婿たちに引渡されるのと同じような儀式性によってである。このように引渡される物品の場合、それが譲渡されると言うことすら正確ではない。それらは売却されるわけでもなければ、本当の意味で譲渡されるわけでもなく、むしろ貸借されるのである。クワキウトルのもとでは、こうした財物のあるものは、たとえポトラッチの場に引き出されたとしても、譲渡されてはならないのだ。じつのところ、これらの「所有財」は聖物(*sacra*)であって、万が一家族がそれを手放すことがあるにしても、それは相当の痛みをともなってのことであるし、場合によっては家族がそれを手放すことは決してないのである。(強調引用者)

モース自身はネットワークともアイデンティティとも言っていない。だが、無償の贈与を旨とする(相手方の反対給付への義務感を挫折させることを旨とし、その意味で反対給付を正当に要求する権利を放棄することを旨とする)ポトラッチの場において、すなわち、すべてが贈与され、蕩尽されるその場において、決して譲渡されてはならない家族の「聖物」が引き出されるということへのモースの注目は、それ自体が注目にあたいする。モースのこの論考が、この意味で社会的ネットワークの生成とともに、社会的アイデンティティの生成をも射程に収めている点に、さまざまな論点の混ざり合いとしてのモースという「場所」の真価を見る思いである。

なお、この「譲渡されざる所有財」というテーマについては、その後、合衆国の人類学者アネット・ワイナー(Annette B. Weiner, *Inalienable Possessions: The Paradox of Keeping-While-Giving*, Berkeley, Los Angeles: University of California Press, 1992)や、フランスの人類学者モーリス・ゴドリエ(Maurice Godelier, *L'énigme du don*, Paris: Librairie Arthème Fayard, 1996. 邦訳、『贈与の謎』山内昶訳、法政大学出版局、二〇〇〇年)らが発展的に継承していることを付言しておきたい。

以上のように網羅的でなく、単純化した要約であっても、モース的思考の混合性と、それに由来する複雑性はお分かりいただけるものと思う。そのため、翻訳には特有の困難がともなった。モースが参照・引用している文献は可能なかぎりその原典にさかのぼり(原典の仏訳・英訳レベルまでしかさかのぼれないものも多かったが)、モースが目にしたものを自分も目にしつつ翻訳作業を進めることを心がけた。だが、モースの出典指示には不備や誤りが多く、モースの参照箇所を特定するだけで大きな労力を余儀なくされた場合が少なくない。また、モースの参照や引用には、参照先の文献の文脈に必ずしもそぐわない、その意味で恣意的とも言えるものが散見される。学術的な観点から見れば、こうした事態は、モースの理論的な枠組みはともかくも、それを支える民族誌学的・歴史学的・文献学的なデータの正確性という点で、それ自体がありうべき「モース研究」にとって考察と検討にあたいすることがらであろう。したがって学術的には、本来これらについては訳注において正しい出典指示を注記し、原典の文脈との整合性についてコメントすべきであるが、それだけでも膨大な分量に達したため、文庫版としての性質に鑑み、本書の訳注からは最小限のものを別として、これを割愛せざるをえなかった。

本書所収の三篇のうち、「トラキア人における古代的な契約形態」と「ギフト、ギフト」の二篇は、日本語初訳である。他方で「贈与論」には、わたしが知るかぎりでも四種の日本語訳が存在する。刊行順に挙げると以下の通りである。

一　山田吉彦訳『太平洋民族の原始経済――古制社会に於ける交換の形式と理由』日光書院、一九四三年

二　有地亨訳『贈与論』勁草書房、一九六二年(のちに、有地亨訳『贈与論』新装版、勁草書房、二〇〇八年として再刊)

三　有地亨訳「贈与論――太古の社会における交換の諸形態と契機」マルセル・モース『社会学と人類学Ⅰ』弘文堂、一九七三年、所収(二の改訳)

四　吉田禎吾・江川純一訳『贈与論』筑摩書房(ちくま学芸文庫)、二〇〇九年

これら先達たちの訳業を見るからに、わたしの「贈与論」の翻訳が「後出しジャンケン」にすぎないことは明白である。それぞれに持ち味のあるこれら四種の日本語訳であるが、そのなかでとりわけて、山田吉彦訳がわたしの特権的な参照点であり続けていたことを告白しておきたい。本書における「贈与論」の翻訳は、わたしとモース原文との対話であると同時に、モース原文を前にして、わたしが山田訳とのあいだになした対話の結果にほかならない。なお、山田訳に付された訳者による「後記」は、山田自身がモースの授業に出席していたこともあり、モースの講義風景からモースの

風貌と人柄を偲ばせる貴重な記録となっている。

また、「ギフト、ギフト」には英訳がある("Gift, Gift", translated by Koen Decoster, in Alan D. Schrift, ed., *The Logic of the Gift: Toward an Ethic of Generosity*, New York, London: Routledge, 1997, p. 28-32. 初出版からではなく、マルセル・モース『著作集(Œuvres)』第三巻に再録された版からの英訳)。同じく、「贈与論」には新旧二種の英訳が存在する(*The Gift: Forms and Functions of Exchange in Archaic Societies*, translated by Ian Cunnison, Glencoe, Illinois: The Free Press, 1954; *The Gift: The Form and Reason for Exchange in Archaic Societies*, translated by W. D. Halls, New York, London: W. W. Norton, 1990. いずれも初出版からではなく、マルセル・モース『社会学と人類学 *Sociologie et anthropologie*』に再録された版からの英訳である)。これらの英訳も折に触れて参照したことをお断りしておきたい。

翻訳に際しては、日本語としての平明さを保つこと(それが本書でどれだけ実現されているかには心許ないものがあるが、それは別として)を重視した。モースの文章では、一つの単語にいくつかの観念や状況が凝縮して込められている場合があり、そのような表現では当該一単語の逐語訳では翻訳としての意を尽くせないため、若干説明調の訳をあてた箇所がある。また逆に、持って回った構文によって単純に整理できることを複雑に表現している場合もあり、そのような場合には、原文を切り詰めて訳すことまではしないまでも、あえて大胆な構文の切り分けをおこなった。

翻訳にあたって、古典ギリシア語および古典ラテン語については日向太郎氏（東京大学）の、サンスクリット語およびインド古典文献の解釈等については梶原三恵子氏（東京大学）の、ドイツ語については足立信彦氏（東京大学）の、アラビア語については杉田英明氏（東京大学）の、それぞれ懇切なご指導とご教示をいただいた。また、モースのフランス語原文に関する不明事項については、パトリック・ドゥヴォス（Patrick De-Vos）氏（東京大学）、ならびにフィリップ・シャニアル（Philippe Chanial）氏（パリ・ドフィーヌ大学）にご意見とご教示をいただいた。加えて、人類学的な儀礼論に関する用語法については船曳建夫氏（船曳建夫事務所）の、サモアの民族誌的な事実関係については山本真鳥氏（法政大学）の、それぞれご教示をいただいた。以上の諸先生には記して謝意を表したい。もちろん、本書に多数残っているであろう翻訳上および訳注上の過ちは、すべてわたしの責任に帰されるものである。ついては、読者諸氏のご指摘・ご叱正を乞う次第である。

本書については、そのもととなる拙訳を用いた大学院ゼミナールを、二〇一〇年度の冬学期(秋学期)に、成城大学大学院文学研究科、ならびに東京大学大学院総合文化研究科でおこなっている。そこでのゼミナール受講生の方々との討議には大きな刺激を受けた。記して感謝したい。言いかえると、二〇一〇年夏の時点で、一応本稿の下訳が完成していたということである。にもかかわらず、その刊行が今にまで遅れたことは、諸般の事情があってのこととはいえ、訳者として無念に堪えない。この間、作業の進行を見守っていただくとともに、モース原文を引証しつつ、訳稿のさまざまな不備を的確に指摘してくださった岩波書店編集部の清水愛理氏に深く感謝する。

この解説のはじめに、学術的探究に臨むモースの姿勢を「全体的学術的事象」と形容した。だが、「贈与論」を通読すれば分かるとおり、モースは「学術」だけの人ではない。デュルケームは、その社会学を実践的事象に適用すべきものと考えており、その適用の成果として社会主義論や教育論を展開している。それだけでなく、通常は学術書として捉えられている彼の『社会分業論』や『自殺論』にしても、同時代社会に対する実践的な関心に終始導かれ、貫かれている。そのようなデュルケームと同様の志向性をモースも分かちもっているのである。そればかりでなく、デュルケームとは異なって、モースはラディカルに社会運動・政治運動(とりわけ協同組合運動)に実践的にコミットした経験をもってもいた。本解説のモース紹介に記したとおりである。こうした「社会主義者」モースの動向を視野に入れるならば、もっぱら学術的論考と見える（しかし、じつは実践的な志向性に裏打ちされている）「贈与論」には、それと対をなすべきさまざまな社会的・政治的な論考のあることが分かる。それがモースの協同組合論であり、社会主義論であり、暴力論であり、ボリシェヴィズム論である。とくに「贈与論」を中心とする本書の原典初出が一九二〇年代前半であるという事実に着目するなら、この時期、ロシア革命（ボリシェヴィキ革命）が思想家でもあり実践家でもあったモースに与えた衝撃と影響には計り知れないものがあると言える。モースという「場所」が「全体的学術的事象」であるのみならず、「全体的思想的事象」でもあることを理解するためには、これらの論考も併せ読む必要があるであろう。そうした見通しのなかで、わたしにこの翻訳の機会を与えてくださった故・今村仁司氏に本書を捧げさせていただきたい。

贈《ぞう》与《よ》論《ろん》 他二篇　マルセル・モース著

2014年7月16日　第1刷発行
2025年10月6日　第14刷発行

訳　者　森《もり》山《やま》　工《たくみ》

発行者　坂本政謙

発行所　株式会社 岩波書店
〒101-8002 東京都千代田区一ツ橋2-5-5

案内 03-5210-4000　営業部 03-5210-4111
文庫編集部 03-5210-4051
https://www.iwanami.co.jp/

印刷・理想社　カバー・精興社　製本・中永製本

ISBN 978-4-00-342281-6　　Printed in Japan

読書子に寄す

――岩波文庫発刊に際して――

岩波茂雄

真理は万人によって求められることを自ら欲し、芸術は万人によって愛されることを自ら望む。かつては民を愚昧ならしめるために学芸が最も狭き堂宇に閉鎖されたことがあった。今や知識と美とを特権階級の独占より奪い返すことはつねに進取的なる民衆の切実なる要求である。岩波文庫はこの要求に応じそれに励まされて生まれた。それは生命ある不朽の書を少数者の書斎と研究室とより解放して街頭にくまなく立たしめ民衆に伍せしめるであろう。近時大量生産予約出版の流行を見る。その広告宣伝の狂態はしばらくおくも、後代にのこすと誇称する全集がその編集に万全の用意をなしたるか。千古の典籍の翻訳企図に敬虔の態度を欠かざりしか。さらに分売を許さず読者を繋縛して数十冊を強うるがごとき、はたしてその揚言する学芸解放のゆえんなりや。吾人は天下の名士の声に和してこれを推挙するに躊躇するものである。このときにあたって、岩波書店は自己の責務のいよいよ重大なるを思い、従来の方針の徹底を期するため、すでに十数年以前より志して来た計画を慎重審議この際断然実行することにした。吾人は範をかのレクラム文庫にとり、古今東西にわたって文芸・哲学・社会科学・自然科学等種類のいかんを問わず、いやしくも万人の必読すべき真に古典的価値ある書をきわめて簡易なる形式において逐次刊行し、あらゆる人間に須要なる生活向上の資料、生活批判の原理を提供せんと欲する。この文庫は予約出版の方法を排したるがゆえに、読者は自己の欲する時に自己の欲する書物を各個に自由に選択することができる。携帯に便にして価格の低きを最主とするがゆえに、外観を顧みざるも内容に至っては厳選最も力を尽くし、従来の岩波出版物の特色をますます発揮せしめようとする。この計画たるや世間の一時の投機的なるものと異なり、永遠の事業として吾人は微力を傾倒し、あらゆる犠牲を忍んで今後永久に継続発展せしめ、もって文庫の使命を遺憾なく果たさしめることを期する。芸術を愛し知識を求むる士の自ら進んでこの挙に参加し、希望と忠言とを寄せられることは吾人の熱望するところである。その性質上経済的には最も困難多きこの事業にあえて当たらんとする吾人の志を諒として、その達成のため世の読書子とのうるわしき共同を期待する。

昭和二年七月

《法律・政治》〔白〕

人権宣言集　高木八尺・末延三次・宮沢俊義 編
新版 世界憲法集 第二版　高橋和之 編
君主論　マキアヴェッリ／河島英昭 訳
フィレンツェ史 全二冊　マキァヴェッリ／齊藤寛海 訳
リヴァイアサン 全四冊　ホッブズ／水田洋 訳
ビヒモス　ホッブズ／山田園子 訳
法の精神 全三冊　モンテスキュー／野田良之・稲本洋之助・上原行雄・田中治男・三辺博之・横田地弘 訳
完訳 統治二論　ジョン・ロック／加藤節 訳
寛容についての手紙　ジョン・ロック／加藤節・李静和 訳
キリスト教の合理性　ジョン・ロック／加藤節 訳
ルソー 社会契約論　桑原武夫・前川貞次郎 訳
フランス二月革命の日々 ―トクヴィル回想録　トクヴィル／喜安朗 訳
アメリカのデモクラシー 全四冊　トクヴィル／松本礼二 訳
リンカーン演説集　高木八尺・斎藤光 訳
権利のための闘争　イェーリング／村上淳一 訳
近代人の自由と古代人の自由・征服の精神と簒奪 他一篇　コンスタン／堤林剣・堤林恵 訳

民主主義の本質と価値 他一篇　ハンス・ケルゼン／長尾龍一・植田俊太郎 訳
危機の二十年 ―理想と現実　E・H・カー／原彬久 訳
アメリカの黒人演説集 ―キング・マルコムX・モリスン 他　荒このみ 編訳
モーゲンソー 国際政治 ―権力と平和 全三冊　原彬久 監訳
ポリアーキー　ロバート・A・ダール／高畠通敏・前田脩 訳
現代議会主義の精神史的状況 他一篇　カール・シュミット／樋口陽一 訳
政治的なものの概念　カール・シュミット／権左武志 訳
政治神学 ―主権論四章　カール・シュミット／権左武志 訳
第二次世界大戦外交史 全二冊　芦田均
憲法講話　美濃部達吉
日本国憲法　長谷部恭男 解説
民主体制の崩壊 ―危機・崩壊・再均衡　ファン・リンス／横田正顕 訳
憲法　鵜飼信成

《経済・社会》〔白〕

政治算術　ペティ／大内兵衛・松川七郎 訳
国富論 全四冊　アダム・スミス／水田洋 監訳／杉山忠平 訳
道徳感情論 全二冊　アダム・スミス／水田洋 訳
法学講義　アダム・スミス／水田洋 訳
コモン・センス 他三篇　トーマス・ペイン／小松春雄 訳
経済学における諸定義　マルサス／玉野井芳郎 訳
オウエン自叙伝　ロバアト・オウエン／五島茂 訳
戦争論 全三冊　クラウゼヴィッツ／篠田英雄 訳
自由論　J・S・ミル／関口正司 訳
女性の解放　J・S・ミル／大内兵衛・大内節子 訳
大学教育について　J・S・ミル／竹内一誠 訳
功利主義　J・S・ミル／関口正司 訳
ロンバード街 ―ロンドンの金融市場　バジョット／宇野弘蔵 訳
イギリス国制論 全二冊　バジョット／遠山隆淑 訳
ユダヤ人問題によせて ヘーゲル法哲学批判序説　マルクス／城塚登 訳
経済学・哲学草稿　マルクス／城塚登・田中吉六 訳
新編輯版 ドイツ・イデオロギー　マルクス・エンゲルス／廣松渉 編訳／小林昌人 補訳
マルクス エンゲルス 共産党宣言　大内兵衛・向坂逸郎 訳
賃労働と資本　マルクス／長谷部文雄 訳
賃銀・価格および利潤　マルクス／長谷部文雄 訳

マルクス 経済学批判　武田隆夫・遠藤湘吉・大内力・加藤俊彦訳
マルクス 資本論 全九冊　エンゲルス編　向坂逸郎訳
裏切られた革命　トロツキー　藤井一行訳
文学と革命 全二冊　トロツキイ　桑野隆訳
ロシア革命史 全五冊　トロツキー　藤井一行訳
トロツキー わが生涯 全二冊　森田成也・志田昇訳
空想より科学へ ―社会主義の発展　エンゲルス　大内兵衛訳
帝国主義　レーニン　宇高基輔訳
国家と革命　レーニン　宇高基輔訳
雇用、利子および貨幣の一般理論 全二冊　ケインズ　間宮陽介訳
シュムペーター 経済発展の理論 全二冊　塩野谷祐一・中山伊知郎・東畑精一訳
シュムペーター 経済学史 ―学説ならびに方法の諸段階　中山伊知郎・東畑精一訳
日本資本主義分析　山田盛太郎
恐慌論　宇野弘蔵
経済原論　宇野弘蔵
資本主義と市民社会 他十四篇　大塚久雄　齋藤英里編
共同体の基礎理論 他六篇　大塚久雄　小野塚知二編

言論・出版の自由 他一篇 ―アレオパジティカ　ミルトン　原田純訳
ユートピアだより　ウィリアム・モリス　川端康雄訳
有閑階級の理論　ヴェブレン　小原敬士訳
社会科学と社会政策にかかわる認識の「客観性」　マックス・ヴェーバー　富永祐治・立野保男訳　折原浩補訳
プロテスタンティズムの倫理と資本主義の精神　マックス・ヴェーバー　大塚久雄訳
職業としての学問　マックス・ウェーバー　尾高邦雄訳
社会学の根本概念　マックス・ヴェーバー　清水幾太郎訳
職業としての政治　マックス・ヴェーバー　脇圭平訳
古代ユダヤ教 全三冊　マックス・ヴェーバー　内田芳明訳
支配について 全二冊　マックス・ウェーバー　野口雅弘訳
宗教と資本主義の興隆 歴史的研究 全二冊　トーニー　出口勇蔵・越智武臣訳
世論 全二冊　リップマン　掛川トミ子訳
贈与論 他二篇　マルセル・モース　森山工訳
国民論 他二篇　マルセル・モース　森山工編訳
ヨーロッパの昔話 その形と本質　マックス・リュティ　小澤俊夫訳
独裁と民主政治の社会的起源 ―近代世界形成過程における領主と農民 全二冊　バリントン・ムーア　宮崎隆次・森山茂徳・高橋直樹訳
大衆の反逆　オルテガ・イ・ガセット　佐々木孝訳

シャドウ・ワーク　イリイチ　玉野井芳郎・栗原彬訳
女らしさの神話 全二冊　ベティ・フリーダン　荻野美穂訳

《自然科学》〔青〕

ヒポクラテス医学論集　國方栄二編訳
科学と仮説　ポアンカレ　河野伊三郎訳
コペルニクス 天体の回転について　コペルニクス　矢島祐利訳
新科学論議 全二冊　ガリレオ・ガリレイ　田中一郎訳
ロウソクの科学　ファラデー　竹内敬人訳
種の起原 全二冊　ダーウィン　八杉龍一訳
自然発生説の検討　パストゥール　山口清三郎訳
科学談義　T・H・ハックスリ　小泉丹訳
メンデル 雑種植物の研究　岩槻邦男・須原準平訳
アインシュタイン 相対性理論　内山龍雄訳・解説
相対論の意味　アインシュタイン　矢野健太郎訳
アインシュタイン 一般相対性理論　小玉英雄編訳・解説
自然美と其驚異　ジョン・ラバック　板倉勝忠訳
ダーウィニズム論集　八杉龍一編訳

岩波文庫の最新刊

バルガス＝リョサ作／旦 敬介訳
世界終末戦争（上）
十九世紀のブラジルに現れたコンセリェイロおよびその使徒たちと、彼らを殲滅しようとする中央政府軍の死闘を描く、ノーベル賞作家、円熟の巨篇。（全二冊）
〔赤七九六‐六〕 定価一五〇七円

大田洋子作
屍の街・夕凪の街と人と
自身の広島での被爆体験をもとに、原爆投下後の惨状や、人生を破壊され戦後も苦しむ人々の姿を描いた、原爆文学の主要二作。（解説＝江刺昭子）
〔緑二三七‐一〕 定価一三八六円

ブーニン作／高橋知之訳
ミーチャの恋・日射病 他十篇
人間を捕らえる愛の諸相を精緻な文体で描いた亡命ロシア人作家イワン・ブーニン（一八七〇‐一九五三）。作家が自ら編んだ珠玉の中短編小説集、初の文庫化。
〔赤六四九‐一〕 定価一一五五円

太宰 治作／安藤 宏編
惜別・パンドラの匣
日本留学中の青年魯迅をモデルに描く「惜別」と、結核療養所を舞台としたみずみずしい恋愛小説「パンドラの匣」、〈青春小説〉二篇。（注＝斎藤理生、解説＝安藤宏）
〔緑九〇‐一二〕 定価一二二一円

……今月の重版再開……

山田 準・五弓安二郎訳註
佐藤一斎
言志四録
定価一五〇七円 〔青三一‐一〕

山本義彦編
清沢洌評論集
定価一二一〇円 〔青一七八‐一〕

岩波文庫の最新刊

ラフカディオ・ハーン作／平井呈一訳

骨董――さまざまの蜘蛛の巣のかかった日本の奇事珍談

日本各地の伝説や怪談を再話した九篇を集めた「古い物語」と、十一篇の随筆による小品集。純化渾一された密度の高い名作。（解説＝円城塔）

〔赤二四四-三〕 定価七九二円

木村学編

20世紀科学論文集

プレート・テクトニクス革命

一九七〇年代初め、伝統的な地質学理論はプレート・テクトニクスの確立により覆された。地球科学のパラダイムシフトを原著論文でたどる。

〔青九五七-一〕 定価一一五五円

永井荷風著／中島国彦・多田蔵人校注

断腸亭日乗(四) 昭和八―十年

永井荷風は、死の前日まで四十一年間、日記『断腸亭日乗』を書き続けた。(四)は、昭和八年から十年まで。（注解・解説＝中島国彦）（全九冊）

〔緑四二-一七〕 定価一二六五円

バルガス＝リョサ作／旦敬介訳

世界終末戦争(下)

「権力構造の地図と、個人の抵抗と反抗、そしてその敗北を痛烈なイメージで描いた」、現代ラテンアメリカ文学最後の巨人バルガス＝リョサの代表作。（全二冊）

〔赤七九六-七〕 定価一五七三円

……今月の重版再開……

次田香澄校訂

玉葉和歌集

定価一七一六円

〔黄一三七-一〕

ラフカディオ・ハーン著／平井呈一訳

心――日本の内面生活の暗示と影響

定価一〇〇一円

〔赤二四四-二〕

定価は消費税10％込です　　2025. 8